Magdalena Nirva

Magdalena 24h

Mein abenteuerliches Leben als Escort Girl
Eine wahre Geschichte

BIOGRAFISCHER ROMAN

MC-BUCH-BERLIN

Postfach 212018 D-10514 Berlin
magdalena24h@gmx.net
Covergestaltung: MC-Buch-Berlin

ISBN: 9781521865705
Imprint: Independently published

Für M.

Dank an U.

Das Buch handelt von wahren Begebenheiten.
Die Namen von Personen und Orten wurden geändert.

INHALT

1. KAPITEL

Fehlstart

Es ist ein wunderschöner Abend Anfang Mai. Die Luft duftet nach Flieder, Schwalben jagen zwitschernd durch die aufziehende Dämmerung und ein lauer Wind spielt zärtlich mit meinem knielangen blonden Haar. Die riesige Dachterrasse bietet einen spektakulären Ausblick auf ein Meer aus Dächern und Schornsteinen. In der Ferne kann ich das Riesenrad am Prater erkennen. Da stehe ich also, zu allem bereit, doch keiner der jungen Kerle beachtet mich. Das passiert mir normalerweise nicht.

Der Fahrer der Vienna-Secret-Escort-Agentur, ein schweigsamer Typ mit Sonnenbrille und rasiertem Schädel, hat mich vor einer halben Stunde zusammen mit drei weiteren Mädchen in einem dunklen Mercedes abgeholt und vor einem prächtigen fünfstöckigen Haus wieder aussteigen lassen.

Zielstrebig beginnen die Mädels gleich, die Treppen zu erklimmen.

»Kein Aufzug?«, frage ich.

Eines der Mädchen dreht sich flüchtig nach mir um und schüttelt stumm den Kopf. Im Gänsemarsch steigen wir hinauf bis ganz nach oben.

Auf der Terrasse sind mehrere Tische mit Buffet und Getränken aufgebaut, es läuft laute Musik. Vier Jungs, alle so um die zwanzig, machen Party und haben sich Mädchen dazu bestellt. Die anderen Prostituierten sind eigentlich nicht die hübschesten. Sie sehen sogar ein wenig billig aus. Besonders die eine mit den schwarzen Extentions und dem rosa Lackrock. Ich dagegen bin gestylt wie ein Topmodel. Die drei kommen aus Rumänien und arbeiten wohl schon länger bei der Agentur. Offensichtlich kennen sie die Jungs, denn kaum sind wir oben angekommen, geht sofort jede zu einem der jungen Männer. Küsschen hier, Küsschen da. Sie begrüßen sich wie alte Bekannte.

»Wie geht es, Schatzi?«

»Servus Baby.«

Sie bekommen gleich ihr Geld und freuen sich. Zu mir kommt keiner. Was haben die drei, was ich nicht habe? Sicher, ich bin etwas nervös. Es ist mein erster Termin in einer fremden Stadt, in einem fremden Land. Zum ersten Mal in meinem Leben habe ich eine Grenze überschritten und Bulgarien verlassen. Wirke ich vielleicht unbeholfen oder schüchtern? Aber ist das ein Grund, mich zu ignorieren? Mein Outfit kann es nicht sein. Ich habe mein weißes Ballerina-Röckchen an, dazu trage ich ein hautenges, bauchfreies Top, ebenfalls weiß, darunter nichts.

Einer der Jungs lässt Eiswürfel in Gläsern klingeln und schüttet im hohen Bogen Wodka darauf. Die Rumäninnen kichern. Die Lackrock-Braut krault den Wodkamixer am Nacken, der verdreht gespielt die Augen. Sie stoßen an und trinken auf einen schönen Abend. Ich bekomme nichts zu trinken, niemand redet mit mir. Der vierte, ein kräftiger Bursche mit kurzem Haarschnitt und Kniebundlederhose, dreht mir den Rücken zu und telefoniert. Ich verstehe kein Wort, denn ich spreche kein Deutsch. Ich fühle mich unwohl und total fehl am Platz. Alle quatschen durcheinander, und ich kapiere nichts.

Nach ein paar Minuten verlorenen Herumstehens klingelt mein Handy.

Es ist die Telefonistin von der Agentur: »Katja, komm bitte wieder herunter.« Sie spricht auf Englisch mit mir. Bei dieser Agentur heiße ich Katja.

Ich blicke abschließend in die Runde, niemand beachtet mich. Ohne mich zu verabschieden, gehe ich nach unten. Keiner hat mir Geld gegeben, auch nicht für den Fahrer. Ich wusste nicht, dass ich hätte Fahrergeld verlangen müssen. Mir ist zum Heulen. Warum will mich keiner? Bin ich nicht hübsch genug?

Als ich die vielen Treppen wieder herunterlaufe, treffe ich unterwegs ein weiteres Mädchen, das nach oben stöckelt. Aha, sie kommt jetzt statt meiner. Der Fahrer hat sie gebracht und soll mich wieder mitnehmen. Sie sieht etwas schlanker aus als ich und ist älter. Ihre Haare sind hell blond gefärbt (meine sind echt blond), und sie trägt eine Brille. Wer weiß? Wenn die vier Jungs eine Party machen, bestellen sie vielleicht immer die gleichen Mädchen. Die Wasserstoffblonde ist noch besetzt gewesen, und deswegen hat die Agentur mich statt ihrer hingeschickt. Aber der Mann wollte mich nicht.

Die Telefonistin mit der Candystimme versucht noch, mich zu trösten: »Katja, don't worry. There are other clients ...«

Aber es ist mein erster Termin, und ich nehme es persönlich. Ich bin enttäuscht. Der Fahrer bringt mich zurück nach Hause.

Bei unserer Ankunft in Wien vor drei Tagen sind Eagle und ich zunächst bei einer Türkin namens Müjde untergekommen. Sie führt einen kleinen Imbiss im 17. Bezirk. Ein Hotel wäre zu teuer gewesen. Die Preise in Österreich sind doch wesentlich höher als in Bulgarien.

»Eagle, mein Junge!«, ruft sie lachend und umarmt ihn herzlich, als wir ankommen. Sie begrüßt ihn wie einen Sohn. »Ich bin so froh, dich zu sehen! Und du musst Magdalena sein, nicht wahr? Wie hübsch du bist!« Sie nickt Eagle anerkennend zu. »Kommt rein Kinder, fühlt euch wie zu Hause!«

Müjde ist um die sechzig und riecht stark nach Küche. Sie ist die Mutter eines türkisch-stämmigen Bulgaren, den Eagle im österreichischen Knast getroffen hat. Eagle war vier Monate lang im Gefängnis. Sein türkischer Knastbruder, er heißt Kemal, saß wegen versuchten Mordes ein. Insgesamt für vierzehn Jahre. Weil beide Bulgarisch sprachen, freundeten sie sich schnell an. Sie vertrieben sich die Zeit mit Quatschen, Rauchen und Kartenspielen. Da Eagle während der vier Monate nie Besuch bekam, stellte Kemal den neuen Freund seiner Mutter vor, die ihren Sohn regelmäßig besuchte. Eagle kam schließlich wieder raus und wurde abgeschoben. Kemal blieb drin, denn er hatte noch acht Jahre vor sich. Bei der Abschiebung hat Eagle einen schwarzen Sperr-Stempel in den Pass bekommen. Damit konnte er eigentlich nicht mehr einreisen. Die Sperre galt für fünf Jahre. Doch Eagle hatte sich zu helfen gewusst. Um nach Österreich zurückkehren zu können, heiratete er in Bulgarien die Bekannte einer guten Freundin. Eine Scheinehe. So verschaffte er sich einen neuen Namen, einen neuen Pass und eine neue Adresse. Mit den frischen Papieren war die Einreise nach Österreich kein Problem mehr gewesen. Trotzdem muss er natürlich aufpassen, dass die Behörden nicht dahinter kommen.

Müjde kocht gut und reichlich. Am ersten Abend gibt es Lammfleisch mit Auberginen und Tomaten, dazu Merceiles Hummus, Fetacreme und selbstgebackenes Pide. Satt und müde legen wir uns nach dem Essen zum Schlafen hin. Von hier aus können wir jetzt in Ruhe suchen, bis wir ein dauerhaftes und bezahlbares Quartier gefunden haben. Gleich am nächsten Tag meldet Eagle mich bei drei Escort-Agenturen an. Bei der einen war er selbst schon als Gigolo anschaffen, bei den anderen haben seine Mädchen gearbeitet, beziehungsweise er zusammen mit einem Mädchen als Pärchen. Am Nachmittag fahren wir gemeinsam hin, um mich vorzustellen. Jede Agentur hat ein Office in einem kleinen Apartment. Dort sitzen mehrere Frauen mit Computern und Handys, die Termine mit den Kunden machen. Die Telefonistinnen sind fast alle dick und hässlich, manche von ihnen haben ganz viele Pickel. Ihr Äußeres steht jedoch in krassem Gegensatz zu den Stimmen, wenn sie mit den Männern telefonieren. Ihre Stimmen klingen so was von sexy, da kann ich echt noch was lernen. Ich wette, die meisten Männer bekommen allein schon einen Ständer, wenn sie ihr zuckersüßes Gesäusel hören. Wir verabreden uns noch mit einem Fotografen, der Fotos von mir für die Escort-Websites in einem noblen Hotelzimmer machen soll, das war's.

Es ist schon spät, so halb eins, da ändert sich die Stimmung. Die Agentur ruft wieder an, ich solle herunterkommen. Diesmal ist es ein anderer Fahrer. Diese Agentur beschäftigt nachts drei bis vier Chauffeure, die die Mädchen zu ihren Terminen fahren. Ich werde zu einer privaten Adresse gebracht. Der Kunde hat mich bestellt, ohne meine Fotos zu kennen, denn die sind zu diesem Zeitpunkt noch nicht fertig.

Schöne und sensible Augen mit langen Wimpern, umrahmt von vielen Haaren, begrüßen mich an der Tür. Der Mann mag Anfang dreißig sein, ist groß, kräftig und gut aussehend, obwohl nicht unbedingt mein Typ. Er sieht aus wie ein typischer Österreicher. Brünettes Haar und Vollbart. Ein richtig langer Bart. Sein Gesicht ist wohl ganz hübsch, aber mit diesem Bart sieht man kaum etwas davon. Er führt mich einen leeren Flur entlang in ein geräumiges Zimmer mit einem Grandpiano in der Mitte. Der Parkettboden knarzt unter den Schritten. Die hohen Decken wirken herrschaftlich. Ringsherum sind lange Kerzen aufgestellt, die das spärlich aber geschmackvoll eingerichtete Zimmer in verträumtes Licht tauchen. Die bodenlangen Vorhänge sind zugezogen, im Hintergrund läuft leise Lounge Musik. Auf einem kleinen Tisch zwischen zwei schweren Sesseln entdecke ich eine Flasche Champagner mit zwei Gläsern. Er ist auf meinen Besuch vorbereitet wie ein echter Gentleman auf ein romantisches Tête-à-Tête. Wenige Männer tun das, wenn sie das Mädchen nicht kennen. Die meisten wollen schnell bezahlen, wegficken und tschüss.

Der Mann mit dem Bart deutet auf einen der bequem aussehenden Sessel.

»Bitte setz dich. Ich hoffe, du magst Champagner?« Er lächelt freundlich, seine Augen wandern an mir entlang.

»Natürlich, danke.«

Sachte füllt er mein Glas. Champagner ist zwar nicht mein Lieblingsgetränk, aber es ist mir sehr angenehm hier. Ich nehme einen Schluck, es prickelt wohltuend kühl an meinen Gaumen.

»Wie lange möchtest du, dass ich bleibe?«, frage ich.

Er schürzt die Lippen, als wenn er nachdenken würde und sagt: »Zwei Stunden, wenn das geht.«

»Ja, sicher«, antworte ich.

Stattdessen könnte er auch eine Stunde abwarten und dann verlängern.

Er reicht mir das Geld. Drei Hunderter.

Ich frage: »Möchtest du blasen? Möchtest du küssen? Möchtest du schlecken?«

Ich bin etwas aufgeregt. Nicht wegen ihm, sondern wegen der Situation und dem Reinfall zuvor. Ich fühle mich ein wenig wie eine Schülerin. Ich will alles richtig machen, will professionell sein. Erst mal bekomme ich also mein Geld, dann mal sehen, ob er Extras möchte. Ganz wie Eagle es mir beigebracht hat. Das ist zunächst sehr geschäftsmäßig, eigentlich soll man nicht so ernst sein. Es ist besser, man beginnt locker, flirtet ein bisschen und macht Konversation anstatt als Erstes über Geld zu reden. Aber ich habe Angst, ich könnte nicht so viel bekommen wie möglich. Eagle hat es mir eingeschärft. Unser Ziel ist Geld, Geld, Geld. Wir müssen eine Wohnung kaufen für ihn und für mich. Ich kassiere dann sofort noch hundertfünfzig Euro für Küssen, Blasen und Lecken, in Österreich nennt man es ›Schlecken‹. Danach geht es mir schon besser.

»Wie lange machst du den Job schon?«, fragt er.

»Du bist mein erster Kunde«, antworte ich.

Das stimmt sogar teilweise, zumindest für Wien.

Er hebt die Augenbrauen. »Und - woher kommst du?«

»Ich bin Russin«, gebe ich zur Antwort. So steht es auch im Internet. Das hört sich besser an. Bulgarin klingt immer ein wenig nach Bettler. »Ich bin erst vor drei Tagen mit meinem Freund nach Wien gekommen.«

Er nickt, ohne etwas dazu zu sagen. Vielleicht ahnt er, dass es sich bei ›meinem Freund‹ um meinen Zuhälter handelt. Kein Mädchen sagt ›Zuhälter‹. Alle sagen ›mein Freund‹.

Es entsteht eine kleine Pause und ich frage: »Was machst du beruflich?«

Er sagt: »Ich arbeite für eine Softwarefirma.«

Ein Programmierer, der Piano spielt? Das scheint mir auf jeden Fall ungewöhnlich. Bestimmt stammt er aus einer wohlhabenden Familie.

»Und du spielst Klavier?«, frage ich.

»Ja, ein wenig«, sagt er und lächelt. »Spielst du auch?«

Ich schüttele den Kopf. »Nein, leider nicht.«

Er nickt wieder. »Wie gefällt dir diese Musik hier?« Er deutet in den Raum.

Ich wiege den Kopf ein wenig im Takt. Klingt irgendwie cool, dabei sanft und sexy. »Gut. Was ist das?«

»Akmusique. Eine französische Band.«

Wir plaudern weiter und trinken Champagner. Nach einer Weile wollen wir zum gemütlichen Teil übergehen, und er geht ins Bad, um sich frisch zu machen. Auch ich gehe duschen. Als ich mit einem weißen Handtuch umwickelt wieder das Wohnzimmer betrete, erhebt er sich aus dem Sessel, nimmt mich bei der Hand und führt mich in sein Schlafzimmer. Er hat ein großes, altmodisches Bett mit hohen gedrechselten Pfosten, beschirmt von einem blauen Baldachin. Auch hier brennen Kerzen.

Ich lasse das Handtuch auf den Boden fallen. Offensichtlich gefällt ihm, was er sieht. Er leckt sich die Lippen. Ich gehe einen Schritt auf ihn zu. Er umfasst meine Taille und zieht mich zu sich heran. Schaut mir dabei in die Augen. Unsere Lippen begegnen sich erst zaghaft, dann küsst er mich leidenschaftlich. Unsere Zungen im Ringelreihen. Meine Augen sind jetzt geschlossen. Sein Bart kitzelt ein wenig, aber das ist nicht weiter schlimm. Ich umfasse seine muskulösen Oberarme, seinen Hals, seine Schultern. Spüre seinen kräftigen Oberkörper warm an meiner Haut. Ohne die Umarmung zu lösen, dreht er mich zum Bett herum und lässt mich niedersinken. Zärtlich streichelt er über meine Brüste. Wie auf Knopfdruck richten sich meine Nippel auf, als er sie berührt. Langsam lässt er jetzt die Hände meine Hüften abwärts gleiten. Er hat große kräftige Hände, aber kann sanft mit ihnen umgehen. Er löst den Kuss, kommt auf den Bauch, legt sich zwischen meine Beine und schiebt sie weit auseinander. Gerne lasse ich ihn gewähren. Meine Muschi ist natürlich rasiert. Das ist Standard, denn die Männer stehen drauf. Keiner möchte beim Lecken Haare im Mund haben. Er schaut zu mir hoch. Ich weiß, er wird es jetzt tun. Ich lasse den Kopf in den Nacken sinken. Als er mit seiner Zunge an meine Spalte kommt, ist sie schon feucht. Dann leckt er mich. Er tut es gekonnt und mit Hingabe, versteht, wie ich es möchte. Es dauert auch nicht lange, und ich spüre ihn kommen. Meinen geliebten Tsunami. Die Welle rollt langsam zurück, täuscht vor, zu verschwinden. Aber sie holt nur aus. Von ganz tief unten. Und dann ergießt sie sich mit voller Wucht und von allen Seiten zugleich über mich, schüttelt und wirbelt mich herum und lässt mich im heißen Strudel des Ozeans versinken.

Ich tauche wieder auf und flüstere: »Leg dich hin.«

Er dreht sich auf den Rücken. Er soll seine Belohnung bekommen. Ich lecke seinen heißen Lustmuskel mit der ganzen Zunge an der Unterseite langsam von unten nach oben, umkreise die glatte Spitze, lasse ihn tief in meinen Mund gleiten, gebe ihn wieder frei. Ein paar Mal wechsle ich den Rhythmus. Mit der einen Hand umfasse ich sein Ding und schraube ein wenig an ihm, mit der anderen kraule ich seinen Beutel. Das gefällt ihm.

»Ich hoffe, ich mach nicht zu fest?«, frage ich.

»Nein, mach weiter so«, stöhnt er und schließt dankbar die Augen.

Er ist schön hart. Ich ziehe ihm ein Kondom über, und er nimmt mich von vorn. Er hält meine Arme fest und küsst meinen Hals. Meine Brüste. Immer wieder. Immer wieder. Immer wieder.

Am Ende liegen wir erschöpft mit geschlossenen Augen dicht nebeneinander. Mein Herz trommelt einen Kriegstanz. Als es wieder ruhig ist, fällt mir auf, dass die Musik noch immer läuft.

Die Sängerin haucht: »Je regarde la mer. Tu me manques. Notre rêve d'amour. Je t'aime ...«

Ich öffne die Augen. Er hat den Kopf aufgestützt und betrachtet mich.

»Du bist wunderbar«, sagt er.

»Dankeschön«, antworte ich, fast ein wenig artig.

»Weißt du, wem du ähnlich siehst?«

Ich schaue ihn an und warte gespannt.

Nach kurzem Zögern fährt er fort: »Du siehst aus wie Sophie Marceau. Wie die junge Sophie Marceau in ›Meine Nächte sind schöner als deine Tage‹. Kennst du den Film?«

Der Film sagt mir nichts, dafür aber Sophie Marceau, eine französische Schauspielerin und sehr attraktiv. Ich kenne sie aus einem Bond-Film, den ich mir vor ein paar Jahren angesehen habe. Das Kompliment gefällt mir.

»Interessanter Titel«, antworte ich.

Ich bin mir sicher, dass das nicht nur Schmeichelei ist. Nach dem Sex werden die Männer oft gefühlig oder zumindest von einem Schub Ehrlichkeit übermannt, jedenfalls in einem Ambiente einer privaten Wohnung mit Kerzenschein wie hier.

»In dem Film geht es um einen Computerfachmann, der eine erotische Nacht mit einer jungen Frau verbringt.«

Er küsst meine Schulter.

Aha. Er identifiziert sich offenbar mit dem Hauptdarsteller. Wie süß. Später werde ich den Film dann einmal anschauen. Es stimmt. Eine gewisse Ähnlichkeit ist nicht zu übersehen.

»Wie ist sie denn so, die junge Frau in dem Film?«, will ich wissen.

Er streicht sich seinen Bart. »Ein bisschen verrückt, und sie hat übersinnliche Fähigkeiten. Sie kann in die Herzen der Menschen schauen.«

»Glaubst du, ich kann in dein Herz schauen?«

»Wer weiß ... Kannst du?«

Er sieht mir tief in die Augen, als suche er dort die Antwort.

»Wer weiß ...«, antworte ich und schmunzele. »Was noch?«

»Sie sagt von sich selbst, sie sei berechnend und egoistisch.«

Ich stutze. Was soll das jetzt? Will er mich analysieren?

»Aber das stimmt so nicht«, fügt er eilig an.

»Nein?«

»Sie ist auf der Suche nach Liebe.«

In diesem Moment erlischt eine der Kerzen, die am Bett stehen.

»Wie wir alle vermutlich«, antworte ich, während mein Blick der dünnen Rauchsäule folgt, die sich kräuselnd in Nichts auflöst.

Er nickt. »Ja, vielleicht.« Er zupft wieder an seinem Bart.

»Und was gefiel dir an ihr?«

»Vieles. Ihr Aussehen, ihre Sinnlichkeit. Sie war einfach hinreißend verführerisch. Genau wie du.«

Ich werfe ihm einen kecken Seitenblick zu und räkele mich. Er lächelt.

»Kannst du Französisch?«, fragt er und korrigiert gleich den Doppelsinn. »Ich meine sprechen!«

Wir lachen.

Ich spreche ein paar Sätze auf Englisch mit französischem Akzent.

»Wow, du klingst wie eine echte Französin!« Er strahlt.

In Wien gibt es später einige Kunden, die unbedingt eine Französin wollen. Das wird zu einer richtig beliebten Nummer bei mir.

Die Telefonistin gibt mir die Instruktionen: »Also, du bist neunzehn Jahre alt und kommst aus Paris. Du bist echte Französin, und du heißt Jaqueline.«

Ich kann eigentlich gar kein Französisch, wohl aber dieses Englisch mit Akzent. Ich bin jetzt vierundzwanzig, aber die meisten schätzen mich auf einundzwanzig oder zweiundzwanzig. Es kommt natürlich sehr auf Schminke und Klamotten an, die Haare und die Art, wie ich mich verhalte. Wenn ich jünger wirken will, mache ich mir im Auto schnell zwei Zöpfe links und rechts, ein bisschen weniger Schminke, den Lippenstift weg, nur ein wenig Glanz drauf, lege vielleicht noch ein Kettchen an. Dann nehme ich ein etwas süßeres Parfum und schon bin ich die neunzehnjährige Pariserin. Und später beim Sex - wenn ich sein bestes Stück in den Mund nehme - spiele ich zuerst ein wenig schüchtern.

Wenn er fragt, wie lange ich schon dabei bin, sage ich: »Ach, ich mache das noch nicht so lange, so ein, zwei Monate. Sag bitte Bescheid, wenn ich zu doll bin oder wenn ich mit den Zähnen etwas falsch mache.«

Natürlich kann ich beim Blasen im Finale der Weltmeisterschaft antreten, aber wenn ich ein neunzehnjähriges Pariser Mädchen spiele, lasse ich mir das am Anfang nicht anmerken. Es gibt viele Italiener und Chinesen in Wien. Die wollen fast immer ein französisches Mädchen. Ich weiß gar nicht, wie oft ich eine Französin sein muss. Dann wollen sie immer, dass ich etwas auf Französisch sage.

Ich hauche ihnen dann ›Je t'aime ... Je t'aime ...‹ ins Ohr. Sie sind begeistert und es gibt jede Menge Trinkgeld. Dazu lerne ich auch noch ein paar andere französische Sätze, so wie ›Je suis très contente avec toi.‹ Das bedeutet: ›Isch bin serr glücklisch mit dirr.‹ Manchmal verkaufe ich mich auch als englisches Mädchen. Einige Kunden kommen vom Land und können kaum Englisch. Sie fragen mich, wie denn das Wetter in London sei.

»Its raining all day long«, antworte ich dann. »That's why I'm here. I can't stand the rain.« Die Männer nehmen es mir immer ab. Das ist sehr lustig.

Meinem bärtigen Romantiker jedenfalls gefällt die Französin auch sehr. Wir machen dann noch Mal Sex, das zweite Mal ist nicht so toll - aber egal. Irgendwann ist die Zeit um, und ich bin sehr müde. Ich weiß, ich bin jetzt vierundzwanzig Stunden erreichbar. Auf meiner Setcard im Internet steht deshalb bei den drei Agenturen jeweils ›24h‹. Wobei alle Agenturen wissen, dass ich auch bei den anderen arbeite. Wenn ich von einer einen Termin habe, gebe ich den anderen per SMS Bescheid, dass ich für bestimmte Zeit beschäftigt bin. Es kann also sein, dass mich der Fahrer, wenn ich herunterkomme, nach Hause bringt oder auch sofort zu einem anderen Termin fährt.

Ich sage zu meinem Gastgeber: »Ich muss jetzt gehen, denn es ist schon spät, und ich bin sehr müde.« Ich gähne.

»Machst du jetzt Feierabend?«

»Nein. Habe kein Feierabend, ich muss weiter. Aber ob noch ein Termin kommt oder nicht, das weiß ich nicht.«

Er überlegt kurz und meint: »Gut. Dann ruf jetzt deine Agentur an und sag, ich will noch um zwei Stunden verlängern, okay?«

»Okay.«

Er bezahlt mich noch für zwei Stunden. Eagle hat mir zwar gesagt, ich soll niemals bei Kunden schlafen, weil sie dich vielleicht beklauen könnten oder sonst was mit dir machen, während du schläfst. Aber ich bin hundemüde. Ich verstaue das Geld in meiner Tasche und stelle den Alarm am Handy auf zwei Stunden ein, um den Fahrer nicht zu verpassen, wenn er kommt. Ich schlafe durch wie ein Murmeltier. Noch bevor mich der Alarm wachmachen kann, kommt mein bärtiger Gentleman ans Bett und weckt mich. Er hat mich nicht angefasst und nur dafür bezahlt, dass ich meine Pause machen und mich ausruhen kann. Ich stehe auf und er begleitet mich zur Tür.

»Servus ba-ba«, sagt er.

»Bye«, sage ich, küsse ihn zum Abschied auf den Mund und entschwinde.

2. KAPITEL

Aschenputtel

Geboren wurde ich in einer kleinen Stadt namens Lukovit in Nord-Bulgarien. Meine Mutter lebte alleine mit mir, denn mein Vater hatte uns verlassen, als ich noch ein Baby war. Wir wohnten in einer kleinen Wohnung in einem grauen Wohnblock am Rande der Stadt. Es war eine Eigentumswohnung, aber Mama musste sie jahrelang abbezahlen. Sie arbeitete als Putzfrau und verdiente sehr wenig Geld. Bevor ich zur Welt kam, war meine Mutter schon zweimal verheiratet gewesen und hatte noch zwei Kinder. Einen Jungen und ein Mädchen. Der Bruder starb kurz nach der Geburt. Zu meiner Schwester habe ich keinen Kontakt. Sie wuchs bei ihrem leiblichen Vater auf.

Als ich fast sechs war, lernte meine Mutter den Stiefvater über eine Zeitungsannonce kennen. Er war vierzig, sie achtunddreißig. Oft besuchte sie ihn. Ich blieb dann allein zu Haus und wartete darauf, dass sie zurückkommt. Manchmal kam er auch zu uns. Ich mochte ihn nicht. Vom ersten Moment an. Eines Morgens, es war mein sechster Geburtstag, fuhr er mit einem großen Auto vor. Alles wurde eingepackt, die Geburtstagsfeier fiel aus. Stunden später langten wir in seinem kleinen zweistöckigen Haus an, dem neuen Zuhause in Welingrad. Das liegt in den Rhodopen, einem bewaldeten Gebirge in der Mitte Bulgariens, wo aus schroffen Felsen Mineralquellen hervorsprudeln. Kurze Zeit später heirateten sie. Auch seine Mutter wohnte dort. Sie war krank und starb nach zwei Jahren. Dafür kam mein kleiner Bruder Petko auf die Welt. Meine Mutter fand eine Stelle in einer Klinik, wieder als Putzfrau. Der Stiefvater arbeitete in einer kleinen Fabrik für Maschinen. Auch er verdiente kaum Geld. Aber es gab sowieso wenig zu kaufen. Der Sozialismus war am Ende. Man musste sehr früh aufstehen und sich stundenlang für ein Brot anstellen.

Ich kam in die Schule. Mein Stiefvater war inzwischen Alkoholiker. Er ging oft in eine Kneipe in der Nähe. Schon mittags fing er an zu trinken. Deshalb verlor er seine Arbeit. Meine Mutter musste das ganze Geld verdienen. Sie war meistens weg. Oft auch nachts. Ich musste im Haushalt alles machen. Kochen, putzen, einkaufen gehen. Das Geld war immer genau abgezählt, nie durfte ich einmal Süßigkeiten oder etwas Kleines für mich kaufen. Morgens musste ich zuerst die Tiere füttern. Wir hatten zwei Ziegen, drei Schafe und ein paar Hühner. Danach brachte ich Petko zum Kindergarten. Anschließend ging ich bis zum Mittag in die Schule. Nach dem Unterricht kehrte ich nach Hause zurück, wieder die Tiere füttern, den Stall saubermachen und was so anfiel. Ich holte meinen Bruder vom Kindergarten ab. Wenn meine Mutter nicht da war, kochte ich das Essen. Sie arbeitete oft bis spät abends. Auch für den Garten war ich zuständig. Ich sorgte für das Gemüse, goss die Gurken und die Tomaten. Im Sommer gab es rote Käfer auf den Kartoffelpflanzen, die wie kleine Kakerlaken aussahen. Ich musste sie in ein Glas mit Wasser absammeln. Das war ekelig. Hausarbeit die ganze Zeit. Ich machte es nicht gerne, aber ich musste. Mein Stiefvater betrachtete mich nie als seine Tochter. Nie, nie, nie. Er sorgte dafür, dass ich es nicht vergaß. Wenn er betrunken war, schlug er mich. Er war fast jeden Tag betrunken. Meine Mutter sagte nichts dazu. Vielleicht fühlte sie sich schuldig, aber sie tat nichts dagegen.

Viel später erzählte mir meine Großmutter, dass mein Stiefvater, als er meine Mutter kennenlernte, von ihr verlangt hatte, dass sie mich in ein Heim gibt. Er sei schließlich nicht der Vater. Aber meine Mutter hatte meine Schwester aus einer vorigen Ehe schon bei deren Vater gelassen und wollte mich nicht weggeben. Sie hätte mich gerne bei meinen Großeltern in einem kleinen

Dorf aufwachsen sehen, doch da gab es nichts. Keine Schule, keinen Arzt, keine Apotheke. Meine Großeltern waren dagegen, weil ich noch so klein war. Sie versprachen, meine Mutter finanziell zu unterstützen, obwohl sie selbst arm waren.

Mein Stiefvater stimmte widerwillig zu und sagte: »Wenn sie schon unter meinem Dach wohnt und mein Brot isst, muss sie eben im Haushalt arbeiten.«

Also war ich das Aschenputtel, sollte auf meinen Bruder aufpassen und die Wäsche waschen, natürlich mit der Hand, denn es gab keine Waschmaschine.

»Ich muss Kaka«, sagte der kleine Petko immer zu mir und ich musste mit ihm aufs Klo gehen, ihm den Po abwischen.

Warum mochte mein Stiefvater mich nicht? War er eifersüchtig, weil meine Mutter mich nicht weggeben wollte? Ich wusste es nicht. Immer wenn ich etwas falsch machte oder seiner Meinung nach zu langsam arbeitete, schlug er mich. Er tat es mit der Rückseite seiner Hand, schlug mir ins Gesicht. Immer auf den Mund. Er schlug mich, bis ich blutete. Daher kenne ich den Geschmack von Blut. Ein Geschmack wie Metall zwischen den Zähnen. Ständig hatte ich aufgerissene Lippen. In der Schule fragten sie mich, warum ich dauernd gerissene Lippen habe. Das war mir sehr unangenehm.

3. KAPITEL

Shisha-König

Normalerweise werde ich spontan bestellt. Die Agentur ruft dich an, und fünfzehn oder zwanzig Minuten später steht der Fahrer unten vor der Tür.

Dieses Mal aber meldet sich die Telefonistin schon am frühen Nachmittag: »Um 18 Uhr wirst du abgeholt. Es geht in einen teuren Bezirk, vielleicht bleibst du länger als eine Stunde. Mach dich schick, Antonia.«

Ich mache mich also schön zurecht. Geduscht, Haare gewaschen und gekämmt, dezent geschminkt. Es ist Mitte Mai und schon recht warm draußen. Ich will mich nicht zu aufreizend anziehen und wähle einen eleganten Anzug, den ich aus Bulgarien mitgebracht habe. Eine lange, seitlich geschlitzte Hose und ein Top mit breiten Trägern und schmaler Knopfleiste vorn, beides aus weißer Seide. Das Ganze ist sehr weit geschnitten. Fast wie ein Kleid. Der Stoff, nahezu durchsichtig, umfließt meinen Körper wie eine sanfte Sommerbrise. Über dem Top trage ich dazu eine passende Pelerine, die in der Mitte ebenfalls geschlitzt ist und den Rücken bis zum Po frei lässt. Wenn du mit High Heels gehst - klack-klack, klack-klack - sieht es aus wie ein großer, weißer Schmetterling. Die Schuhe sind mit Glitzer und hellen, mintgrünen Netzteilchen versehen, die Absätze ganz dünn. Ein teures Parfum darf natürlich nicht fehlen. Dieses Outfit ist exklusiv und ganz speziellen Kunden vorbehalten, wie wenn mich zum Beispiel der Präsident bestellt oder so. Mit anderen Worten: schicker geht nicht.

Die Limousine rollt über Kopfsteinpflaster und hält am Ende einer breiten, wenig belebten Gasse mit imposanten Jugendstilhäusern gegenüber einem kleinen Brunnen an. Ich befinde mich in Wieden, dem vierten Wiener Bezirk. Ich steige aus. Kaum habe ich die Autotür geschlossen, kommt von der Seite auch schon ein Mann auf mich zu und hakt mich unter. Der spezielle Kunde ist ein bäriger Österreicher mit Dreitagebart und Brille. Es gibt Männer, die, egal wie alt sie sind, zeitlos jugendlich kraftvoll wirken. Der hier ist so ein Exemplar. Er mag vielleicht Mitte vierzig sein, hat ein arabisch aussehendes Profil mit ausgeprägter Kinnpartie und ist leger angezogen. Jeans, ein kariertes Hemd, darüber eine Weste aus braunem Leder.

»Hallo. Wie heißt Du?«, fragt er. Seine Stimme klingt tief wie ein Kontrabass. Aus seiner Nase ragen dunkle Haare hervor, die wie Käferbeine aussehen.

»Antonia«, antworte ich. Das ist mein ›Künstlername‹ bei dieser Agentur.

Er stellt sich als Rudolf vor und mustert mich lächelnd von der Seite. Deutsch kann ich noch nicht, und so wechseln wir nach ein paar Versuchsworten ins Englische.

Er sagt: »You are beautiful.«

»Thank you«, sage ich und senke für eine Sekunde meinen Blick. Das höre ich immer wieder gerne.

Wir schlendern die Gasse ein Stück hinunter und bleiben vor einem Haus mit vergilbter Sachertorten-Fassade stehen. Hier wohnt er. Wir gehen jedoch nicht gleich nach oben in seine Wohnung, wie ich es erwartet habe. Er sagt, er wolle mir zunächst seinen Laden an der Ecke zeigen. Ein Shisha-Geschäft, das um diese Zeit aber geschlossen ist. Während wir die im schwach beleuchteten Schaufenster ausgestellten Pfeifen, Wasserpfeifen und Shishas in allen Größen und Farben betrachten, erzählt er mir, dass er außerdem auch Gras, also Marihuana und Zigaretten verkaufen würde.

»Das ist natürlich alles ganz legal. Ich habe eine Erlaubnis dazu«, behauptet er.

Ich nicke nur. Männer erzählen gerne viel, wenn der Tag lang ist.

»Ich möchte dir gerne zeigen, was ich so mache, damit wir uns etwas besser kennenlernen«, sagt er.

»Okay«, entgegne ich, während ich die bunte Pfeifensammlung im Halbdunkel zu begutachten versuche.

Freundlich legt er seinen Arm um meine Schultern und fährt fort: »Komm, wir genehmigen uns noch etwas zu trinken, bevor wir zu mir gehen, dakoa?«

Ich bin einverstanden. Schließlich soll ich gleich Sex mit ihm machen und es ist mir lieber, wenn ich mich vorher noch ein wenig an ihn gewöhnen kann - soweit das in so kurzer Zeit eben geht. Außerdem, je länger ich bleibe, desto fürstlicher wird mein Honorar ausfallen und umso zufriedener wird Eagle mit mir sein, wenn ich später wieder zu ihm ins Bett krieche. Ich sehne mich schon nach meiner Belohnung.

Neben dem Laden gibt es eine Art indische Bar. Das Licht ist schummrig und in den Ecken stehen hölzerne Budda Statuen. Eine Kellnerin mit knöchellangem Gewand führt uns zu einem Tisch. Darüber an der Wand das bunte Bild einer Frau mit Elefantenkopf, die in einem goldenen Thron sitzend auf einem weißen Elefanten reitet. Rudolf bestellt Champagner und fragt mich, ob ich essen will. Ich habe nichts dagegen. Wir bekommen Chickenwings, Pizza, Onionrings und Pommes Frites, alles was ich will. Während wir essen - er zieht nach jedem dritten Bissen an seinem Joint - erzählt er mir von seinem Geschäft, was für ein cooler Typ er ist, dass er Geld hat und besonders stolz von seiner ›Position in der Society‹.

Nach einer Weile fragt er: »Was kostet die ganze Nacht mit dir?«

Ich denke, Mensch, wenn das so gut läuft, kann ich gerne ein paar Nächte bleiben. Die ganze Nacht kostet tausend Euro. Er bezahlt mich gleich und legt sogar noch Zweihundert oben drauf. Rasch rufe ich die Agentur an und gebe Bescheid, dass ich die ganze Nacht gebucht bin. Auch Eagle informiere ich per

SMS, damit ich meine Ruhe habe. Der Fahrer, der noch in der Nähe gewartet hat, fährt weg.

Wir trinken und essen weiter, und er redet und redet. Dabei raucht er die ganze Zeit Marihuana. Einen Joint nach dem anderen. Sein Englisch ist nicht gerade klar und verständlich, auch mischt er es manchmal mit deutschen Worten. Ich bin mir also nicht wirklich sicher, was er da so alles quatscht. Höflich begleite ich seine Ausführungen mit gelegentlichem Nicken und lasse ab und zu ein interessiertes ›Hm‹ oder ›Aha‹ fallen, während ich die knusprigen Hähnchenflügel in die leckere süß-scharfe Soße tunke. Time is on my side.

Schließlich meint er: »Komm, ich zeige Dir meine Firma.«

Rudolf zahlt und wir gehen zurück zum Haus. Anscheinend gehört ihm das ganze Gebäude, denn er sagt, dass er mehrere Wohnungen darin nutzt. Nachdem er die Eingangstür hinter uns geschlossen hat, führt er mich im Treppenhaus einen Flur entlang nach hinten zu einer Tür, die mit mehreren Schlössern gesichert ist. Er zieht ein dickes Schlüsselbund aus der Tasche und schließt eins nach dem anderen auf. Rudolf voran, steigen wir hinunter in den Keller. Was hat er vor?

Hinter einer schweren Eisentür am Ende eines Ganges tut sich schließlich ein unerwartet großer Raum auf. Ein Schwall feuchter Gewächshausluft schlägt mir entgegen. Der fensterlose Keller ist gefüllt mit unzähligen Reihen grüner Pflanzen und jede einzelne hat ihren eigenen Topf. Marihuana Pflanzen. Zwar kenne ich diese Gewächse mit den sterngefächerten Blättern bislang nur von Bildern, aber es besteht kein Zweifel, ich befinde mich in einer unterirdischen Gras-Plantage. Von der Decke hängen viele Lampen herab, die den Raum in ein unwirkliches, violettes Licht tauchen. Rudolfs Zähne und Augen leuchten ganz weiß - wie bei einem von innen beleuchteten Halloween Kürbis im Dunkeln.

»Buh!«, macht er und reißt die Augen weit auf, wie um mich zu erschrecken.

Ich muss lachen und betrachte meine Fingernägel, auch sie leuchten.

»Das sind spezielle UV-Lampen, damit die Pflanzen schnell wachsen können.«

Er fährt fort, über seine Leuchten zu sprechen und doziert über die professionelle Ausstattung seiner kleinen Fabrik. Super Kühlschränke, modernste Backöfen und eins-a Pressen. Ich bleibe vor einer Maschine stehen und berühre einen Hebel, der seitlich wie ein mächtiger Penis hervorragt, mit meinen Fingerspitzen.

»Eine schöne Maschine«, sage ich.

»Das ist eine Vorrichtung, um die Pflanzen zu trocknen und weiter zu Zigaretten zu verarbeiten«, meint er eifrig und schiebt mich sanft den Gang weiter an mehreren Arbeitstischen vorbei. »Zur Ernte und Verarbeitung beschäftige ich asiatische Frauen. Die wohnen dann hier unten auch. Während der Zeit dürfen sie den Keller aber nicht verlassen. Das ist günstig, weißt du. Auch weil sie sehr wenig Geld bekommen.«

Er lächelt stolz und kneift die Augen zusammen, als er wieder an seinem Joint saugt. Die Spitze glimmt auf wie ein Pulk Glühwürmchen. Er deutet auf eine weitere Tür seitlich des Ganges, geht einige Schritte darauf zu und öffnet sie. Dahinter befindet sich der Schlafraum für die Asiatinnen. Ein Keller mit bestimmt zehn Stockbetten, Toilette und Waschgelegenheit. Ich sage nichts dazu.

»Pass auf, ich zeige dir noch was«, flüstert er geheimnisvoll und hebt großäugig den Zeigefinger.

Wir durchqueren den großen Pflanzenraum bis zum Ende und stoppen vor zwei grauen Metallschränken, die etwa einen Meter weit auseinander stehen. Er tritt zwischen sie und beginnt mit beiden Händen gegen die Wand zu drücken. Die Wand gibt nach und lässt sich seitlich hinter einen der Schränke verschieben. Es kommt eine weitere Tür zum Vorschein. Eine Geheimtür. Langsam wird es mir mulmig, hier unten so allein mit diesem bekifften Typen. Er fasst um die Ecke, macht drinnen das Licht an und bedeutet mir, hineinzugehen. Aber ich habe Angst. Wer weiß, was er hier unten mit mir macht, wenn ich diesen versteckten Raum betrete. Also spähe ich nur wie ein Mäuschen um die

Ecke, denn etwas neugierig bin ich schon. Das Ganze sieht aus wie ein Chemielabor, mit Edelstahltischen, metallenen Apparaturen und Becken. Glasbehälter in unterschiedlichen Größen stehen überall herum. Auf einigen Tischen sind durchsichtige Plastiktüten gestapelt. Wie Mehlbeutel sehen die aus. Natürlich ist das kein Mehl, sondern Kokain. Und das soll alles legal sein? Ich will in dem Moment nicht weiter darüber nachdenken.

Die ganze Zeit redet er in einem Kauderwelsch aus Deutsch und Englisch auf mich ein. Versucht mir wahrscheinlich zu erklären, wozu das alles gut ist. Aber mir ist es hier nicht recht geheuer, und ich will lieber mit ihm nach oben, schnell Sex machen und dann möglichst bald wieder verschwinden.

»Wollen wir nicht in deine Wohnung gehen?«, frage ich ihn.

»Jaja, gleich«, sagt er und verschließt die Tür zu seiner geheimen Drogenküche wieder. Wir gehen durch die Marihuana Plantage zurück in Richtung Ausgang. Neben der Tür bleibt er vor einem großen Glastür Kühlschrank stehen. Darin befinden sich verschiedene Torten, Kekse, Schokolade und Getränke, deren Verpackungen alle mit einem kleinen siebenblättrigen grünen Pflanzensymbol versehen sind. Das alles ist neu für mich. Ich bin ja erst vor kurzem aus Bulgarien gekommen. Mit Kokain, Marihuana oder sonst was habe ich bislang keine eigenen Erfahrungen gemacht. Drogen haben mich ohnehin noch nie interessiert. Die dienen doch nur dazu, dir Gefühle zu verschaffen, die eigentlich gar nicht da sind. Und Befriedigung. Eine Art Ersatz für Sex, für den Orgasmus. Nur, dass du von Drogen krank wirst und schlechte Zähne bekommst, während Sex gesund und schön macht. Und gute Laune. Zumindest bei mir ist das so. Da ich meistens genug Sex habe, brauche ich auch keinen Ersatz dafür. Ich halte mich lieber an das Original. Jedenfalls, dass man Gras auch in Kuchen und Getränken konsumieren kann, habe ich noch nie gehört. Ich ging bisher davon aus, dass es nur geraucht wird. Dass all die lecker aussehenden Sachen hier mit Marihuana zubereitet sein könnten, kommt mir nicht in den Sinn. Außerdem haben wir ja schon einige Gläser Champagner im Restaurant getrunken. Der Alkohol und der unverständliche Wortschwall meines Gastgebers müssen mein Gehirn wohl etwas benebelt haben. So nehme ich an, dass die ›legalen Geschäfte‹, von denen er gesprochen hat, mit diesen Süßigkeiten zu tun haben.

Er öffnet den Kühlschrank, der von oben bis unten mit Leckereien gefüllt ist. Auch Joghurts und Joghurtdrinks in diversen Geschmacksrichtungen gibt es da. Die ansonsten weißen oder durchsichtigen Verpackungen sind - außer mit den erwähnten grünen Blättchen - mit kleinen Kirschen, Erdbeeren, Birnen, Äpfeln oder Schokobildchen bedruckt. Besonders appetitlich sehen die Torten aus.

»Bediene dich! Nimm dir, was du magst«, meint er und nickt mir aufmunternd zu.

Ich bin derzeit eigentlich dabei, ein bisschen Diät zu halten. Aber angesichts dieser Auswahl beschließe ich kurzerhand, die Diät heute mal auszusetzen und etwas zu naschen. Nichts ahnend beginne ich mit einem großen Stück Schokoladentorte. Neben Zimt und Schokolade schmeckt hier noch ein anderes, fremdes, ein wenig an Pferde- oder Kuhmist erinnerndes Aroma durch. Aber das stört mich nicht weiter, gibt es dem Ganzen doch eine interessante Note, besonders zusammen mit dem Sirup artigen Zuckerguss oben drauf. Er schaut mich mit großen Augen an. Warum grinst er so? Das sieht fast ein bisschen gemein aus, wie er so grinst. Naja, vielleicht freut er sich, dass es mir so gut schmeckt.

Als der letzte Bissen verzehrt ist, meint er: »Komm jetzt, gehen wir nach oben« und will den Kühlschrank wieder schließen.

»Darf ich mir noch eins nehmen?«, frage ich.

Er zieht die Brauen hoch und sagt auf Deutsch so was wie: »Aufpassen!«

Das habe ich zwar verstanden, aber ich denke, er meint es als Scherz. In dem Sinne, ich solle aufpassen, weil zu viel Kuchen eben dick macht.

»Ach, kein Problem«, erwidere ich, denn ich will meine Diät morgen wieder fortsetzen. Was machen da schon ein oder zwei Stückchen Torte?

»Na gut, wenn du meinst.« Er führt den Joint zum Mund und zieht den Rauch tief in seine Lungen ein. Dabei verzieht er sein Gesicht, als ob er gerade in eine Zitrone gebissen hätte. »Probier doch mal die Jamaika-Welle«, bläst er den Rauch wieder aus und deutet auf eine grasgrüne, mit gelben Schlangenlinien und schwarzen Dreiecken verzierte Torte.

Ich nehme mir ein Stück und beiße hinein.

»Hm, lecker«, lobe ich die Kreation.

»Da ist Mango drin«, nickt er.

Der Zuckerguss ist aber so süß und klebrig, dass ich Durst bekomme. Ich nehme mir einen von den Joghurtdrinks dazu und leere ihn in einem Zug. Die hundert Milliliter reichen jedoch nicht, um meinen Durst zu stillen, also trinke ich nach dem Kirschgeschmack noch einen mit Erdbeere hinterher. Die Hand an der Kühlschranktür macht Rudolf mittlerweile ein sorgenvolles Gesicht.

»Du musst aufpassen, aufpassen. Also wirklich ...«

Ich winke ab. »I am okay. Keine Sorge, ich hab's im Griff«, sage ich und nehme mir für den Weg nach oben noch ein drittes Stückchen mit.

In seiner Wohnung im zweiten Stock des Hauses angekommen, rollt er sich zunächst einen neuen Joint und zündet ihn sich an. Ich merke noch nichts von der Wirkung der Marihuana-Torte, denn für gewöhnlich setzt der Effekt frühestens nach einer halben bis Stunde ein. Aber das Unvermeidliche wird kommen, ich ahne nur noch nichts davon. Er hat Musik angestellt, und wir machen es uns auf einem breiten Sofa bequem. Ich habe meine Kleidung schnell abgelegt, öffne seine Hose und ziehe sie ihm samt Unterhose aus, um ihn mit Blasen in Stimmung zu bringen. Trotz meiner guten Technik wird sein Schwanz jedoch nicht richtig hart. Was eigentlich nicht weiter verwunderlich ist, hat er doch schon, ich weiß nicht wie viele, von den Marihuana-Zigaretten geraucht. Wir unterhalten uns weiter.

»Du bist so beautiful! Eine echte Traumfrau. Mei o Mei«, sagt er und wackelt mit dem Kopf. Dabei schließen sich seine Lider kurzzeitig. Tupfend drückt er seinen halbgerauchten Joint in einem schweren Glasaschenbecher aus, der auf dem flachen Tischchen vor dem Sofa steht.

»Du könntest doch bei mir bleiben. Als meine Freundin. Was meinst du?«

Er grinst. Das Weiße in seinen Augen ist schon rosarot vom vielen Kiffen.

»Oh, Baby, das geht nicht. Ich habe einen Freund, weißt du.« Ich erzähle ihm, dass mein Freund Russe sei und ich mit ihm zusammen wohne.

Er will es dann genau wissen. Woher kommt er, was arbeitet er, wer verdient das Geld? »Ach so. Du verdienst das Geld und er sitzt den ganzen Tag faul zu Hause und macht nichts. Verstehe.«

Ich zucke die Schultern.

Er betrachtet mich einen Moment lang mit schief gelegtem Kopf und fährt fort: »Warum willst du weiter in diesem Job arbeiten, he? Ein so hübsches Mädchen! Das musst du nicht. Du könntest zu mir ziehen. Ich kann für alles aufkommen und bezahle auch für deine Familie, kein Problem. Ich habe ein gutes Geschäft und verdiene sehr viel Geld damit. Mein Gott, du bist so hübsch, bleib mal bei mir!«

Oh Mann, bitte nicht diese Nummer. »Nein, nein, nein«, sage ich. »Du kannst mich gerne wieder bestellen, aber privat als Freundin, das kannst du vergessen.«

Wir diskutieren eine Weile hin und her, aber da ich auf seinen Vorschlag nicht eingehen will, reagiert er nun sauer und wird sogar leicht bösartig.

»Was willst du? Wer glaubst du, dass du bist, he? Ich habe so viel Geld, ich kann dich kaufen, wie ich will. Ich kaufe deine Lippen und küsse dich so oft ich will!«

Ich schüttele den Kopf, kneife die Lippen zusammen und schaue an die Zimmerdecke.

»Ich will dir doch nur Gutes tun, Süße. Verstehst Du nicht? - Was ist? Glaubst du etwa nicht, dass ich Geld habe oder was?«

»Mir ist ganz egal, wie viel Geld du hast«, antworte ich. »Das ändert gar nichts.«

Unvermittelt springt er auf, taumelt im Halbkreis durch das Zimmer und schlägt den Weg zum Fenster ein. Er greift hinter die Gardine und zaubert einige Geldscheine hervor. Lauter Fünfhunderter, Zweihunderter und Hunderteuroscheine. Er wirft sie in die Mitte des Zimmers und fährt unter triumphierendem Lachen damit fort, an allen möglichen Stellen Geldscheine hervorzuholen. Hinter dem Schrank, unter einem Sessel, aus den Polstern, unter dem Teppich und hinter der Stereoanlage. Das ganze Zimmer scheint gespickt mit Geldverstecken zu sein. Zehner oder Zwanziger sind jedenfalls keine dabei, nur große Scheine.

Mit weit aufgerissenen Augen ruft er: »Siehst du, wie viel Geld ich habe? Siehst du das?«

Er wirft die Scheine jedes Mal auf den Boden, bis sich ein ansehnlicher Berg angesammelt hat. Es sieht so aus, als hätte ein Gärtner im Herbst einen Haufen Laub zusammen geharkt. Nur dass dieser Haufen hier aus Banknoten besteht.

Er dreht die Musik lauter und singt rhythmisch: »Ich habe Geld, ich bin ein König! - Ich habe Geld, ich bin ein König!«

Offenbar vollends im Geld- und Marihuanarausch angelangt, beginnt er jetzt auf seinem Zigtausend Euro teuren Blätterhaufen eine Art Bauchtanz darzubieten. Ganz wie die Königin der Bauchtänzerinnen vor dem Sultan. Sein T-Shirt ist bis zur Brust hoch gezogen und sein behaartes Bauchfett wölbt sich schwingend im Schummerlicht. Eine Hose hat er ja keine mehr an, so dass sein halbsteifer Schwanz im Takt der Musik auf und ab und von links nach rechts wippt und gegen seine Schenkel klatscht. Seinen Joint im Mundwinkel, die Hände in die Hüften gestemmt, schiebt er seinen Unterleib vor und zurück. Er hebt die Arme und mit drehenden Handgelenken lässt er die Hüften kreisen, bückt sich hin und wieder nach dem Geld und lässt Scheine auf sich herabregnen.

Mir reicht es. Der Shitkuchen beginnt indes langsam seine Wirkung zu zeigen, und ich habe keine Lust mehr zu bleiben.

Was soll ich mit diesem Verrückten hier noch anfangen? Der Kunde macht mir Stress. Kurzentschlossen rufe ich die Agentur an und bitte darum, dass mich der Fahrer in fünfzehn Minuten abholt.

»Ich will jetzt gehen«, sage ich, als er seinen Tanz unterbricht und mich fragend anschaut.

»Wieso? Bleib doch noch! Ich habe die ganze Nacht bezahlt und will, dass du bleibst. Bitte geh noch nicht!«

»Nein ich gehe!«, sage ich. Und nach kurzem Wortwechsel verlasse ich ihn. Geld gebe ich ihm keins zurück. Was soll er machen? Er sieht mich entgeistert an und lässt mich ziehen.

Unten wartet der Fahrer schon auf mich. Ich steige vorne ein, hinten sitzen noch drei andere Mädchen. Plötzlich wird mir ganz komisch. Ich kann nicht mehr richtig hören, eine Art Rauschen macht sich breit. Auch meine Augen versagen ihren Dienst. Ich sehe unscharf. Ich habe das seltsame Gefühl, als wären meine Augäpfel mit einem Mal nach innen in Richtung Hinterkopf gerutscht. Ich versuche, dem entgegenzuwirken, in dem ich sie ein paar Mal abwechselnd zukneife und wieder weit öffne. Der Fahrer scheint zu merken, dass etwas mit mir nicht stimmt, denn ich kann mich nicht alleine anschnallen. Er greift an mir vorbei und hilft mir, den Gurt anzulegen.

»Ist alles okay?« fragt er.

Der Verschluss klickt dumpf.

»Ja, ja«, murmele ich.

»Antonia, was ist mit dir?«, dringt es vom Rücksitz an mein Ohr.

Ich verstehe nicht alles, was sie sagen, höre nur undeutliche Wortfetzen, die keinen Sinn ergeben. Der Fahrer sieht mich stirnrunzelnd an.

»Du hast einen Termin jetzt. Bist du okay?«, fragt er noch einmal.

Ich nicke. Natürlich will ich nicht sagen, dass es mir schlecht geht, denn dann würde er mich nach Hause schicken. Nach Hause will ich aber in meinem Zustand auf keinen Fall, denn Eagle wäre bestimmt sehr böse mit mir. Er hat mir eingebläut, nie etwas zum Essen oder zum Trinken bei Kunden zu mir zu nehmen - aus gutem Grund, wie jetzt klar wird. Ich weiß genau, was er sagen würde, nämlich dass wir wegen meiner Blödheit kein Geld verdienen und eine ganze Nacht verlieren würden. Außerdem, wenn die Agentur erfährt, dass ich Drogen genommen habe, wird sie mich wahrscheinlich sofort rausschmeißen. So gut es geht, beteuere ich, dass alles okay ist, und er mich zum Termin bringen soll. Aber mir ist so übel. Ich kann nicht klar denken, verstehe nicht, was sie mir sagen, kann mich nicht vernünftig bewegen. Ich klebe im Autositz wie eine Kartoffel im Acker. Unbeweglich und abgeschottet von der Welt.

Der Fahrer fährt los. Mein Herz rast. Es klopft so stark, dass mein linker Busen sich im Rhythmus des Herzschlages hebt und senkt. Ich kann richtig sehen, wie es unter meiner Bluse zuckt. In meinen Ohren mischt sich das Rauschen mit Splittern von Gekicher hinter mir. Zugleich ist mein Mund so trocken, dass mir die Zunge am Gaumen festklebt. Nur mit Mühe gelingt es mir, sie überhaupt zu lösen. Spucke ist gar keine mehr vorhanden. Alles total ausgetrocknet. Die Wüste Gobi in meinem Mund. Und ich bekomme wahnsinnigen Durst. Ich überlege angestrengt. Ich bin am Verdursten und werde sterben, wenn ich nicht sofort etwas zu trinken bekomme. Ich kann aber nicht reden und verfalle auf die spontane Idee, dass ich mein Blut trinken könnte, um dem nahen Tod zu entrinnen. Mit aller Kraft beginne ich an meinem Handgelenk zu saugen. Kurzzeitig habe ich sogar das Gefühl, dass sich ein Blutstoß in meinen Mund ergießt - aber dann kommt doch nichts.

Der Wagen hält an. Der Fahrer löst meinen Sicherheitsgurt. Er steigt aus, öffnet mir die Tür und zieht mich aus dem Auto. Es ist verabredet, dass der Kunde mich vor dem Haus in Empfang nehmen soll.

»Ist wirklich alles in Ordnung?«, fragt er mich abermals.

»Ja, alles okay«, antworte ich wieder.

Zwar bin ich völlig neben der Spur, aber Eagle hat mich so abgerichtet, dass jetzt eine Art Automatismus einsetzt. Ich muss zum Kunden, also gehe ich. Zunächst sehe ich gar nicht, wen ich da besuchen soll. Auch das Haus, vor dem wir stehen, nehme ich nicht wahr. Da sind nur irgendwelche Lichter, die um mich her tanzen, mich blenden. Der Fahrer redet mit dem Mann etwas auf Deutsch, was ich nicht verstehe, und zwei paar Hände links und rechts führen mich zu einer Tür. Der Fahrer geht zurück zum Auto, und wir betreten das Haus. Gottseidank. Es gibt keine Treppen zu erklimmen. Ich soll für eine Stunde bleiben. Meine Pupillen sind so extrem geweitet - ich habe im Auto kurz in den Spiegel gesehen -, dass ich nicht richtig fokussieren kann. Ich erkenne nur die unscharfen Umrisse eines sehr jungen Mannes mit dunklen Locken. Aber ich glaube, er ist ein hübscher Kerl.

Er nimmt mich an beiden Händen und führt mich in sein Zimmer. An der Wand hängt ein riesiges Poster von - Bob Marley? »Turn your world around«, steht darunter. Wir setzen uns auf sein Bett. Er sagt, er sei achtzehn Jahre alt und sein Name sei Karim oder so ähnlich. Seine Eltern sind anscheinend verreist und so hat er die Gelegenheit genutzt und sich ein Mädchen bestellt.

Ich höre Worte wie: »Du bist so hübsch. Was für schöne Haare du hast.«

Er hält noch immer meine Hände fest.

Meine Antwort fällt ziemlich mechanisch aus: »Ja, danke. Hundertfünfzig Euro.«

Er wirkt etwas nervös.

»Natürlich«, sagt er.

Er lässt meine Hände los und zieht ein paar gefaltete Geldscheine aus der Hosentasche. Ich hoffe zumindest, dass es Geldscheine sind, denn ich kann ja nicht richtig sehen.

»Bitte sag mir, wie viel ist das?«, frage ich, denn ich bin mir nicht sicher, ob es überhaupt Geld ist, was ich da in der Hand halte.

Mit dem Gefühl, dass ich gleich ins Koma fallen und meine Sprache ganz versagen könnte, beeile ich mich, ihm so kurz wie möglich zu erzählen, was die Ursache für meinen Zustand ist. Dass ich bei einem bösen Kunden Marihuana-Kuchen gegessen habe, aber ohne zu wissen, dass Marihuana darin ist, und er mich bitte, bitte nicht bei der Agentur verpetzen soll, da ich sonst meinen Job verlieren und mein Freund dann höllisch sauer mit mir wäre. Artig verspricht er mir, ein Gentleman zu sein. Ich gebe ihm mein Telefon, um die Agentur anzurufen, ich kann ja die Tasten nicht genau erkennen. Er wählt und gibt es mir zurück.

»It's Antonia. Everything is okay. One hour«, sage ich konzentriert und reiche ihm das Handy, damit er wieder auflegt.

»Das sind auch bestimmt hundertfünfzig Euro?«, frage ich noch mal ein wenig verzweifelt die Scheine hochhaltend.

»Ja, ja, hundertfünfzig, ganz sicher«, antwortet er und nickt mir lächelnd zu.

Er ist so lieb. Ich beschließe, ihm zu vertrauen. Habe ich eine Wahl? Ich verstaue das Geld in meiner Handtasche. Ich überlege. Wenn ich nicht mal das Geld sehen kann, wie soll ich ihn dann nach den Extras wie Küssen, Lecken oder Französisch pur fragen? Eagle hat mir eingeschärft, bei jedem Kunden danach zu fragen. Immer.

»Geschäft, Geschäft, Geschäft! Denk immer daran, wir wollen eine Wohnung kaufen«, hallt es in meinem Kopf wider.

Ich frage nicht danach. Auch tritt der schlimme Durst wieder in mein Bewusstsein. Meine Zunge füllt wie ein riesiger trockener Schwamm meinen Mund.

»Kannst du mir etwas zu trinken geben? Ich bin furchtbar durstig. Bitte!«, bringe ich hervor.

»Klar. Natürlich. Was möchtest du? Ich habe Eistee da.«

Er holt eine große Zweiliterpackung herbei und hält sie mir geöffnet hin. Ich trinke und trinke und trinke. Ist das gut! Die Erlösung. Ohne abzusetzen, leere ich die ganze Packung. Er beobachtet mich fasziniert.

»Es ist gut zu trinken, das spült den Shit wieder raus«, kommentiert er.

Trotzdem. Mein Durst ist nicht gelöscht.

»Meine Kehle ist immer noch trocken«, höre ich mich sagen.

Er hilft mir hoch, bringt mich zu einem Waschbecken in einer Nische und dreht den Wasserhahn auf. Ich lasse das Wasser über meine Hände laufen, aber ich spüre nichts. Da ist nichts Nasses. Ist das Wasser kalt oder warm? Ich trinke, aber ich habe das Gefühl, nur Staub zu schlucken. Der Junge steht hinter mir und stützt mich. Mein Herz schlägt so heftig, dass ich befürchte, mein Blut wird jeden Augenblick aus den Adern über die Haut nach außen dringen.

Als ich fertig bin, führt er mich zurück zum Bett. Beim Hinsetzen gluckert es unüberhörbar. Mein Bauch ist prall gefüllt wie ein mit Wasser geblähter Luftballon. Ich will jetzt wirklich etwas für den Jungen tun, aber ich mag keinen Sex mit ihm haben. Wie soll ich ihm in meinem Zustand das Kondom überziehen oder kontrollieren, ob er es tut? Wie soll ich wissen, ob er die Situation nicht ausnutzt und mich ohne Gummi nimmt oder anal? Panische Gedanken schießen mir durch den Kopf. Mein Gehirn arbeitet noch, nicht so mein Körper. Ich fühle mich hilflos, denn ich habe keine richtige Kontrolle mehr. Als er beginnt, mich zärtlich zu umarmen und zu küssen, erwidere ich seinen Kuss. Das ist schön, er kann gut küssen. Ich taste nach seinem Gürtel, öffne ihn und knöpfe seine Hose auf. Er ist sehr erregt. Ich umfasse seinen jungen, sehr heißen und harten Schwanz, beuge mich hinunter, um ihn zu blasen. Er kommt ziemlich schnell.

Mit einem Seufzen lässt er sich auf die Kissen zurücksinken, schließt die Augen und sagt: »Oh Gott.«

Ich lege meinen Kopf an seine Schulter, schließe ebenfalls die Augen und entspanne mich. Die restliche Stunde verbringen wir mit Schmusen. Er streichelt mich die ganze Zeit und sagt mir immer wieder, wie hübsch er mich findet. Sonst macht er nichts. Er sagt, es tue ihm so leid, dass es mir so schlecht geht, denn er arbeite nicht, sei noch ein Schüler und hätte leider kein Geld, mich ein zweites Mal zu bestellen. Außerdem kämen seine Eltern in ein paar Tagen zurück. Eng aneinandergeschmiegt dösen wir noch eine Weile. Ich bin so müde und kaputt, ich will am liebsten sofort einschlafen. Bevor mir die Augen zufallen, bitte ich ihn, mir Bescheid zu sagen, wenn die Stunde um ist.

»Mach ich. Versprochen«, sagt er.

Als es soweit ist, rufe ich den Fahrer an, nachdem Karim wieder für mich gewählt hat. Ein paar Minuten später bringt er mich hinaus, besser gesagt, er trägt mich mehr oder weniger zum Auto.

Mein Fahrer fährt gleich los.

»Du hast noch einen Anschlusstermin.«

»Noch einen Anschlusstermin«, wiederhole ich. »Wo?«

»In einem Hotel«, meint er, »ein Italiener, glaub ich.«

Nach viel zu kurzer Fahrt sind wir auch schon am Ziel. Normalerweise hält der Wagen vor der Tür, der Fahrer sagt mir die Zimmernummer, und ich gehe allein hinein. Diesmal aber kommt er mit und bringt mich bis zum Zimmer des Kunden.

»In einer Stunde hole ich dich hier an der Tür wieder ab, okay?«

Das alles ist mir sehr peinlich, aber was soll ich machen? Ich will ja arbeiten, es zumindest versuchen. Ich hoffe, nach zwei oder drei Kunden wird es mir wieder besser gehen, ich kann nach Hause und Eagle wird nichts merken. Ich nicke. Mein Fahrer klopft für mich an der Tür, dreht sich um und verschwindet.

Der Italiener lässt mich herein. Er mag Ende dreißig sein, hat eine Halbglatze und sieht klein aber kräftig aus. Ich beginne mit einer Entschuldigung und erkläre ihm ohne Umschweife, was los ist. Der Mann ist sofort ehrlich besorgt und will umgehend einen Arzt rufen. Das hätte mir noch gefehlt. Nicht auszudenken, wenn man mich in ein Krankenhaus brächte. Der Fahrer würde mich nicht mehr finden. Und was sollte er der Agentur erklären? Was sollte ich der Agentur erklären?

»Nein, nein. Keinen Arzt!«, bitte ich und stütze mich gegen die Wand.

»Bis du sicher? Ich glaube es ist besser, einen Krankenwagen zu holen.«

»Nein, auf keinen Fall, bitte nicht!«

»Na gut, wie du meinst«, sagt er zögernd. »Was kann ich dann für dich tun? Möchtest du etwas trinken? Ich glaube, trinken ist gut.«

Er eilt quer durch das Hotelzimmer, fischt ein paar Fläschchen Mineralwasser aus der Minibar, öffnet eine und reicht sie mir. Schnell leere ich sie und gleich eine zweite hinterher.

»Nicht viel drin in den kleinen Dingern«, lächele ich schwach und nehme noch einen Schluck.

Oh Gott, mir ist so schlecht. Aber ich habe Glück. Wieder ein Gentleman. Er bezahlt mich dann auch gleich für eine Stunde. Gut, dass ich hier in Wien bin, woanders hätte man mich wahrscheinlich sofort wieder weggeschickt, geschweige denn mir Geld gegeben. Der Italiener ist wirklich sehr nett. Und mehr als das. Nachdem ich keinen Arzt will, lässt er mich auf das Bett hinlegen und gibt mir erst einmal eine Massage. Er macht das gut, und ich kann mich etwas entspannen. Nach einer Weile habe ich plötzlich das Gefühl, ich muss mich gleich übergeben.

Ich weiß nicht, wie ich das erklären soll, fahre abrupt hoch und stammele: »Toilette, Toilette!«

Er hebt mich sofort auf den Arm und trägt mich ins Bad. Kaum bin ich drin, geht es auch schon los. Er navigiert mich zum Klo, hält mich über das Becken und lässt mich das Unvermeidliche verrichten. Der halb verdaute Kuchen, das Hühnchen mit Pommes und all das andere Zeugs, das ich gegessen habe, vermischt mit Unmengen an Tee, Wasser und Champagner ergießt sich aus mir in einem nicht enden wollenden Strahl. Boden, Wände und Spiegel werden nicht verschont. Es sieht schlimm aus hinterher und es stinkt entsetzlich. Erschöpft halte ich mich am Waschbecken fest. Oh Gott, ist das peinlich. Furchtbar! Erst bezahlt er mich, dann kümmert er sich die ganze Zeit um mich, und nun kotze ich ihm auch noch das Badezimmer voll. Aber der Italiener meint, ich solle mir keinen Kopf machen, er würde später alles putzen. Der Arme.

»Don't worry, don't worry!«, wiederholt er immer wieder und klopft mir behutsam den Rücken.

Er nimmt eins von den weißen Handtüchern, hält es unter den Wasserhahn, wringt es ein wenig, faltet es und wischt mein Gesicht und wo es nötig ist, sauber. Er gießt mir noch ein Glas Wasser ein, damit ich mir den Mund ausspülen kann und trägt mich anschließend zurück ins Zimmer. Dort legt er mich wieder auf das Bett. Dann fährt er fort, mich zu massieren. Zwischendurch gibt er mir immer wieder Wasser zu trinken. Als die Stunde um ist, hilft er mir, meinen Fahrer anzurufen.

»Bin fertig«, sage ich ins Telefon und stehe auf.

Achselzuckend bedanke ich mich, drehe mich um und verlasse eilig das Zimmer. Ich habe mich weder ausgezogen noch hat er Sex bekommen.

Der Fahrer erwartet mich wie vereinbart vor der Hotelzimmertür und geleitet mich wieder zum Auto. Ich hoffe, nun endlich nach Hause zu dürfen und schlafen zu können, aber daraus wird nichts.

»Antonia, du hast noch einen Termin«, sagt er.

Es geht wieder in ein Hotel. Dort erwarten mich zwei Männer und noch ein weiteres Mädchen, das die beiden bestellt haben. Im Zimmer stehen zwei Betten. Mir geht es zwar schon etwas besser, nachdem das meiste wieder draußen ist, aber immer noch übel genug. Ich erkläre wieder meine Situation, aber sage diesmal, ich sei betrunken.

»Na gut, dann kannst du mir einen blasen. Das wirst du ja können«, meint der eine, mit dem ich mich beschäftigen soll.

Der Kunde legt sich auf den Rücken und ich beginne mit dem Blowjob. Meine Sachen darf ich anbehalten. Ich bin aber so müde, dass ich zwischendurch einnicke.

»Hey, aufwachen! Mach mal weiter! Nicht schlafen, Mädchen!«, protestiert er.

Irgendwann ist auch das geschafft. Als ich das Hotel wieder verlasse, ist es schon hell draußen, und der Fahrer hat eine gute Nachricht für mich. Ich darf nach Hause. Die ganze Fahrt über muss ich grundlos kichern. Vielleicht aus Freude darüber, dass es jetzt endlich vorbei ist, und ich mit den Männern so viel Glück gehabt habe in dieser Nacht.

Zu Hause angekommen, schläft Eagle tief und fest. Glücklicherweise. Er knurrt nur schwach, als ich mich im Bett dicht an ihn rolle. Sofort schlafe ich ein. Das Geld habe ich ihm gut sichtbar auf den Nachttisch gelegt, damit er gleich gute Laune hat, wenn er aufsteht. Erst am nächsten Abend erwache ich wieder. Allerdings mit einem entsetzlichen Kater. Es dauert zwei weitere Tage, bis ich mich vollständig erholt habe.

4. KAPITEL

Hamed

Der Suff meines Stiefvaters war zum Dauerzustand geworden. Was anfangs ein oder zwei Gläser am Abend waren, hatte sich mit der Zeit auf eine bis drei Flaschen gesteigert. Jetzt trank er schon morgens billigen Schnaps oder Wodka. Ich war fünfzehn, als meine Mutter sich endlich von ihm scheiden ließ. Meine Mutter, mein Bruder Petko und ich gingen fort. Mama arbeitete noch immer als Putzfrau in einem Krankenhaus am Stadtrand von Welingrad und ganz in der Nähe der Klinik wohnten wir jetzt auch. Die Wohnung bestand aus einem kleinen Zimmer und einer Küche. Die Miete war gering, eher symbolisch. In den Häusern lebten nur Bedienstete des Krankenhauses. Ärzte, Krankenschwestern und sonstiges Personal. Der einzige Bus fuhr morgens um viertel nach sieben ab. Wenn ich den Bus verpasste, was ab und zu vorkam, musste ich die vier Kilometer in die Stadt zu Fuß laufen. Von dort nahm ich dann den Bus bis zur Schule. Sonst hätte ich nur mit dem Taxi fahren können, was teuer war und deshalb nicht in Frage kam. Nach dem Unterricht lief ich immer zu Fuß wieder nach Hause. Zwei Jahre lang sollte ich in der kleinen Wohnung beim Krankenhaus wohnen.

Es war die Zeit der Krise in Bulgarien. Meine Mutter verdiente im Krankenhaus einhundertfünfzig Leva im Monat. Das entsprach ungefähr fünfundsiebzig Euro. Mein Vater zahlte nichts für mich, hatte er noch nie. Für meinen Bruder bekam meine Mutter etwa zwanzig Euro im Monat von dessen Vater, so wie es vorgeschrieben war. Zusätzlich erhielt sie pro minderjähriges Kind achtzehn Leva vom Staat, also neun Euro im Monat. Es war kaum möglich, davon den Lebensunterhalt zu bestreiten. Weil wir so wenig Geld besaßen, hatte ich manchmal in der Schule nichts zu essen oder zu trinken. Oft gaben mir die anderen Kinder etwas von ihrem Proviant ab. Dafür half ich ihnen bei den Hausaufgaben oder ließ bei mir abschreiben. Ich war eine gute Schülerin. In fast allen Fächern bekam ich super Zensuren, sogar in Biologie und Chemie.

Weil ich wenig aß, war ich sehr schlank. Manche sagten, ich sei dünn, aber alle fanden, dass ich ein hübsches Mädchen bin. Besonders meine langen blonden Haare, die mir bis über den Po reichten, kamen gut an. Nicht nur bei den Jungs in meiner Klasse. Die Jungs in meinem Alter interessierten mich jedoch nicht. Ich hatte ein paar Schuhe für den Winter, ein paar für den Sommer und zwei ausgewaschene Jeanshosen. Die Sachen sahen alt und abgetragen aus. Gerne wollte ich etwas Neues haben, aber dafür war kein Geld da. Meine Winterjacke war auch nicht besonders warm. Ich zog dann immer noch einen selbstgestrickten Pullover drunter. Als es im Winter unter minus zehn Grad fiel und ich zu Fuß in die Stadt und wieder zurück gehen musste, holte ich mir eine Lungenentzündung.

Meine Mutter brachte mich zu einem Spezialisten in die Klinik. Es war das Krankenhaus, in dem sie auch arbeitete. Der Arzt war Araber und sah sehr gut aus. Ich entkleidete mich vor ihm, legte Bluse und Unterhemd auf einen Stuhl. Er horchte mit seinem Stethoskop meine Brust und meinen Rücken ab. Ich spürte das Stethoskop metallisch-kühl auf meiner Haut. Doch seine Hände waren warm. Aufmerksam horchte er in mich hinein, hörte meinen Atem, mein pochendes Herz. Seine schönen dunklen Augen schauten mich dabei nicht an. Sie sahen an mir vorbei. Sie sahen an mir vorbei in meine Lunge und in mein Herz hinein. Es schlug schneller als sonst.

»Das wird schon«, sagte er und lächelte. Seine Stimme klang sanft und stark zugleich.

Er verschrieb mir Medikamente und ich sollte bald wieder zu ihm kommen. Das tat ich gerne, sehr sogar. Er hieß Hamed und er gefiel mir. Nach einigen Besuchen in der Klinik war ich wieder gesund. Wir verabredeten uns außerhalb der Sprechstunde, gingen spazieren oder Kaffee trinken, redeten. Mehrmals. Er besuchte mich bei mir zuhause. Ganz langsam kamen wir uns näher. Einen Monat später küssten wir uns das erste Mal. Er war achtunddreißig, ich fünfzehneinhalb. Nach einem weiteren Monat schliefen wir miteinander. Es war das erste Mal für mich, dass ich richtigen Sex mit einem Mann hatte. Ich war sehr verliebt.

Von da an sahen wir uns so oft es irgend ging. Wir trafen uns bei mir zu Hause, wenn meine Mutter auf der Arbeit war. Mal besuchte ich ihn in seiner Wohnung. Er wohnte mit seiner Familie ebenfalls in der Siedlung am Krankenhaus, nur ein paar Minuten von uns entfernt. Hamed war verheiratet, seine Frau achtundzwanzig. Sie hatten ein Kind zusammen, einen siebenjährigen Jungen. Unsere Familien pflegten guten nachbarschaftlichen Kontakt. Meine Mutter traf sich ab und zu mit seiner Frau oder wir waren alle zusammen. Auch ich hatte ein gutes Verhältnis zu Hameds Ehefrau. Sie war Bulgarin, eine hübsche blonde Frau mit leuchtend blauen Augen. Ich war sicher, sie mochte mich. Da ich gut in der Schule war, half ich dem kleinen Sohn bei den Hausaufgaben oder passte auf ihn auf. Bisweilen brachte sie mich anschließend nach Hause. Sie gab mir Sachen von sich, die ihr nicht mehr passten, denn nach der Schwangerschaft war sie etwas korpulenter geworden. Von meiner Beziehung zu Hamed wusste sie nichts. Sie arbeitete als Küchenhilfe in einem Restaurant. Salat schneiden, abspülen, aufräumen. Wenn seine Frau von der Arbeit nach Hause kam, Hamed und ich hörten das Auto, wenn sie vor dem Haus parkte, ging ich schnell in ein anderes Zimmer und tat so, als würde ich gerade meine Hausaufgaben machen. Sie ahnte nicht, dass wir noch vor zehn Minuten miteinander Liebe gemacht hatten.

»Es ist kalt zu Hause«, sagte sie, als sie die Wohnung betrat. In der Restaurantküche wäre es immer so schön warm.

Oft trafen wir uns auch in einem Hotel, taten es im Auto oder im Wald. Überall. Aber es musste immer im Geheimen geschehen. Ich fühlte mich schlecht deswegen. Für seine Familie hatte er dauernd Zeit. Ich sollte mich hinten anstellen. Mit mir musste immer alles schnell gehen. Doch wenn wir miteinander schliefen, war es endlos schön. Ich liebkoste seinen tollen Körper. Wir küssten uns, kuschelten miteinander. Taten alles, was geil ist und uns gefiel. Er leckte mich jedes Mal bis zum Höhepunkt. Je öfter wir uns trafen, desto mehr wollte ich ihn. Er sagte, er liebt mich. Er gab mir Geschenke oder half mit etwas Geld aus. Ich fühlte mich sehr wohl bei ihm, so geborgen. Ich liebte ihn von ganzem Herzen. Manchmal war ich eifersüchtig, wenn er so viel Zeit mit seiner Familie verbrachte und wir uns deshalb nicht treffen konnten. Ich hoffte, dass er seine Frau verlassen und mich heiraten würde, wenn ich mit der Schule fertig wäre und Abitur gemacht hätte. Er hatte mal davon gesprochen. Sagte er mir die Wahrheit? Er war ein Mann von achtunddreißig Jahren. Vielleicht dachte er, ich sei noch ein Kind? Er sagte, dass er sich von seiner Frau trennen wollte, weil er kaum noch Sex mit ihr hätte. Ich wollte ihm glauben. Ich glaubte ihm.

Wenige Wochen nach meinem sechzehnten Geburtstag merkte ich, dass ich schwanger war. Ich war jetzt in der neunten Klasse. Meine Mutter durfte natürlich nichts davon wissen. Niemand durfte davon wissen. Ich wollte es wegmachen, aber das war nicht so einfach. Wie sollte das gehen? Ich war noch minderjährig, einer Abtreibung hätten die Eltern zustimmen müssen. Für uns beide wurde schnell klar, dass ich jetzt kein Kind von ihm bekommen konnte. Er sagte, dass wir nach Welingrad fahren, wo er einen Kontakt hatte. Dort wurde ich von einem Gynäkologen untersucht. Der stellte fest, dass ich in der dritten Woche war. Ich musste daher noch zwei Wochen warten, bis ich den Abort machen lassen konnte.

Kurze Zeit später erfuhr ich, dass Hameds Frau ebenfalls in anderen Umständen war. Bereits im dritten Monat. Sie war schwanger, obwohl er doch angeblich gar keinen Sex mit ihr hatte und sie verlassen wollte. Und die beiden wollten das Kind. Wenn er mich liebte und sich tatsächlich scheiden lassen wollte, warum machte er ihr dann ein Baby? Er wusste es die ganze Zeit und sagte mir nichts davon. Ich war am Boden zerstört.

Ich sagte zu ihm: »Was ist das? Ich denke, wir lieben uns! Und nun, da ich von dir schwanger bin, soll ich unser Baby töten?«

Er wusste keine Antwort darauf, versuchte, zu beschwichtigen. Am Ende sollte ich die Abtreibung machen lassen und seine Frau das Kind bekommen. Die große Krise unserer Beziehung brach an. Wir trennten uns, waren wieder zusammen, trennten uns wieder. Ein paar Mal ging das so. Wochenlang fühlte ich mich furchtbar. Ich wollte nicht mehr leben. Ich war zutiefst traurig. Weinte, weinte, weinte. Wollte nicht schlafen, wollte nicht essen. Ich wollte nur ihn und seine Aufmerksamkeit. Seine Liebe.

Der Tag, an dem der Abort gemacht werden sollte, war der 7. Juni. Wir fuhren mit seinem hellblauen Moskwitsch ins vierzig Kilometer entfernte Pazardzhik. Dort arbeitete eine Kollegin, die er vom Medizinstudium her kannte. Die Ärztin war bereit, die Abtreibung zu machen. Aber sie sagte, wir wären hier in einer Privatklinik. Das sei nicht ganz billig. Außerdem war ich minderjährig. Einen Eingriff wie diesen ohne die Zustimmung der Eltern vorzunehmen, war streng verboten, eigentlich kriminell. Sie gab uns zu verstehen, dass sie deswegen auch einiges mehr brauchte als normal. Vor allem, um ein paar Leute zu schmieren. Hamed hatte das Geld jedoch nicht, und ich als Schülerin sowieso nicht. Zwar hatte er Geld mitgebracht, die Summe aber, die seine Kollegin ihm nun nannte, war fünfmal so hoch wie angenommen. Wir verabredeten, am Nachmittag wiederzukommen und verließen das Krankenhaus. Woher sollten wir das Geld nehmen? Hamed überlegte, zu sparen und Freunde und Kollegen zu fragen, die ihm das Geld leihen sollten. Aber so schnell? Bis zum Nachmittag? Wir waren in einer anderen Stadt, wo wir niemanden kannten. Wir beschlossen, zurück zu fahren. Wir wollten das Geld irgendwie beschaffen und zu einem späteren Zeitpunkt zurückkommen.

Es war warm, viele Leute waren unterwegs. Vielleicht um in die Ferien zu fahren oder nur, um spazieren zu gehen. Ich fühlte mich erschöpft. Wie nach einem vergeblichen Versuch eben. Hamed fuhr schweigend, nicht allzu schnell. Ich schaute traurig aus dem Fenster. Die Scheibe war heruntergekurbelt, der Fahrtwind wehte mir ins Gesicht. Plötzlich geschah das Wunder. Genau im richtigen Moment. Das passierte zum ersten Mal in meinem Leben und deswegen glaube ich an Gott. Denn auf einmal sah ich einen Zehn-Leva-Schein auf der Straße. Und dann noch einen und noch einen. Und da lag noch mehr. Vielleicht siebzig oder hundert Leva, ein halber Monatslohn! Der Wind wehte viele Scheine durch die Luft. Wie bunte Blätter im Herbst tanzten sie über den Gehsteig.

Ich rief: »Stopp, stopp, stopp! Bitte halt an, Hamed! Ich habe Geld gesehen, hier auf der Straße!«

Vielleicht hatte jemand sein Portemonnaie verloren oder so.

Ich hatte Angst, noch jemand könnte es bemerkt haben und zupfte Hamed am Arm: »Schnell, schnell, halt an!«

Hamed stoppte, blieb aber im Auto sitzen. Eilig stieg ich aus, ließ die Autotür offen stehen. Mein Herz klopfte bis zum Hals. Ich dachte, Geld auf der Straße! Träume ich, oder was? Die anderen Autos fuhren vorbei, auch die Passanten auf dem Trottoir gingen ganz normal weiter. Sie schienen nichts zu bemerken. Hastig begann ich, die Geldscheine einzusammeln. Ich guckte mich verstohlen um. Ich stahl zwar nicht, aber trotzdem sollte möglichst niemand sehen, was genau ich tat. Doch die Leute beachteten mich nicht. Da ich keine Tasche in meinem Kleidchen hatte, musste ich die Scheine zunächst in der Hand halten. Ich nahm dann das Kleid als Schürze und sammelte ein ganzes Bündel von Zehnern, Zwanzigern und Fünfzigern hinein. Ich suchte noch mal genau nach, ob ich auch nichts übersehen hatte und lief mit meiner Beute zurück zum Auto.

»Guck mal, was ich habe!«, strahlte ich ihn an.

Auch Hamed freute sich: »Ah, super!«

Es war genau das, was wir jetzt brauchten. Wir zählten nach und tatsächlich, es reichte für das Krankenhaus, für die Medikamente danach und es blieb sogar noch etwas übrig, um ein paar Sachen zu kaufen. Ich war erleichtert und glücklich. Wir wendeten und fuhren zurück zur Klinik.

Dann der Abort unter Vollnarkose. Ich erwachte. Langsam öffnete ich die Augen. Mir war übel und es schmerzte. Hamed saß an meinem Bett.

Ich sah ihn an und dachte, ich liebe ihn. Mir kamen die Tränen. Gleichzeitig wurde mir klar, mein Baby ist jetzt weg.

Er hielt meine Hand und sagte etwas wie: »Schatzi, ich liebe Dich.«

Als ich diese Worte hörte, war es vielleicht der erste Moment, wo ich begann, diesen Mann zu hassen. Er liebte mich? Ich liebte ihn wirklich! Ich hätte mich umbringen können für ihn, sofort. Ich fühlte mich grauenhaft, schwach und verzweifelt. Ich wollte diesen Mann, wollte ihn trotzdem lieben, obwohl er mir das angetan hatte. Als Mann hätte er aufpassen sollen. Das war seine Aufgabe. Warum war das passiert? Warum hatte er kein Kondom benutzt oder mir die Pille gegeben? Mir wurde bewusst, dass seine Frau jetzt glücklich schwanger war. In ein paar Monaten würde das Baby da sein. Ein tiefes, schwarzes Loch tat sich vor mir auf. Ich stürzte. Immer tiefer hinab in ein auswegloses Dunkel. Tränen fluteten über mein Gesicht. Ich fühlte mich entsetzlich. Und er erzählte mir, dass er mich liebt? Dass er mit mir zusammenbleiben will? Ich hasste ihn dafür.

Ein paar Tage später ging ich zu Hameds Frau, die jetzt im fünften Monat schwanger war und erzählte ihr alles. Sie war fassungslos. Ihr Mund zuckte vor Wut und Verletzung, als sie meine Worte hörte. Die Folge war, dass sie sich scheiden lassen und ihr Kind abtreiben wollte. Eine Abtreibung im fünften Monat wollte jedoch niemand machen.

Ich dachte nur, warum habe ich es ihr nicht schon zwei Monate früher gesagt? Nun ist es zu spät. Sie ging zu ihren Eltern, erzählte ihnen, wie ihr Mann sie mit mir betrogen hatte. Am nächsten Tag wussten alle davon. Die Nachbarn, die Freunde, die Kollegen. Hamed verlor fast seinen Job. Es war ein Riesenskandal. Trotzdem wollte Hamed mit mir zusammen bleiben. Er wollte mich weiter treffen und mit mir schlafen. Mit seiner Frau wollte er ebenfalls zusammen bleiben. Ihr gegenüber bestritt er aber, sich weiter mit mir zu treffen.

Es kam der Sommer und ich fuhr mit meiner Mutter und meinem Bruder nach Varna ans Schwarze Meer. Meine Mutter hatte von ihrer Arbeit eine Vergünstigung bekommen, so eine Art gesponserte Ferien, mit Gutschein für das Hotel. Nur das Essen und die Fahrtkosten mussten wir selbst bezahlen. Am Strand lernte ich Djako kennen. Er war fünfundzwanzig. Djako kam aus Belovo, nicht weit von Welingrad entfernt. Wir verbrachten ein paar unbeschwerte Tage am Meer. Nach dem Urlaub trafen wir uns ab und zu wieder. Es war nett mit ihm, doch ich war nicht verliebt. Ohne es zu wissen, half er mir, mich innerlich von Hamed unabhängiger zu machen. Obwohl ich ihn noch immer liebte, war ich Hamed jetzt nicht mehr treu. Wir hatten weiterhin Sex miteinander, aber ich gehörte ihm nicht mehr ganz. Schließlich hatte er seine Frau. Nur ich sollte ihm immer treu sein. Damit war jetzt Schluss.

An Silvester feierte ich bei Hamed zu Hause mit meiner Mutter, meinem Bruder und zwei Cousins von ihm aus Sofia. Amir und Samir. Sie waren dreiundzwanzig und fünfundzwanzig Jahre alt. Und was tat ich? Ich flirtete mit Samir, dem älteren der beiden. Später schrieben wir uns und ich besuchte ihn. Hamed fand es natürlich heraus. Das gab mir eine gewisse Befriedigung, diese kleine Rache mit seinem Cousin. Ich war sogar ein bisschen verliebt in Samir. Er behandelte mich wie eine Prinzessin und machte mir viele Geschenke. So ist das mit arabischen Männern. Zumindest solange sie nicht verheiratet sind, danach ist es dann meistens vorbei damit.

Ich besuchte Samir ein paar Mal in Sofia, wo er mit seinem Bruder Amir in einer sehr großen Wohnung lebte. Sie hatten viele Zimmer, wo man gut Party machen konnte. Und dann hatte ich auch etwas mit Amir. Mal schlief ich mit Samir, dann wieder mit Amir. Ich war schon so ein Früchtchen ... Das führte natürlich zum Streit unter den Brüdern, denn jeder der beiden wollte, dass ich seine Frau werde. Ich war zwar erst sechzehn, aber es ist nicht unüblich, dass sich Mädchen schon mit fünfzehn oder sechzehn Jahren verheiraten. Erst stritten sich Amir und Samir untereinander, dann auch mit Hamed. Aber eigentlich liebte ich nur Hamed, die anderen waren im Grunde nur Spielerei.

Im Januar bekam seine Frau das Kind. Es war ein Mädchen. Ioana. Doch in der Nacht als sie entband, war Hamed bei mir. Es hatte Probleme gegeben, und sie musste ihr Kind per Kaiserschnitt auf die Welt bringen. Er hatte sie deshalb zwei Tage zuvor in die Privatklinik nach Pazardzhik gebracht. Er konnte jedoch nicht bei seiner Frau bleiben. Wegen seiner Arbeit im Krankenhaus in Welingrad. Ich war allein zu Hause an diesem Abend. Meine Mutter hatte Nachtschicht und mein Bruder war bei seinem Vater. Und so kam Hamed zu mir und wir hatten geilen Sex. Lecken, blasen, ficken. Alles. Die ganze Nacht lang. Seine Frau bekommt ein Baby, und er ist bei mir. Er sollte eigentlich bei ihr sein und sich freuen, dass sie ein Kind bekommen. Aber nein. Er wollte lieber mit mir zusammen sein. Ganz tief in mir war ich befriedigt. Natürlich, seine Frau konnte nichts dafür, aber ich hasste sie. Ich wünschte ihr das Schlimmste. Ich wollte, dass sie stirbt. Ich dachte, du Schlampe! Wegen dir habe ich mein Kind weggemacht, und jetzt liegst du im Krankenhaus und dein Mann ist hier. Und ich bin schon ein paar Mal gekommen. Ich genoss es als einen Triumph. Erst später sollte ich erkennen, dass es schlimm ist, so zu denken.

Ein paar Tage danach schon hasste ich Hamed dafür. Er hatte sich wirklich wie ein Schwein verhalten. Ein weiterer Teil meines Respekts und meiner Liebe zu ihm waren abgebröckelt. Die innerliche Ablösung nahm seinen Lauf. Und das nicht nur sexuell, also in dem Sinn, dass ich mit anderen Männern schlief. Die Bereitschaft, mich für eine Beziehung zu einem anderen Mann zu öffnen, wuchs. Und ich ging jetzt öfter abends aus.

5. KAPITEL

Sie steht drauf

In Wien eine Wohnung zu mieten, ist weniger kompliziert als ich dachte. Ein Einkommen nachzuweisen, ist nicht nötig. Du machst einen kurzen Vertrag, die Miete wird einfach am Anfang des Monats bar bezahlt und fertig. Wir haben jetzt eine schöne kleine Dachwohnung für uns in Penzing, dem 14. Bezirk, für fünfhundert Euro warm im Monat. Mit den Agenturen läuft es auch gut. Ich mache fünf bis sechs Termine pro Tag. Manchmal sind es auch nur zwei oder drei Kunden, die mich dann aber für länger buchen. Wenn mich ein Gast für fünf Stunden bestellt, ist das natürlich besser. Es ist ein echtes Abenteuer für mich, ein anderes Land, andere Leute und andere Preise. Ich verdiene einhundertfünfzig Euro pro Stunde. Bei einer Agentur bekomme ich sogar zweihundert. Und es ist richtig viel los in Wien, denn bald findet hier die Fußball-Europameisterschaft statt. Daher sind viele Ausländer in der Stadt. Das Geschäft brummt.

Ab und zu buchen mich auch Pärchen. Einmal bin ich bei einem Paar, dem ein Radiosender in Wien gehört. Sie bewohnen eine eigene Suite mit separatem Fahrstuhl in einem Hotel. Er ist in den Fünfzigern, sie Ende zwanzig. Eine hübsche blonde Frau. Sehr sexy. Auch tagsüber habe ich Termine. Meist gehe ich erst mit dem Gast in ein schickes Restaurant zum Essen und anschließend auf sein Hotelzimmer. Oder wir treffen uns gleich in seinem Hotel. Dort gibt es dann Room Service und ich kann alles essen, was ich möchte. Eis, Erdbeeren, Steaks. Einmal bestellt mich ein arabischer Prinz in ein Luxushotel. Er bewohnt eine riesige Suite mit einem eigenen Pool im Badezimmer. Zuerst gibt es viele leckere Sachen. Kaviar und Fisch. Er behandelt mich sehr respektvoll. Er streichelt mein Haar und nennt mich seine ›schöne Wüstenblume‹. Dafür bekomme ich tausend Euro. Ich muss sagen, der Job gefällt mir. Natürlich gibt es auch unangenehme Kunden, die betrunken sind oder sich unhöflich verhalten. Aber das ist nicht so schlimm. Wenn ich gehe, habe ich sie nach einer halben Stunde schon wieder vergessen.

Zwischen den Terminen esse ich und schlafe, wasche mich. Immer werde ich von einem Fahrer in einem großen Auto abgeholt, der mich zum Kunden fährt, dort wieder abholt und nach Hause oder zum nächsten Termin bringt. Die eine Hälfte vom Geld bekomme ich, die andere erhält die Agentur. In diesem Honorar ist einmal Verkehr und Französisch mit Kondom inklusive. Küssen und alles andere geht extra. Zum Beispiel Französisch ohne Kondom, aber nicht bis zum Schluss, also als Vorspiel, kostet fünfzig Euro. Wenn jemand deine Muschi lecken will, fünfzig Euro. Ebenso Küssen. Natürlich kommt es auch vor, dass der Kunde dir freiwillig mehr gibt. In den Mund spritzen oder auf den Körper, danach fragt in Österreich keiner. Die Leute sind dort nicht so versaut wie manche der deutschen Kunden. Die Österreicher erlebe ich ganz diszipliniert. Sie bezahlen für die sauberen Extras. Küssen, Blasen und Lecken. Anal will auch kaum einer. Das mache ich sowieso nicht. Es gibt Männer, die wollen mir fünfhundert Euro dafür geben. Ich sage trotzdem nein. Es ist mein Prinzip. Mein Geld verdiene ich ohnehin mit den anderen Extras. Das Honorar für die Extras muss ich nicht mit der Agentur teilen, wohl aber mit Eagle, so sieht es unsere Vereinbarung von Anfang an vor.

Nach einer Woche stehen meine Fotos auf den Websites der drei Agenturen online. Die Agentur, bei der ich Katja heiße, schaltet außerdem noch Annoncen in einem Sex-Magazin. Das ist eine Zeitschrift mit schönen vollbusigen Frauen auf dem Titel und Anzeigen mit Adressen von Bordellen, Huren, Nachtclubs und diversen Tipps im Innern. Manchmal bucht die Agentur auch eine ganze Seite. Da sind dann Bilder von verschiedenen

Mädchen abgedruckt, meist nur die Brüste, der Po oder Ansichten, bei denen man die Gesichter nicht erkennen kann. Dieses Mal aber gibt es auf der ganzen Seite nur ein Bild von mir. Nackt. In Hochglanz und in Farbe. Auch mein Gesicht ist zu sehen. Wozu soll ich mich verstecken? Hier kennt mich ohnehin niemand. Ich bin professionell geschminkt, so wie man es bei Models oder Filmstars macht. Das Foto ist bearbeitet. Der Bauch ist super glatt, ebenso das Gesicht. Die Zähne sind weiß wie bei einer Werbung für Zahnpasta. Das entspricht zwar nicht ganz der Realität, aber insgesamt ist es gut getroffen. Ich habe nasse Haare und ein dicker Tropfen Wasser fällt von oben auf mich herab.

In großen Lettern ist zu lesen: »Sie steht drauf ...«

Es ist später Nachmittag, als mich ein Fahrer an einer Privatadresse im 7. Bezirk absetzt. Jemand hat mich im Sex-Magazin gesehen und als Katja zu sich bestellt. Ich klingele. Nichts passiert. Habe ich den richtigen Namen? Ich schaue noch einmal nach. Der Name stimmt. Alois Hubmayer. Ich klingele erneut. Nichts. Ist es eine Fake-Bestellung? Ich schaue zum Fahrer hinüber, der seinen Wagen in der zweiten Reihe gehalten hat. Er macht mir ein Zeichen, dass ich es erneut versuchen soll. Abermals drücke ich den Klingelknopf. Ich warte, blicke die Hauswand nach oben. Nach fast fünf Minuten ertönt schließlich der Summer. Ich steige die Treppen hinauf in den zweiten Stock und läute an der Wohnungstür. Wieder nichts. Es dauert noch einmal gefühlte fünf Minuten, bis sich endlich die Tür öffnet. Als ich die Gestalt sehe, traue ich zuerst meinen Augen nicht. Mir ist aber sofort klar, weshalb ich so lange habe warten müssen. In der Tür steht, tief gebückt, ein uralter Greis. Mit der einen Hand auf einen Krückstock gestützt, hält er in der anderen das Magazin, in dem ich abgebildet bin.

Ich denke nur: Oh mein Gott! Gleichzeitig bin ich irgendwie gerührt von dieser Methusalem-Erscheinung.

»Bist du Katja? Bist du Katja?« Er krächzt wie ein alter Rabe.

Mit seiner enormen Brille auf der Nase schaut er abwechselnd zu mir und zur aufgeschlagenen Magazinseite. »Ist das tatsächlich das abgebildete Mädchen?«, scheint er sich zu fragen. Die Brillengläser sind dick wie Flaschenböden. Ich kann kaum seine Augen sehen. Um eine Lupe halten zu können, die er umständlich aus der Tasche seiner Strickjacke hervorholt, lehnt er seinen schwarzen Gehstock an die Wand. Offenbar reicht ihm die Brille nicht.

»Aus Russland? Einundzwanzig Jahre alt?«, fragt er.

»Ja. Ich bin Katja.« Ich stehe noch immer im Treppenhaus.

»Dann bist du richtig.« Er vergewissert sich noch ein letztes Mal und schaut wieder zwischen dem Bild und mir hin und her. Endlich kommt er zu dem Schluss, dass ich diese Katja sein muss. »Komm herein, Mädchen.«

Auf die Krücke gestützt, schlurft er im Schildkrötentempo voran in sein Wohnzimmer. Alles in der Wohnung ist so eingerichtet, dass er in seinem Alter klar kommen kann. Er hat ein Handy mit riesigen Tasten. Dazu gibt es noch eine Lupe, um das Handy bedienen zu können. Auch vor dem Fernseher ist ein übergroßes Vergrößerungsglas angebracht, ebenso vor dem Fenster. Er bezahlt mich für zwei Stunden. Wir setzen uns, und er serviert mir schwarzen Tee, den er auf einem kleinen Teewagen neben dem Tisch mit einem gusseisernen Stövchen warm gehalten hat. Die kleinen altmodischen Porzellantassen sind mit Goldrand und Rosenmuster versehen, dazu passend, die Kanne. Ich habe einen Teetrinker der ur-uralten Schule vor mir.

»Möchtest du weißen Kandis oder lieber Zucker zum Tee?«

Ich nehme den Kandis.

»Jetzt rate mal, wie alt ich bin«, sagt er und blinzelt listig hinter seiner Brille hervor.

»Tja, ich weiß nicht. Achtzig Jahre?«

Es ist eine ehrliche Schätzung.

»Achtundneunzig.«

Er hält die Teetasse mit samt Untertasse in der Hand und spreizt den kleinen Finger ab, als er die Tasse zum Mund führt.

»Achtundneunzig?«, wiederhole ich ungläubig.

Der kleine Silberlöffel klingelt auf der Untertasse, als er sie mit zittriger Hand wieder abstellt. Er nickt. Zum Beweis greift er nach seinem Ausweis, der auf dem Tisch bereit liegt und reicht ihn mir. Tatsächlich, er ist vor fast hundert Jahren in Wien geboren. Opa Alois ist mehr als siebzig Jahre älter als ich. Er hätte gut und gerne der Vater meines Großvaters sein können.

»Wie kannst du so alt sein und noch leben und bei Verstand sein?«, frage ich, »und ohne Windeln?«

Er sagt nichts, lächelt nur.

Die Wände seines Wohnzimmers sind mit unzähligen Fotografien bedeckt. Die Fotos zeigen verschiedene Stationen seines Lebens. Seine Frau, seine Kinder, Bilder von seiner Hochzeit, von Geburtstagen und den Geburten seiner Kinder, auch von ihm selbst. Jedes wichtige Ereignis seines Lebens ist hier dokumentiert. Die meisten sind offenbar von einem Fotografen geschossen worden.

»Sie sind alle schon lange gestorben, auch meine Söhne.« Er zuckt die hageren Schultern.

Anhand der Bilder kann ich sehen, wie er sich im Laufe der vielen Jahre verändert hat. Nie hätte ich gedacht, dass die Männer auf den Fotos ein und derselbe sein könnten. Einst ist er ein schöner Mann gewesen, wie ein Fotomodel hat er ausgesehen. Mit edlem Profil, weichen sensiblen Augen und langen Wimpern. Was passiert mit einem Menschen, wenn er alt wird, wie sehr er sich doch verändert.

Nach einer knappen Stunde ist es dann soweit. Ich gehe ins Badezimmer, um mich frisch zu machen, er hat bereits geduscht. Als er sich auszieht, sehe ich, wie dünn und gebrechlich sein Körper ist. Die Hüften sind schmal wie bei einem Kind. Alois riecht teils intensiv nach Seife und teils nach etwas anderem. Ich habe gehört, dass es Katzen gibt, die am Sterbebett eines Menschen wachen, weil sie einen bestimmten chemischen Prozess riechen können. Ein Prozess, der mit den sterbenden Zellen des Körpers zu tun hat. Das muss wohl der Geruch sein, den dieser Mann hier verströmt. Er riecht nach Grab, nach Friedhof, nach Beerdigung, nach Tod. Ich berühre seinen gebeugten Rücken. Seine Haut fühlt sich weich an. Wie Watte. Ohne Widerstand, ohne Muskeln. Ich spüre nur diese Wattehaut und direkt darunter den Knochen.

»Leg dich hin, mach es dir bequem«, sagt er und bedeutet mir, mich auf den Rücken zu legen.

Er trägt noch immer diese dicke Brille. Mir wird klar, dass er mich jetzt lecken will. Als gäbe es nichts Normaleres auf der Welt, greift er sich mit der Hand in den Mund, um seine Zahnprothese herauszunehmen. Dabei verdreht er seine Augen in Richtung Zimmerdecke. Erst die obere Prothese, danach die untere. Bei der unteren blickt er zu Boden. Dann legt er die Teile unmittelbar auf meiner Augenhöhe auf den Nachttisch. Langsam trieft der Speichel von den Zähnen des Gebisses und sammelt sich in einer kleinen Lache auf der Tischplatte. Ich schaue ihn an. Ohne die Zähne wirkt er noch älter, noch gruseliger. Ich verstehe diesen Mann nicht. Ist es ihm gar nicht peinlich, seine Prothese mit der ganzen Spucke direkt vor meinen Augen abzulegen? Offenbar nicht. Beschwerlich robbt er zwischen meine Beine und beginnt, mich zu lecken. Beziehungsweise tut, was er dafür hält.

Dabei habe ich anfangs gar nicht erst versucht, mehr Geld für Extras zu nehmen, denn ich hatte eigentlich nicht vor, mich von diesem Greis lecken zu lassen. Eine kleine Ewigkeit lang verrichtet er an mir sein zahnloses Werk. Doch auf meiner Klit spüre ich nur so etwas wie Luft. Es ist, wie wenn dich jemand ganz sachte anpustet. Seine Zunge und seine Lippen sind ebenfalls weich und scheinbar frei von jeglichen Muskeln. Sie kommen mir vor wie Schaum. Ohne Materie. Ich fühle, wie seine Spucke zwischen meinen Schenkeln herunter läuft.

Er hebt den Kopf und fragt mich auf Englisch: »Schatzi, bist du schon gekommen?«

Schlagartig wird mir klar, warum er nicht endlich damit aufhört. Er will, dass ich einen Orgasmus bekomme. Ich denke, wenn ich jetzt sofort ›komme‹, wird er vielleicht glauben, ich täusche nur vor.

Und so stöhne ich ein wenig mehr und sage: »Ich bin fast soweit, ich brauche noch etwas.«

Und nach einem kurzen Moment: Ich bin gekommen. Natürlich nicht wirklich, aber in seinen Augen bin ich zufrieden. Scheinbar glücklich und mit der Attitüde eines Mannes, der soeben eine große Tat vollbracht hat, dreht er sich auf den Rücken. Ich soll ihn jetzt blasen, natürlich mit Kondom. Er hat viele Haare überall und unten sowieso. Seine Schamhaare sind aber nicht etwa gelockt. Sie sind ganz gerade, ziemlich lang, sehr weich und schneeweiß wie Gänsefedern. Sein Dreieck sieht aus wie das Gesicht vom Weihnachtsmann. Und der hat eine recht kleine Nase. Ich nehme das Kondom in den Mund und versuche, das, was dort ist, hineinzusaugen, um ihn zu stimulieren. Es gibt da aber nur so eine Art Hautfalte, die nahezu leer zu sein scheint.

Er sagt: »Jetzt blas mal!«

Ja, wo denn, bitte? Ich gebe mir wirklich Mühe, seine Falte zum Leben zu erwecken, aber es wird und wird nichts.

Schließlich meint er: »Schatzi, mach dir keine Sorgen. Du möchtest ihn. Ich sehe, dass du Lust auf ihn hast. Aber er hat eben keine Lust auf dich!«

Na toll. Es bleiben schließlich etwa fünfzehn Minuten, und er will noch eine Massage. Die muss er natürlich extra bezahlen, denn das ist nicht inklusive. Er gibt mir noch einmal dreißig Euro. Opa Alois bekommt seine Massage, obwohl ich wirklich keine Lust darauf habe. Daher mache ich es in etwa so, wie er mich geleckt hat. Wie Luft. Ein bisschen Drücken mit zwei Fingern und den Daumen, mehr nicht. Ich denke, es ist dennoch okay, denn er wirkt so zerbrechlich, dass ich befürchten muss, ihn zu beschädigen, wenn ich zu hart zupacke. Am Ende scheint er zufrieden und ich bin froh, wieder gehen zu können.

6. KAPITEL

Sieben Jahre guter Sex

Das erste, was ich von Radomir sah, waren seine Augen. Große, dunkle Augen, die mich aus der Entfernung her ansahen. Ein Blick wie von einem wilden Tier. Zielgerichtet. Ruhig. Aufmerksam. Ohne Zögern. Da waren viele Leute im Picadilly-Club. Aber inmitten der tanzenden Menge, der lauten Musik, der blinkenden Lichter, war jemand, der herausstach. Als wenn er im Kegel eines Scheinwerfers stünde und leuchtete. Wir sprachen nicht miteinander, aber wir hatten uns gesehen.

Ich war jetzt fast siebzehn. Um mir ein wenig dazu zu verdienen, arbeitete ich nach der Schule im Café Alibi. Meist bis zwölf oder ein Uhr nachts, solange halt Gäste da waren. Im Alibi war früher eigentlich nie viel los gewesen. Erst, seitdem ich dort die Drinks servierte, war es immer voll. Es kamen hauptsächlich Männer. Die meisten mochten mich, und sie blieben stundenlang. Jedenfalls steigerte ich ganz schön den Umsatz. Welingrad ist eine kleine Stadt, wo jeder jeden kennt. Zumindest vom Sehen. So kam es, dass ich Radomir schon ein paar Tage später wiedertraf. Diesmal als Gast im Café Alibi. Fortan kam er fast täglich. Manchmal hatte er Freunde dabei. Natürlich kriegte er bald mit, dass ich eine Beziehung hatte, denn auch Hamed kam regelmäßig ins Café. Oft holte er mich nach der Arbeit ab und brachte mich mit dem Auto nach Hause. Alle wussten inzwischen, dass ich mit ihm zusammen war. Seit der Sache mit der Schwangerschaft war es kein Geheimnis mehr. Doch davon ließ Radomir sich nicht abhalten. Wenn ich meine Schicht hatte, war er da. Und er gab immer viel Trinkgeld, obwohl er selbst wenig hatte. Er wollte ein bisschen angeben. Mich beeindrucken. Das war klar.

Nach ein paar Wochen lud er mich nachmittags zum Kaffeetrinken in ein anderes Lokal ein, und er wollte sich mit mir zum Abendessen treffen. Ich war neugierig. Ich wollte etwas Neues erleben, war hungrig nach Leben. Die Beziehung mit Hamed hatte mir so viel Schmerz bereitet.

Also sagte ich: »Ok, gut. Lass uns zusammen ausgehen.«

Ich machte mich zurecht, zog mir etwas Schickes an und los ging es. Nach dem Essen wollte er, dass ich mit ihm nach Hause komme.

»Ich möchte dir mein Zimmer zeigen. Es ist ein sehr schönes Zimmer«, sagte er.

Ich hatte mir vorgenommen, nicht zu viel zu denken. Nicht an Hamed, nicht an seine Frau, das Kind. So ging ich mit.

Radomir sah gut aus. Er hatte einen schönen Körper mit tollen Muskeln und Sixpack-Relief und war etwas größer als ich. Wenn ich ihn heute sehe, frage ich mich allerdings, was ich an ihm so Besonderes gefunden habe. Ich mag eigentlich Männer, die älter sind als ich. Deutlich älter. Sie könnten meine Väter sein. Ich hatte nie einen richtigen Papa. Wahrscheinlich suche ich deswegen in meinem Partner, sei es Sexpartner oder Lebenspartner auch immer den Vater. Einen erwachsenen Mann, einen im Kopf reifen Mann. Radomir Abadjiev war eigentlich zu jung für mich. Siebenundzwanzig, also nur zehn Jahre älter. Er lebte zusammen mit seiner Familie in einem kleinen Häuschen. Unten wohnte er mit seiner Großmutter, der Mutter seines Vaters. Im ersten Stock sein Bruder mit seiner Frau und zwei Kindern.

Schon am ersten Abend hatten wir Sex. Er leckte mich und ich bin gekommen. Ich dachte: Aha! Nicht nur Hamed kann lecken. Das war der ausschlaggebende Punkt. Sofort begann ich, mich in ihn zu verlieben. In der Schule hatte ich zwar auch Erfolgserlebnisse, denn ich war eine gute Schülerin. Aber das Leben bei meiner Mutter war alles andere als eine Freude. Es war furchtbar eng in unserer Einzimmerwohnung. Mein kleiner Bruder wohnte zwar schon nicht mehr bei uns. Er ging auf ein Sportinternat in Plovdiv und war nur am Wochenende da. Aber der Weg in die Schule war weit, wir hatten kein Geld und wenig zum Essen. Ich wollte etwas, das mich glücklich macht, auch nach der Schule. So war ich schon nach kurzer Zeit mit Radomir fest zusammen. Das bot mir eine tolle Möglichkeit, der Enge zu Hause zu entfliehen und zu Hamed Abstand zu gewinnen. Ich wollte auch so etwas wie Genugtuung, wollte ihm zeigen, dass ich auch ohne ihn leben kann. Damit sagte ich ihm, schau her, ich bin jung und hübsch und kann jeden Mann haben, den ich will. Bleib du mal bei deiner dicken Frau und den zwei Kindern und werde glücklich ohne mich.

Letztlich war das Ganze natürlich ein Fehler, denn Radomir war eigentlich nichts für mich. Aber ich brauchte sieben Jahre, um das festzustellen. Radomir hatte keinen Schulabschluss, war nur bis zur achten Klasse zur Schule gegangen. Seine Familie war ebenfalls nicht gebildet. Die Mutter hatte schon mit sechzehn geheiratet, sie führte ein kleines Lebensmittelgeschäft vor dem Haus. Vater Abadjiev war Schweißer und arbeitete für eine Firma, die Straßenbahnen reparierte. Doch Rados Schulbildung spielte keine Rolle für mich. Ich war selbst erst in der Neunten, und dass er nach der Achten schon abgebrochen hatte, war mir nicht wichtig. Er war halt ein Straßenjunge. Wenn du arm bist, hast du in Bulgarien zwei Möglichkeiten. Entweder du gehst zur Schule und lernst und besuchst die Uni, damit aus dir etwas wird. Vielleicht wirst du Lehrer, Arzt oder gehst zu einer Bank. Oder du hast keinen Bock zu lernen und zu studieren und wirst ein ›Bad Boy‹. Du gehst mit anderen Jungs auf die Straße. Prügeln, trinken, Party machen. Du machst Probleme in Discos, willst zeigen, wie stark du bist, hast Sex mit vielen Mädchen. Radomir gehörte zu dieser Sorte. Solche Typen waren sehr beliebt bei den Mädchen in unserem Alter. Die waren sexy. Heute, wenn ich so jemanden treffe, weiß ich genau, der ist ein Arschloch. Mit dem werde ich mich nicht einlassen.

Dennoch. Die Beziehung zu Radomir barg einen großen Vorteil für mich. Denn schon nach drei Wochen zog ich zu ihm, und wir lebten fortan zusammen als Mann und Frau. Alles stimmte für mich. Wir hatten ständig schönen Sex, anfangs vier bis fünf Mal am Tag. Wir waren sehr verliebt. Ich weiß nicht, ob das nun die große Liebe war, oder einfach nur leichtsinnig von mir, aber für mich war es super. Außerdem befand sich meine Schule nur sechshundert Meter von meinem neuen Zuhause entfernt. Überaus praktisch. Von jetzt an brauchte ich nur zehn Minuten zu Fuß zur Schule. Nie wieder sollte ich zwei Stunden früher aufstehen. Nun reichte eine halbe Stunde vor Schulbeginn. Ich kam dann in die 10. Klasse. Drei Jahre hatte ich noch vor mir.

Ich genoss das Familienleben bei Radomir. Es wurde jeden Tag gekocht, man saß abends mit allen gemeinsam beim Essen. Das war ich von meinem Zuhause nicht gewohnt. Es gab Lammkoteletts, frische Salate oder auch mal Steaks. Im Haus war es schön warm, denn im Winter wurde immer gut geheizt. Mein Leben hatte sich radikal zum Guten gewandelt. Es war wie eine Offenbarung. Zum ersten Mal fühlte ich so etwas wie familiäre Geborgenheit. Radomir gab mir Geld, so dass ich mir in der Schule etwas zum Frühstück und Kaffee kaufen konnte. So war es bei meiner Mutter nie gewesen. Ich hatte ein neues Zuhause. Ich war nicht mehr abhängig von Hamed. Was wollte ich mehr? Meine Mutter sagte zunächst nichts dazu. Sie schien einverstanden zu sein. Nach kurzer Zeit aber erfuhr sie von anderen Leuten mehr über Radomir und seine Familie. Und sie erzählten nichts Gutes über die Abadjievs. Sein Vater wäre ein Alkoholiker. Außerdem sei Rado zu alt, immerhin zehn Jahre älter als ich. Der sei doch nichts für mich. Meine Mutter gab immer viel darauf, was die Leute redeten.

Sie sagte zu mir: »Dieser Kerl ist gefährlich. Er ist sogar im Gefängnis gewesen.«

Aber das wusste ich schon. Radomir hatte es mir bereits am Anfang erzählt. Vier Jahre hatte er im Knast gesessen. Da war er neunzehn gewesen. Er hatte sich mit einem anderen Jungen geprügelt, aber so heftig, dass dieser ein Auge verlor. Zusätzlich zu der Gefängnisstrafe war er noch zu einer nicht geringen Summe Schmerzensgeld verurteilt worden. Geld, das er nicht zahlen konnte. Jahrelang stotterte er es ab. Aber das war lange her. Und es war mir egal. Für mich war er der Prinz. Und mehr noch. Ich fand es gut. Denn jeder in der Stadt kannte ihn und hatte Respekt oder sogar Angst vor ihm. Und ich war sein Mädchen. Somit war klar, niemand würde es jemals wagen, mich anzufassen.

Nach ein paar Monaten waren wir so eng verbunden, so süchtig nach einander, dass keiner von uns mehr ohne den anderen sein konnte. Mit seiner Familie jedoch gab es Spannungen. Die Abadjievs waren zwar Bulgaren aber muslimisch. Bulgarien stand fünfhundert Jahre, bis ins 19. Jahrhundert, unter osmanischer, also türkischer Herrschaft. In der bulgarischen Kultur gibt es deshalb viele türkische Spuren. Es ist eine Mischkultur. Das schlägt sich bis heute darin nieder, dass es türkische Wörter in der Sprache gibt. Auch Volkstänze und Speisen haben ihre Wurzeln aus dieser Zeit. Viele Bulgaren wurden damals gezwungen, zum Islam zu konvertieren. Besonders in unserer Region. Wer sich weigerte, dem wurde der Kopf abgeschlagen. Die Türken suchten sich jeweils eine Stadt aus. Die Bewohner mussten sich in einer Schlange anstellen und konnten sich aussuchen, ob sie konvertieren oder sich köpfen lassen wollten. Die meisten wählten den Islam oder flohen in die Berge oder in andere Regionen Europas. Die osmanische Herrschaft endete erst nach dem Russisch-Türkischen Krieg Ende des 19. Jahrhunderts. Daher gibt es auch heute noch sehr viele Bulgaren islamischen Glaubens, so wie Radomirs Familie. Und sie haben teilweise sehr altmodische Ansichten. So muss eine Frau bei der Hochzeit unbedingt noch Jungfrau sein. Ist das nicht der Fall, findet die Heirat nicht statt. Es ist ein echter Hinderungsgrund. Wenn das Laken nach der Hochzeitsnacht keinen Blutfleck aufweist und sich somit herausstellt, dass die Frau nicht mehr unberührt war, wird sie verstoßen.

Solange die Kinder nicht verheiratet sind, gilt das Wort der Eltern. Sie bestimmen, was gemacht wird. In allem. Das ist auch heutzutage noch so. Der Vater als Familienoberhaupt hat das Sagen. Auch darf man als Frau nicht geschieden sein oder sich scheiden lassen. Das ist ungeschriebenes Gesetz. Bist du geschieden, ist klar, dass du nicht mehr Jungfrau bist, also kriegst du keinen Mann mehr. Die Frauen haben generell nichts zu melden und müssen sich den Entscheidungen des Mannes unterordnen. Das ist wie teilweise heute noch in der Türkei oder in den islamischen Ländern des Orients. Ein Sprichwort unter den islamischen Bulgaren besagt: Es gibt den Sarg, aber es gibt keine Scheidung. Das bedeutet, egal was der Mann macht, ob er mich schlägt, nur noch säuft, mich mit anderen Frauen betrügt oder mich behandelt wie den letzten Dreck, als Frau habe ich bei meinem Ehemann zu bleiben bis zum Tod. Was bei der Großelterngeneration besonders ausgeprägt ist, ist nicht nur der Hass auf Christen, sondern auch auf die Bulgaren im Allgemeinen. So zumindest war meine Erfahrung in dieser Familie. Daher sahen sie die Bindung ihres Sohnes mit einem Mädchen christlicher Religion, so wie ich, mehr als skeptisch. Die islamische Minderheit lebt ein kulturell sehr unterschiedliches Leben, teilweise mit diesen mittelalterlichen Vorstellungen von Ehe und Familie. Die Frauen tragen Kopftücher, zumindest in ländlicheren Gegenden. Eine Ehe mit einem christlichen Mädchen oder Mann ist eigentlich ein No-Go. Die Mädchen heiraten oft schon mit sechzehn Jahren, bis zu zehn Kinder sind keine Seltenheit. Wenn eine Frau fremdgeht und sich erwischen lässt, kann das ihren Tod bedeuten. Die Frauen dürfen keine Miniröcke tragen. Durchsichtige oder aufreizende Kleidung ist streng verboten.

Dass ich keine Jungfrau mehr war, war für die Familie ein echtes Problem. Aber welches Mädchen ist mit siebzehn noch Jungfrau? Die Abadjievs wohnten in der Nähe des Stadtzentrums. Hier gab es einige Straßen, wo hauptsächlich muslimische Leute lebten. Da die Mutter ein Lebensmittelgeschäft betrieb, waren sie in der Gegend allen bekannt. In so einem kleinen Laden wird natürlich viel getratscht. Dass der Sohn nun mit einem nicht-muslimischen Mädchen zusammen war, dazu noch keine Jungfrau mehr, war ein viel besprochenes Thema unter den Frauen des Viertels. Für die war ich eine Schlampe. Auch meine Herkunft und Familie waren Thema. Alle wussten, dass mein kleiner Bruder von einem anderen Mann war, mit dem meine

Mutter nicht mehr zusammen lebte. Das ging gar nicht. Dass mein Stiefvater ein Alkoholiker war, der mich ständig geschlagen hatte, interessierte niemanden.

»Magdalena kommt von keiner guten Familie. Ihre Mutter ist geschieden. Und sie sind arm!«, zerrissen sich die Leute das Maul über mich. »Bestimmt weiß die Mutter gar nicht, wer ihr Vater ist«, sagten sie.

Die Leute gaben mir die Schuld daran. Radomirs Familie nahm mich und meine Herkunft zunächst in Kauf. Wahrscheinlich dachten sie, dass ich nach ein paar Monaten wieder verschwinden würde. Aber ich blieb, denn wir liebten uns.

Radomir berichtete mir manchmal von dem, was geredet wurde. Dass ich ihn sicher bald verlassen würde, dass ich nur da sei, weil meine Schule so nah ist und es mir bei ihm besser ginge als bei meiner Mutter. Ich würde nur die Vorteile genießen, solange ich es benötigte. Ich würde dann bestimmt später in eine andere große Stadt gehen, wo es eine Universität gibt.

»Die nutzt dich doch nur aus. Suche dir lieber eine andere Frau«, sagten sie zu ihm.

Als ich mein Abitur gemacht hatte, kam Radomir eines Abends zu mir in die Küche.

»Setz dich, Megi. Ich will etwas mit dir besprechen.« Er machte ein ernstes Gesicht. »Du bist jetzt neunzehn und ich neunundzwanzig. Ich bin ein Mann. Ich möchte ein junger Vater sein.«

In seiner Kultur war er schon relativ alt. Andere Männer hatten bereits mit Anfang oder Mitte zwanzig Kinder.

»Ich habe jetzt drei Jahre gewartet, bis du deine Schule abgeschlossen hast. Aber nun ist es Zeit für ein Kind.«

Ich liebte ihn noch immer, hatte aber auch meine Zweifel, ob ich weiter bei ihm bleiben sollte. Mit der Zeit hatte er mehr und mehr angefangen zu trinken und mich manchmal sogar geschlagen, wenn er eifersüchtig war. Und das, obwohl es eigentlich keinen Grund dafür gab. Während unserer Ehe war ich nie fremdgegangen. Ich hatte auch gar keine Veranlassung dazu. Ich bekam von ihm, was ich brauchte. Wir schliefen jeden Tag miteinander. Jeden Gottes Tag. Es spielte keine Rolle, ob ich meine Tage hatte. Wir wussten uns mit Blasen, Lecken oder Streicheln zu helfen. Aber er geriet permanent in Rage, wenn ich in seinen Augen zu sexy angezogen war. Ein weiterer Grund waren wahrscheinlich auch die vielen kleinen Intrigen seiner Familie. Denn ihre Hoffnung, dass ich bald wieder gehen würde, hatte sich nicht erfüllt. Sie erzählten ihm Dinge, die ich gesagt hatte, aber mit anderer Interpretation. Sie wollten Zwietracht säen. Sie wollten, dass ich irgendwann aufgeben und verschwinden würde. Alle waren gegen mich. Der Vater, die Großeltern, sein Bruder und meine Schwägerin, die Frau seines Bruders. Nur seine Mutter stand mir manchmal bei. Die Schwägerin war wahrscheinlich auch eifersüchtig. Sie war elf Jahre älter als ich, recht dick und nicht gerade eine Augenweide. Ich dagegen hübsch, schlank und sexy. Dazu noch gebildet, mit Abitur.

Seit zwei Jahren hatten wir dann im Haus eine eigene Wohnung mit separater Küche. Radomir ging jeden Tag zur Arbeit in die Schlosserei. Wegen meiner guten Noten bekam ich eine Art Stipendium. Damit konnten wir gewissermaßen unabhängig vom Rest der Familie leben, wenn auch im gleichen Haus. Radomir stellte mich dann vor die Wahl. Entweder ich werde schwanger, oder ich gehe zurück zu meiner Mutter.

Er meinte es ernst: »Ich bin jetzt dreißig, ich will nicht mehr warten. Wenn ich vierzig bin, ist mein Kind schon zehn Jahre alt.«

Natürlich wollte ich auf keinen Fall zurück zu meiner Mutter in ihre Einzimmerwohnung. Am Rande der Stadt. Ohne Geld. Ich hatte mich an das Leben bei Rado gewöhnt. Ich hatte auch wenig Kontakt zu meiner Mutter. Radomir hatte einiges dafür getan, dass ich Abstand zu ihr gewann. Er wollte, dass ich nur für ihn da bin. Er verbot mir sogar, meine Mutter zu besuchen. Allerdings war auch kaum Zeit dafür. Nach der Schule musste ich mich um den Haushalt kümmern. Kochen, putzen, waschen, einkaufen gehen. Alles in Ordnung halten. Der Sex war immer noch toll mit ihm. Aber mit der Zeit wurde auch klar, wer das Sagen hatte. Nur er. Ich musste nach der Schule immer gleich nach Hause kommen. Kaffee trinken gehen mit meinen Mitschülern sollte ich nicht. Ein weiterer Grund für das Kontaktverbot zu meiner Mutter war, dass sie in seinen Augen eine Schlampe war und kein Umgang für mich. Zweimal verheiratet und wieder geschieden. Das war nicht akzeptabel für ihn und seine Familie. Vielleicht befürchtete er, ich könnte werden wie sie. Ein bulgarisches Sprichwort besagt, die Birne fällt nicht weit vom Baum. Jedenfalls war die Verbindung zu ihr ziemlich verloren gegangen. Sie schien mich ohnehin nicht sonderlich zu vermissen. Ich weiß nicht, ob sie mich überhaupt je geliebt hat. Ich habe das nie gespürt. Ich denke, sie war sogar froh, dass ich nicht mehr bei ihr wohnte. Meine Mutter hatte einen Geliebten, denn sie konnte nicht ohne Sex leben. Er war zehn Jahre jünger als sie, hatte eine Familie mit Kindern, aber er war Alkoholiker. Warum suchte sie sich immer irgendwelche Säufer aus? Er wohnte bei ihr. Am Wochenende kam dazu noch immer mein Bruder. Ich konnte nicht zurück zu meiner Mutter. Ich war jetzt zwanzig. Wohin hätte ich gehen sollen, wenn ich Nein sage zu seinem Kinderwunsch? Auf die Straße, als Prostituierte? Einen Vater, zu dem ich hätte gehen können, gab es nicht. Also stimmte ich zu. Dennoch war ich gespalten. Zwar liebte ich ihn, aber auf der anderen Seite fühlte ich mich wie eine Zuchtstute. Eigentlich wollte ich jetzt noch nicht schwanger werden, aber ich hatte es versprochen. Schon im ersten Jahr hatten wir darüber geredet. In der ersten Zeit der Leidenschaft, in der wir die Sterne vom Himmel in unser Bett holten.

»Ich wünsche mir so sehr einen Sohn«, hatte er gesagt.

Und ich versprach, ihm den Sohn zu schenken. Das Kind sollte das Ergebnis unserer Liebe sein. Nach den drei Jahren war mir aber klar geworden, dass Radomir eigentlich nicht der Mann fürs Leben für mich sein konnte. Er schlug mich, war aus nichtigen Gründen eifersüchtig. Im Grunde war er dumm und primitiv. Aber das merkte ich erst mit der Zeit. Vielleicht war es auch der Alkohol und die Drogen, die ihn in meinen Augen so erscheinen ließen. Abends betrank er sich regelmäßig mit Freunden oder mit seinem Bruder. Jedes zweite Wort aus seinem Mund war mittlerweile ein Fluchen.

Die ganzen Jahre redeten seine Familie, seine Freunde und Bekannte auf ihn ein, ich würde ihn nur benutzen und prophezeiten, dass ich ihn eines Tages verlassen würde. Ich wollte allen beweisen, dass ich nicht die Frau bin, die ihren Mann nur benutzt. Ich nahm es wie eine Aufgabe. Ich hatte jahrelang ein warmes Dach über dem Kopf. Ich hatte Geld für mein Frühstück gehabt. Es war mir gut bei ihm gegangen. Ich wollte ihm dafür etwas zurückgeben. Es gab auch keine Alternative für mich. Also wurde ich schwanger. Gleichzeitig bewarb ich mich an einer Universität und machte die Aufnahmeprüfungen. Ich bekam einen Studienplatz für Englisch, Geschichte und Literatur auf Lehramt an einer Fernuniversität in Blagoevgrad. Das Studium sollte vier Jahre dauern. Ein Jahr länger als üblich, weil es ein Fernstudium war. Dafür brauchte ich nur an zwanzig Tagen vor Ort sein. Das passte, denn Rado wollte auf keinen Fall, dass ich zum Studieren in eine andere Stadt ziehe. Aber es erforderte viel Disziplin, den Stoff zu lernen, ohne jeden Tag an die Uni zu gehen. Nebenbei arbeitete ich noch in einer Boutique für Luxusunterwäsche. Ich hatte mich außerdem an der juristischen Fakultät in Plovdiv beworben, um Anwältin zu werden. Den Studienplatz hätte ich sogar bekommen, denn ich hatte ein super Abitur. Doch Radomir gefiel das nicht.

»Ich will nicht, dass meine Frau Anwältin ist«, sagte er. »Da bist du dann ständig unterwegs und triffst dich mit vielen Leuten. Das kommt nicht in Frage. Du kannst Lehrerin werden, das ist was Vernünftiges. Du wirst vormittags von acht bis eins arbeiten, und dann kommst du schön nach Hause. Du bist am Nachmittag da und kannst die Kinder vom Kindergarten abholen. Am Wochenende bist du auch zu Hause und kümmerst dich um die Familie. Und viele Ferien gibt es auch. Das wirst du machen und nichts anderes. Auf keinen Fall wirst du Anwältin.«

So entschied er über mein weiteres Leben. Außerdem wollte er, dass wir heiraten. Aber erst nach dem vierten Monat, wenn klar wäre, dass ich auch wirklich ein Kind zur Welt bringen würde. So kauft man wahrscheinlich auch ein Pferd auf dem Markt. Erst mal die Zähne prüfen und schauen, ob es gesund ist. Er wusste von meiner Abtreibung und befürchtete, dass meine Gebärfähigkeit womöglich Schaden genommen hätte. Erst als ich schon im fünften Monat schwanger war, heirateten wir. Vier Monate später war es dann soweit. Die Entbindung war sehr schmerzhaft und extrem heftig. Ich dachte, ich würde sterben. Ich erinnerte mich daran, was ich Hameds Frau alles Böses gewünscht hatte, als diese ihr Kind bekam und bereute im Nachhinein meine schlechten Gedanken. Aber da sieht man es, alles kommt zurück. Bei meiner Geburt hatte ich nämlich ein riesiges Problem. Ich konnte das Baby nicht auf normalem Weg bekommen. Das lag daran, dass ich einmal sehr böse gestürzt war. Ich war achtzehn. Ich war gerade mit Radomir zusammen gekommen.

Es galt als ziemlicher Luxus, wenn man zu Hause ein Badezimmer besaß. Wir hatten keins. Aber Welingrad ist ein Kurort, wo es viele Mineralquellen und öffentliche Bäder gibt. Das hat eine lange Tradition, die noch von den alten Römern stammt. Dort kann man für wenig Geld ein Bad nehmen. Üblich war, dass man einmal pro Woche baden ging, also nicht jeden Tag. Die tägliche Körperpflege bestand für gewöhnlich nur darin, dass man sich ein wenig mit einer Waschschüssel wusch. Das wollte ich jedoch nicht. Ich wollte immer frisch sein. Ich stellte dann auf der Toilette die Elektroheizung an und machte mir oben in der Küche auf dem Herd einen Topf Wasser heiß. Dann ging ich damit hinunter in die Toilette, es gab nur ein WC im Haus für alle. Der Raum war zwar groß und gefliest wie ein Badezimmer, eine Badewanne oder Dusche gab es allerdings darin nicht. Dort mischte ich das heiße Wasser mit kaltem in einer Waschschüssel. Ich seifte mich ein und spülte mich mit dem warmen Wasser wieder ab. Das tat ich jeden Abend, bevor ich ins Bett ging. Ich kann nicht mit einem Mann schlafen, wenn ich mich nicht zuvor sorgfältig gewaschen habe. Das ist so. Die anderen im Haus machten das dagegen nicht. Man nahm nur ein wenig kaltes Wasser für eine kurze Katzenwäsche, das war's.

Kaltes Wasser kommt für mich jedoch nicht in Frage, da hole ich mir noch irgendwelche Pilze oder was weiß ich. Ich tat dann immer etwas Honig auf den Finger und cremte damit innen meine Mumu ein. Besonders im Winter. Das ist eine gute Prophylaxe gegen alles Mögliche. Außerdem ist es für den Partner angenehm, wenn die Muschi ein wenig süß schmeckt. Meine sorgfältige Körperpflege wurde von den anderen Familienmitgliedern mit hämischen Kommentaren bedacht. Dass ich abends immer das Bad aufheizte, erhöhte außerdem die Stromrechnung. Bei dem geringen Einkommen der Familie führte das zu einem handfesten Streit.

Sie schimpften mit mir: »Was bist du für eine Prinzessin? Warum musst du dich jeden Tag waschen? Einmal in der Woche ist doch genug!«

Das Problem wurde auch in der Nachbarschaft diskutiert. Alle waren einhellig der Meinung, dass einmal in der Woche gründlich waschen völlig reichen würde. Meine übertriebene Hygiene sei reine Geldverschwendung.

Jedenfalls hatte ich für Rado und mich in der Badeanstalt für eine Stunde eine private Badewanne gemietet. Hier kannst du auch zusammen mit deinem Partner baden oder zum Beispiel auch Mütter mit ihren Kindern. Auf dem Rückweg vom Bad trug ich dann Radomirs und meine Badesachen. Zwei Taschen. Nicht gerade eine Kavalierstat von Rado, mich beide Taschen tragen zu lassen, nicht wahr? Ich weiß nicht warum, denn ich hatte ganz normale Schuhe an - also keine High Heels - stolperte ich auf der Straße und fiel sehr unglücklich auf mein Steißbein. Noch Tage später hatte ich Schmerzen.

Ich sagte: »Es tut mir immer noch sehr weh. Ich sollte besser zum Arzt.«

Von außen waren jedoch keine Anzeichen für eine Verletzung zu sehen, keine blauen Flecken, nichts. Nur die Schmerzen waren da.

Radomir sagte: »Du kannst dich doch bewegen. Man sieht nichts. Also ist da auch nichts kaputt.«

Die Familie sah das genauso. Einen Arzt aufzusuchen, war in ihren Augen nicht nötig. Doch die Schmerzen wurden nicht weniger. Im Gegenteil. Und ich musste ja die ganze Hausarbeit machen. Putzen, staubsaugen, waschen und den Hof fegen. Trotzdem. Keiner wollte mich zum Arzt bringen.

Sie sagten zu Radomir: »Was soll das? Deine Freundin benimmt sich wieder wie die Prinzessin auf der Erbse. Sie soll sich nicht so anstellen.«

Radomir war sogar eifersüchtig auf den Arzt. Es könnte ja ein Mann sein, und der würde mich hinten anfassen. Auch deshalb weigerte er sich, mit mir zu einem Doktor zu gehen. Nach ein paar Tagen hielt ich es jedoch nicht mehr aus und ging schließlich alleine zur Untersuchung. Der Arzt machte eine Röntgenaufnahme. Er zeigte mir das Bild. Es war klar zu sehen, dass das Steißbein unten angerissen war. Gottseidank war es ganz unten, denn dort gibt es keine Flüssigkeit in der Wirbelsäule, was ansonsten sogar zu Lähmungen führen kann. Das Steißbein war jedoch nach innen gebogen.

»Wie lange ist das schon her?«, fragte mich der Arzt.

»Zwei Wochen«, antwortete ich.

»Zwei Wochen schon?« Der Mediziner war einigermaßen bestürzt, dass ich erst so spät zu ihm gekommen war. Eine Operation sei aber nicht notwendig, meinte er dann. »Der Knochen ist zwar nicht abgebrochen, aber es hat nicht viel gefehlt. Da hast du noch Glück gehabt.« Es würde wieder zusammenwachsen, aber ganz gerade könnte das Steißbein nicht wieder werden. Er gab mir klare Instruktionen. »Du musst jetzt mindestens einen Monat nur auf dem Rücken liegen. Auf einem ganz harten Untergrund. Nicht herumlaufen, keine Hausarbeiten, kein Sex. Nur liegen. Dann kann der Knochen wieder zusammenheilen und es wird sich hoffentlich stabilisieren. Also, keine anderen Stellungen, nur auf dem Rücken.«

Auf der Toilette durfte ich auch nicht sitzen, nur im Stehen sollte ich das Nötige verrichten. Ich habe dann kaum etwas gegessen in der Zeit. Täglich kam eine Krankenschwester vorbei, um mir eine Kalziumspritze zu verabreichen. Das Steißbein heilte nach innen gekrümmt wieder zusammen. Das könnte später bei einer Geburt zu einem Problem werden, denn dadurch war der Geburtskanal quasi gesperrt. Der Arzt meinte, ein Kind könne ich deshalb nur per Kaiserschnitt zur Welt bringen. Das Röntgenbild sollte ich aufbewahren und mit ins Krankenhaus nehmen, wenn ich ein Baby bekomme.

Als ich zur Entbindung in der Klinik war, informierte ich den Gynäkologen über die Vorgeschichte, und dass ein Kaiserschnitt nötig sein würde. Mein Mann und seine Familie waren jedoch der Ansicht, dass eine Frau erst dann eine ›richtige‹ Frau ist, wenn sie ihr Kind auf normalem Weg zur Welt bringt. Es reicht nicht, dass sie es neun Monate lang austrägt und danach stillt. Sie muss unter Schmerzen gebären. Außerdem gab es die Regel, nach der ein Ehemann einem Kaiserschnitt zustimmen muss. Als Geburtstermin war der 10. Mai bestimmt worden. Doch das Kind wollte nicht kommen. Ich war dann schon zwölf Tage darüber. Ich hatte heftigste Wehen. Aber das Baby konnte nicht heraus. Der Muttermund öffnete sich nicht. Nur zwei Zentimeter in zehn Stunden. Das Fruchtwasser war schon weg. Der Arzt redete mit Radomir, dass er dem Kaiserschnitt zustimmen sollte, doch er wollte bis zuletzt nicht.

»Sie soll das Kind normal gebären, ein Kaiserschnitt kommt nicht in Frage!«, sagte er.

Seine Mutter hatte ihn darin bestärkt: »Mit Schneiden kann jeder. Sie soll sich anstrengen.«

»Sie wird sterben, wenn wir es jetzt nicht machen!«, beschwor ihn der Arzt.

Doch Radomir ließ sich nicht erweichen. »Wir warten noch«, entgegnete er.

Es ging auf meine Kosten. Siebenundzwanzig Stunden ließ er verstreichen. Mit starken Wehen alle zwei bis drei Minuten. Erst in letzter Minute stimmte Rado zu, und die Ärzte machten den Schnitt. Weil wegen des späten Zeitpunktes keine Narkose mehr möglich war, musste mir vor der OP der Katheter ohne Anästhesie gelegt werden. Das war nicht schön. Aber es ging noch mal gut und ich brachte einen kleinen Jungen auf die Welt. Er sollte Radomir heißen, wie sein Vater.

Die nächsten zwei Jahre arbeitete ich nicht, passte nur auf das Baby auf. Aber nach dreieinhalb Jahren wollte ich nicht mehr. Ich wollte Radomir verlassen.

Er drohte mir: »Ich bringe dich um! Ich schneide dir deinen Kopf ab!«

Fortwährend war er aggressiv zu mir. Er beschimpfte mich als Schlampe, als Nutte und als Hure. Bis dahin war ich immer treu gewesen. Aber wenn du dir solche Beleidigungen ständig anhören musst - im letzten Jahr bin ich ein paar Mal fremdgegangen. Ich war öfters in der Uni zu der Zeit.

Ich war trotzig und dachte, ich bin also untreu. Eine Nutte, eine Schlampe, ja? Na gut, dann will ich mich auch wie eine benehmen.

Ich tat es, weil die Chemie stimmte und weil ich Lust dazu hatte. Natürlich ging ich mit gebotener Vorsicht und im Geheimen vor. Radomir hätte mich womöglich totgeschlagen, hätte er es je herausbekommen.

Auch hatten wir ständig Geldprobleme. Ich war unzufrieden. Von seinem Lohn bekam ich nichts. Er gab alles für sich allein aus. Um mit seinen Freunden zu trinken und zu rauchen. Ich hatte nicht einmal Geld für Pampers.

»Sei nicht so faul!«, meinte er nur. »Bring dem Kind bei, auf das Töpfchen zu gehen, dann brauchst du auch keine Windeln.«

Im letzten Ehejahr begann ich deshalb, als Lehrerin zu arbeiten. Ich verdiente allerdings nur einen Mini-Lohn, denn ich hatte ja noch kein Diplom. Das Ergebnis war, dass er noch eifersüchtiger wurde. Auf der einen Seite war mit seinem Lohn zu wenig Geld da. Auf der anderen Seite, wenn ich arbeiten ging, passte es ihm auch nicht. Er warf mir vor, ich ficke mit dem Direktor oder irgendwelchen Kollegen von der Schule. Er steigerte sich derart in seine Eifersuchtsfantasien hinein, dass er regelmäßig ausflippte und mich schlug. Ich sollte dann mit meinen blauen Flecken zur Arbeit in die Schule gehen. Ich konnte nicht mehr. Meinen Job als Lehrerin kündigte ich. Mit dem ganzen Stress zu Hause war es mir einfach nicht mehr möglich, länger dort zu arbeiten. Ich hatte die Nase gestrichen voll von dieser Ehe. Schließlich machte ich es wahr. Ich nahm mein Kind und verließ ihn.

7. KAPITEL

Binka

Da die Agenturen in Wien ihre eigenen Fahrer haben, gibt es für Eagle eigentlich nichts zu tun. Er sitzt die meiste Zeit zu Hause. Verlässt er mal die Wohnung, dann höchstens zum Spazierengehen. Oder er hockt sich ins Café, um zu skypen und im Internet zu surfen. An Tagen, an denen ich keine Termine habe, gehe ich mit Eagle in die Stadt, und er zeigt mir etwas vom schönen Wien. Er hat dort ja schon gewohnt und kennt sich einigermaßen aus. Oft fahren wir in die Lugner City. Eine riesige Shopping-Mall, so breit und hoch, wie ich es vorher noch nie gesehen habe. Da gibt es Springbrunnen und viele verschiedene Restaurants, wo wir zusammen essen gehen. Wenn ich mir etwas kaufe, bezahle ich aber immer alles selbst, er schenkt mir nie etwas. Einmal zeigt er mir den Stephansdom. Wie ein riesiger Ozeandampfer taucht er plötzlich zwischen den Häusern auf. In einer so großen Kirche bin ich nie zuvor gewesen. Als wir von der Straße hineingehen, ist mir, als beträte ich einen anderen Planeten. Eingetaucht in ein geheimnisvolles, blaues Licht höre ich sphärische Gesänge. Einen Chor. Wie ein Schwarm unsichtbarer Vögel schwirren die Klänge durch den himmelstrebenden Raum. Ich glaube, ich schwebe.

Ansonsten sind wir weitestgehend auf uns gestellt, Freunde mit denen wir uns hätten treffen können, gibt es keine. Außer ein paar Jungs, die Eagle aus dem Knast kennt und denen wir manchmal in einem Wettbüro begegnen. Für die Agenturen bin ich immer erreichbar, auch wenn wir unterwegs sind, so dass mich ein Fahrer überall abholen kann. Wenn ich zwischen den

Terminen mal für ein oder zwei Stunden nach Hause komme, macht Eagle mir etwas zu Essen. Spiegeleier oder Salat. Das ist sehr schön.

Ende des Monats wollen Eagle und ich zurück nach Bulgarien fahren, denn Anfang Juni stehen die Abschlussprüfungen für mein Studium an. Danach planen wir wieder nach Wien zurückzukehren. Ich habe jetzt schon ziemlich viel Geld verdient. Fast dreißigtausend Euro im ersten Monat. Ich bin sehr zufrieden damit. So kann ich auch meinem Exmann und meinem Kind einiges schicken. Das Geld wird wie vereinbart mit Eagle geteilt. Gottseidank muss ich in Österreich nichts versteuern. Hier musst du nur einen Prostituiertenpass haben. Ein dickes grünes Heftchen. Du bist verpflichtet, jeden Montag in das Gesundheitszentrum zur Blutprobe zu kommen. Sie testen dich auf AIDS, Syphilis, Tripper und alle Geschlechtskrankheiten. Die Resultate sind schon nach einer Stunde da. Dann untersucht dich ein Gynäkologe. Wenn alles okay ist, bekommst du einen Stempel. Manchmal gibt es nämlich Kontrollen. Zum Glück ist mir das bis jetzt nie passiert. Aber es kommt vor, dass du in ein Hotel bestellt wirst, ganz normal, wie zu einem Gast und dann ist es eine Polizeikontrolle. Sie wollen deinen grünen Pass sehen und ob du den aktuellen Stempel hast. Das ist etwas anstrengend. Wenn du Urlaub machst, sollst du auch Bescheid sagen und dich abmelden. Hast du keinen Stempel, kostet es dreitausend Euro Strafe. Solltest du ein zweites Mal erwischt werden, entziehen sie dir sogar die Erlaubnis. Aber im Prinzip finde ich die Untersuchungen ganz gut. Sie schauen auch nach, ob du etwas anderes hast. Zum Beispiel Schnupfen. Und alles ist kostenlos. Am Ende geben sie dir außerdem noch Kondome mit. Gratis, so viele du willst.

Die Taschen voller Geld fahren wir wieder nach Bulgarien. Ich freue mich darauf, meinen kleinen Sohn zu sehen, meine Familie und meine Freundin Binka. Auch Eagle ist ganz heiß darauf, Binka zu treffen, obwohl er sie noch gar nicht kennt. Das hat einen bestimmten Grund, denn ich habe Eagle einiges über sie erzählt.

Binka ist meine beste Freundin. Ich kenne sie noch von der Schule, vom Gymnasium her. Oft haben wir zusammen Hausaufgaben gemacht. Und egal, um was es ging, wir konnten uns immer vertrauen und uns alles erzählen. Nachdem mein Sohn geboren wurde, kam sie uns häufig besuchen, entweder alleine oder in Begleitung ihres Mannes. Sie hat auch gelegentlich auf mein Kind aufgepasst, wenn ich etwas zu erledigen hatte. Wir waren Familienfreunde, gingen hin und wieder zusammen angeln. Wenn wir allein waren, ohne die Männer, haben wir manchmal über unsere sexuellen Phantasien gesprochen. Bis dahin hatte ich noch nie etwas mit einer Frau gemacht und sie ebenfalls nicht. Mein Sohn war zweieinhalb Jahre alt, als sie mir vorschlug, es mal zusammen auszuprobieren. Nur so, um zu sehen, ob das gut ist. Der Gedanke war sehr aufregend für mich. Ich würde eine andere Muschi sehen, nicht meine eigene, stell dir mal vor!

Es geschah an einem trüben Vormittag im Januar. Die Welingrad umgebenden Berge, die an klaren Tagen den Himmel so unendlich weit erscheinen lassen konnten, waren in einem grauen Brei aus Wolken verschwunden. Binka kam zu mir, um mich abzuholen. Ich hatte meine Schwiegermutter gebeten, auf den Kleinen aufzupassen, mein Mann war auf Arbeit. Ich gab vor, dass ich mit meiner Freundin Kaffee trinken gehen würde. Sie kannte Binka. Da war also nichts Auffälliges dran. Aber statt ein Café in der Innenstadt aufzusuchen, gingen wir sofort zu ihr. Sie wohnte nur ein paar Straßen weiter. Die Wohnung hatten wir für uns, denn ihr Vater war arbeiten und ihre Mutter ebenfalls. Binka wollte zwar den Anschein erwecken, als ob alles spontan geschieht, war aber vorbereitet, als ob sie einen Liebhaber empfangen würde. Sie hatte Schokobonbons, Obst und leckeren Käse gekauft und alles auf kleinen Tellern schön arrangiert. Von zu Hause hatte ich ein paar Dessous mitgebracht, damit wir uns sexy anziehen konnten. Zuerst haben wir uns geschminkt und uns gegenseitig fotografiert. Ich trug ein enges, schwarzes Kleidchen, dazu schwarze glänzende Schuhe mit hohen Absätzen und räkelte mich auf dem Bett. Zwar habe ich eigentlich nicht geraucht, aber für unser privates Shooting zündete ich mir eine Zigarette an. Ihr Vater hatte eine Schachtel in der Küche liegen lassen. Anschließend tauschte ich das Kleid gegen einen schwarzen, fast durchsichtigen Body und zog passende Straps-Strümpfe dazu an. Ich posierte vor ihr auf dem Bett, sie fotografierte mich. Nur der kleine graue Stoffelefant und der weiße Teddybär mit den rosa Tatzen im Regal seitlich des Bettes waren Zeugen unseres Stelldicheins. Dann legte ich einen weißen Spitzen-BH an und wickelte ein knappes Tuch um meine Hüften, seitlich verknotet. Ich warf meinen Kopf herum, mein langes Haar in den Nacken und fuhr mit meiner Zungenspitze an meinem Oberarm entlang.

Sie war begeistert: »Oh Megi, du bist so hübsch, so schön. Ich liebe deine langen blonden Haare.«

Binka ist zwar attraktiv, aber ein ganz anderer Typ. Sie ist um zwei Köpfe kleiner als ich, hat schwarze, zu einem Pagenkopf geschnittene Haare, große dunkle Augen, eine feine Nase und ist sehr schlank. Ohne Brüste, ohne Arsch, ganz knabenhaft. Für meinen Geschmack etwas zu mager. Von ihrer Figur her sieht sie aus wie ein zehnjähriger Junge. Ich zog mich ganz aus, streifte Strümpfe, Tuch und meinen Slip ab, ließ den BH keck vom ausgetreckten Finger zu Boden fallen. Plötzlich packte sie mich, diese kleine schmächtige Person, stieß mich auf das Bett, so dass ich auf dem Rücken lag, nahm meine Hände zur Seite, kam über mich und schob mir die Beine auseinander. Sofort saugte sie an meiner Muschi. Sie lutschte und küsste sie wie eine reife Orange. Oh mein Gott! Es war unerwartet schön. So zärtlich. Bis dahin hatten mich nur Männer geleckt. Und egal, wie gut er sich rasiert hat, du spürst immer, dass es der Mund eines Mannes ist. Nun fühlte es sich an, wie wenn eine Fee dich liebkost, oder wie, wenn ich es selber täte - käme ich dran. Da war kein Unterschied zwischen ihrem und meinem Mund. So zart und weich. Frauen haben ja meist einen schmaleren Mund, einen schmaleren Kiefer. Das ganze Gesicht ist viel kleiner als bei einem Mann. Und du spürst diese zierliche Nase an deiner Muschi.

Zuerst konnte ich gar nicht richtig geil werden, denn hier lag ja kein Mann zwischen meinen Schenkeln. Ich fand es anfangs eher lustig, denn erregend und kicherte. Es war irgendwie ungewohnt und fremd. Aber dann ließ ich mich fallen und sie einfach machen. Nach vielleicht zwanzig Minuten bin ich tatsächlich gekommen. Wenn ich es mir selber gemacht hätte, wäre es wohl schneller gegangen. Zwischendurch musste ich daran denken, wie peinlich es wohl wäre, wenn unsere Mütter wüssten, dass wir miteinander rummachen. Eigentlich stehe ich nicht auf Frauen. Noch nie, und sie auch nicht. Aber trotzdem. Wir waren einfach neugierig. Dann wollte ich es bei ihr machen, aber sie sagte Nein, ich solle nicht, denn sie stehe nur auf harte Sachen. Sie wollte richtig mit dem Finger oder mit Dildo stimuliert werden und vor allem in den Po. Das mochte sie. Sie hatte einen so kleinen Arsch, fast keinen. Klein wie meine Hände. Aber sie stand auf diese Nummer. Ich dagegen bin so groß, aber dafür sehr zartfühlend und empfindlich. Meine Schmerzgrenze ist ganz niedrig. Wir machten es so, wie sie wollte. Am Ende schmiegte sie sich an mich, streichelte mich, berührte liebevoll meine Haare und steckte mir Süßigkeiten in den Mund. Kein Mann hatte mich bis dahin so verwöhnt.

Wir lagen nackt ineinander verschlungen und zugedeckt im Bett, als wir plötzlich jemanden an der Tür hörten. Ihr Papa kam in der Mittagspause nach Hause, um etwas zu essen. Damit er sich nichts kaufen musste. Er wollte sich einen Eintopf warm machen, den seine Frau am Vorabend für ihn zubereitet hatte. Er öffnete die Schlafzimmertür, natürlich, es ist ja seine Wohnung, in Bulgarien haben wir meist nur eine zwei Zimmerwohnung und eine Küche. Binka hatte also kein eigenes Zimmer, wo man erst mal hätte klopfen sollen. Panisch schrie ich auf. Erschrocken schloss er die Tür sofort wieder. Schleunigst warf ich mir die Tagesdecke über, Binka sprang aus dem Bett, zog sich in Windes Eile ihre Jeans und T-Shirt an und steckte ihren Kopf hinaus auf den Flur.

Ich hörte, wie sie zu ihm sagte: »Papa, weißt du, Megi ist hier. Entschuldigung, dass ich nichts gesagt habe vorher, aber ich mache für sie gerade eine Haarentfernung.«

Das war ganz modern, man ging zur Kosmetikerin. Sie trägt Wachs auf Beine und im Intimbereich auf und zieht damit die Haare ab. Aber das war nicht billig. Um Geld zu sparen, haben wir meist selbst Wachs gekauft und es uns gegenseitig gemacht.

»Deswegen sind wir nackt. Papa, komm bitte nicht rein.«

»Ach so. Ja. Okay, Entschuldigung«, sagte er.

Da hatte sie sehr schlagfertig reagiert. Und so schlau. Innerhalb von zehn Sekunden erzählte sie ihm so eine Geschichte, jeder würde das glauben.

Zwei Jahre später, es war kurz bevor ich mich von meinem Mann trennte, haben wir auch mal einen Dreier gemacht. Binka, Rado und ich. Sie war bei uns zu Besuch. Nicht lange nach meiner Trennung, ich wohnte dann nur noch mit meinem Kind, kam sie mit ihrem Mann zu mir in die Wohnung. Wir haben zuerst gekocht, gut gegessen und einiges getrunken.

»Sei jetzt nicht so traurig, dass du getrennt bist, wir sind für dich da«, sagten sie zu mir.

Nach Mitternacht gingen wir zu dritt zusammen ins Bett. So ein bisschen aus Trotz und um mich zu trösten. Ihr Mann konnte sehr gut lecken und ficken, er hatte einen sehr großen Schwanz.

Ein paar Monate darauf waren wir zu viert auf einer Weihnachtsfeier in einem Restaurant. Binka, ich, ihr Ehemann und ein Freund ihres Mannes. Sein Name war Monk, ein Computerspezialist. Ich war allein, dieser Monk ebenfalls. Eigentlich war er überhaupt nicht mein Typ. Aber wenn du ein paar Gläser Whisky trinkst, du redest mit ihm und kommst in Schwung. Am Ende waren wir ziemlich betrunken. Wir kamen dann auf die Idee, einen Vierer zu machen. Aber wo? Bei mir zuhause saß meine Mutter und passte auf das Kind auf. Wenn ich einen mit nach Hause schleppe, ist es vielleicht okay. Wenn zwei Leute kommen, Megi hat Besuch. Aber wenn vier Personen in einem Zimmer sind und die ganze Zeit geht's ›Ah und Oh‹, dann sagt meine

Mutter, was ist das für eine Orgie? Das geht gar nicht. Bei Binka war es auch nicht möglich. Was sollten ihre Eltern sagen? Die einzige Lösung: Monks Wohnung. Aber er kam aus Pazardzhik. Vierzig Kilometer entfernt. Egal. Um Mitternacht stiegen wir ins Auto von Binkas Mann. Allesamt stockbesoffen. Es ging durch die Berge. Eine nicht befestigte Serpentinenstraße ohne Beleuchtung. Ganz gefährlich. Vierzig Stundenkilometer waren erlaubt. Aber wir fuhren mit hundert oder mehr. Juchzend, lachend, weiter trinkend, uns in keiner Gefahr wähnend. Laut Musik an. Unterwegs hielten wir noch an einer Tankstelle und kauften Alkohol, Schokolade und natürlich Kondome ein.

Wir kamen heil an. Gingen zu Monk hoch. In seinem Schlafzimmer haben wir dann bis morgens früh Sex gemacht. Total hemmungslos. Das war sehr lustig. Mit Betonung auf Lust. Da machte es jeder mit jedem. Ich mit Binka, mit Monk, mit Binkas Mann. Auch mal mit mehreren gleichzeitig. Während sie meine Muschi leckt, steckt der andere schon den Schwanz bei mir rein. Ihr Mann fickt mich und ich blase bei Monk. Oder andere Kombination. Monk wichst mit ihrem Mann, dann machen sie Französisch. Verkehr haben die Männer allerdings nicht miteinander gemacht. Aber sie hat es mit ihrem Mann getrieben und mit Monk. Ach, es war schön. Binka hatte jedenfalls sehr viel Spaß dabei, denn sie steht auf anal. Und ich sah das erste Mal, wie drei ein ›Sandwich‹ machen. Sie saß auf ihrem Mann, ritt ihn und Monk kam von hinten in ihren Po. Gleichzeitig. Ich dachte, oh mein Gott - aber ich nehme alles als Erfahrung. Allerdings konnte ich nicht kommen. Wahrscheinlich, weil ich zu betrunken war. Die Männer hatten beide schon gespritzt.

Ich sagte zu ihr: »Binka, alles ist gut. Ich habe Spaß, aber - ich kann nicht kommen.«

Und sie sagte zu den beiden: »Hey Männer! Wir gehen mal kurz rüber ins Wohnzimmer - und keiner stört uns, ja?«

Gesagt, getan. Ich legte mich hin und sie hat mich schön geleckt mit ihrer kleinen Katzenzunge. Ich bin gekommen. Na, gottseidank habe ich auch was davon gehabt. Wir schwebten wieder hinüber ins Schlafzimmer und wenig später schlummerte ich erschöpft ein. Es war schon vier oder fünf Uhr morgens. Die anderen feierten weiter. Ich schlief quer auf dem Bett, zugedeckt mit einer großen kuscheligen Decke. Irgendwann spürte ich auf einmal Bewegungen. Schlaftrunken hob ich den Kopf. Und was sah ich da? Sie haben Sex gemacht. Auf mir drauf. Hey, ich bin doch keine Leiche! Keiner hat gecheckt, dass ich auch noch da war und sie mich vielleicht stören könnten. Nicht neben mir. Nein, auf mir. Ihr Körper lag auf meinen Beinen und die beiden Männer haben sie schon wieder geschüttelt.

Ich habe nur geguckt und gesagt: »Macht mal weiter ohne mich, ich will noch schlafen.« Ich konnte nicht mehr.

Als ich aufwachte, war es fast acht Uhr. Scheiße, ich muss mein Kind zum Kindergarten bringen! Bis spätestens neun. Schnell zogen wir uns alle an und rasten mit dem Auto wieder zurück durch die Berge. Wieder nach Welingrad zu meiner Wohnung und mein Kind zum Kindergarten fahren. Monk blieb da, weil er arbeiten musste. Es war wirklich verrückt.

Später hat sie sich von ihrem Mann scheiden lassen. Zum Glück hatten sie keine Kinder zusammen. Sie war einige Zeit Single, ich ebenfalls. Dann hatte sie einen Liebhaber. Es war so eine Art offene Beziehung. Sie wohnten nicht zusammen, aber hin und wieder trafen sie sich zum Sex. Ich war ein paar Mal zum Dreier eingeladen. Ihr Lover war ein bekannter Zirkusartist. Ganz jung, Anfang zwanzig. Ein Akrobat mit einem sehr schönen durchtrainierten Körper. Später hatte ich auch so einen Freund, also nur für Sex. Manchmal stieß Binka dazu. Wir hatten ja offiziell keine Ehemänner mehr, aber falls eine von uns einen guten Ficker auf Zeit hatte, durfte die andere gelegentlich mitkommen.

Als Eagle hört, was ich mit Binka alles angestellt habe, wird er ganz heiß.

»Oh. Ich will auch einen Dreier machen mit Euch.«

Eigentlich will ich nicht, aber er reagiert beleidigt: »Warum? Für deinen Exmann hast du das gemacht und für mich nicht?«

Ich verspreche, sie zu fragen.

Als ich Binka davon erzähle, sagt sie: »Sei mir nicht böse, aber dein Eagle ist überhaupt nicht mein Typ.«

Ich sage: »Oh bitte, jetzt komm. Er will unbedingt. Sonst ist er mir böse.«

Sie zögert nicht lange: »Ach okay, warum nicht. Ich bin dabei.«

Bevor wir nach Wien zurückkehren, erfüllen wir Eagle seinen Wunsch. Binka ist wirklich eine gute Freundin, sie macht alles mit. Und sie steht immer hinter mir. Wenn ich sie anrufe, ist sie stets für mich da. Auch, wenn etwas gemacht werden muss für meine Oma, meine Mutter oder mein Kind.

Nachdem ich mein Examen bestanden habe, mit eins übrigens, fahren wir Anfang Juli wieder nach Wien. Vier Wochen lang läuft alles gut. Wir verdienen sogar soviel, dass Eagle sich nach den ersten zwei Monaten ein zweistöckiges Einfamilienhaus in Bulgarien kaufen kann. Da er nicht die volle Summe hat, bittet er mich, ihm das Geld zu leihen. Die Hälfte dessen, was nötig ist. Ich gebe ihm das Geld natürlich sofort. In den nächsten Monaten wollen wir die Einnahmen dann solange nicht teilen, bis der Kredit abbezahlt ist. Seine Schulden bei mir werde ich also quasi selbst abarbeiten. Na gut, in der Sache ist das korrekt.

Dann, eines morgens gegen elf, wir liegen noch im Bett, ich bin bis fünf Uhr unterwegs gewesen, poltert es an der Wohnungstür. Richtig laut bam-bam.

»Aufmachen! Hier ist die Polizei!«

Ich schrecke hoch. Das hört sich schon ein bisschen schlimmer an. Eagle springt aus dem Bett und geht zur Tür. Es stehen mehrere Polizisten davor, ich weiß nicht wie viele. Ich bleibe liegen, weil ich noch nackt bin. Es folgt eine große Diskussion. Ich verstehe nicht, um was es geht, denn sie unterhalten sich auf Deutsch. Ich kenne nur ›Hallo, guten Morgen‹ und ›Wie geht's dir‹, mehr nicht. Aber scheinbar wollen sie seine Papiere sehen. Zur Kontrolle. Führerschein und Fahrzeugschein. Nach ein paar Minuten gehen die Leute wieder und Eagle kommt zu mir ins Zimmer zurück.

»Wir müssen weg.« Es klingt wie eine Anweisung. Eine kurze Mitteilung. Und es ist ernst. »Noch heute müssen wir Österreich verlassen.«

Irgendwie hat die Polizei herausgefunden, dass Eagle sich in Wien aufhält, was er ja wegen der Einreisesperre eigentlich nicht darf. Eilig packen wir alle Sachen zusammen und fahren los. Ziel Berlin.

8. KAPITEL

Wie alles begann

Nach der Trennung von Radomir zog ich erst mal zu meiner Mutter. Sie wohnte noch immer in ihrer kleinen Einzimmerwohnung zusammen mit ihrem Freund. Leider hatte sie sich wieder so einen Unsympathen ausgesucht. Er trank viel und wollte auf keinen Fall ein Kind in der Wohnung haben. Bis ich etwas Eigenes gefunden hatte, musste ich meinen kleinen Sohn deshalb vorerst bei seinem Vater lassen. Ich studierte weiter an der Universität im zwei Stunden entfernten Blagoevgrad. Da es sich um ein Fernstudium handelte, brauchte ich dort nur zu den Prüfungen persönlich erscheinen. Ich war nun im dritten Studienjahr.

Meine Suche nach einem Quartier führte mich zu einer Immobilien-Agentur im Zentrum. Die Agentur wurde von zwei Bulgaren betrieben und hatte zwei Büros in Welingrad. Eins für Immobilien, das andere war ein Reisebüro. Ich schaute mir ein paar Wohnungen an und entschied mich schließlich für eine schlichte Zweizimmerwohnung. Alles war soweit okay. Die Wohnung war zwar nicht groß, aber es gab eine Heizung und ein Bad mit Badewanne und einen Warmwasserboiler. Das stellte schon einen gewissen Luxus dar. Sofort holte ich den kleinen Radomir, er war jetzt dreieinhalb, wieder zu mir. Die Scheidung war zwar noch nicht durch, lief aber. Ich war arbeitslos und musste jetzt dringend Geld verdienen. Die Miete wollte bezahlt werden. Mutter war krank und konnte mir nicht helfen. Sie litt unter einer schlimmen Arthrose und war kaum in der Lage, sich zu bewegen. Sie wohnte jetzt erst mal bei mir. Ziemlich schnell fand ich einen Job. Ich arbeitete als Sekretärin in dem Reisebüro, das zu der Immobilienfirma gehörte, die mir die Wohnung vermittelt hatte. Außer mir gab es hier noch zwei Sekretärinnen. Wir machten zusätzlich auch Büroarbeiten und Übersetzungen für das Immobilienbüro. Zweihundertfünfzig Leva verdiente ich im Monat. Das sind etwa hundertfünfundzwanzig Euro. Es war einer der beiden Chefs gewesen, der mir vorgeschlagen hatte, bei ihm anzufangen. Er leitete das Reisebüro, war um die fünfzig, mit Glatze und Brille und trug immer Anzüge. Vom ersten Moment an wusste ich, dass er scharf auf mich war.

Meine Wohnung kostete hundertfünfzig Leva, achtzig Leva kamen noch mal für Strom hinzu. Neben der Arbeit studierte ich noch, außerdem musste ich mich um meine kranke Mutter und mein Kind kümmern. Das war nicht leicht. Von meinem Noch-Ehemann bekam ich keine finanzielle Unterstützung. Im Gegenteil. Er tyrannisierte mich laufend mit Anrufen und bösen SMS-Nachrichten. Teilweise mitten in der Nacht.

Mein Chef hatte mir zu Beginn unumwunden gesagt: »Du kannst hier gerne arbeiten, aber du musst mit mir schlafen. Das ist die Bedingung.«

Er selbst war verheiratet und hatte außerdem noch eine Geliebte. Was sollte ich machen? Er war wirklich nicht mein Typ, aber meine ganze Situation ließ mich zu der Entscheidung kommen, seiner Bedingung zuzustimmen. Klar, das war schon so eine Art von Prostitution. Aber er unterstützte mich zusätzlich zum Gehalt ab und zu mit Geld und schenkte mir Schmuck oder Parfum. Das war nicht sehr üppig, aber immerhin. Manchmal fuhren wir am Wochenende zusammen weg. Ich tat es ungern, denn eigentlich mochte ich ihn nicht besonders, aber ich wollte meinen Job nicht verlieren. Er bezahlte außerdem die Medikamente nach der Operation meiner Mutter, die ein neues Hüftgelenk bekommen hatte. Sie musste ein halbes Jahr zu Hause liegen, bis sie wieder einigermaßen laufen konnte.

Mein Tagesablauf begann morgens mit Frühstück machen für meine Mutter und meinen Sohn. Anschließend brachte ich den

Kleinen zum Kindergarten, danach zur Arbeit. Nach Feierabend wieder zum Kindergarten, Kind abholen, nach Hause, Essen machen und meiner Mutter helfen. Ich war praktisch rund um die Uhr beschäftigt. Oft später am Abend oder in der Nacht, je nachdem, wann er Lust hatte, kam mein Chef vorbei, um mit mir zu schlafen. Wir gingen meistens in ein Hotel oder einfach nur in eines der Zimmer in unserer Wohnung. Er war zwar nicht grob zu mir, aber es war mir unangenehm. Ich tat es, aber ich hasste es. Beenden konnte ich es aber auch nicht, denn ich brauchte das Geld. Die Wohnsituation war nicht optimal. Meine Wohnung hatte die ersten Monate keine Waschmaschine, keinen Herd und keinen Kühlschrank. Einen Fernseher gab es auch nicht. Geld für neue Geräte hatte ich keins. Mein Chef stellte zwar in Aussicht, mir etwas dafür zu geben. Wenn ich aber danach fragte, vertröstete er mich immer wieder. Mit dem Kind war das natürlich schwierig. Ich gab ihm meistens Joghurt und billige Kekse, die ich zusammen mit etwas Zucker zu einem Brei verrührte.

Eines Morgens ging ich wie immer zur Arbeit ins Büro und machte mir als erstes einen Kaffee. Kaum hatte ich mich mit meiner Tasse hingesetzt, betraten mehrere Männer in dunklen Anzügen das Büro. Es waren griechische Geschäftsleute aus Larnaka, Zypern. Sie wollten ein Grundstück kaufen. Die Griechen sprachen jedoch nur Griechisch und Englisch, während meine Chefs nur Bulgarisch, Französisch und Russisch konnten, die gängigen Fremdsprachen an bulgarischen Schulen. Da ich auf einem Sprachengymnasium gewesen war, kann ich sehr gut Englisch. Deshalb bekam ich die Aufgabe, zu dolmetschen und Schriftstücke zu übersetzen.

Ein paar Tage später, meine Chefs waren nicht anwesend, kam der Boss der griechischen Kunden allein zu mir ins Büro. Er hieß Alexis.

»Hast Du nicht Lust, mit mir in der Mittagspause einen Kaffee trinken zu gehen?«, fragte er mich.

Schon an den Tagen zuvor hatte ich bei der Arbeit bemerkt, dass er mich mochte. Alexis war um die fünfzig, sehr groß und schlank, hatte ein sympathisches und sogar hübsches Gesicht mit schönen Zähnen und edler Nase. Er war gepflegt und elegant gekleidet. Insgesamt eine charmante Erscheinung. Nicht so ein Prolet wie mein bulgarischer Chef. Er schlug mir vor, mich in einem nahgelegenen Hotel in der Bar zu treffen. Sicher, ich hatte gemerkt, dass ich einen wohlhabenden Mann vor mir hatte, aber das war es nicht allein. Er gefiel mir.

Also sagte ich: »Ja okay, warum nicht.«

Am Mittag traf ich ihn im Hotel Dvoretsa. Wir tranken Kaffee, aßen Kuchen und unterhielten uns. Als er mich fragte, was ich so mache, schilderte ich ihm meine Lebenssituation. Dass ich kein Geld hätte, dass es zur Zeit schwer für mich sei. Nach zwanzig Minuten musste ich zurück ins Büro. Meine Pause war zu Ende.

Zum Abschied drückte er mir einen Fünfzig-Leva-Schein in die Hand.

»Bitteschön. Ein kleines Geschenk für dich. Für deine Zeit.«

Bei einem Monatseinkommen von zweihundertfünfzig Leva ist das nicht wenig, nur dafür, dass ich mit ihm Kaffee trinke. Trotzdem fühlte ich mich in diesem Augenblick ein wenig wie eine Hure. Ich schaute ihn an, überlegte blitzschnell, wie ich darauf reagieren soll. Ich hielt das Geld einen Moment hoch und warf es ihm zurück auf den Tisch.

Ich sagte: »Was gibst du mir da? Machst du Spaß mit mir oder was? Ich habe dir doch gerade erzählt, dass ich keinen Kühlschrank, keine Waschmaschine und keinen Fernseher habe. Ein Kühlschrank kostet schon vierhundert Leva. Was soll ich also machen damit? Mir ein Frühstück kaufen?«

Natürlich hätte ich von den fünfzig Leva die ganze Woche lang für uns zu Hause Lebensmittel einkaufen können. Ich reagierte aber mit Absicht so, denn ich wollte, dass es ihm ein wenig peinlich ist, ich wusste ja, dass er mich mochte. Alexis schluckte. Er senkte unmerklich lächelnd den Blick, nahm den Schein wieder in die Hand und begann ihn zu falten. Er faltete ihn, bis er ganz klein war.

Er sagte: »Schau. Ich weiß, das ist wenig. Sieh es einfach als ein klitzekleines Geschenkchen und Zeichen meiner Aufmerksamkeit und Zuneigung für dich. Nimm es bitte.« Er schob den nunmehr winzig zusammengefalteten Schein unter meine Tasse. »Vielleicht, wenn wir uns besser kennenlernen, kann ich dir wirklich helfen, okay?«, fügte er hinzu.

Wir verabredeten uns schließlich für den nächsten Abend. Er lud mich zu sich zum Essen ein. Nicht weit von meiner Arbeitsstätte hatte er eine schicke kleine Luxuswohnung, die er benutzte, wenn er geschäftlich in der Stadt zu tun hatte. Er besaß in mehreren Orten in Bulgarien solche Wohnungen, wie ich noch erfahren sollte. Am folgenden Tag, nachdem ich den Kleinen vom Kindergarten abgeholt und schlafen gelegt hatte, bestellte ich mir ein Taxi und fuhr hin. Er hatte alles vorbereitet. Der Tisch war in Weiß gedeckt, Kerzen brannten. Ich mochte ihn wirklich. Er sah gut aus, er war reich, er war charmant. Wir unterhielten uns und ich beschrieb ihm noch einmal ausführlich und ehrlich wie es bei mir stand, erzählte ihm von meiner bevorstehenden Scheidung, meinem Kind, meiner kranken Mutter, dass ich nebenbei studierte. Ich ließ mir aber nicht anmerken, dass er mir gefiel. Ich machte keinerlei Andeutungen oder gar Avancen.

Als zwei Stunden vergangen waren, lehnte er sich zurück und sagte: »Gut. Wie viel Geld möchtest du haben?«

Ich sah ihn an. »Was soll ich darauf antworten?«, fragte ich. »Du bist weder mein Freund noch mein Geliebter oder mein Mann. Ich verlange kein Geld von Dir. Wie könnte ich auch? Ich habe dir gesagt, wie es bei mir aussieht.«

Dann geschah das Wunder. Zum zweiten Mal in meinem Leben. Zumindest empfand ich es als ein solches, in der Situation, in der ich mich befand. Er zog seine Brieftasche heraus und entnahm ihr ein Bündel großer, grüner Geldscheine.

»Hier sind zweitausend Euro. Für dich.« Er legte das Geld vor mir auf den Tisch.

Ich rechnete schnell im Kopf nach. Das war mehr als ein Jahresgehalt. Meine Rettung. Ich war überrascht. Glücklich. Ich fühlte mich ein wenig wie damals, als ich in Pazardzhik das Geld auf der Straße gefunden hatte.

»Dass wir uns recht verstehen. Du bist nicht verpflichtet, dass wir etwas machen, okay? Ich möchte dir einfach helfen, verstehst du?«, sagte er und sah mich fest an.

Ich nahm das Geld. Ich blieb noch einen Moment und fuhr anschließend mit meinem Schatz in der Tasche wieder nach Hause. Er hatte nichts weiter von mir verlangt. Zum Abschied gab er mir seine Telefonnummer. Ich umarmte ihn.

»Wenn du Kontakt mit mir haben willst, ruf mich an. Gut? Falls nein, dann nimm es einfach als ein Geschenk von mir.«

Natürlich wollte ich. Ich war allein, hatte keinen Freund. Die Liebe und intimen Momente fehlten mir. Zwar hatte ich ab und zu Sex mit meinem Chef. Aber der war wirklich ein Riesenarschloch, der mich dazu nötigte, der meine Notsituation ausnutzte, mich erpresste. Mit Liebe hatte das rein gar nichts zu tun. Auf der anderen Seite unterstützte er mich auch und half mir mit meinem Bald-Exmann. Mein Chef hatte Kontakte zu Mafia-Kreisen und dafür gesorgt, dass dieser einmal Besuch bekam von Leuten, die keinen Spaß verstehen. Sie hatten Radomir klar gemacht, dass er den Telefonterror mit mir zu unterlassen hatte. Da war dann erst einmal Ruhe. Außerdem war es absolut notwendig für mich, einen festen Job zu haben, mit Vertrag und allem, denn mein Ex wollte das alleinige Sorgerecht für unser Kind. Wenn du dann keine Arbeit hast, kann es passieren, dass die Behörden dir das Kind wegnehmen.

Noch bevor ich ins Büro fuhr, ging ich am nächsten Morgen erst einmal das Geld wechseln und anschließend zum Einkaufen. Ich hatte noch nie einen so großen Einkauf getätigt. Ich suchte alles aus, was ich für die Wohnung brauchte. Einen Kühlschrank, eine Waschmaschine, einen Herd und einen großen Fernseher. Das ließ ich mir alles liefern und auch gleich anschließen. Von einem Tag auf den anderen war meine Wohnung plötzlich eine andere. Das war so schön! Ich war Alexis wirklich sehr dankbar und ich mochte ihn. Der Altersunterschied erschien mir unwichtig. Sicher, er war verheiratet, sogar glücklich, wie er mir sagte. Er hatte drei Kinder, die teilweise älter waren als ich. Aber das störte mich nicht. Noch am selben Abend rief ich ihn an. Wir gingen zusammen essen und danach zu ihm. Ich blieb bis zum nächsten Morgen. Der Sex war toll und ich war gleich verliebt. Meine Sorgen, der ganze Stress mit meinem Ehemann, alles fiel von mir ab und war erst mal vergessen. Natürlich musste die Beziehung geheim bleiben. Er wohnte auf Zypern und kam nur einmal im Monat für ein paar Tage nach Welingrad. Er schickte mir dann regelmäßig Geld. Wenn er nach Bulgarien kam, nahm ich mir frei und begleitete ihn auf seine Reisen durch verschiedene bulgarische Städte, in denen er geschäftlich zu tun hatte. Es ging meist um Grundstückskäufe. Er realisierte verschiedene große Bauprojekte. Ganze Siedlungen, Altenheime und Krankenhäuser, die er dann vermietete oder verkaufte. Ich half ihm als Dolmetscherin, wenn er Termine bei Kunden, Behörden oder seinen Anwälten hatte.

Eine Zeit lang waren wir sehr verliebt und Alexis war stets großzügig. Wir übernachteten in Fünf-Sterne-Hotels und gingen abends in teure Restaurants zum Essen. Er kaufte mir tolle Klamotten zum Anziehen, teuren Schmuck und bezahlte auch die Studiengebühren für meine Fachhochschule. Ich kam mir vor wie eine Prinzessin. Nach ein paar Monaten schlug er mir vor, nach Sofia zu ziehen, wo er mir eine Wohnung kaufen wollte. Sein Plan war, in Sofia ein Büro zu eröffnen, das ich leiten könnte. Deswegen sollte ich auch den Führerschein machen. Er wollte mir außerdem einen BMW kaufen, mit dem ich dann ab und an Geschäftspartner von ihm herumfahren sollte. Auch meine Mutter und mein Kind sollten mitgehen. Das waren schöne Aussichten. Das Problem war nur, wir sahen uns zu selten. Er schrieb mir zwar oft SMS-Nachrichten oder E-Mails und wir telefonierten ab und zu. Aber einmal im Monat Sex mit ihm war mir auf die Dauer einfach zu wenig. Manchmal vergingen zwei ganze Monate, ohne dass wir uns trafen. Sporadisch schlief ich zwar noch mit meinem bulgarischen Chef, aber das war Pflichtprogramm. Es gefiel mir nicht und es zählte nicht. Die beiden wussten freilich nichts voneinander, ich musste es vor dem jeweils anderen geheim halten.

Eines Abends, es war schon spät, bestellte ich mir ein Taxi, um vom Büro nach Hause zu fahren. Der Taxifahrer war ein junger Typ Anfang zwanzig. Ein cooler Junge mit Jeansjacke, rasiertem Kopf und sehr vollen Lippen. Fast wie ein Afrikaner. Er war ein wenig dunkelhäutig. Das kam daher, weil er zigeunerischer Abstammung war, wie ich noch erfahren sollte.

Während der Fahrt betrachtete er mich sehr aufmerksam. Ich sah seine großen, dunklen Augen im Rückspiegel.

Als ich zu Hause ausstieg, sagte er: »Du hast tolle Lippen.«

Sonst sagte er nichts. Er fuhr weg, ohne dass wir uns weiter unterhalten oder die Telefonnummern ausgetauscht hätten.

Ein paar Wochen später bestellte ich wieder ein Taxi. Es war jetzt schon fast Winter. Ich war in der Stadt unterwegs gewesen, um Besorgungen zu machen und wollte nach Hause. Und wen erblickte ich da hinter dem Steuer des zitronengelben Lada? Eben jenen jungen Typen mit den vollen Lippen. Diesmal mit abgewetzter Lederjacke. Ich freute mich, ihn so unverhofft wiederzusehen und setzte mich vorn zu ihm auf den Beifahrersitz. Als wir vor meinem Haus hielten und ich ihm das Geld für die Fahrt in die Hand legte, schauten wir uns einen Moment lang an. Genauer gesagt, einen Moment länger. Dann passierte es. Ich küsste ihn. Einfach so, weil ich Lust dazu hatte. Und er machte mit, er stieg voll darauf ein. Er konnte gut küssen. Wir umarmten uns heftig und knutschten im Taxi. Ich musste dann aber rein, denn meine Mutter und mein Kind warteten oben auf mich. Diesmal aber tauschten wir unsere Telefonnummern aus. Sein Name war Igor.

Schon drei Tage darauf trafen wir uns wieder und hatten sofort sehr geilen Sex. Wie zwei Ausgehungerte fielen wir schon im Auto übereinander her. Das machten wir fortan regelmäßig. Entweder bei mir, manchmal auch bei ihm zu Hause oder wo es sich gerade ergab. Ich war zufrieden. Endlich war die Durststrecke zu Ende. Igor war ein toller Liebhaber. Er hatte einen schönen, muskulösen Körper und machte alles super. Ich war regelrecht süchtig nach ihm und er nach mir. Das Problem war nur, er hatte sehr wenig Geld. Als Taxifahrer verdient man vielleicht zehn, fünfzehn Leva am Tag. Wenn es gut läuft. Igor wohnte außerhalb von Welingrad in einer heruntergekommenen ländlichen Siedlung bei seiner Familie. Seine Mutter erwies sich als eine ziemlich üble Schlampe. Sie war Alkoholikerin, unglaublich fett und ungepflegt. Sie fickte mit jedem für ein Mittagessen oder eine Flasche Wodka. Das Haus, in dem sie wohnte, glich einem Slum. Es gab kein Bad. Zur Toilette musste man auf den Hof hinaus. Alles war dreckig, stank nach Tier und überall lag Müll herum.

Da er sein Handy oft nicht aufladen konnte, musste ich ihn meist anrufen beziehungsweise zurückrufen, wenn wir telefonieren wollten. Igor bettelte nie darum, aber ich kaufte ihm ab und zu Zigaretten oder gab ihm ein wenig Geld. Aber eigentlich trafen wir uns nur, um miteinander zu schlafen, und das meist erst gegen zwei Uhr nachts. Wir liebten uns dann bis zum Morgen und trennten uns erst wieder gegen sechs. Meine Zeit war rar. Wenn ich gerade nicht arbeitete, musste ich mich um meine Mutter und mein Kind kümmern. Ich hatte ihm erklärt, dass ich in einer schwierigen Situation war, dass ich um meinen Job nicht zu verlieren auch mit meinem Chef schlafen musste, wenn dieser es wollte. Ich brauchte die Anstellung ja, um den Sorgerechtsstreit um mein Kind gewinnen zu können. Er hatte Verständnis dafür und machte mir keinen Stress. Ich begann fast schon, mich in ihn zu verlieben. Allerdings fand ich nach einer Weile heraus, dass er öfters betrunken war und auch Koks nahm. Vielleicht hatte er deswegen so wenig Geld.

Als ich Alexis nach fast zweimonatiger Unterbrechung wiedersah, war ich nicht wie gewohnt heiß auf ihn. Er spürte sofort, dass etwas nicht stimmte.

»Was ist los mit dir? Du bist ganz anders zu mir. Du bist gar nicht die Magdalena, die ich kenne!«

Ich war ein wenig verliebt in Igor oder auch nur körperlich süchtig, vielleicht eine Mischung aus beidem. Das war los. Ich konnte zu Alexis nicht so leidenschaftlich sein wie zuvor. Meine Gefühle waren abgekühlt, es lief einfach nicht mehr rund. Den wahren Grund verschwieg ich ihm zwar, aber die Folge war, dass Alexis zu mir auf Abstand ging. Die Pläne, nach Sofia zu gehen, waren zunichte. Auch bekam ich fortan kein Geld mehr aus Larnaka. War ich wirklich traurig, dass es mit ihm zu Ende ging? Wie hatte er sich das überhaupt vorgestellt auf Dauer? Wenn die Liebe außer Geld keine ausreichende Nahrung bekommt, wie soll sie dann weiter wachsen oder überhaupt bestehen? Meine Sehnsucht wollte gestillt werden. Kein Wunder also, dass ich mir spontan einen Weg für meine Leidenschaft gesucht hatte. Letztlich war ich vermutlich ohnehin nur eine hübsche Geliebte für ihn gewesen, die in einem von vielleicht vielen Häfen auf ihn wartete. Auf lange Sicht wäre es mit Alexis bestimmt keine Beziehung geworden, die mich glücklich gemacht hätte, schließlich hatte er eine Familie. Ich fand mich damit ab.

Nun war ich wieder von der Gnade meines bulgarischen Chefs abhängig. Der aber wollte oder konnte mir nicht so viel geben. Er war schließlich kein reicher Mann wie Alexis. Ich sah mich deshalb nach einem zusätzlichen Job um. Da ich gut Englisch konnte, gab ich einer Schülerin ein oder zwei Mal die Woche Nachhilfeunterricht. Eine Mutter, die mich für ihre Tochter engagiert hatte, wohnte nicht weit von mir. Ich hatte sie durch eine Anzeige gefunden, die ich in der Tagespresse aufgab. Dann wurde ich endlich geschieden. Mein Sohn durfte bei mir bleiben. Sein Vater sollte ihn jeweils am Wochenende bekommen. Ich war sehr erleichtert.

Eines Nachmittags, ich war gerade auf der Arbeit im Reisebüro, klingelte mein Handy. Die Nummer kannte ich nicht, ich nahm trotzdem ab.

»Hallo?« Es war Igor. »Ach du bist es! Was ist los? Hast du eine neue Handynummer?«

Ich freute mich, denn ich hatte schon ein paar Tage nichts von ihm gehört.

»Hi Baby. Nein, das nicht. Ich habe momentan kein Guthaben auf meiner Karte. Ich wollte nur mal deine Stimme hören, Süße!«

»Alles klar, tirili-tirila«, zwitscherte ich.

Er schmunzelte durchs Telefon. »Ich habe gerade Besuch von meinem Cousin, weißt du. Er arbeitet normalerweise in Österreich. Er hat mir nur kurz sein Handy gegeben.«

Ich musste dann aber aufhören. Mein Chef kam ins Büro zurück. Die Nummer von Igors Cousin löschte ich, denn ich kannte ihn nicht.

Mit meinem Chef von der Reiseagentur wurde es mit der Zeit immer nerviger und unangenehmer. Auf der einen Seite wollte er mich nicht mehr unterstützen. Andererseits verlangte er immer häufiger, mich zum Sex zu treffen. Manchmal, wenn ich ihm absagte, weil es mir zu viel wurde, oder weil ich mit Igor verabredet war, wurde er anschließend grob.

Es kamen Sachen wie: »Was sollte das? Wieso hast du gestern abgesagt? Ich kann dich auch rausschmeißen, dann kannst du sehen, wie du klarkommst mit deinem Balg!«

Er war unfreundlich und behandelte mich herablassend vor meinen Kollegen oder in Gegenwart von Kunden. Ich brauchte den Job aber nach wie vor und versuchte, mir Mühe zu geben und ein einigermaßen gutes Verhältnis zu ihm zu halten. Sex wollte ich mit ihm aber nicht mehr haben. Das passte ihm ganz und gar nicht. Er war sauer. Er suchte dann nur noch einen Grund, um mich loszuwerden.

Eines Abends, es war schon spät, war ich allein im Büro und noch in eine Übersetzung vertieft.

Er kam herein, fläzte sich mir gegenüber auf den Schreibtisch und sagte ziemlich laut, da ich nicht gleich zu ihm aufschaute: »Magdalena!«

Seine Stimme klang aggressiv. Ich hob meinen Blick. Er fixierte mich.

»Komm, blas mir einen!« Er legte den Kopf schief. Sein Mundwinkel zog verächtlich nach unten.

Ich starrte ihn an. »Bist du verrückt? Was soll das? Bin ich eine Schlampe, oder was?«

»Komm schon! Stell dich nicht so an. Das hat dir doch sonst auch immer gefallen«, beharrte er und griff sich in den Schritt.

»Gut, dann gib mir hundert Leva. Sofort!«, konterte ich frech. Er war schließlich auch zu mir frech gewesen.

»Jetzt quatsch nicht. Komm endlich!« Sein Ton war geringschätzig.

»Ich will nicht! Verstehst du? Hör auf damit und lass mich in Ruhe!«

Der Typ war echt widerlich.

Plötzlich sprang er auf und schrie mich an: »Los, gib mir die Schlüssel und dann hau ab! Raus hier! Sofort! Und lass dir nicht einfallen, dich hier wieder blicken zu lassen!«

Blut schoss mir in den Hals.

»Du willst die Schlüssel? Hier bitteschön!« Ich warf ihm die Büroschlüssel vor die Füße, ergriff meine Jacke und verließ ohne weitere Worte das Büro.

Es war Ende des Monats gewesen, kurz vor Zahltag. Das letzte Gehalt ist er mir bis heute schuldig. Trotzdem. Ich fühlte mich erleichtert, dass ich mit diesem Penner nichts mehr zu tun haben und vor allem nicht mehr mit ihm ins Bett gehen musste. Ich hatte ihm gezeigt, ich kann auch Nein sagen. Das gab mir ein gutes Gefühl. Ich war wieder frei.

Die Freiheit ging allerdings mit der Tatsache einher, dass ich faktisch pleite war. Mein Bedürfnis nach Sex hatte mich die Beziehung mit Alexis und damit auch seine Unterstützung gekostet. Es blieb mir nur mein Einkommen aus dem Nachhilfeunterricht, den ich zwei, dreimal die Woche gab, aber das war nicht genug zum Leben. Wie sollte ich jetzt Geld verdienen, meine Wohnung bezahlen und meine Familie ernähren? Ich ging im Kopf alles durch, um nach einer Lösung zu suchen. Zwei Jahre zuvor hatte ich neben dem Studium an einer Schule Englisch unterrichtet. Aus dieser Zeit kannte ich Stepan, der ebenfalls an der Schule Lehrer gewesen war. Mit ihm hatte ich mich seinerzeit gut verstanden. Er war ein sympathischer junger Typ Anfang zwanzig, mit dem ich rein freundschaftlich verbunden gewesen war. Über eine Freundin hatte ich gehört, dass er es trotz seines relativ jungen Alters nun zum Direktor einer Schule gebracht hatte. Ich fand seine Nummer heraus und rief ihn an.

»Was ist mit dir passiert, Magdalena? Du bist damals so plötzlich von der Schule weggegangen.« Er war erstaunt, als er hörte, dass ich jetzt getrennt war und allein lebte.

Als wir uns zuletzt gesehen hatten, war ich glücklich verheiratet gewesen, hatte ein kleines Baby. Eine richtige Familienidylle.

»Ja weißt du, ich habe ein großes Problem. Ich habe überhaupt kein Geld und weiß nicht, wie ich den nächsten Monat überstehen soll. Meine Mutter wohnt bei mir. Sie ist krank und ich habe den Kleinen. Mein Ex-Mann zahlt mir leider nichts.«

Ich schilderte ihm, wie ich meinen Job verloren hatte, dass mein Chef mich erpresst hatte und Sex von mir wollte und mir sogar meinen letzten Lohn verweigert hatte. Natürlich sagte ich ihm nicht, dass ich der Erpressung schon eine Zeit lang nachgegeben hatte.

»Du weißt, ich bin eine gute Lehrerin, ich kann Englisch, Literatur, Geschichte oder auch Bulgarisch unterrichten. Kannst du nicht etwas für mich tun?«

Er wollte mir helfen. Die Sache war allerdings nicht so einfach, da das Schuljahr bereits in vollem Gange war. Alle Stellen waren besetzt. Da konnte er nicht einfach einen Lehrer entlassen und mich dafür einstellen. Stepan war wirklich ein guter Freund, einer der einem hilft, wenn es darauf ankommt und keiner von der Sorte, die bloß rumquatschen oder nur an sich denken.

Nach ein paar Tagen rief er mich an: »Pass auf Magdalena. Ich kann dir keine volle Stelle anbieten, aber einen Zeitvertrag. Ich denke, das kriege ich hin.«

An der Schule gab es einige Lehrer, die schon älter waren. Er überredete dann jeweils einen von ihnen, sich für einen Monat krankschreiben zu lassen. Der bekam dann trotzdem sein Gehalt und ich seine Stelle für diese Zeit. Wenn der ›kranke‹ Lehrer nach dem Monat zurück war, kam ein anderer dran. In einem anderen Fach. Es funktionierte. Für ein paar Monate hatte ich so erst mal wieder etwas Luft.

Ausreichend war das Geld leider immer noch nicht. Ich hatte mein Studium noch nicht abgeschlossen, noch kein Diplom und daher auch nur eine sehr niedrige Gehaltsstufe. Ich musste an allem sparen, hatte zehn Kilo abgenommen, weil es kaum für das Essen reichte. Und das, obwohl ich rund um die Uhr beschäftigt war. Schule, Nachhilfeunterricht, Familie. Die Lehrerkollegen waren allerdings sehr nett zu mir. Oft bekam ich in den Pausen im Lehrerzimmer Kaffee, Schokolade oder kleine Snacks geschenkt.

Einmal holte ich den kleinen Radomir vom Kindergarten ab und wir gingen die Straße entlang zur Bushaltestelle. An einem bunten Stand, wo es Popcorn gab, blieb er stehen und wollte nicht weitergehen, weil er auch Popcorn essen wollte. Er hatte die anderen Kinder damit gesehen. Er quengelte und wollte partout nicht ohne Popcorn weiter. Aber es ging nicht. Ich konnte meinem Kind kein Popcorn kaufen. Ich brauchte das Geld für den Bus. Sonst hätte ich mit ihm zu Fuß gehen müssen. Er weinte und schrie als würde die Welt untergehen. Es war furchtbar.

Ein weiteres Problem ergab sich, weil ich nun im vierten Jahr meines Studiums war und die Abschlussprüfungen anstanden. Aber wir waren nun mal in Bulgarien. Korruption ist überall. Das bedeutet, wenn du die Prüfungen bestehen und eine gute Note haben willst, musst du dem Professor sein Bakschisch geben. Egal wie gut du den Stoff kennst und die Fragen beantworten kannst. Der Professor sagte es mir klar ins Gesicht. Entweder ich zahle ihm um die hundert Euro, oder er lässt mich durchfallen. So einfach ist das. Es waren zehn Fächer mit zehn verschiedenen Professoren, die alle bedient werden wollten. Das Geld dafür hatte ich nicht. Ich wartete auf ein Wunder.

Seitdem mich Igor vom Telefon seines Cousins angerufen hatte, waren zwei Monate vergangen. Es war an einem Vormittag, ich unterrichtete gerade eine neunte Klasse in Geschichte, da klingelte mein Handy. Die Kinder waren dabei, eine Aufgabe zu machen. Ich schaute, wer anrief. Die Nummer kannte ich nicht.

Normalerweise nehme ich nicht ab, wenn ich nicht weiß, wer es ist, aber ich war neugierig.

»Kinder seid mal ruhig, ich muss da rangehen«, sagte ich der Klasse, ging zum Fenster und drückte die grüne Taste.

»Magdalena?«, fragte eine fremde aber nicht unangenehme männliche Stimme am anderen Ende.

»Ja. Wer ist da?«

»Ich bin Eagle.«

Soso. Ein Adler kam zur Erde geflogen.

»Schön. Hier ist Flamingo«, antwortete ich.

»Ist mein Spitzname. Alle nennen mich so«, sagte die Stimme.

»Na gut, Eagle. Und was möchtest du von mir?«

»Ich habe zufällig deine Nummer in meinem Handy gefunden, aber ich kann mich nicht erinnern, woher ich sie habe. Ich wüsste aber zu gerne, wer du bist.«

Er hatte wirklich eine geile Stimme. Sehr maskulin.

»Na, du weißt jetzt, wer ich bin, und?«, entgegnete ich.

»Naja, ich habe gerade Langeweile und wollte dich fragen, ob du nicht einen Kaffee mit mir trinken möchtest.«

Seine Stimme machte mich neugierig. Ich wollte wissen, wer der geheimnisvolle Unbekannte war.

»Das geht nicht, ich bin bei der Arbeit«, antwortete ich leise.

»Wo arbeitest du denn?«

»Ich bin Lehrerin und unterrichte gerade.«

»Kein Problem. Wann hast du denn Schluss? Ich kann vorbeikommen und dich mit dem Auto abholen.«

»Um drei.« Ich erklärte ihm, wo die Schule war.

»Okay, ich werde dort sein. Ich habe einen schwarzen Audi. Ciao bis dann.« Er legte auf, ohne eine Antwort abzuwarten.

Als ich Schluss hatte, war ich aufgeregt und sehr gespannt, wer mich da so einfach angerufen hatte. Auf der Schultoilette kämmte ich rasch meine Haare durch und frischte mein Makeup auf. Normalerweise treffe ich mich nicht mit irgendwelchen unbekannten Männern, die mich anklingeln. Aber ich dachte mir, egal. Warum nicht! Die ganze letzte Zeit war für mich so anstrengend gewesen, immer viel Arbeit und trotzdem kein Geld.

Es gab Streitereien mit meiner Mutter, die mitbekommen hatte, dass ich mit einem Zigeunerjungen schlief. ›Hündin‹, hatte sie mich genannt. Das ist schon eine ziemlich üble Beschimpfung. Mit Igor lief es auch nicht mehr so gut wie am Anfang. Wir hatten uns gestritten, weil er ständig fremdging. Dabei bekam ich noch mit, dass er auch ab und zu Sex mit Männern hatte. ›Nur so zum Spaß.‹ Und wie er dabei gegrinst hatte. Das gefiel mir nicht. Außerdem traf er sich mit anderen Frauen, die älter waren als er und Geld hatten. Ich war eifersüchtig gewesen und hatte innerlich schon begonnen, auf Abstand zu gehen. Kurzum, es war Zeit für etwas Neues, und ich war bereit für ein Experiment.

Eagle erwartete mich, lässig an seinen glänzenden Audi gelehnt, vor dem Schulgebäude. Ich erblickte einen attraktiven Mann Mitte dreißig, mit sportlicher Figur und über eins achtzig groß. Seine ozeanblauen, wachen Adleraugen - ich mag blaue Augen – glühten auf, als er mich bemerkte. Er trug ein großgemustertes, weit aufgeknöpftes Hemd, so dass ich seine schwere Goldkette gut sehen konnte. Ein paar graue Haare an den Schläfen strahlten Erfahrung aus. Die ansonsten dunklen Locken waren kurz geschnitten. Seine Nase war vorn an der Spitze leicht zur Seite gebogen. Ich fand, das verlieh ihm etwas Verwegenes, Piratenhaftes.

»Hallo Magdalena!« Er lächelte mich charmant an.

Seine makellos weißen Zähne waren umgeben von sinnlichen, wenn auch schmalen Lippen. Vor mir stand ein Latin Lover wie aus dem Bilderbuch. Kurz, ich war positiv überrascht. Er gefiel mir auf Anhieb.

Wir fuhren ins Fashion Café um etwas zu essen. Eagle hieß eigentlich Adnan und war Igors Cousin. Genauer gesagt, der Sohn der Schwester von Igors Mutter. Igor hatte seinem Vetter ausführlich von mir erzählt. Wie toll ich aussehe, wie super der Sex mit mir sei und hatte ihm auch Bilder von mir gezeigt. Wahrscheinlich wollte er vor seinem Cousin einfach ein wenig mit mir angeben. Weil Igor mich von Eagles Handy aus angerufen hatte, gab er ihm unfreiwillig meine Telefonnummer. Eagle speicherte meine Nummer. Seinem Cousin hatte er nichts davon gesagt.

Schnell fasste ich Vertrauen zu ihm und erzählte ihm von meiner aktuellen Situation, meiner Familie, meinen Geldsorgen. Er hörte sich alles ruhig an.

Dann sagte er: »Pass auf Magdalena. Ich will dir ein Geschäft vorschlagen.«

Das hörte sich erst mal interessant an.

»Okay, dann sag mal«, erwiderte ich ganz Ohr.

»Ich suche eine Partnerin für meine Arbeit in Österreich, und ich glaube, dass du sehr gut passen würdest. Du könntest in kurzer Zeit ziemlich viel Geld verdienen.«

»Aha. Und was müsste ich dafür machen?«

»Escort«, meinte er schlicht.

Seine direkte Art beeindruckte mich und nötigte mir Respekt ab. Viele Zuhälter in Bulgarien beschwatzen die Mädchen und tischen ihnen Lügen auf, um sie dazu zu bekommen, als Prostituierte zu arbeiten. Sie erzählen ihnen, sie würden als Kellnerin oder bestenfalls als Stripperin arbeiten, um sie anzulocken. Wenn die Frauen dann darauf einsteigen, bringen die Zuhälter sie nach Österreich, wo sie kaum eine Möglichkeit haben, abzuhauen und zwingen sie zur Prostitution. Wenn sie nicht tun, was von ihnen verlangt wird, werden sie brutal geschlagen und eingesperrt. Geld bekommen die Mädchen meist gar keins oder nur sehr wenig. Diese skrupellosen Typen behalten alles für sich. In Österreich nennt man sie nicht umsonst ›Peitscherlbuas‹.

»Ich habe allerhand Kontakte in Wien«, fuhr er fort. »Ich kenne gute und exklusive Agenturen, und ich kann auch ein Quartier für uns besorgen. Ich werde dich bei allem unterstützen, dich beschützen und dich zu den Terminen fahren. Es gibt Mädchen, die es alleine versuchen, aber das gibt meistens Probleme. Die Zuhälter dort kriegen das sehr schnell spitz und schnappen sie sich. Deswegen ist es besser, jemanden wie mich zu haben. Ich werde immer bei dir sein und auf dich aufpassen.«

»Aber ich kann nur Englisch«, wandte ich ein.

»Das macht gar nichts, ich spreche inzwischen ganz gut Deutsch. Außerdem können die meisten der Kunden Englisch. Den Papierkram erledige ich auch für dich. Dafür teilen wir die Einnahmen fünfzig zu fünfzig. Das ist der Deal.«

Ich schwieg einen Moment. Insgeheim hatte ich manchmal sogar schon angefangen, in dieser Richtung zu denken. Hunger ist stärker als Strom, sagt man in Bulgarien. Aber trotzdem. Die Vorstellung, mit irgendwelchen fremden Männern für Geld schlafen zu müssen, war mir unheimlich und machte mir Angst.

»Ich weiß nicht, ob ich so was könnte, also wirklich.«

»Du würdest ein paar tausend Euro im Monat verdienen. Und ich meine damit nur deinen Anteil.« Er blickte mir fest in die Augen und strich mit einem Finger sanft über die Tischplatte.

Im Augenwinkel sah ich seine schwere goldene Uhr verführerisch aufblitzen. Sie bewegte sich wie ein leuchtender Komet am nächtlichen Himmel, der kühnste Wünsche in Erfüllung gehen lassen kann.

»Du machst Witze, oder?«, entgegnete ich. Das hörte sich für mich ungeheuer viel an. Mit meinem Job verdiente ich gerade mal hundert Euro im Monat.

»Nein, nein. Kein Witz. Es ist wirklich so. Wenn du gut bist, und ich werde dir beibringen, wie du es machen musst, wirst du das locker verdienen können.«

Ich konnte kaum glauben, was er mir da erzählte.

»In einem Jahr kannst du dir eine Wohnung kaufen, aber nicht in diesem kleinen Kaff hier. In einer größeren Stadt meine ich. Plovdiv oder Sofia. Es funktioniert, glaube mir.« Er nickte, als ob das eine unumstößliche Tatsache wäre.

Das sollte gehen? In so kurzer Zeit ein kleines Vermögen zu verdienen, klang extrem verlockend. Aber so schnell wollte ich mich nicht entscheiden.

»Trotzdem. Nein, ich weiß nicht. Ich muss mir das überlegen. Vielleicht erst mal ausprobieren? Ich kann jetzt auch nicht einfach so mit dir über eine Grenze in ein anderes Land gehen.

Außerdem, ich kenne dich doch gar nicht. Ich weiß nicht, was du für ein Mensch bist.«

»Okay, kein Problem.« Er lächelte mich mit seinen schönen Zähnen an. »Lass mich ein paar Tage nachdenken, wie wir es am besten machen.«

Es folgten weitere Treffen und schon am zweiten Tag schliefen wir miteinander. Er war wirklich eine Offenbarung im Bett. Wir verstanden uns sofort. Mit Igor war es schon super gewesen, aber mit Eagle, das war noch mal eine Steigerung. Er war ein sehr zärtlicher Liebhaber. Viel ruhiger als Igor, der oft machohaft dominant war und beim Sex Kommandos gab. Eagle verstand es, meine Lust langsam zu steigern und mich in den Himmel zu schicken. Jedes Mal. Mir war klar: Dieser Mann ist der Hauptgewinn.

Er besuchte mich zu Hause, brachte kleine Geschenke für meinen Sohn und für meine Mutter mit, oder er kam mit leckerem Essen vorbei. Er verhielt sich wie ein richtiger, offizieller Freund. Eagle war immer gut gelaunt, trug stets ein frisches Hemd und fuhr mich mit seinem schicken deutschen Auto herum. Das alles ließ sich gut an.

Nach ein paar Tagen sagte er zu mir: »Ich habe nachgedacht. Ich weiß jetzt, wie wir es machen können. Du hast Recht, Magdalena. Gleich zusammen nach Österreich zu gehen, wäre ein Risiko. Für uns beide. Wer weiß, vielleicht bist du auch nicht die richtige Partnerin für mich. Deswegen werden wir die Sache erst einmal ausprobieren. Hier in Bulgarien. So ein, zwei Monate. Wenn wir dann denken, dass es für uns funktioniert, gehen wir zusammen nach Wien. Was meinst du?«

Der Plan klang gut für mich. Aber wo sollten wir anfangen? Es musste auf jeden Fall eine größere Stadt sein, wo es Fünfsterne-Hotels gab, wo viele Touristen und Businessleute mit Geld hinkommen, die Mädchen bestellen. Sofia war zu weit weg und auch zu gefährlich. Eagle meinte, wir könnten nach Plovdiv gehen. Er kenne dort von früher her einen Boss der bulgarischen Mafia. Plovdiv ist die zweitgrößte Stadt in Bulgarien und nur etwa hundertfünfzig Kilometer entfernt. Vielleicht könnte ich dort in ein paar von den großen Hotels arbeiten.

9. KAPITEL

Eagle

Mit jedem Tag und jeder Nacht unseres Zusammenseins erfuhr ich mehr über Eagle. Seine Familie wusste nicht, womit er in Österreich sein Geld verdiente. Auch sein Cousin nicht. Er erzählte den Leuten, er arbeite als Kellner oder auf dem Bau. Seine Eltern waren geschieden, so wie bei mir. Seine Mutter war halbe Zigeunerin, sein Vater Grieche, wurde aber in Bulgarien geboren. Kurioserweise in der gleichen Stadt, wo auch mein leiblicher Vater herstammte. Eagle ist ein wenig dunkelhäutig, aber nicht so sehr wie sein Cousin Igor. Er machte regelmäßig Sport, trank nicht, rauchte nicht, nahm keine Drogen. Mit Anfang zwanzig war er zum ersten Mal verheiratet gewesen. Mit seiner großen Liebe. Die Ehe wurde jedoch geschieden, weil er oft fremdging. Er habe seine Frau sehr geliebt, sagte er mir. Aber das hinderte ihn nicht, immer wieder mit anderen Frauen zu schlafen. Das mache ihn geil. Es sei sogar so, dass das Fremdgehen ihn auch noch heißer auf seine eigene Frau mache.

»Ich bin halt so. Was soll ich machen?«, sagte er achselzuckend.

Eagle war, wie mein Exmann, nicht sehr gebildet. Er hatte die Schule nur bis zur elften Klasse besucht. Stattdessen musste er arbeiten gehen. Seine Mutter besaß nicht genügend Geld für sie beide zum Leben. Er wohnte allein mit ihr und war, wie ich selbst, ohne den Vater aufgewachsen. Aber Eagle war clever. Es gibt Menschen, die keine gute Ausbildung haben, weil sie arm sind, und trotzdem sind sie intelligent. Sie machen sich Gedanken, wie man Geld verdienen und Erfolg haben kann, ohne einen regelmäßigen Job zu machen. Eagle war so ein Mann. Er wollte nicht acht Stunden oder mehr am Tag für andere schuften und sich ausbeuten lassen. Als er jünger war, arbeitete er zunächst als Kellner. Später ging er zur Armee und leistete seinen zweijährigen Militärdienst. Danach die Heirat, es kam das Kind. Ein Sohn. Er war bereits sechzehn, als ich Eagle traf.

Seine Karriere als Zuhälter begann, als er eine Prostituierte kennenlernte, die ihren Zuhälter verlassen wollte und einen neuen Beschützer für sich suchte. Sie war bereit gewesen, ihre Einkünfte mit einem Mann zu teilen, der sie beschützen und für sie kämpfen würde. Er hatte sie eines Nachts auf einer Party getroffen. Ohne zu wissen, was sie machte, war Eagle mit ihr nach Hause gegangen. Erst am nächsten Morgen hatte sie ihm erzählt, dass sie Prostituierte war und ihn gefragt, ob er ihr Zuhälter werden wollte.

In Bulgarien ist es sehr schwierig für eine Prostituierte, wenn sie ihren Zuhälter verlassen will. Meist ist es schlichtweg unmöglich, weil ihr dann nicht selten sogar der Tod droht. Die Zuhälter lassen die Mädchen nicht gehen. Es ist schon sehr arg, wenn ein Mädchen mit der Prostitution ganz aufhören will, noch schwerer wird es allerdings, wenn sie nur den Zuhälter loswerden und trotzdem weitermachen will. Der Zuhälter, der das Mädchen in den Job gebracht und ihr so die Möglichkeit eröffnet hat, Geld zu verdienen, sieht dies als seinen Verdienst an. Er betrachtet es als Verrat und Betrug, wenn sie das gewonnene Wissen nutzt, um alleine weiter zu machen oder sich gar einen anderen Beschützer sucht. Entsprechend drastisch sind die Maßnahmen, die ein Zuhälter ergreift. Die meisten Mädchen sind dem schutzlos ausgeliefert.

Die Prostituierte, sie war etwas älter als er, hatte Eagle also auserkoren, um ihr aus der prekären Situation mit ihrem Kuppler herauszuhelfen. Es gelang. So entstand der Vertrag mit ihr. Er unterstützte und beschützte sie, sie lebten zeitweise als Pärchen zusammen, und sie gab ihm die Hälfte ihrer Einnahmen. Freiwillig. Der Vorschlag kam von ihr. Und das war offenbar nicht wenig gewesen. Er erzählte mir, dass er damals das erste Mal zufriedenstellende Einkünfte hatte. Von da an konnte er sich schicke Markenklamotten leisten und was das Leben sonst noch lebenswert machte. Diese Erfahrung hatte ihn zu dem Schluss kommen lassen, dass mit ehrlicher Arbeit kein Staat zu machen ist und für ihn nicht in Frage kommt.

»Da musst du eben härter sein, alles andere bringt es nicht«, sagte er. »Und als Frau musst du eben Hure sein, um genügend Geld zu verdienen.«

Nach einer Weile trennten sich die Wege mit der Prostituierten wieder. Anschließend ging er nach Österreich. Dort kannte er ein paar Bulgaren, die sich als ›Bandidos‹ ihr Geld verdienten. Also bandenmäßige Diebe, die dreist ihre Beutezüge führten.

Zu dieser Zeit waren viele Wiener Geschäfte noch nicht mit Überwachungskameras ausgestattet, die Sicherheitsvorkehrungen waren weniger streng als heute. Wenn man es geschickt anstellte, kam einiges an Geld und Waren zusammen. In Wien gibt es an jeder dritten Straßenecke diese Zeitungskästen, die nicht abgeschlossen sind. Der Leser nimmt sich einfach eine Zeitung aus dem Kasten und wirft das Geld dafür hinein. So ehrlich sind die Leute dort. Das nutzten Eagle und seine Bandidos schamlos aus. Sie warteten frühmorgens in der Nähe eines Zeitungskastens bis sich genügend Geld angesammelt hatte. Wenn keine Polizei in der Nähe war, brachen sie ihn auf und stahlen das Geld. Da war zwar nicht sehr viel drin, meist nur so zwischen dreißig und siebzig Euro, aber bei den vielen Kästen überall, kam schon einiges zusammen. Sie lebten sparsam, gaben nur wenig für Miete aus und konnten einiges an Geld an ihre Familien nach Bulgarien schicken. Die nötigsten Sachen, auch Lebensmittel, wurden geklaut. Man ging dann in einen türkischen Laden, kaufte ein paar Tomaten und ließ die Wurst oder die Flasche Wein als kostenlose Beigabe unter dem Pullover versteckt mitgehen. Das gleiche in Klamottenläden. Zum Einkaufen wurden dann möglichst weite Sachen angezogen, unter die man in der Umkleide diverse neue Kleidungsstücke übereinander schichten und so durch die Kasse schmuggeln konnte. Bezahlt wurde nur ein billiges T-

Shirt. So hatte Eagle den Kellnerjob in Bulgarien sausen lassen und war ohne Geld und ohne Deutschkenntnisse nach Wien gekommen. Als Bandido ließ es sich einigermaßen gut leben.

Eine andere noch lohnendere Einnahmequelle waren österreichische Männer. Eagle sah attraktiv aus und so arbeitete er auch eine Zeit lang als Stricher. Er schwor mir, er hätte niemals Schwänze geblasen oder sich von Männern ficken lassen, aber er fickte Männer anal, natürlich nur mit Kondom, oder ließ sich von ihnen blasen. Dazu muss man nicht homosexuell sein. Eagle ist kein bisschen schwul. Die Männer, die so etwas wollen, bezahlen viel Geld dafür, deutlich mehr als für eine weibliche Prostituierte. Er ging dazu in spezielle Männersaunen oder Klubs. Dort ließ er sich dann ansprechen und bekam hundert Euro für fünf Minuten in der Dusche oder auf der Toilette. Manchmal auch mehr.

Bevor er nach Österreich ging, hatte er außerdem eine kurze Ausbildung als Masseur gemacht. Als er ein wenig mehr Deutsch gelernt hatte, inserierte er dafür in einer Zeitung.

»Als Bulgare muss man eben flexibel sein und alles machen, was geht«, meinte er.

Als er eines Abends aus einer Schwulenbar kam, wo er nach Kunden gesucht hatte, stand ein großer Geländewagen vor dem Lokal. Der Mann am Steuer sprach ihn an. Wie sich herausstellte, war er der Chef einer bekannten Escort-Agentur in Wien und suchte neue Mitarbeiter. Es arbeiteten sowohl Frauen als auch Männer für ihn.

Der Agenturchef meinte: »Ich habe dich beobachtet und weiß, dass du es mit Männern machst. Dann dürfte es dir mit Frauen kaum schwerer fallen, oder?«

»Das wäre mir sogar lieber«, hatte Eagle ihm wahrheitsgemäß geantwortet.

Er machte einen Termin und ließ Fotos von sich machen, so wie ich später auch. Eagle arbeitete dann fast ein Jahr lang als Gigolo in Wien. Er verdiente gutes Geld dabei.

Aber wie das nun mal so ist. Wer Geld hat, will mehr davon. Das galt für Eagle umso mehr. Die Leute, mit denen er sich traf, waren hauptsächlich Bulgaren. Und eher solche, die sich im kriminellen Milieu bewegten. So bekam er Kontakt zur bulgarischen Mafia in Wien. Die Mafiosi betrieben ein lohnendes Geschäft. Es ging um gefälschte Euroscheine. Die Währungsumstellung vom österreichischen Schilling zum Euro lag noch nicht lange zurück. Da die Scheine neu waren, konnte man Falschgeld offenbar noch nicht so gut von echten Euros unterscheiden. Vielleicht waren die technischen Mittel zur Überprüfung von Geldscheinen auch noch nicht ausgereift.

Eagle war das letzte Glied einer undurchsichtigen Kette. Seine Aufgabe bei der Sache war relativ einfach. Er bekam falsche Euroscheine, die er in echte umtauschen sollte. Die echten Euros musste er dann zurückgeben - abzüglich einer Provision für ihn selbst. Er bekam hunderttausend falsche Euro, zwanzig konnte er behalten, den Rest sollte er nach zwei Monaten echt wieder abliefern. Das war nicht schwer. Du gehst zum Beispiel auf den Markt und kaufst bei einer alten Frau oder einem Türken ein Kilo Tomaten und bezahlst mit einem falschen Hunderter oder Zweihunderter. Das Wechselgeld ist echt. Natürlich musste er aufpassen, immer wieder bei anderen Händlern umzutauschen. Ich checke immer, ob das Geld echt ist, was ich bekomme, denn bei mir wird natürlich cash bezahlt. Ich habe auch schon ein paar Mal Blüten bekommen, was sehr ärgerlich ist.

Das Falschgeld wurde in einer geheimen Druckerei in der Nähe von Plovdiv gedruckt. Angeblich gehörte sie einem einflussreichen Mann, der später ein sehr hohes politisches Amt in Bulgarien bekleidete. Namen will ich hier lieber nicht nennen, denn andere Autoren, die Bücher über die bulgarische Mafia verfasst hatten, sind dann vorzeitig unter mysteriösen Umständen gestorben.

Ein anderes Geschäft waren gefälschte Pässe. Wobei die Pässe, internationalen Ausweise oder Führerscheine, Originaldokumente waren. Nur die Daten waren falsch. In Bulgarien ist Korruption an der Tagesordnung. Die Mafia besticht Polizeibeamte oder Beamte von Behörden, die ihnen die Dokumente verkaufen und die falschen Daten in die Computerregister eintragen, so dass die Ausweise auch einer Überprüfung standhalten. Eagle sollte Leute finden, die einen solchen Pass benötigen. Zum Beispiel, weil sie eine Arbeitserlaubnis brauchen. Er fragte auf Baustellen oder überall, wo Ausländer waren, die Bedarf haben könnten. So ein falscher echter Pass kostete zwischen zwei und dreitausend Euro. Er bekam fünfhundert pro Dokument. Der Rest war für die Mafia bestimmt. Oder es wurden andere Beteiligte wie beispielsweise Busfahrer, die für den Transport zuständig waren, Polzisten und involvierte Beamte damit geschmiert.

Mit den verschiedenen Einnahmequellen erzielte Eagle eine Zeit lang ansehnliche Gewinne. Drogen oder Alkohol waren nicht sein Ding. Aber da man ja nun mal ein Laster braucht, verfiel er darauf, sich in Casinos herumzutreiben. Da verspielte er das meiste Geld am Ende wieder. Um seine Verluste auszugleichen, ersann er einen neuen Plan. Er beobachtete das Publikum im Casino. Wenn ein Mann einen guten Gewinn gemacht hatte, setzte er ein hübsches Mädchen auf ihn an. Das Lockvögelchen machte sich dann an den glücklichen Gewinner heran und bezirzte ihn. Er solle mit zu ihr kommen oder in ein Hotel, damit sie ihn für ein oder zweihundert Euro noch glücklicher machen könne. Die von ihrer Gewinnsträhne euphorisierten Männer stiegen oft darauf ein. Außerhalb des Casinos zauberte seine Komplizin dann ein mit Chloroform präpariertes Tuch hervor und machte den glücklichen Gewinner zum traurigen Verlierer. Eagle, der in der Nähe gewartet hatte, kam hinzu und erleichterte sein Opfer um den Gewinn. Als der wieder zu sich kam, waren die beiden längst verschwunden.

Getrieben durch den Druck, sich mehr Geld beschaffen zu müssen, heuerte er immer wieder bulgarische Mädchen an, die für ihn in Österreich anschaffen gingen. Es galt die Vereinbarung, die Einnahmen fünfzig-fünfzig zu teilen. In Österreich läuft das Geschäft anders als in Bulgarien. Die Mädchen können meist kein Deutsch oder Englisch und sind unerfahren. Sie wissen nicht, wie sie sich verhalten oder ein Quartier finden sollen. Ohne einen Mann, der auf sie aufpasst und sie beschützt, geht es kaum. Die Zusammenarbeit dauerte aber meist nicht lange, denn für ein Mädchen aus armen Verhältnissen waren ein paar Tausend Euro schon sehr viel Geld. So trennten sich die Wege in der Regel nach zwei bis drei Monaten wieder. Manchmal waren die Mädchen auch verliebt in ihn und kamen nicht damit klar, dass auch er für Geld ficken ging. Bei anderen stellte er fest, dass sie die Vereinbarung nicht einhielten, nicht alles Geld mit ihm teilten. Er hatte eine Spürnase dafür und bemerkte den Betrug meist ziemlich schnell, weil er regelmäßig ihre Handtaschen kontrollierte. Er tat es nachts, wenn sie schliefen und es nicht merkten. Wurde er fündig, Schminkutensilien oder ein Buch waren beliebte Geldverstecke, beendete er die Zusammenarbeit sofort und schickte sie nach Hause. Ebenso wenn er feststellte, dass die Mädchen ihre Telefonnummer an Kunden weitergaben, um so private Termine zu machen, ohne ihn an den Einnahmen zu beteiligen. Eagle kehrte deshalb zwischendurch immer wieder nach Bulgarien zurück, um sich eine neue Partnerin zu suchen.

Eines Morgens, so gegen halb sieben, ging Eagle zum Wiener Busbahnhof, um sich mit dem Busfahrer zu treffen, der als Kurier fungierte. Er wollte das umgetauschte Geld übergeben und neue Pässe in Empfang nehmen. Gerade angekommen, war es mit einem mal seltsam still auf dem Gelände. Er sah sich um, der Busbahnhof war menschenleer. Kaum hatte er das festgestellt, war er plötzlich umringt von schwarz gekleideten und maskierten SEK-Polizisten. Es ging alles sehr schnell. Er wurde zu Boden gedrückt und es klickten die Handschellen. Gegenwehr war unmöglich. Eagle war verhaftet. Beim Verhör durch die Wiener Polizei offenbarte sich dann das ganze Ausmaß der Situation. Er war bereits seit Monaten von der Polizei beobachtet worden. Die Beweise gegen ihn waren erdrückend. Viele seiner Treffen mit Kurieren und Kunden für Pässe waren gefilmt oder fotografiert worden. Ebenso hatte man sein Telefon lange Zeit abgehört. Von alledem hatte er nichts mitbekommen. Es gab keine Möglichkeit für ihn, sich herauszureden. Da war nichts mehr zu machen. Sein gesamtes Geld wurde beschlagnahmt. Mit einem Schlag war alles, was er in den vergangenen Monaten angesammelt hatte, weg. Eagle stand wieder bei null. Zum Glück hatte er nicht alles auf seine Bankkonten eingezahlt. Etwas hatte er bei Freunden deponiert und, da er einiges an Goldschmuck besaß, gelang es ihm, einen guten Anwalt zu engagieren. Seinem Anwalt Gerhard hatte er es schließlich zu verdanken, dass seine Gefängnisstrafe auf lediglich vier Monate festgelegt wurde. Eagle begründete seine Taten vor Gericht damit, dass er dazu gezwungen und bei Weigerung mit dem Tod bedroht worden sei. Das half, das Strafmaß zu senken. Seine Komplizen hatte es nicht so gut getroffen, sie mussten für ein Jahr oder länger in den Knast.

Dennoch, diese vier Monate hätten sein Leben kaputt gemacht, sagte er mir. Denn seit dieser Zeit litt er unter heftigen Panikattacken. Um seine Nerven zu beruhigen, musste er deshalb starke Psychopharmaka nehmen. Tat er das nicht, wurde er verrückt. Das äußerte sich zum Beispiel darin, dass er urplötzlich heftige Angst bekam, zu sterben. Er verlangte dann panisch, sofort ins Krankenhaus gebracht zu werden. Mal musste ich die Feuerwehr anrufen, oder er forderte, dass wir sofort im Auto in die nächstgelegene Klinik fahren. Andere Male bekam er mitten in der Nacht paranoide Anfälle, weil er glaubte, die Leute von der bulgarischen Mafia wollten ihn ermorden. Das spielte sich zwar nur in seinem Kopf ab, hatte aber durchaus einen realen Hintergrund. Wenn du einmal mit der Mafia arbeitest, erschließen sich dir diverse Kontakte zu vielen Leuten. Das kann ein großer Vorteil sein. Die Crux ist jedoch, wenn du einmal dabei bist, kommst du nicht mehr heraus. Denn die Mafia befürchtet, dass du die Kanäle und Details verrätst, wenn du von der Polizei geschnappt wirst. Deshalb kann ein Ausstieg auch den Tod bedeuten. Und das Netz ist weit gespannt, du kannst nicht entkommen. Sie finden dich überall, auch wenn du ins Ausland gehst. So hatte Eagle es mir geschildert.

Nach seiner Ausweisung ging Eagle zurück nach Bulgarien, um sich ein neues Mädchen zu suchen. Anfangs hatte er es noch einmal mit ehrlicher Arbeit versucht, was er jedoch nach kurzer Zeit wieder aufgab. Sein Ziel war es dann, mit einem Mädchen zurück nach Wien zu gehen. Nur dort konnte man mit der Prostitution soviel Geld machen, dass es sich auch lohnte. Außerdem hatte er inzwischen ganz gut Deutsch gelernt und kannte sich aus. Das wollte er natürlich ausnutzen. Es war die Zeit, als wir uns kennenlernten.

10. KAPITEL

Griechische Massage und kein Orgasmus

Zunächst ging ich meinen neuen Job nur am Wochenende nach, denn unter der Woche arbeitete ich weiter als Lehrerin. Jeweils am Freitag tauschte ich meinen züchtigen, knielangen Rock und die weiße, hochgeschlossene Bluse gegen einen engen Minirock und ein bauchfreies Top ein und zog Netzstrümpfe und lange Lackstiefel dazu an. High Heels and Smokey Eyes. Eagle holte mich zu Hause ab und brachte mich mit dem Auto ins zwei Stunden entfernte Plovdiv. Dort setzte er mich vor dem Hotel ab. Er redete meist noch kurz mit den Zuhältern, und ich ging direkt in die Hotelbar. Am Montagmorgen kehrte ich dann pünktlich zum Unterricht wieder an meine Schule zurück, um meinen Schülern Englisch und Literatur beizubringen.

In Bulgarien wird die Prostitution generell von der Mafia organisiert. Es gibt einen großen Boss, den niemand kennt und nur ganz wenige Leute jemals gesehen haben. Neben Waffen- und Drogenhandel sowie Schutzgelderpressung in Läden und Restaurants beherrscht er auch das Sexgeschäft. Bei diesen Leuten hatte Eagle Kontakte. Mein Arbeitsplatz war ein schickes Fünf-Sterne-Hotel am Ufer der Maritza, der ›Spree‹ von Plovdiv. Zusammen mit zwei bis drei anderen Mädels saß ich abends ab fünf in der Hotelbar. Abgesehen von dem Service Personal gab es dort immer mindestens zwei junge, kräftig aussehende Typen in dunklen Anzügen. Offiziell für die Security zuständig. Doch es handelte sich um Zuhälter, die zur Mafia gehörten. Wachsam wie Hyänen registrierten sie genau, wenn eines der Mädchen mit einem Hotelgast auf das Zimmer ging und stoppten die Zeit. Eine Stunde kostet einhundert Leva, also etwa fünfzig Euro. Von dem Geld muss sie den Zuhältern die Hälfte abgeben. Sofort wenn sie wieder herunterkommt, wird abgerechnet. Was sie darüber hinaus an Extras verdient, gehört ihr. Wenn ein Gast sich die Zeit mit einer Prostituierten vertreiben will, kann er einfach zur Rezeption oder zu den Security-Typen gehen. Sie zeigen ihm die Frauen, von denen er sich eine aussuchen kann. Wenn der Mann in seinem Quartier keine passende findet, kontaktieren die Zuhälter Kollegen in anderen Hotels und lassen sich die Mädchen von dort bringen. Es kommt auch vor, dass die Frauen zu privaten Adressen gefahren werden, wenn ein Gast es wünscht.

An meinem ersten Tag saß ich frisch und erwartungsvoll an der Bar und nippte im Minutentakt an meinem Glas, als einer von der Security zu mir kam.

»Es gibt einen Griechen in einem anderen Hotel. Er möchte dich. Bist du frei?«

Ich nickte. Jetzt ging es also los. Mein allererster Kunde. Der Mann wusste nicht, wie ich aussehe, denn es gab kein Internetportrait oder Kataloge mit Bildern, die Kunden sich hätten anschauen können. Es lief alles mündlich, in direkten Kontakt. Der Grieche hatte mit dem Zuhälter vor Ort gesprochen. Er wollte ein möglichst junges und hübsches Mädchen haben.

Ich sagte: »Okay, gehen wir.«

Der Zuhälter ließ seinen Wagen langsam zum fünfhundert Meter entfernten Nachbarhotel rollen. Die hätte ich natürlich auch locker zu Fuß gehen können, aber draußen war es schon dunkel. Der Portier am Vordereingang nickte verschwiegen, als ich an ihm vorbeiging. Ich betrat das Gebäude durch eine große Drehtür und durchschritt die menschenleere und hell beleuchtete, nicht allzu große Empfangshalle. Einer der hiesigen Zuhälter kam mir von der Rezeption entgegen.

»Der Kunde erwartet dich auf seinem Zimmer. 407, vierter Stock.«

Er führte mich zum Aufzug und ging zurück zum Empfang. Ich hatte ein Gefühl von Abenteuer, von Herausforderung, als ich den Fahrstuhl nach oben nahm. Angst hatte ich überhaupt keine. Im Gegenteil. Ich war freudig gespannt, was passieren würde. Zimmer 407. Ich klopfte. Die Tür öffnete sich.

Wenn ich mit einem Mann schlafe, muss ich in ihn verliebt sein, die Chemie sollte stimmen oder ich muss ihn zumindest sympathisch oder attraktiv finden. So war bisher meine Einstellung gewesen. Die Erfahrung mit meinem Chef vom Reisebüro hatte mich dann gelehrt, dass es auch geht, wenn ich nicht verliebt bin, dafür aber Geld bekomme. Zumindest tat ich es da mit jemandem, den ich kannte. Nun kam also die dritte Phase. Ich machte Sex ohne Liebe, nur für Geld und mit jemand völlig fremden.

Es war dunkel im Zimmer und der Fernseher lief. Der Grieche war Ende zwanzig, klein und untersetzt. Lange, fettige Haare hingen strähnig von seinem Kopf herab. Ein Bart, dünn wie ein Regenwurm, schlängelte sich um seinen Mund. Auf seinem engen und viel zu kurzen T-Shirt stand ›I love Plovdiv‹. Statt des Wortes ›Love‹ war ein rotes Herzchen aufgedruckt. Sein schwarz behaarter Schwabbelbauch lugte bleich zwischen T-Shirt und Hose hervor. Sport kannte er vermutlich nur aus dem Fernsehen und in Gesellschaft von reichlich Bier und Kartoffelchips. Ich dachte nur, oh Gott, wie soll ich jetzt bloß geil werden? Denn das muss sein. Auch als Prostituierte. Sex ist Sex. Und das geht nur, wenn du auch erregt bist. Ich hatte nicht viel Ahnung. Dass du auch nachhelfen kannst, zum Beispiel mit Gleitgel, wusste ich nicht. Bis dahin hatte ich auch nur mit Männern geschlafen, in die ich verliebt gewesen war oder die ich heiß fand. Hamed, mein Ehemann, Alexis, Igor und Eagle. Naja, und mein Ex-Chef natürlich. Gut, in Igor war ich nicht so richtig verliebt gewesen, aber er konnte gut lecken. Er brauchte nur ein wenig mit seiner Zunge an mir zu spielen und ich wurde feucht wie ein Moor. Und nun? Ich muss mich irgendwie zwingen, geil zu werden, dachte ich. Doch wie sollte das gehen? Der kleine Grieche gab mir gleich das Geld für eine Stunde, aber mit Sümpfen war da gar nichts.

Später fand ich heraus, dass wenn ich kein Gleitgel zur Hand habe, ich etwas Spucke nehmen kann, damit überhaupt was geht. Was sollte ich jetzt machen? Wenn er wenigstens ein wenig hübsch oder interessant gewesen wäre. Aber hundert Kilo bei einem Meter fünfzig Größe? Ein Trick, um Zeit zu schinden ist, ins Badezimmer zu gehen. Zum Frischmachen. Damit kannst du wertvolle Minuten gewinnen. Aber das wusste ich nicht. Ich kenne Mädchen, die bleiben eine halbe Stunde im Bad. Irgendwann habe ich das auch gemacht, wenn ich eigentlich keine Lust auf den Mann hatte.

Ich setzte mich auf das Bett und zog mich so langsam wie möglich aus. Er sah mir dabei zu und kaute nervös auf seiner Unterlippe. Wie er so dastand - ich war noch nie mit einem so unattraktiven Typen im Bett gewesen. Ich wusste nicht, was ich mit ihm reden sollte. Dem armen Kerl schien es ähnlich zu gehen. Mein Vorteil ist, dass ich gut Englisch kann, denn er sprach kein Bulgarisch. Bevor die Redepause peinlich werden konnte, fragte ich ihn, woher er denn komme. Etwas Konversation. Aus Griechenland. Okay, das wusste ich schon, aber immerhin ein Stichwort. Ich erzählte ihm, dass ich mal einen Freund hatte, der aus Zypern kam. Ich konnte ein paar Worte Griechisch, die ich zum Besten gab. Wir scherzten sogar ein wenig herum und die Stimmung lockerte sich auf. Er erzählte, er habe eine Freundin in Griechenland und sei mit einer Gruppe von Kumpels hier im Urlaub. Dann wollte er Sex machen. Er zog sich T-Shirt und Hose aus. Er stand ihm schon. Da musste ich jetzt durch. Ich zog ein Kondom drüber. Gottseidank ging es schnell. Ein wenig blasen, und er war fertig. Dann wollte er noch mal. Diesmal ficken. Ich habe es gemacht. Es war nicht schön. Ich fand es echt doof.

Ich war damals einfach noch nicht diese Schauspielerin, die ich erst im Laufe der Zeit wurde. Heute kann ich dem hässlichsten, dicksten und unattraktivsten Mann etwas vorspielen. Und zwar überzeugend. Ich kann einen Mann mit der Stimme, ein paar gehauchten Worten heißmachen und dafür sorgen, dass es schnell zu Ende geht. Aber jetzt, ich konnte nicht stöhnen, wollte es auch nicht, denn der Grieche sollte nicht denken, dass ich ihm etwas vorspiele. Ich wollte einfach echt bleiben. Obwohl: zu echt ist manchmal auch nicht gut. Er brauchte dann gottseidank nicht sehr lange, um ein zweites Mal zu kommen.

Die Stunde war fast um, und ich fand ihn mittlerweile etwas sympathischer. Zumindest behandelte er mich nicht unhöflich. Also dachte ich mir, wenn ich schon mal da bin, vielleicht kann ich ihn dazu bringen, noch um eine Stunde zu verlängern. Kurz bevor die Zeit vorbei war, bot ich ihm daher an, ihn zu massieren. Ich tat es so intensiv wie möglich, damit es ihm gefällt, und er auch bestimmt verlängert.

Als nach ein paar Minuten die erste Stunde beendet war, sagte ich: »Baby, die Zeit ist jetzt um. Möchtest du, dass ich dich noch weiter massiere?«

»Ja, gerne, das tut gut«, entgegnete er, entspannt wie eine Robbe auf dem Bauch liegend.

»Eine weitere Stunde kostet noch einmal hundert Leva. Willst du?«

Er wollte und bezahlte. Ich rief den Zuhälter vom Hotel an und informierte ihn über die Verlängerung. Die Massage ging weiter. Sein speckiger Rücken, seine dicken Beine, der teigige Po, die schwitzigen Füße. Rauf und runter und noch mal. Rauf und runter und noch mal.

Als ich nach einer Weile etwas nachließ, ich konnte bald nicht mehr, protestierte er. »Mach weiter! Fester, das tut gut.«

»Ja, dir vielleicht!«, fluchte ich innerlich.

Er hatte es offenbar so verstanden, dass ich die Massage die ganze nächste Stunde ebenso intensiv fortsetzen würde wie am Anfang. Er habe schließlich bezahlt, meinte er noch. Mir taten bereits die Hände und der Rücken weh, darauf war ich nicht eingestellt. Ich bereute schon mein Angebot, ärgerte mich über mich selbst. Ich starrte auf den Wecker am Bett, sah wie der Sekundenzeiger stoisch langsam seine Runden drehte. Das kam mir bekannt vor.

Ich war zwölf damals. Manchmal musste meine Mutter zusammen mit meinem kleinen Bruder Petko ins Krankenhaus, so dass ich tagelang mit meinem Stiefvater allein im Haus war. In Bulgarien ist es so, dass die Mutter mit dem Kind im Krankenhaus übernachten kann. Für meinen Stiefvater war ich wie eine Art Ehefrau, ich musste alles machen. Keinen Sex, das nicht, aber alles, was den Haushalt betraf. Tagsüber sollte ich einkaufen und putzen. Wenn er nach Hause kam, oft war er betrunken, musste ich ihn bedienen. Kochen, den Tisch decken, servieren, dann wieder abräumen, abwaschen.

An den Tagen, an denen meine Mutter nachts nicht da war, rief er mich: »Magdalena, komm. Ich will eine Massage!«

Manchmal bis ein Uhr in der Nacht musste ich ihn massieren. Rücken, Beine, Füße. Stundenlang dauerte das. Meine Hände und der Rücken schmerzten.

Ich sagte: »Papa, ich kann nicht mehr, mir tut schon alles weh«, und weinte. Ich war doch ein Kind und kein Masseur.

Er aber sah mich nicht an, knurrte nur: »Mach weiter oder es gibt Strafe!«

Also musste ich weiter massieren. Ich guckte immer auf die Uhr dabei, sah wie der Sekundenzeiger gemächlich seine Runden drehte. Warum dreht er sich nicht schneller? Doch das tat er nicht. Auch heute nicht. Und so verrichtete ich, den Tränen nahe, die Arbeit, die ich mir hier eingebrockt hatte. Es dauerte ewig, bis die zweite Griechisch-Stunde zu Ende war.

Am zweiten Abend saß ich mit Lana in der Hotelbar. Die erste Prostituierte, die ich in Plovdiv kennenlernte. Lana war siebenundzwanzig, sehr schlank und hatte wallendes, schwarzes Haar. Keine Barbieschönheit, aber sie besaß ein interessantes Gesicht mit markanter Nase und großen dunklen Augen, die Sehnsüchte wecken können. Lana hatte keinen Zuhälter, mit dem sie hätte ihr Geld teilen sollen, so wie ich. Sie gab nur den Securities im Hotel ihren Anteil ab. Einer von ihnen hatte sie auch ins Geschäft gebracht. Sie saß immer ganz entspannt auf dem Barhocker und wusste genau wie der Hase läuft. In der ersten Zeit brachte sie mir ein paar wichtige Sachen bei. Dass man Geld immer am Anfang kassieren muss, dass man mit dem Gast besprechen muss, was man macht und was nicht und dass immer ein Kondom benutzt wird. Blasen ohne Kondom kostet extra. Sex gibt es grundsätzlich nur mit Kondom. Niemals ohne. So praktische Sachen eben. Das meiste hatte mir Eagle zwar schon erklärt, aber es war gut, dass ich sie getroffen hatte. Wenn es nichts zu tun gab, saßen wir meist zusammen an der Theke und quatschten. Zwei Getränke pro Abend waren für uns frei, die Barkeeper wussten Bescheid.

Ich ließ meinen Blick durch den Raum schweifen. Die Lobby-Bar war gut besetzt heute. Auch auf den drei roten, mit vielen Kissen bestückten Sofas, die sich wie eine große Schlange im rechten Teil der Bar unter den Fenstern zum Innenhof krümmten, saßen einige Gäste. An einem der kleinen Tische links von der Theke unterhielten sich zwei ältere Männer, beide über sechzig. Einer der beiden lugte immer wieder sehr interessiert zu mir herüber. Auch Lana war das nicht entgangen.

Sie raunte mir zu: »Ich denke, der will dich.«

»Hm. Sieht ganz so aus«, antwortete ich und zwinkerte dem Mann zu.

Er antwortete ebenso. Als er wenig später allein war, winkte er mir, an seinen Tisch zu kommen. Ich ging zu ihm rüber und nahm Platz. Er fragte mich ohne Umschweife nach meinen Tarifen. Ich sagte ihm, was er wissen wollte.

»Gut, dann gehen wir«, entgegnete er und stand auf.

Ich folgte ihm. Als wir oben auf seinem Zimmer waren, zog er sich gleich aus. Er war zwar nicht besonders hässlich, aber eben ein alter Mann. Er hatte einen Körper, wie ich ihn von meinem Opa her kannte. Mit so einem Alten sollte ich jetzt schlafen? Der dicke Grieche hatte mich schon Überwindung gekostet, aber der war zumindest jung gewesen. Jetzt wurde es dann echt ekelig. Ich empfand es schon als einigermaßen abartig, Sex mit Männern zu haben, die mein Vater hätten sein können. Das gilt natürlich nicht, wenn ich verliebt bin, so wie bei Alexis. Aber so ein alter Sack, den ich nicht kenne und nicht mal mag und der mein Großvater hätte sein können? Das ist schon pervers, eine Schweinerei einfach, ohne Worte eigentlich.

Der Alte war Bulgare. Ein Geschäftsmann, der mit Dachziegeln handelte, wie er auf dem Weg nach oben erwähnt hatte. Er zog mir T-Shirt, Rock und auch gleich den Slip aus. Er sagte, ich solle mich rücklings auf das Bett legen, er wolle mich lecken. Ich tat, was er wollte. Seine mit Altersflecken übersäten Hände schoben meine Beine auseinander. Ich versuchte, ihn nicht anzusehen. Erst schaute ich an die Decke. Sie war einfach nur weiß. Dann schloss ich die Augen. Vielleicht würde es mir ja gelingen, an etwas Schönes zu denken. Zum Beispiel an Eagle. Wie er mich leidenschaftlich küsst, wie er, mich häppchenweise aufsaugend, am Bauch hinunter wandert, und er mit seiner wunderbar sensiblen und rasant wendigen Leckschlange zwischen mich kommt und meinen Schoß zielsicher zum Fließen bringt … Aber das gelang mir leider nicht. Ich spürte nur, wie die kraftlosen Lippen des Ziegelhändlers an der Innenseite meiner Schenkel lieblos Küsse simulierten und er mit seiner schlaffen Zunge meine Schamlippen berührte. Ich war kein bisschen erregt. Etwas ratlos dachte ich, ich müsse jetzt irgendwie reagieren, also nicht nur wie ein stummer Fisch daliegen. Ich ließ eine Art Stöhnen hören. So als ob man ausatmet und dabei einen Seufzton von sich gibt. Aber das hatte wohl etwas gekünstelt geklungen.

Er unterbrach, schaute zu mir hoch und sagte: »Verarsch mich bitte nicht, ja? Das war kein Orgasmus.«

Orgasmus? Na, der war lustig. Glaubte er wirklich, ich könne einen Orgasmus bekommen, wenn er drei Sekunden mit seiner Rentnerzunge meine Muschi betupft? Er hätte mich vermutlich stundenlang so bearbeiten können, ohne dass ich je gekommen wäre. Tatsächlich bin ich so schon mit älteren Männern zum Höhepunkt gelangt, aber die konnten es wenigstens, hatten Muskeln in der Zunge wie ein Zwanzigjähriger. Nicht so wie dieser Opa. Hier passierte nicht viel bei mir.

Als er fortfahren wollte, sagte ich zu ihm: »Das kostet zwanzig Leva extra.«

Er gab mir eilig das Geld und machte weiter. Nach einer Weile ließ er dann ab und wollte in mich kommen. Das gelang jedoch nicht, da sein Ding nicht richtig steif wurde. So ging das die ganze Stunde. Es war anstrengend. Er hingegen schien es nicht zu merken. Wahrscheinlich auch, weil er schon ziemlich betrunken war. Er holte sich zwischendurch immer wieder ein Fläschchen aus der Minibar. Wodka, Whisky, Gin.

»Möchtest du auch?«, fragte er mich jedes Mal.

Ich lehnte dankend ab. Als die Stunde um war, verlängerte er noch einmal und dann sogar noch ein zweites Mal. Drei Stunden war ich dort. Irgendwann gelang es mir, dass er doch noch zum Schluss kommt. Er war so glücklich, dass er am Ende sogar noch meine Telefonnummer haben wollte.

Doch eine goldene Grundregel lautete, gib niemals einem Kunden deine Telefonnummer. Egal wer es ist. So hatte es Eagle mir ausdrücklich eingeschärft. Natürlich hatte er dabei auch eigene Interessen im Sinn. Kein konkurrierender Zuhälter sollte mich ihm ausspannen. Außerdem diente es meiner eigenen Sicherheit und es sollte vermieden werden, dass ich mich vielleicht in einen Kunden verliebe. So was kommt auch vor. Wenn ich meine Nummer weitergäbe, würde mich der Mann beim nächsten Mal womöglich direkt anrufen und versuchen, ein privates Treffen zu vereinbaren. Die Zuhälter wären außen vor. In Plovdiv läuft jedoch in dieser Hinsicht nichts ohne die Mafia. Sobald einer für Sex Geld bezahlt, hält die Organisation ihre Hand auf. Daran führt kein Weg vorbei. Sie haben ihre Augen und

Ohren überall und irgendwann kriegen sie es mit. Wenn sich dann herausstellt, dass ein Mädchen versucht hat, auf eigene Rechnung zu arbeiten, gibt es Ärger. Mit der Mafia will sich keiner anlegen, die sind skrupellos und kennen keine Gnade. Schon allein deswegen ist es besser, mit Kunden keine privaten Kontakte zu pflegen. Der Alte bekam meine Nummer nicht.

11. KAPITEL

Plovdiv

Oft sitzen die Männer, wenn sie alleine sind, gelangweilt in der Hotelbar herum. Sie hängen ihren Gedanken nach und gucken Löcher in die Luft. Eagle hatte mir erklärt, dass ich, wenn ein Mann ohne Begleitung an einem Tisch sitzt, aber erst einmal abwarten soll, ob er auch wirklich allein ist. Kann gut sein, dass er auf jemanden wartet. Vielleicht sogar auf seine Frau. Wenn er nicht reagiert und nicht zu mir herschaut, hat der Mann vielleicht keine Lust. Klar. Nicht jeder, der in die Hotelbar geht, sucht auch eine Prostituierte.

Mein Ziel war das Geld. Wenn keiner der Gäste von sich aus auf mich oder die Zuhälter zukam, war es meine Aufgabe, die Männer auf mich aufmerksam zu machen und zu provozieren. Von Anfang an hatte ich keinerlei Schwierigkeiten damit. Ich war wie geschaffen dafür, das Objekt ihrer Begierde zu sein. Oft war es aber auch anders herum. Ich war der Jäger. Die Erfahrung der ersten Tage hatte es gezeigt. Warum sollte ich darauf warten, dass mich unattraktive Typen ansprechen? Ich dachte, dann schon lieber welche, die mir gefallen. So saß ich auf meinem Barhocker und schaute mir in aller Ruhe die Männer an. Wenn einer unter ihnen war, mit dem ich schlafen wollte, flirtete ich ihn dezent an und sorgte dafür, dass er ebenfalls Lust auf mich bekam. Wenn er auf Blicke nicht reagierte, ging ich an seinem Tisch vorbei, vielleicht zur Toilette. Natürlich möglichst nahe, damit er mich gut sehen konnte.

Auf dem Rückweg fragte ich ihn: »Kann ich mich ein wenig zu dir setzen?«

Oder ich bat ihn um Feuer. Ich begann eine unverbindliche Unterhaltung und ließ mich von ihm auf ein Getränk einladen. In den nächsten Minuten versuchte ich dann, ihn ein wenig ›verliebt‹ zu machen. Merkte ich, dass ich ihm gefalle, was meistens der Fall war, sagte ich ihm meine Tarife und wir gingen so schnell wie möglich auf sein Zimmer. Das klappte fast immer. Falls doch nicht, kehrte ich an die Bar zurück, denn ich hatte keine Zeit, lange zu plaudern. Ich schaute mich nach dem nächsten Opfer um. So war es an vielen Abenden. Ich traf meine Auswahl und nahm sie mir einen nach dem anderen vor. Meist zwei bis vier Rendezvous pro Nacht. Es war perfekt. Ich hatte Sex mit den Männern, die mir gefielen und bekam noch Geld dafür.

Obwohl ich es bis dahin nicht gemocht hatte, begann ich zu rauchen. Nicht, weil ich meine Meinung darüber geändert hatte, sondern wegen der Show. Denn wenn du da auf dem Barhocker sitzt, ist es einfach zu ausdruckslos, nur ab und an einen Schluck aus deinem Glas zu nehmen. Eine Zigarette zu rauchen, bietet dir mehr Möglichkeiten, dich darzustellen, dich zu bewegen und Aufmerksamkeit zu erregen. Du nimmst langsam die Zigarette aus der Packung. Du steckst sie in den Mund, dann das Feuer. Hell und heiß. Das hat was. Du kannst damit spielen. Bestenfalls kommt ein Mann zu dir und gibt dir Feuer. Mit einfachen, kleinen Gesten kannst du viel erreichen. Du drehst dich in den Raum, führst die Zigarette an den Mund, ziehst daran und bläst den Rauch behutsam wieder aus. Deine Lippen wölben sich dabei wie zu einem Kuss. Du streckst den Arm aus und tippst auf die Zigarette, um in den Aschenbecher zu aschen. Das provoziert und es wirkt. Die Männer reagieren auf diese Bewegung und schauen dich an. Das bekam ich schnell mit. Ohne etwas zu sagen oder zu tun, kannst du so leicht Kontakt aufnehmen. Und mit Blicken. Auch Filme habe ich angeschaut und darauf geachtet, wie Prostituierte es dort machen. Es gibt viele, in denen so etwas passiert.

Außer dem Stundenpreis konnte ich Geld für Extras wie Küssen, Lecken oder Französisch ohne Kondom nehmen. Das brauchte ich nicht mit den Zuhältern zu teilen. Französisch mit Aufnahme, also in den Mund spritzen, habe ich nicht gemacht. Das fand ich ekelig. Selbst mit meinem Exmann, den ich heiß und innig geliebt hatte, habe ich das nur ein oder zweimal getan. Ich musste sein Sperma dann auch sofort wieder ausspucken und mir den Mund ausspülen. Aber so was verlangte in Bulgarien ohnehin kaum einer. Eagle hat mich nie gezwungen, etwas zu machen, was ich nicht wollte. Nie hat er verlangt, dass ich Sex mit Kunden ohne Kondom machte, nur um mehr Geld zu bekommen. Das Einzige, wozu er mich immer anhielt, war so viele Extras wie möglich herauszuholen. Allerdings sollte ich auch Analverkehr machen. Ich wollte das eigentlich nicht. Ich habe es dann aber doch getan, aber nur sehr selten und bloß mit Männern, die kleine Schwänze hatten. Aber es war mir unangenehm, ich hasse es bis heute. Eagle habe ich es manchmal erlaubt, weil er unbedingt wollte. Er liebte es. Er sagte, es mache ihn super geil. Gottseidank hatte er nicht so einen riesigen Schwanz.

Eagle hatte mir beigebracht, wie ich auf jeden Fall Geld für Extras bekommen konnte, denn oft gibt es Gäste, die nicht so viel Geld haben oder solche, die möglichst wenig ausgeben wollen, weil sie geizig sind. Wenn wir auf dem Zimmer waren, sprach ich halb flüsternd und mit gehauchter Stimme, wie Eagle es mich gelehrt hatte.

»Schatzi möchtest du mich denn gar nicht küssen? Weißt du, wie geil ich küssen kann?« Ich gab ihm eine kleine Kostprobe, küsste seine Lippen und fuhr mit meiner Zunge zart über seinen Mund.

Manch einer sagte: »Ich möchte schon, aber ich habe nicht so viel Geld.«

»Dann küsse ich dich auch nicht«, gab ich mit Schmollmund zur Antwort und fuhr verführerisch lächelnd fort: »Aber du wirst einiges verpassen ...«

Die Männer wurden meist so heiß, dass sie eilig ihre Brieftasche zückten und die zusätzlichen Scheine herausholten. Natürlich war ich vorbereitet. Meine Muschi, in Bulgarien nennt man sie ›Eichhörnchen‹, war stets glatt rasiert. Zu Beginn habe ich mich im Bad außerdem immer mit duftendem Öl schön eingecremt. Wenn ich dann nackt ins Bett kam, fasste ich mich vor ihm an, fuhr mit meinen Fingern zwischen meine Schamlippen und fragte ihn ganz direkt: »Möchtest du - mich lecken?«

Doch bevor er damit anfangen konnte, stoppte ich ihn sanft und stellte klar: »Das musst du aber bezahlen. Es kostet extra, das ist nicht im Service ...«

Kaum einer konnte meinen Offerten widerstehen, und ich kassierte fast immer für alle Extras zusätzlich. So kam ich meistens auf das doppelte vom Stunden-Saläre. Ich war sehr gut darin.

Auch das Geld für die Extras teilte ich mit Eagle. Ich war ehrlich zu ihm. Anders wäre es auch nicht gegangen, denn Eagle war misstrauisch und kontrollierte regelmäßig meine Taschen, wenn ich nach der Arbeit müde nach Hause kam und eingeschlafen war. Er war jedenfalls sehr zufrieden mit mir und nach einem Monat schlug er vor, dass ich den Lehrerjob aufgeben und ganz mit ihm nach Plovdiv ziehen sollte.

»Deinen Sohn und deine Mutter nehmen wir mit. Du kannst dann jeden Tag arbeiten, nicht nur am Wochenende. Überleg dir, wie viel du einnehmen könntest.«

Ich verdiente jetzt an einem Tag mehr, als mit meinem regulären Job als Lehrerin im ganzen Monat. Und so nahmen wir im Zentrum eine kleine Zweizimmerwohnung. Nicht weit entfernt vom Hotel, wo ich arbeitete. Meine Mutter schlief zusammen mit dem kleinen Radomir in einem Zimmer, Eagle und ich in dem anderen. Ihre Hüfte war wieder gut verheilt, so dass sie auf den Kleinen aufpassen konnte, wenn wir nicht da waren. In Plovdiv hatten wir nämlich in der ersten Zeit keinen Kindergarten. Wir lebten fortan wie eine Familie zusammen. Natürlich musste ich meiner Mutter erzählen, was ich machte, wenn ich abends wegging und erst gegen morgen zurückkam. Sie war skeptisch und eigentlich dagegen, aber sie machte zunächst gute Miene zum bösen Spiel. Ich hatte ihr freilich erklärt, dass es nur vorübergehend sei, und dass ich den Job nur so lange machen würde, bis ich auf eigenen Füßen stehen könnte. Danach würde ich mir eine normale Arbeit suchen, ebenso Eagle. Vom eigentlichen Plan, in Plovdiv eine Art Probezeit zu durchlaufen, um danach nach Österreich zu gehen, erwähnte ich zunächst nichts. Es war ja auch noch nicht sicher.

Alles war so schnell gegangen. Schon eine Woche nach unserer ersten Begegnung hatten wir an den Wochenenden mit den Fahrten nach Plovdiv begonnen. Aber der Tagesablauf pendelte sich bald ein. Ich schlief meistens bis elf, manchmal auch länger. Je nachdem, wie lange ich gearbeitet hatte und wann ich schlafen gegangen war. Nach dem Aufwachen kam der Kleine zu mir, und ich machte das Frühstück für alle. Es sein denn, es war schon zu spät, und die anderen hatten schon gefrühstückt. Ich koche ganz gerne. Die sieben Jahre, in denen ich mit meinem Ehemann zusammen gewesen war, hatte ich jeden Tag das Essen gemacht. Wenn noch Zeit war, ging ich dann mit meinem Kind nach draußen zum Spielen oder um einzukaufen. Nebenbei musste ich noch für die Uni lernen, denn es war bereits das letzte Jahr meines Studiums.

Der Sex mit Eagle war schön und wurde mit der Zeit sogar immer besser. Für mich war er der tollste Mann der Welt. Bei meinem Exmann war es eher so gewesen, dass die Liebeskurve am Anfang hoch war und dann immer weiter abflachte. Mit Eagle aber stieg die Kurve langsam an, und je länger wir zusammen waren, desto verliebter wurde ich. Plovdiv war auch eine Probezeit für uns. Ob es mit uns als Paar funktionieren würde. Eagle hatte gesagt, dass wenn er mit mir nach Österreich geht, er keine andere Frau haben würde. Auch nicht sexuell. Das gleiche galt für mich. Wir wollten uns treu sein und wie Mann und Frau zusammen leben. Das war die Vereinbarung. Sex zusammen mit Liebe und echter Intimität würde ich nur mit ihm haben.

Eagle sagte: »Wenn du bei einem Kunden bist, denk immer daran. Egal wie hübsch und sympathisch er aussieht, oder wie gut er im Bett ist, und wie toll er lecken kann. Extra ist extra und muss extra bezahlt werden. Du musst ihn sehen wie eine Banknote.«

Er holte einen Geldschein hervor und hielt ihn mir vor das Gesicht.

»Siehst du das?«, fragte er. »Das ist der Mann, mit dem du Sex machst. Mehr nicht. Denn das ist, was bleibt, wenn er gekommen ist und das Zimmer wieder verlassen hat. Verstehst du? Nur das.«

Mit der Zeit dachte ich tatsächlich so. Eagle war ein Meister der Gehirnwäsche. So wie es damals die türkischen Muslims mit den bulgarischen Christen machten, als sie die Menschen zwangen, zu konvertieren. Oder heute, wenn sie junge Männer dazu überreden, mit Sprengstoffgürteln sich und andere umzubringen, indem sie ihnen absurde Versprechungen machen, und dass sie nach dem Tod vierzig Jungfrauen im Himmel bekommen. Wenn du verliebt bist und dein Partner erzählt dir jeden Tag solche Sachen, du fängst an zu denken wie er. Mit der Zeit glaubst du, was er dir sagt. Und du tust, was er von dir verlangt.

Manchmal gab es Nachtschichten, sogenannte ›Overnights‹. Andere Zuhälter kamen ins Hotel, um sich ein oder mehrere Mädchen zu holen und sie in ein anderes Hotel oder zu privaten Locations zu bringen. Das war mit den Zuhältern vom Hotel abgesprochen, sie kannten sich untereinander. Es war früher Abend, als wir abgeholt wurden. Wir waren vier Mädchen. Über eine Stunde dauerte die Fahrt, bis wir kurz vor Sofia unser Ziel erreichten. Eine kleine Villa, abgelegen in den Bergen, die einsam im Mondlicht zwischen Silhouetten großer Bäume hervorschimmerte. Die Villa war ein Hotel, das eine Gruppe von Russen komplett gemietet hatte. Dort sollten wir die ganze Nacht bleiben. Angeblich gehörten sie zur russischen Mafia. Unten im Haus gab es einen großen Salon, der als Gastraum diente. Ausgestopfte Köpfe von Hirschen mit mächtigen Geweihen, einem Bären und mehreren Wildschweinen mit furchterregenden Zähnen stierten stumm auf uns herab, als wir eintraten. Gar nicht stumm dagegen saß ein knappes Dutzend Männer an einer großen, rustikalen Tafel beisammen. Alles Russen im Alter von dreißig bis Mitte vierzig. Nur einer von ihnen war älter, vielleicht Mitte fünfzig. Ein Holländer. Der einzige Bulgare dort war der Eigentümer und Wirt des Hauses. Er und seine Frau sorgten für das Kulinarische, kochten und servierten das Essen.

Wir sollten den Männern zunächst Gesellschaft leisten, mit ihnen essen und trinken, ein bisschen feiern. Es gab Wodka, Bier und Wein ohne Ende, auch wurde fleißig gekokst. Eagle hatte mir jedoch streng verboten, Alkohol oder Drogen anzunehmen, schließlich sollte ich nicht die Kontrolle verlieren und Dinge tun, die ich hinterher bereuen würde. Höchstens mal einen Schluck Wein zum Anstoßen war erlaubt. Auf keinen Fall mehr.

Die Party war in vollem Gange. Es lief Musik mit Lightshow wie in einer Disco. Der Wirt hatte ein üppiges Buffet aufgebaut. Wie sich herausstellte, handelte es sich um eine Jagdgesellschaft. Fast alles auf dem langen Buffettisch war von selbst erlegten Wildtieren zubereitet. Zum ersten Mal aß ich Hirschwurst. Es gab geschmortes Wildkaninchen mit Rotkohl, sehr zarten Rehrücken, Wildschweinsteaks und Kaviar satt. Das war alles sehr lecker. Die Russen waren gut drauf und in Feierlaune, die Atmosphäre locker und ausgelassen. Es wurde geflirtet, getanzt und Karaoke gesungen. Wir hatten richtig Spaß. Ich fühlte mich jedenfalls nicht wie auf Arbeit. Ich machte Party und bekam noch Geld dafür. Zwischendurch gingen immer wieder Pärchen aufs Zimmer, kamen nach einer halben Stunde wieder herunter und feierten weiter.

Bald war klar, dass ich mit dem Holländer nach oben gehen sollte. Er war ständig bei mir, umarmte mich und küsste beim Tanzen meinen Hals. Eigentlich gefiel mir einer der Russen viel besser. Er sah aus wie ein bekannter Schauspieler. Ein schmales, fein geschnittenes Gesicht mit kleiner Nase, dazu sensible Lippen. Sein intensiver Blick wirkte kraftvoll und leidenschaftlich. Vielleicht sogar ein bisschen brutal? Ich flirtete ein wenig mit ihm auf der Tanzfläche, aber er hatte sich schon für eine der Kolleginnen entschieden. Der Holländer war der älteste unter den Gästen. Er war sehr groß, recht dick, trug eine Brille und hatte eine Glatze. Sein Kopf hatte eine interessante Form. Wie ein großes Ei sah der aus. Er fragte mich mehrmals nach meinem richtigen Namen und nach meiner Telefonnummer. Natürlich verriet ich ihm nichts davon, obwohl ich ihn nett fand. Dabei spielte es auch eine Rolle, dass ich mittlerweile in Eagle richtig verliebt war. Und das nicht nur, weil ich dankbar war und durch ihn jetzt so viel Geld verdiente. Der Job machte mir richtig Spaß. Okay, manchmal auch nicht, aber das war nicht so schlimm. Am liebsten waren mir jedoch solche Overnights wie heute.

Ich ging mit dem Holländer auf sein Zimmer. Anfangs fragte ich mich, warum ich ausgerechnet den unattraktivsten, ältesten und dicksten der Gäste abbekommen hatte. Aber er verhielt sich zumindest freundlich und war nicht so betrunken wie die meisten der Russen, die hemmungslos Wodka in sich hinein schütteten. Manche von ihnen wurden mit steigendem Pegel zudringlich. Aber auf grobe Art. Oben angekommen, legte er gleich seine Kleidung ab. Ich zierte mich ein wenig und ihm war wohl klar, dass er nicht mein Wunschpartner für diese Nacht war.

Vielleicht hatte er auch gemerkt, wie ich den jungen Russen unten angeschaut hatte.

»Bitte zieh dich jetzt aus«, meinte er ruhig.

Ich legte meine Kleidung ab. Er betrachtete meinen Körper.

»Du bist so schön, aber wenn du nicht willst, machen wir keinen Sex. Ich habe dich zwar bezahlt, aber du musst nicht. Ich zwinge dich nicht. Ich meine, alle haben gesehen, dass wir zusammen hoch gegangen sind. Wir bleiben jetzt hier, aber was wir tun, brauchen wir niemandem zu erzählen, okay?«

Ich nickte.

»Ich möchte nur deine Muschi lecken«, sagte er.

»Okay, gut«, gab ich zur Antwort.

Extrageld nahm ich nicht. Schließlich war ich auch dankbar, dass er sich so einfühlsam benahm.

Nachdem er mich geleckt hatte, sagte er: »Kannst du bitte Pipi in meinen Mund machen?«

»Wie, in deinen Mund?«, fragte ich erstaunt.

»Na, du pinkelst, und ich öffne meinen Mund. Du machst da hinein.«

Ich konnte kaum glauben, was er da von mir verlangte. Eagle hatte zwar schon einmal angedeutet, dass es in Österreich eventuell Männer geben könnte, die darauf stehen, dass man ihnen auf den Körper uriniert. ›Natursekt‹ hatte er es genannt. Ich dachte damals nur, spinnt der? Ich hatte ihm nicht geglaubt und es für einen Scherz gehalten.

»Bist du sicher?«, fragte ich den Holländer.

»Ja, ja. Ganz sicher«, entgegnete er, als ob es nichts Selbstverständlicheres auf der Welt gäbe.

»Na gut, wie du meinst.«

Zuerst konnte ich nicht, deswegen öffnete ich eine Flasche Wasser und trank sie aus. Nach einer halben Stunde war es dann soweit. Er legte sich auf den Rücken, ich kam über sein Gesicht und pinkelte in seinen weit geöffneten Mund. Er schluckte es sogar. Dabei masturbierte er und kam ziemlich schnell.

So etwas hatte ich noch nie erlebt. Ich wunderte mich. Wie kann einer davon so geil werden, dass er tatsächlich kommt?

Andererseits war ich froh, dass er mit einer für mich so leichten Übung zufrieden war. Das wiederholten wir dann noch einmal. Es verlief wie beim ersten Mal. Er ging sich waschen, ich trank das Wasser und nach einer halben Stunde erleichterte ich mich in seinen Mund. Er schien komplett befriedigt zu sein.

Es war schon gegen drei, als wir wieder hinuntergingen. Im Salon war die Party noch im Gange. Der junge Russe, der mir am Anfang schon aufgefallen war, saß auch wieder unten. Er war zwischendurch mit einer Kollegin auf dem Zimmer gewesen. Nach einer Weile verabschiedeten sich die meisten zum Schlafen. Entweder mit oder ohne Mädchen. Der Russe, inzwischen hatte ich erfahren, dass er Victor hieß, hockte mittlerweile fast allein mit mir am Tisch.

Schließlich erhob er sich und fragte mich: »Kommst du mit?«

Ich antwortete: »Ja, warum nicht. Ich komme mit.«

Ich war froh, denn dieser Mann war der erste Kunde überhaupt, den ich vom ersten Moment an gemocht hatte. Wir gingen die Treppe hinauf in sein Zimmer.

»Entschuldigung«, sagte er, »ich bin ein wenig betrunken«, und lächelte verlegen, denn ich musste ihn etwas stützen.

Oben gingen wir erst mal zusammen unter die Dusche. Danach war er schon wieder frischer. Im Bett streichelte er mich sehr zärtlich und küsste mich. Er behandelte mich anders als meine Kollegin, die vorher mit ihm hier gewesen war. Sie hatte mir zwischendurch davon erzählt. Sie hieß Bibi, war Mitte zwanzig und hatte schwarze Haare. Sie war etwas kräftiger gebaut und konnte unglaublich viel trinken. Insbesondere wenn sie Koks genommen hatte, was öfter vorkam. Eine ganze Flasche Whisky war dann kein Problem für sie. Das schlug sich natürlich in ihrem Körper nieder, zumal sie auch nie Sport machte.

Von Anfang an war Victor erregt. Es hatte nichts Gezwungenes oder Stimuliertes. Er war heiß auf mich. Ich blies ihn ohne Kondom. Ich wollte es, hatte richtig Spaß dabei.

Dann sagte er: »Komm, ich küsse dich da unten.«

Er machte es eigentlich nicht besonders gut. Ich weiß nicht, ob er es wirklich nicht konnte, oder ob er zu betrunken war.

Aber trotzdem. Es erregte mich so sehr, dass ich kam. Allein, weil ich sah, dass er es tat. Dann fickte er mich. Wirklich geil. Es gibt Kunden, die machen ein, zwei Stöße und sie kommen schon. Oder sie tun es zu langsam, oder sie rammeln wie ein Kaninchen. Manche Männer haben einfach kein Gespür für den Rhythmus der Frau, achten überhaupt nicht auf sie. Es scheint ihnen egal zu sein, ob es ihr auch Spaß macht. Ich meine, Sex macht man doch zusammen, nicht wahr? Na also. Eine One-Man-Show ist da eigentlich fehl am Platz. Ganz anders mit Victor. Es war, wie wenn zwei Tänzer, die sich zwar nicht kennen, aber den Tanz perfekt beherrschen aufeinandertreffen und den Tango zelebrieren. Einfach toll.

Gegen sechs Uhr morgens fuhren wir zurück nach Plovdiv. Im Auto schlief ich schnell ein. Zurück am Hotel wartete Eagle schon auf mich. Es war immer die gleiche Prozedur. Er holte mich vom Hotel ab und fragte mich gleich, mit wie vielen Kunden ich zusammen gewesen war und wie viele Extras ich gemacht hatte. Dann übergab ich ihm alles Geld, das ich bekommen hatte. Entweder er gab mir gleich meinen Anteil zurück oder er sammelte zunächst alles für ein paar Tage. Wir machten die gemeinschaftlichen Einkäufe, also Lebensmittel und Kondome und rechneten dann ab.

Ein paar Tage später sollte es wieder einen Overnight geben. Der Termin war außerhalb von Plovdiv. Außer mir waren noch die schwarzgelockte Taja und ein blondes, sehr schlankes Mädchen namens Ella dabei. Taja war bereits über vierzig und hatte schon erwachsene Kinder, wirkte aber wie eine Dreißigjährige. Sie machte viel Sport und hatte einen durchtrainierten Körper. Alles straff und muskulös. Taja war immer super gestylt, hatte schöne, gepflegte Haare, toll manikürte Hände und trug meistens sportliche Teenie-Klamotten in pink. Auch ihre Zähne sahen makellos aus, denn sie rauchte nicht und trank keinen Alkohol. Nach 18 Uhr aß sie grundsätzlich nichts mehr, höchstens ein wenig Obst.

»Man muss immer aufpassen, was man isst«, sagte sie gern.

Nachdem wir aus der Stadt heraus waren, fuhr der Fahrer eine Weile an den sanften Flussbiegungen der Maritza entlang, bis er den Wagen in der Nähe des Ufers stoppte. Die Sonne war fast untergegangen. Wir stiegen einen schmalen, schwach beleuchteten Trampelpfad die Uferböschung hinab - nicht ganz einfach, wenn man High Heels anhat. Wir Mädchen hielten uns deshalb an den Händen und gingen auf den Zehenspitzen.

»Vorsicht, nicht die Beine brechen«, witzelte der Fahrer, an dem ich mich festhielt. »Die Ware darf vor Auslieferung nicht beschädigt werden.«

Er grinste schief.

»Sei du lieber vorsichtig, du böser Mädchenhändler«, gab Taja zur Antwort und buffte ihn kräftig mit dem Ellenbogen in die Seite.

»Aua!«

Gekicher. Unten angelangt, erwartete uns an einem Steg ein unrasierter Mann mit schwarzer Seemannsmütze in einem kleinen Kajütboot.

»Die Schuhe nehmen Sie besser in die Hand«, brummte er höflich, bevor er uns mit rauen Händen einzeln ins Boot hinüber half.

Der Fahrer verabschiedete sich, und der Bootsmann machte die Leinen los. Langsam tuckerten wir Fluss aufwärts. Gegen die kühle Brise legten wir uns Decken um Schultern und Füße. Es war erst April. Wir rückten enger zusammen und warfen uns bange Blicke zu, denn keine von uns konnte schwimmen. Nach kurzer Fahrt legten wir an einer der zahlreichen grünen Inseln an, die in vielfältigen Größen und Formen den Flusslauf der Maritza teilen. Auf baumdicken Holzpfählen erhob sich vor uns ein rustikales Vergnügungsrestaurant mit Hotel. Ein Bulgare, der hier seinen dreiunddreißigsten Geburtstag feierte, hatte das gesamte Areal gemietet. Aber noch kannten wir den Anlass für die Party nicht.

Es war angenehm warm im Gastraum und die Hitze der vielen Leute hatte die großen Panoramafenster zum Wasser hin beschlagen lassen. Wir waren für drei Männer gebucht. Einer von ihnen nahm uns am Eingang in Empfang und führte uns an mehreren Reihen massiver Holztische vorbei zu ihrem Platz. Die anderen zwei erhoben sich, um uns zu begrüßen. Wir besprachen zunächst, wer von uns mit wem bleiben sollte und sie bezahlten uns, und wir bestätigten den Zuhältern den Termin mit den Handys.

»Na Baby, wie heißt Du?«, fragte mich launig der eine mit Glatze und kurz geschnittenem Vollbart, dem ich Gesellschaft leisten sollte. Der rötliche Glanz seiner Augen verriet, dass er schon einiges getrunken hatte. Sein weißes Hemd war aufgeknöpft und seine Krawatte hing schief.

»Nadja«, gab ich zur Antwort.

Das war mein erster Spitzname in diesem Job.

»Hey, Nadja! Komm her und setz dich zu mir«, sagte er, machte eine einladende Geste und klopfte mit der Hand zweimal kurz hintereinander neben sich auf die Bank.

Mein Gastgeber war um einen Kopf kleiner als ich und sah gut genährt aus. Ich setzte mich zu ihm. Freundlich legte er gleich den Arm um mich und deutete auf die reich gedeckte Tafel.

»Was möchtest du essen, Nadja?«

Ich gebe zu, ich esse gerne. Natürlich passe ich auf, dass ich es nicht übertreibe. Aber manchmal denke ich, wenn schon, denn schon und genieße, wenn sich die Gelegenheit bietet.

»Steak? Pommes? Salat? Püree? Etwas Brot dazu?«, fragte er und nahm einen frischen Teller zur Hand.

In Bulgarien essen wir immer Brot zu den Mahlzeiten. Weißbrot. Schön knackig frisch gebacken mag ich es am liebsten. Ich ließ mir von allem etwas geben, denn ich war richtig hungrig. Heute war noch keine Gelegenheit zum Abendessen gewesen.

»Genau. So gefällst du mir. Hau rein, mein Mädchen. Ich liebe dich, Nadja!«, freute er sich überschwänglich über meinen Appetit.

Meine beiden Kolleginnen dagegen, die ebenfalls am Tisch Platz genommen hatten, zierten sich.

»Nein danke, ich bin auf Diät«, wehrte Ella ab.

»Bitte nur ein wenig Obst«, lächelte Taja.

Gastfreundschaft ist gute bulgarische Sitte. Und wenn einer Geburtstag oder Namenstag hat, werden Gäste zum Essen eingeladen. Wenn jemand anderes auf deine Kosten isst und Spaß hat, bringt es dir Glück und Gesundheit.

»So ist es recht. Lass es dir schmecken, Nadja. Du bringst mir Glück. Ich habe heute Geburtstag, weißt du«, sagte er und deutete nach oben.

Erst jetzt bemerkte ich ein Transparent, das quer durch den ganzen Raum gespannt war. ›Happy Birthday Bogoris‹.

Er lachte mich mit Mund und Augen an. Auch ich freute mich. Bestimmt würden wir hier zwei bis drei Stunden feiern, gut essen und trinken, und anschließend würde ich mit dem Gastgeber Sex machen. Es versprach ein amüsanter Abend zu werden.

»Hey! Dann alles Gute zum Geburtstag Bogoris!«, jodelte ich und klatschte seine gehobene Hand ab.

Aber ich hatte meinen Schwung wohl etwas falsch eingeschätzt. Er verlor das Gleichgewicht, kippte von der Bank und fiel zu Boden. Fast hätte er dabei noch den Tisch umgerissen.

»Was hast du mit ihm gemacht?«, grölte einer der Männer vom Nebentisch und breitete die Arme aus.

»Ich? Gar nichts!«, juchzte ich. »Ich habe ihm doch nur zum Geburtstag gratuliert.«

Da er sich einen Augenblick nicht rührte, gab es bei den Anwesenden einen Moment der aufgerissenen Augen. Der Schreck währte jedoch nicht lange, denn schnell erhob sich der Angetrunkene mit einer beinahe eleganten Seitwärtsrolle wieder und setzte sich unter allgemeinem Gelächter und Applaus zurück zu mir auf die Bank.

»Mein Gott, Nadja, du bist echt gefährlich!«, scherzte er. »Komm, darauf trinken wir!«

Es folgte ein ausgelassenes Gelage und ich ließ es mir schmecken. Die anderen beiden Mädchen hielten sich wie erwartet zurück. Viele der Mädchen übertreiben es mit dem Ich-muss-schlank-bleiben. Sie denken vielleicht, dass sie sich dadurch interessanter machen. Aber wenn der Kunde nett ist, so wie hier, warum soll ich nicht mit ihm essen? Ich aß dann aber doch etwas zu viel, so dass mir am Ende ein wenig schlecht war. Ich war so voll. Ich überlegte schon, welche Stellung wohl beim Sex möglich wäre - mit soviel Essen im Bauch.

Die Party ging dem Ende zu und es wurde Zeit, dass sich die Männer mit den Mädchen zurückziehen. Bogoris Zimmer war winzig wie die Kajüte eines Bootes. Das ganze Gebäude war im Stil eines Blockhauses aus Holzstämmen gebaut. Auch die Wände. Bogoris hatte schon eine Stunde vorher aufgehört, Alkohol zu trinken und war jetzt wieder fast nüchtern. Er war kein hübscher Mann, aber er war freundlich und verhielt sich bisher wie ein Gentleman. Zunächst saßen wir nur auf dem Bett und unterhielten uns. Er erzählte mir, dass er aus Sofia käme und im Baugeschäft tätig sei. Ich berichtete auch ein paar Sachen von mir. So wie gewöhnlich sagte ich, dass ich einen Mann und mit ihm ein Kind habe. Nicht aber, dass der Mann auch mein Zuhälter ist. Die Wahrheit ging die Kunden nun mal nichts an.

Nach einer Weile sagte er: »Komm, ich möchte mit dir in die Sauna gehen. Die ist gleich nebenan.«

Es war sehr eng in der Sauna und unfassbar heiß. Für mich war es das erste Mal. Sauna kannte ich bis dahin nur aus Filmen. Ich schwitzte wie verrückt. Nach fast zehn Minuten hielt ich es nicht mehr aus.

»Bogoris, ich muss raus!«, keuchte ich.

»Okay«, nickte er verständnisvoll.

Er sah dabei ganz lässig aus. Als wenn er es ohne Probleme noch länger in diesem Kochtopf ausgehalten hätte. Schnell nach nebenan ins Bad.

»Nimm deine Haare hoch«, meinte er und griff nach einem mit Wasser gefüllten hölzernen Bottich, der am Boden bereitstand.

Ich drehte mein Haar am Hinterkopf zu einem Knoten zusammen und er übergoss mich rundum mit dem eiskalten Nass. War das ein Schock!

»Huiiih!«, kreischte ich, von einem Bein auf das andere hüpfend.

»Das ist sehr gut für die Haut«, sagte er lachend.

Aber die Abkühlung war nicht schlecht. Sehr erfrischend. Anschließend seifte er meinen Körper sorgfältig ein und spülte mich mit lauwarmem Wasser ab. Ich machte nichts, stand nur da und ließ mich von ihm baden wie ein Baby. Ich hatte damit gerechnet, dass ich ihn verwöhnen muss. Aber nichts dergleichen.

Er sagte: »Komm. Jetzt tue ich etwas, das garantiert noch niemand für dich gemacht hat. Wetten?«

Ich dachte nur, ja klar. Du denkst wohl, nur du kannst gut lecken und eine Frau verwöhnen, was? Denn so ist es oft. Viele Männer halten sich für einzigartig tolle Liebhaber und meinen, sie können dich mit ihren Liebeskünsten um den Verstand bringen. So zumindest stellen sie es dir dar.

Bogoris führte mich zurück in sein Zimmer und breitete ein großes Handtuch auf dem Bett aus.

»Ich gebe dir jetzt eine Spezialbehandlung für deine Haut. Das wird dir sehr gut tun, du wirst sehen.«

Ich legte mich auf das Bett. Er ging hinaus und kam kurz darauf mit einem großen Glas in der Hand zurück. Es war gefüllt mit einer golden schimmernden Masse. Honig. Bestimmt ein Kilo. Aber solchen, wie man ihn nur direkt von den Bauern auf dem Land bekommt. Nicht aus dem Supermarkt. Es gibt viele Dörfer in Bulgarien, wo die Leute Bienen haben und den Honig selbst herstellen.

Ich hob den Kopf.

Doch er sagte: »Leg dich nur hin. Du machst gar nichts.«

Er griff mit der ganzen Hand in den Topf und begann, mich mit dem Honig einzureiben. Er tat es gründlich und geizte nicht. Selbst zwischen den Zehen süßte er mich ein, hoch bis unter die Ohren. Nur die Haare sparte er aus. Toll wie das duftete. Es war wundervoll. Ich liebe Honig. So etwas hatte tatsächlich zuvor noch niemand mit mir gemacht. Er massierte mich so lange, bis nur noch ein dünner klebriger Film übrig geblieben war. Der Honig war komplett verschwunden. Das ganze Kilo. Ich war entzückt. Meine Haut war straff und leicht gerötet. Am ganzen Körper. Eine Wohltat sondergleichen.

»Nach der Sauna sind deine Poren jetzt schön geöffnet. Der Honig kann gut in die Haut einziehen. Ist nicht schlecht, oder?«, fragte er.

»Oh ja!«

»Und? Geht es dir gut?«

»Und wie!«

»Hat so was schon jemand bei dir gemacht?«

»Nein, noch nie«, gab ich lächelnd zu.

Er nickte zufrieden. Wir gingen noch einmal ins Bad. Ich nahm wieder meine Haare hoch, denn ich hatte keine Spange dabei und hielt sie mit den Händen. Er spülte mich mit warmem Wasser ab und rieb meinen Körper mit einem großen, weißen Handtuch trocken.

»Komm, gehen wir zurück«, sagte er, nahm meine Hand und führte mich wieder in sein Zimmer.

Er breitete nochmals ein frisches Handtuch auf dem Bett aus.

»Leg dich auf den Bauch und entspann dich«, sagte er. »Jetzt ist die Haut schön sauber.«

Ich streckte mich auf dem Bett aus. Er nahm eine exklusiv duftende Bodylotion - von Armani oder Dolce und Gabbana - und cremte damit jeden Zentimeter meines Körpers ein. Ich war so entspannt, fast wäre ich eingeschlafen.

»Geht es dir gut?«, erkundigte er sich abermals.

»Ja, sehr«, schnurrte ich.

»Kuck-kuck, kuck-kuck ...«, tönte es ein paar Mal hintereinander. An der Wand hing eine hölzerne Kuckucksuhr, an der zwei metallene Tannenzapfen baumelten. Es war inzwischen schon fünf. Ich dachte, so schön kann das Leben sein. Ich habe gut gegessen und getrunken, viel gelacht und gefeiert und kriege jetzt auch noch eine wunderbare Massage. Und dafür bekomme ich auch noch Geld. Besser geht es kaum. Gut, er war zwar nicht der hübscheste und nicht gerade mein Typ, aber noch jung.

Bevor ich wegdösen konnte, sagte er: »Okay, ich habe dich lange genug verwöhnt. Jetzt machen wir ein bisschen Spaß, ja?«

Es war klar. Er wollte nun auch auf seine Kosten kommen. Er begann damit, mich zu lecken. Fast alle bulgarischen Männer tun das. Manche, weil es ihnen gefällt, und es sie selbst heißmacht. Andere tun es, weil sie wollen, dass die Frau Spaß hat und manche, damit die Frau schön geil und feucht wird. So lässt sie sich besser ficken. Er leckte mich ausdauernd und nach ein paar Minuten schüttelte mich ein saftiger Orgasmus. Das war so schön. Er tat es dann gleich noch einmal und ich kam ein zweites Mal. Ich tastete nach meiner Muschi. Mein Gott, ich war so nass. Ich wunderte mich. Normalerweise komme ich nie zweimal hintereinander, zumindest nicht beim Lecken. Vielleicht kam es, weil ich so herrlich entspannt war? Durch Eagle war ich es gewohnt, jeden Tag einen Orgasmus zu erleben, aber heute hatte ich noch keinen gehabt. Außerdem war ich jetzt immerhin fünf oder sechs Stunden mit diesem Mann zusammen. Ich hatte mich schon etwas an ihn gewöhnt und auch begonnen, ihn zu mögen oder zumindest sympathisch zu finden.

Als ich ihn anschließend blasen wollte, denn sein Schwanz stand, meinte er: »Das brauchst du nicht, ich komme sehr schnell.«

Ich zog ihm ein Kondom über. Er steckte ihn rein und kam auch sofort. Anschließend blieben wir noch eine Stunde zusammen. Er bestellte Kaffee und wir unterhielten uns.

»Gib mir doch deine Telefonnummer. Ich komme ab und zu von Sofia nach Plovdiv. Ich kann dich dann anrufen und du brauchst dein Geld nicht mit den Zuhältern zu teilen«, schlug er vor.

Aber die Regel war klar. Ich durfte nicht. Stattdessen gab er mir dann seine. Er hatte dreihundertfünfzig Leva für die ganze Nacht bezahlt. Davon musste ich den Zuhältern die Hälfte abgeben.

»Hier als Trinkgeld«, meinte er. »Weil du so nett bist.«

Er gab mir noch fünfzig Leva extra. Ganz wenige Männer geben noch Trinkgeld dazu, denn die Preise sind für bulgarische Verhältnisse schon relativ hoch.

Gegen sechs nahm uns der brummige Bootsmann wieder auf und setzte uns ans andere Ufer über, wo der Fahrer am Steg schon auf uns wartete. Er brachte uns zurück zum Hotel. Eagle holte mich ab. Wie immer fragte er, was ich gemacht hatte und wer der Kunde gewesen war. Ich erzählte ihm von der Party, aber von der Honigmassage erwähnte ich lieber nichts, denn er reagierte öfters eifersüchtig, wenn ich zu viel preisgab. Zum Beispiel, wenn ein Kunde jung und hübsch gewesen war, oder ich das Erlebte zu positiv schilderte.

»Aha!«, sagte er dann in diesem speziellen Ton, der keinen Zweifel daran ließ, was er davon hielt. Er klang gereizt. Es passte ihm nicht.

Diese Eifersüchtelei ärgerte mich. Was sollte das? Schließlich hatte er mich in diesen Job gebracht. Er hatte mich gelehrt, wie ich die Männer provozieren soll, um sie zu verführen. Ich fickte mit den anderen für ihn. Warum sollte er da eifersüchtig sein?

Er fragte mich dann immer: »Und? Bist du gekommen?« Ganz aggressiv.

Doch ich entgegnete: »Nein, um Gottes willen, nein.«

So viele Male bin ich mit Kunden gekommen, und so viele Male habe ich es Eagle gegenüber abgestritten, dabei aber gedacht, du hast ja keine Ahnung. Auf der anderen Seite, hätte es ihn völlig kalt gelassen, hätte es mir vermutlich auch nicht gefallen.

Ein paar Tage später saß ich abends alleine an der Hotelbar und rührte mit einem roten Strohhalm in meinem fast leeren Glas. Die Eiswürfel waren zu flachen Scheibchen zerschmolzen und würden sich bald ganz aufgelöst haben. Ich saugte den Rest verwässerten Ginger Ale auf und schaute mich um. Es war nicht viel los. Auf der roten Sofaschlange unter den Fenstern lümmelte sich ein junger Typ mit schief sitzendem Baseballcap und spielte konzentriert mit seinem Game Boy. Auf der anderen Seite der Bar hatte ein älteres Ehepaar schweigend einen Imbiss eingenommen und saß sich nun, immer noch wortlos, an einem der Tische gegenüber. Sie nestelte an der Serviette herum und betrachtete ihre rosa lackierten Fingernägel. Ab und zu nahm sie einen kleinen Schluck aus ihrem Wasserglas. Der Mann versuchte krampfhaft, nicht zu mir herüber zu schauen und blickte abwechselnd zwischen Ausgang und Decke hin und her. Dann holte er sein Portemonnaie heraus, wohl um zu zahlen, aber der Kellner war verschwunden. Nachdem er ihre Teller abgeräumt hatte, war er hinausgegangen, um eine Zigarette zu rauchen. Der Barkeeper stand mit dem Rücken zum Gastraum und war damit beschäftigt, Gläser einzusortieren. Er bekam nichts mit.

Es war nach zehn, als ein elegant gekleideter Mann Mitte dreißig die Bar betrat und an einem der hinteren Tische Platz nahm. Etwas abseits der Theke. Er wirkte ein wenig müde. Seine Krawatte hatte er abgenommen und sie sich zusammengelegt in die Reverstasche seines Jacketts gesteckt, wo sie jetzt wie ein buntes Einstecktuch hervorlugte. Der Anzug und seine Schuhe sahen teuer aus. Das konnte ich so genau sehen, weil er auf dem Weg nach hinten an mir vorbeigekommen war. Allerdings ohne groß Notiz von mir zu nehmen. Als nach ein paar Minuten niemand an seinen Tisch kam, um die Bestellung aufzunehmen, ging er zur Theke vor und wartete zwei Barhocker von mir entfernt darauf, dass sich der Barmann ihm zuwendete. Der war jedoch immer noch mit den Gläsern beschäftigt und bemerkte ihn nicht. Ich betrachtete ihn. Er hatte ein prägnantes Profil mit einer großen Nase und sauber rasierte Koteletten. Sein dunkles, nackenlanges Haar war nach hinten gekämmt. Ein wirklich gut aussehender Mann.

»Dano?«, kam ich ihm zur Hilfe. »Da ist ein Gast für dich.«

Der Mann wendete sich mir überrascht zu, als hätte er mich vorher nicht bemerkt.

»Was kann ich für Sie tun?«, unterbrach der Barkeeper den Seitenblick des schicken Gastes.

»Ich hätte gerne einen Kaffee.«

Er sprach Englisch, aber mit einem Akzent. War er Italiener oder Franzose?

»Kommt sofort«, antwortete Dano, stellte die Gläser ab und ging zur Kaffeemaschine am anderen Ende der Theke.

»Merci«, antwortete er dem Kellner und drehte sich wieder zu mir. »Vielen Dank, Mademoiselle.«

Dabei hob er sanft seine dunklen Augenbrauen und lächelte. Seine Nasenflügel blähten sich zweimal hintereinander kurz auf, als würde er Witterung aufnehmen.

»Kein Problem«, antwortete ich.

Er hatte sehr schöne blaue Augen. Ich strich mir durch mein Haar und lächelte ihn an.

»Darf ich einen Moment?«, fragte er nach kurzem Zögern und deutete auf den freien Platz neben mir, auf dem aber noch meine Handtasche lag.

»Natürlich, bitte«, entgegnete ich, griff nach meiner Tasche und legte sie auf den Barhocker an der anderen Seite.

»Entschuldigung«, sagte er mit Blick auf die Tasche und setzte sich. »Mein Name ist François.«

Er gab mir die Hand. Sie war angenehm warm. Am Ringfinger trug er einen schlichten Goldring.

»Ich bin Nadja«, antwortete ich.

»Freut mich sehr, Nadja.«

»Ebenfalls sehr erfreut, François. Kommst du aus Frankreich?«, fragte ich.

»Aus Deutschland. Berlin, um genau zu sein. Aber trotzdem richtig geraten. Ich bin Franzose. Ich arbeite derzeit nur dort.«

Dano brachte den Kaffee.

François bemerkte, dass mein Glas leer war und fragte: »Darf ich dich zu einem Drink einladen?«

»Gerne«, antwortete ich, »ich nehme ein Ginger Ale.«

Dano nickte und nahm das leere Glas mit.

»Und was arbeitest du?«, fragte ich.

»Ich bin Zahnarzt.«

Er gefiel mir immer besser.

»Ich bin hier auf einem Kongress.«

»Klingt interessant«, sagte ich und betrachtete seinen markanten Adamsapfel, der sich beim Sprechen leicht auf und ab bewegte. Ich mochte, wie er englisch sprach. Mit diesem sexy französischen Akzent.

»Naja. Es ist eher ermüdend. Viel herumrennen und wissenschaftliche Vorträge anhören.«

Er schaute herunter und rührte seinen Kaffee um. Sorgsam ließ er den kleinen Löffel abtropfen und legte ihn zurück auf die Untertasse.

»Woher kommst du?«, fragte er und nahm ein Schlückchen.

»Aus Welingrad«, antwortete ich. »Warst du mal dort?«

»Nein. Leider nicht.«

»Das ist ein Kurort. Zwei Stunden von hier entfernt.«

»Ja«, sagte er, als ob er es schon wüsste. »Es soll dorthin eine sehr schöne Bahnstrecke durch die Berge geben.«

»Die Rhodopenbahn«, sagten wir unisono. Wir lachten.

»Du kennst dich aus, was?« Ich berührte wie beiläufig seinen Unterarm. »Stimmt«, fuhr ich fort, »das ist ganz hübsch. Aber die Fahrt dauert ziemlich lange. Wir fahren meist mit dem Auto. Das geht schneller.«

Er nickte.

»Meine Mutter hat bis vor kurzem dort gewohnt. Aber jetzt ist sie auch in Plovdiv«, ergänzte ich.

»Verstehe. Und was machst du hier?«, fragte er.

Der Moment schien gekommen, dass ich ihn aufklärte.

»Nun - ich arbeite hier, weißt du.«

Ich schaute ihn sehr direkt an. Es entstand eine Pause, der Groschen fiel.

»Oh. Verstehe«, sagte er und ließ langsam, wie Honig von einem Löffel fließt, seine oberen Zähne über seine Unterlippe gleiten.

»Ja. Und wenn du willst, können wir zusammen auf dein Zimmer gehen.«

»Wirklich?«

Ich nickte.

»Tja. Eigentlich ...« Er zögerte. »Du bist ein sehr hübsches Mädchen.«

Ich lächelte ihn an. Er gefiel mir.

»Und - was kostet das?«, fragte er.

»Einhundert für eine Stunde.«

Ich hatte Lust auf ihn und ihm schien es genauso zu gehen.

Er schüttelte den Kopf und sagte: »Oh, là là.«

»Oui, Monsieur«, antwortete ich.

Er lächelte und sagte: »Warte hier, okay. Ich muss nur kurz zum Geldautomaten. Nicht weglaufen, ich bin gleich wieder da.«

Er stand auf und ging hinaus. Auf dem Weg schaute er sich noch einmal nach mir um. Ich musste nicht lange warten. Ein paar Minuten später kam er zurück und holte mich ab.

Sein Zimmer war geräumig und in einer Art klassischen Empire Stil eingerichtet. Die Möbel in schwarz, mit üppigem Goldrand verziert, am Boden rot gemusterte Orientteppiche. Die Wände waren mit hell beigem Stoff bespannt, ringsherum verlief ein Mäanderband aus Holz. Ebenfalls in schwarz-gold. Ein Ambiente, ein wenig wie in einem Schloss. Der etwas überladene Stil des Hauses. François legte sein Jackett ab und gab mir zunächst das Geld. Es waren jedoch nicht hundert Leva, wie ich es gemeint hatte. Er gab mir hundert Euro, quasi das Doppelte. Ich verstaute das Geld in meiner Tasche. Ohne zu sprechen, legte ich sie auf dem schmalen, schwarzen Kanapee ab, das quer zum Fußende des Bettes stand. Ebenso meine Jacke. Ich begann, die Knöpfe meiner Bluse zu öffnen.

»Hilfst du mir?«, fragte ich ihn.

Seine Augen glühten glasig. Er kam zu mir, strich zärtlich über mein Haar und küsste mich. Ich lockte ihn auf das Bett und zog ihm seine Hose aus. Er war schlank und sportlich gebaut, seine Brust dunkel behaart. Er war ziemlich erregt aber diszipliniert und darauf bedacht, dass auch ich meinen Spaß habe. Ein toller Liebhaber. Wir verwöhnten uns gegenseitig französisch. Erst nachdem ich gekommen war, drang er in mich ein. Er nahm mich hart. Ich ließ mich fallen. Es war sehr geil.

Am Ende lagen wir erschöpft nebeneinander. Ich nahm seine Hand und betrachtete sie. Eine gepflegte, fast zierliche Hand. Nicht viel größer als meine. Ich drehte ein wenig an seinem schmalen Ring.

»Das war sehr schön«, sagte er. Seine Stimme klang tief und entspannt. »Ich habe schon eine Weile mit keiner Frau mehr geschlafen, weißt du. Meine Frau lebt in Südfrankreich, in der

Nähe von Lyon. Wir sehen uns nur selten, und wenn, dann haben wir keinen Sex.«

»Wie kommt das?«, fragte ich.

»Ich weiß nicht. Wir sind seit vier Jahren verheiratet. Ich bin viel unterwegs. Wir lieben uns zwar noch, aber sie hat keine Lust mehr auf mich. Sagt sie. Es ist mehr wie unter guten Freunden. Auch zärtlich manchmal, aber die Leidenschaft ist irgendwie verloren gegangen.« Er führte meine Hand an seinen Mund und küsste sie. »Darf ich dich etwas fragen?«

»Sicher«, antwortete ich.

»Warum machst du das? Du bist ein so hübsches und intelligentes Mädchen.«

Ich erzählte ihm ganz offen, wie es gekommen war. Von meiner Ehe, meinem Kind, von der Scheidung, und dass ich danach trotz vieler Arbeit zu wenig Geld zum Leben gehabt hatte. Ich berichtete - ganz entgegen meiner Gewohnheit - auch von Eagle, dass er mein Zuhälter war, und dass ich das Geld noch mit den Zuhältern vom Hotel teilen müsste.

»Das hört sich jetzt vielleicht utopisch für dich an«, meinte er dann, »aber ich könnte dich mit nach Deutschland nehmen. Ich kenne viele Leute dort und könnte dir helfen, dass du einen vernünftigen Job findest.«

Ich schaute ihn an, dachte daran, was Eagle mir gesagt hatte. Regel Nummer eins, nie in einen Kunden verliebt sein und niemals einem Kunden vertrauen. Egal, was er dir sagt.

»Ich meine es ernst«, sagte François. »Das hat doch keine Zukunft hier. Und ich kann mir vorstellen, dass es auch nicht immer angenehm für dich ist.«

Die Zeit war um. Als wir uns verabschiedeten, gab er mir seine Visitenkarte.

»Du kannst es dir ja überlegen. Ruf mich einfach an, Nadja. Einverstanden?«

»Okay, danke«, sagte ich und küsste ihn zum Abschied auf den Mund.

Das war sehr nett von ihm. Aber was hätte ich antworten sollen? So schnell kann ich einem Mann nicht vertrauen, nach einer

Stunde und Tschüss. Hätte ich ihm nachgegeben, wäre mein Leben vielleicht anders verlaufen. Aber ich hatte ja mit Eagle schon Pläne gemacht. Die Visitenkarte warf ich weg.

Viel später würde ich ihn noch einmal wieder sehen. In Berlin. Er war nur kurz in der Stadt, für ein oder zwei Tage und bestellte mich über eine Agentur. Er erkannte mich jedoch nicht. Ich schon, aber ich sagte nichts. Die Welt ist klein.

12. KAPITEL

Mr. Superstar und sein Tänzer

Die Tische waren in weißem Satin gedeckt, das Geschirr festlich. Ich kannte das Hotel Palace. Fünfsterne in Varna. Direkt am Schwarzen Meer, nur etwa hundert Meter vom Strand entfernt. Es war ein knappes Jahr her, dass ich mit Alexis hier im luxuriösen Speisesaal gegrillten Fisch gegessen hatte. Ich, braungebrannt und mit schickem neuen Sommerkleid, das er mir gekauft hatte. Er, mit lässig offenem Seidenhemd und elegantem Zweireiher, charmant lächelnd im Kerzenschein. Alexis hatte tagsüber in einer Galerie für viel Geld Kunst gekauft und mir abends beigebracht, wie man einen Fisch tranchiert. Doch das lag längst hinter mir. Heute trug ich eine Jeanshose, dazu ein bauchfreies Top und Jeansjacke. Ich saß an der Seite von Rumena, einer Zuhälterin aus Plovdiv, in großer Runde zusammen mit ihren Mädchen beim Abendessen. Rumena war eine resolute Frau um die fünfzig, mit blondem, mondän frisiertem Haar und auffällig roten Wangen. Sehr gepflegt und teuer gekleidet. Früher war sie selbst Prostituierte gewesen und hatte, als sie älter wurde, ins Zuhälterfach gewechselt.

Der Anlass für unseren Aufenthalt war ein internationales Popkonzert, das am nächsten Tag stattfinden sollte. Unter anderem würde hier eine weltbekannte Band aus den USA spielen. Die Amerikaner waren mit großer Besetzung angereist. Über dreißig Musiker und Tänzer für die Bühnenshow. Die Künstler wohnten mit samt ihrem Organisationsteam im Hotel Palace. Auch ein paar bulgarische Bands standen auf dem Programm, als Vorgruppen, zum Anheizen des Publikums. Für den Backstage-

Service waren Prostituierte aus ganz Bulgarien gekommen. Die Zuhälter in Varna hatten ihre landesweiten Kontakte spielen lassen, um genügend schöne Mädchen Vorort zu haben, denn es gab einige Promis, für die eine Topauswahl bereitgehalten werden sollte. Unsere Aufgabe war die V.I.P.-Betreuung. Zugegeben, es war ein guter Job, aber eben auch ›bulgarische Organisation‹. Was am Ende bedeutete, dass die Mädchen, so wie ich, keine eigenen Zimmer hatten, denn das Hotel war komplett für die Künstler und Mitwirkenden des Festivals ausgebucht.

»Wenn ein Kunde dich die ganze Nacht bucht, bleibst du eben bei ihm«, hatte Rumena auf die Frage nach dem Schlafplatz erklärt. Sie sprach immer mit dunkler, kräftiger Stimme, die keinen Widerspruch duldete.

Falls er mich aber nur für eine Stunde benutzt und danach hinauswirft, wohin soll ich dann gehen? Ich kann ja schlecht auf dem Korridor übernachten. Doch diese Frage interessierte niemanden.

Es saßen auch ein paar Männer mit am Tisch. Einer von ihnen, er hieß Hristo, hatte Kontakte zu Zuhältern in ganz Bulgarien und war als Chef für die gesamte Organisation und die Verteilung der Mädchen an die Promis zuständig. Er trug einen fetten Diamantring am kleinen Finger und telefonierte während des Essens ununterbrochen mit seinem Handy. Nachdem die Teller abgeräumt waren, wurde beredet, wer von den Mädchen zu wem gehen sollte und natürlich auch, wem ich zugedacht war.

Hristo beendete ein Telefonat und beugte sich zu mir herüber: »Nadja. Ich habe jetzt einen Gast, mit dem du die ganze Nacht verbringen sollst.«

»Und?«, fragte ich. Natürlich war ich gespannt, um wen es sich handelte, es gab schließlich einige interessante Gäste hier.

»Er kommt bald und holt dich ab«, antwortete er knapp, denn sein Telefon klingelte schon wieder. Er machte eine kleine Geste, dass ich mich gedulden solle.

Die Kellner brachten das Dessert. Es gab Tiramisu. Da die Portionen sehr üppig waren, teilte ich mir eine mit einem der

Mädchen am Tisch. Als auch die Dessertteller wieder abgeräumt wurden, berührte Rumena mich am Arm.

»Pass auf, jetzt kommt er.«

Sie deutete in den Saal.

»Wer ist es?«, fragte ich und schaute herum.

Das Restaurant war voll besetzt. Es waren nur Angehörige der Bands und des Festivalteams da. Und die Presse. Ein Riesen-Rummel mit Kameras und Journalisten, die Interviews mit den Promis machten. Gleißend helle Scheinwerfer. Lautes Reden ringsherum. Erhöhter Energielevel. Die Unterhaltungen gingen teilweise über Tische hinweg durch den ganzen Saal.

»Jetzt bleib mal cool. Du kannst doch gut Englisch, nicht wahr?«, sagte Rumena.

»Klar. Sehr gut sogar«, nickte ich.

»Prima. Da kannst du sicher gutes Geld verdienen. Du wirst mit ›Mr. Superstar‹ auf sein Zimmer gehen.«

Rumena deutete auf einen hünenhaften, ganz in weiß gekleideten Mann mit Rasta Schopf, der begleitet von mehreren Bodyguards in schwarzen Anzügen auf eine Gruppe von Journalisten mit gezückten Kameras zuging. Er blieb im Lichtkegel des Scheinwerfers stehen. Offenbar, um ein Interview zu geben.

›Mr. Superstar‹, ich nenne ihn mal diskret so, ist ein sehr berühmter afroamerikanischer Musiker, der weltbekannte Songs gemacht hat. Ich meine Top-Ten-Hits. Ich kannte die Musik noch aus meiner Kindheit, wie wohl fast jeder auf diesem Planeten. Auf jeden Fall hatte er mindestens einen Song, der ein Megahit gewesen war. Er war der Star des Festivals.

Nach einer Weile hatte er sein Interview beendet und bewegte sich in unsere Richtung. Rumena erhob sich und bedeutete mir, ebenfalls aufzustehen.

»Also. Du bist die ganze Nacht gebucht. Wenn du fertig bist, sagst du Bescheid, und wir holen dich ab«, sagte sie.

Ich ging zu ihm rüber. Es waren einige Leute bei ihm, die ihm gratulierten. Anscheinend hatte er Geburtstag. Wenn auch nicht heute, so zumindest ein paar Tage zuvor. Es war sein fünfzigster, wie ich dann mitbekam. Sein Alter sah man ihm jedoch nicht an.

Er wirkte auf mich wie maximal Mitte dreißig. Schwarze sehen ja oft viel jünger aus als sie sind. Der Alterungsprozess scheint bei ihnen nur unter der Haut stattzufinden. Aber Mr. Superstar hier, der war wirklich top. Er hatte schöne glatte Haut und sah erstaunlich frisch aus. Zu seinem edlen, blendend weißen Satin-Anzug trug er weiße Lackschuhe und ein dunkelblaues Seidenhemd, leger geöffnet, keine Krawatte. Seine Zähne waren so weiß wie sein Anzug, seine Haut dagegen schwarz wie Zartbitterschokolade. Ich war noch nie einem Menschen mit so dunkler Hautfarbe begegnet.

»Hello, good evening. How are you?«, sagte er zu mir als ich bei ihm anlangte. Seine Stimme klang gewaltig wie das Donnergrollen eines herannahenden Gewitters.

Ich war etwas aufgeregt, schließlich war er ein waschechter Popstar und hatte viele Fans auf der ganzen Welt. Und nun stand ich neben ihm und sollte gleich Sex mit ihm machen. Er war enorm groß, bestimmt zwei Meter und entsprechend breit. Obwohl ich einen Meter siebzig groß bin und dazu noch hohe Schuhe trug, musste ich den Kopf ganz in den Nacken legen, um in sein Gesicht schauen zu können. Was mir auffiel, war der traurige Ausdruck seiner Augen, der nicht so richtig zu seinem routinierten Starlächeln passen wollte. Es war nicht offensichtlich, nur mehr ein Hauch von Melancholie.

»Hallo, ich bin Nadja«, sagte ich auf Englisch und lächelte ihn an.

Natürlich dachte er nicht daran, sich vorzustellen. Es war klar. Er war der Star, den jeder kennt. Die Sonne drehte sich nur um ihn. Nicht, dass er unhöflich war. Auch gefiel ich ihm wohl, ich merkte es daran, wie er mich ansah. Aber ich vermutete, dass er mich nach wenigen Minuten wieder vergessen haben würde.

Kurze Zeit später verließen wir das Restaurant. Er bewohnte eine prunkvolle Suite mit mehreren Zimmern im sechsten Stock. Gleich als wir oben ankamen, setzte er sich wortlos mit seinem Laptop hin. Wahrscheinlich checkte er seine E-Mails. Sein Konzert war am nächsten Tag. Doch er sprach nicht, bot mir auch keinen Platz an oder etwas zu trinken. Gar nichts. Nur Schweigen. Minutenlang. Ich stand verloren herum und fragte mich, was ist jetzt hier los? Ich war unsicher. Die Stille machte mich nervös. Und ich wartete natürlich, weil ich die Zuhälter wie üblich informieren wollte, dass alles okay ist. Vielleicht würde er mich ja nicht wollen? Ich wusste es nicht genau. Was sollte ich sagen?

Schließlich brach ich das Schweigen: »How are you? Is everything fine?«

»Why not?«, gab er unwirsch zur Antwort.

Ich erschrak. Ich wollte nett sein, aber dann kam diese barsche Reaktion. Ich war etwas konfus, zögerte zu antworten. Ich wartete weiter. Vielleicht sollte ich ihn fragen, wie lange ich bleiben soll?

»Do you want me to stay all night?«, versuchte ich es noch einmal.

»How much is it?«, fragte er ohne aufzusehen.

»One thousand Leva«, antwortete ich.

Er gab mir fünfzehn hundert.

»Is that okay?«

»Jaja, that's okay. Thanks.«

Dann dachte ich, wenn er mir gleich so viel gibt - was mag er dafür von mir verlangen? Ich beschloss, cool zu bleiben und verstaute zunächst das Geld in meiner Handtasche. Außerdem war ich froh, dass er für die ganze Nacht bezahlt hatte, denn damit war klar, dass er mich mochte. Ich nahm mein Handy aus der Tasche und bestätigte die Buchung.

Es waren mittlerweile fast zehn Minuten vergangen. Er saß immer noch über seinen Computer gebeugt und ignorierte mich. Unsicher, wie es nun weiter gehen sollte, fragte ich, ob ich vielleicht ins Bad gehen und duschen solle.

Doch er sagte nur: »No.«

Ich frage etwas mit drei Sätzen und der andere antwortet mit nur einem Wort.

Endlich stand er auf und sagte: »Come to the bathroom.«

Er redete mit mir wie mit einer Untergebenen. In leicht herablassendem Ton. Ich folgte ihm ins Badezimmer. Er hatte noch immer seinen Anzug an, nur das Jackett hatte er abgelegt. Ich war auch noch komplett angezogen, meine Jeansjacke teilweise zugeknöpft. Das Bad war stilvoll und geräumig, wie man es von einem Fünf-Sterne-Hotel erwarten konnte und mit zwei Waschbecken, Badewanne, Dusche und Bidet ausgestattet. Er blieb wortlos vor dem Spiegel stehen. Ich hatte das Gefühl, er behandelt mich, als ob ich die dümmste Frau der Welt wäre. Dabei hatte ich ihm doch gezeigt, dass ich gut Englisch spreche. Ich begann, die Knöpfe meiner Jacke zu öffnen.

Doch er unterbrach mich: »No. You dont have to. No.«

Kurz darauf drehte er sich mir zu. Er fasste meinen Busen an. Nur einmal. Flüchtig, nicht zärtlich, nicht grob. Dann wandte er sich wieder ab, griff nach einem Necessaire-Beutel und holte eine große Tube heraus. Vaseline.

Er sagte nur: »You should use it.«

Mir schwante Böses. Normalerweise benutzt man Vaseline, wenn man Analverkehr machen will. Als Schutz vor Verletzungen und gegen die Schmerzen. Auch große Dinger können damit in kleine Löcher kommen. Was für einen Schwanz dieser Riese wohl haben mochte? Natürlich hatte ich eine Menge Kondome dabei, auch XXL-Größen. Ich fürchtete aber schon um meine Muschi. Anal kam sowieso nicht in Frage, aber sicherheitshalber taxierte ich schon mal den Fluchtweg. Ich dachte, gut, dass ich nicht nackt bin. Da kann ich im Notfall schnell meine Tasche nehmen und davonlaufen. Mein Herz klopfte. Ich ließ mir jedoch nichts anmerken, wartete erst einmal ab. Er öffnete seine Hose, jedoch ohne Anstalten zu machen, sie auszuziehen. Wir standen noch immer vor dem riesigen, mit Swarovski-Steinen verzierten Spiegel. Er sah mich kurz über das Spiegelbild an und holte seinen schon steifen Schwanz heraus. Ich hatte in meinem Leben schon viele gesehen, aber dieser sprengte alles, was ich bis dahin und auch später jemals zu Gesicht bekommen hatte. Mehr noch. Er verdiente eine Würdigung im Guinnessbuch der Rekorde. Hätte ich ihn blasen sollen, was Mr. Superstar gottlob nicht verlangte, hätte ich ihn nicht in meinen Mund bekommen. Ich kenne Riesendildos, die sich manche Frauen reinstecken.

Wenn sie den wieder herausziehen, ist das Loch so groß, wie wenn sie gerade ein Baby geboren haben. So dick war er. Der Durchmesser entsprach dem einer Weinflasche. Selbst die größten Kondome, die es gibt, also XXXL, hätten ihm wohl nicht gepasst. Die Länge war nicht minder gigantisch. Er war so lang wie mein Oberarm, bestimmt fast dreißig Zentimeter. Ein Schwanz wie ein Pferd. Er hielt ihn mit seiner Hand hoch. Er schien schwer zu sein und sah sehr muskulös aus. Was sollte ich bloß damit anstellen? Im ersten Moment hatte ich sogar gedacht, er würde einen Spaß mit mir machen und einen riesigen Gummidildo hervorholen. Aber es war ernst. Wow. Der Penis war echt, und ich war neugierig darauf, ihn anzufassen.

Mit ein paar kleinen Gesten bedeutete er mir, was jetzt meine Aufgabe war. Er wollte, dass ich mit der Vaseline seine Eichel eincreme und massiere. In Bulgarien sagen wir ›Kopf‹ dazu. Und ein bisschen wichsen. Aber nur vorn und ganz leicht. Er fühlte sich sehr heiß und hart an. Da eine Hand nicht ausreichte, um ganz herumzugreifen, musste ich beide Hände nehmen. So wie es aussah, konnte Mr. Superstar nie richtigen Verkehr haben. Und wenn, dann höchstens mit einer Stute. Sorry, aber welche Frau könnte eine so riesige Möse haben? War das vielleicht der Grund für den traurigen Ausdruck in seinen Augen? Ich betrachtete das Ding genau. Es würde wohl das einzige Mal in meinem Leben sein, dass ich ein so enormes Teil zu Gesicht bekäme. Ich beugte mich unauffällig ein wenig vor, um vorn in die Öffnung hineinspähen zu können. Auch wollte ich ein kleines Experiment machen. Möglichst, ohne dass er etwas davon merkt. Ich drückte die Spitze etwas zusammen, die sich sogleich wieder öffnete. Plop. Aber ohne Geräusch. Es sah aus wie eine Mini-Pussy. Wie bei einer Barbie-Puppe, wenn sie eine hätte. Die Öffnung, sprich der Kanal, war so weit, dass ich locker einen Bleistift hätte hineinschieben können, ohne seitlich anzustoßen.

Bis auf seine geöffnete Hose waren wir noch voll bekleidet. Er fasste mich nicht an. Seine Hände in die Hüften gestemmt, betrachtete er sein Spiegelbild. Die ›Kopfmassage‹ dauerte kaum mehr als zwei Minuten, als er sich plötzlich von mir wegdrehte.

Er hielt seinen Vaselinegesalbten über das Waschbecken. Er kam. Sein Orgasmus war wie eine Salve aus einem Maschinengewehr. Oder: wie wenn man im Sommer mit einem Gartenschlauch die Blumen wässert. Mir kam es vor, als dauerte er ebenso lange wie meine Behandlung. Entsprechend gewaltig war die Menge, die aus seinem Mega-Ding ins Waschbecken schoss. Der Abfluss war nicht mehr zu sehen, weil komplett von Sperma verdeckt. Es war weiß wie seine Zähne. Ich habe schon einige Männer kommen gesehen, auch weil viele auf den Körper oder die Brüste spritzen wollen. Da kommt dann stoßweise etwas heraus, erst ganz flüssig, dann dieses sämige Gelee, aber meist eher wenig. Hier war es ein Vielfaches von dem, was ich je gesehen hatte. Ich war fasziniert.

Kaum dass er fertig war, sagte er: »That's it. You can go.«

Ich hatte eigentlich gedacht, wir würden es uns zusammen noch gemütlich machen. Vielleicht ein bisschen nett quatschen, schmusen oder kuscheln. Er hatte mich schließlich für die ganze Nacht bezahlt.

Als ich ein wenig enttäuscht fragte, warum ich denn schon gehen solle, meinte er nur: »I have to work.«

Er verabschiedete sich nicht, kein Küsschen, kein bye-bye, nichts. Er sah mich nicht einmal mehr an. Rasch nahm ich meine Tasche und verließ die Suite. Tür zu, und ich stand allein auf dem langen Hotelflur. Es war still. Nur das leise Rauschen der Klimaanlage war zu hören. Ein Spalier nummerierter Türen schaute mich stumm und abweisend an. Ich sah auf meine Uhr. Der Besuch beim Superstar hatte gerade mal zwanzig Minuten gedauert. Ich überlegte. Wohin sollte ich jetzt gehen? Ich hatte ja kein eigenes Zimmer. Ich ging den Korridor in Richtung Fahrstuhl und rief Rumena an.

Sie war etwas überrascht, dass ich schon fertig war: »Hm. Okay, ich rufe Hristo an, der wird dich abholen. Vielleicht hat jemand anderes Bock auf dich. Geh runter an die Rezeption und warte dort.«

Ich traf den Chef-Zuhälter unten und wir setzten uns auf eines der großen Sofas in der Lobby. Er führte einige Telefonate, um einen Anschlusskunden für mich zu finden. So wie es aussah, wollte jetzt keiner ein Mädchen haben. Alle waren versorgt oder schliefen schon. Ich ließ mir ein Glas Ginger Ale bringen.

Nach einer Weile legte er auf und sagte: »Okay, es gibt jetzt einen Gast, bei dem du die ganze Nacht bleiben kannst.«

Hristo wusste natürlich, dass ich schon für die ganze Nacht bezahlt worden war. Als er mich zu dem Kunden ins Zimmer brachte, redete er kurz mit ihm, jedoch ohne, dass ich es mitbekommen sollte und ließ sich direkt das Geld für die ganze Nacht mit mir geben. Er würde das später mit der Dame - also mit mir - klären, meinte er zu ihm und steckte das Geld zügig ein.

Als ich ihn fragend anschaute, raunte er mir zu: »Was willst du kleine Schlampe noch, he? Du bist doch schon bezahlt worden und hast sogar noch Trinkgeld bekommen.«

Er verkaufte mich also noch ein zweites Mal und behielt das ganze Geld für sich. Natürlich hätte ich protestieren oder Eagle anrufen können. Aber sollte ich mit diesem Mafioso hier diskutieren? Das würde auf jeden Fall Stress bedeuten und könnte auch gefährlich für mich werden. Vielleicht sollte ich das lieber vermeiden. Schließlich war ich allein in einer fremden Stadt und Eagle zu weit weg, um mir zu helfen. Gleichzeitig überlegte ich, was ich Eagle später erzählen sollte. Ich müsste ihn belügen. Normalerweise war ich immer ehrlich zu ihm. Ich erdachte also ein kleines Szenario. Ich würde ihm nur sagen, dass ich mit einem Mann die ganze Nacht zusammen war und noch Trinkgeld bekommen hätte. Wenn ich ihm alles schildern würde, - Eagle wollte es immer bis ins letzte Detail genau wissen - also dass ich mit dem einen nur ein paar Minuten zusammen war und dann den Rest der Nacht zu einem anderen gegangen bin, wäre für Eagle klar, dass ich zweimal für die Nacht hätte bezahlt werden müssen. Ich beschloss, die Sache zu schlucken. Wozu unnötig Stress haben? Ich dachte mir, Hauptsache, die Leute sind nett. Meine Kohle hatte ich ja letztlich schon.

Ich erwiderte also nichts und Hristo sagte: »Na also. Morgen treffen wir uns dann zum Frühstück mit den anderen Mädchen und ein Fahrer wird euch und Rumena zurück nach Plovdiv fahren.« Er verließ das Hotelzimmer.

Vor mir stand ein sympathischer junger Typ Anfang zwanzig mit hübschem Gesicht und schulterlangen Rasta Zöpfen. Er empfing mich mit einem freundlichen Lächeln. Um den Mund herum trug er einen dünnen stylischen Bart. Gleich bot er mir einen Platz an und brachte mir etwas zu trinken. Rastaman war einer der Tänzer von Mr. Superstars Bühnenshow. Ein Afrikaner, aber nicht so zartbitter-dunkel wie Mr. Superstar, eher Vollmilch. Auch war er nicht so riesig, sondern hatte in etwa meine Größe. Überhaupt schien er das ganze Gegenteil von seinem großen Boss zu sein. Wahrscheinlich war er ein bekannter Tänzer, sonst hätte er wohl nicht in dieser Company mitgetanzt.

Er erzählte mir, er käme aus Kamerun und habe eine große Familie dort. Fünf Schwestern und fünf Brüder. Wir verstanden uns auf Anhieb und quatschten eine Weile. Ich erzählte ihm auch von meinem Leben. Natürlich nicht alles. Ich verschwieg, dass ich mit einem Zuhälter zusammen war.

»Komm, wir baden schön zusammen«, meinte er dann.

Er ging ins Bad und ließ eine Wanne ein. Mit viel, viel Schaum. Als er sich auszog, sah ich, wie schlank und durchtrainiert sein Körper war. Er hatte Beine wie eine Gazelle, muskulöse Arme und diesen tollen, hervorstehenden Apfelpopo. Insgesamt super gut gebaut. Mit einem schönen Sixpack-Relief. Wir stiegen zusammen in die Wanne, spielten mit dem Schaum herum. Er lachte viel, machte mir Komplimente. Es war sehr angenehm mit ihm.

»Du bist so hübsch«, sagte er und spitzte seinen Mund.

Er hatte ganz dicke Lippen, so wie Igor, Eagles Cousin. Das gefiel mir gleich. Vielleicht kann er gut lecken, dachte ich oder gut küssen. Okay, du leckst nicht mit den Lippen, aber solch ein Mund weckte sofort ziemlich geile Erinnerungen in mir.

Nach der Badewanne gingen wir, nackt wie wir waren, ins Schlafzimmer. Er hatte einen normal großen Schwanz, sogar eher etwas kleiner als normal. Also nicht wie das Klischee vom schwarzen Riesen. Gottseidank. Seiner war kein Vergleich zu der Kanonen-Boa von vorhin. Wir legten uns auf das Bett. Seine Bewegungen waren geschmeidig wie die einer Katze. Ich küsste ihn. Und das richtig. Ich würde kein Extrageld nehmen, das war klar. Ich hatte einfach Lust dazu. Ich dachte, mein Geld habe ich ohnehin schon bekommen, also will ich wenigstens meinem Spaß haben und ein paar nette Stunden verbringen. Und diese vollen Lippen, sie schmeckten gut. Zärtlich begann er, mich zu streicheln. Ich umarmte ihn, betastete seinen Rücken, griff fest in den muskulösen Po. Die Haut war weich und extrem straff. Er packte zu, drehte mich auf den Rücken. Seine Lippen erkundeten küssend meinen Körper. Ich spürte, wie er meine schon harten Nippel mit der Zunge umkreiste, an ihnen saugte. Ein leises Stöhnen verließ meine Kehle. Er wanderte weiter hinab zu meinem Bauch, widmete sich meinem Nabel, gelangte zu meiner Venuszone. Ich war nass und ersehnte seine Ankunft. Endlich schob er meine schon geschwollenen Schamlippen auseinander und drang mit seiner Zunge in mich ein. Er umkreiste und rieb sie an meiner Klit. Mal zart, mal kräftig. Mal langsam mit der ganzen Fläche, mal nur mit der Spitze, flink wie der Flügelschlag eines Kolibris beim Nektarsammeln. Genau richtig. Meine Ahnung bewahrheitete sich. Er konnte es. Und das, obwohl er noch so jung war. Oft wissen die jungen Kerle einfach nicht, wie man mit einem Mädchen richtig umgeht. Es wurde heiß, er ließ mich kommen.

Ich wollte ihm in nichts nachstehen und blies ihn schön. Sein athletischer Körper bog sich vor Lust. Bevor es zu heiß für ihn werden konnte, nahm ich ein Kondom und er fickte mich. Es war wild. Wir gingen alle Stellungen durch. Damals habe ich beim Ficken eigentlich nie einen Orgasmus bekommen. Das begann bei mir erst viel später, nachdem ich schon einige Zeit mit Eagle zusammen war. Nur wenn mich jemand anfasste, mit den Fingern oder beim Lecken, konnte ich kommen. Das heißt aber nicht, dass ich beim Vögeln keinen Spaß hatte.

Gegen elf wurden wir hungrig. Zeit für den Room Service. Ich bestellte Steak, Kartoffelpüree und Salat, er orderte für sich das gleiche. Das Essen kam auf großen Tellern, der Salat in extra Schüsselchen. Ich freute mich schon auf mein leckeres Steak und nahm das Besteck in die Hand, um loszulegen.

Doch er unterbrach mich: »Warte, ich zeige dir, wie man so was am besten isst. Ich mache es für dich. Very tasty, very nice.«

Ich dachte, na gut. Wir haben jetzt schon ein paar Mal Sex gemacht, und wenn der Junge mir etwas Neues zeigen möchte, warum nicht.

»Okay«, nickte ich.

Er freute sich. »Pass auf«, meinte er, »ich mache es erst mal mit meinem Essen und wenn es dir gefällt, dann tue ich das gleiche auch mit deinem, okay?«

»Einverstanden«, antwortete ich und hoffte, dass es nicht zu lange dauern würde, denn ich hatte einen Riesenhunger.

Hurtig hüpfte er aus dem Bett und zur Kommode hinüber, wo er einen kleinen Rucksack liegen hatte. Er kramte ein wenig darin herum und entnahm ihm eine Bananenstaude mit bestimmt sieben Bananen dran.

Ich dachte, aha. Da kommen wohl seine ureigenen Wurzeln zutage. Ich war gespannt, was er wohl damit vorhaben könnte. Er brach eine Banane aus der Staude, schälte sie und schnitt sie auf dem Tablett in kleine Stückchen. Anschließend schob er das Püree in der Mitte seines Tellers zusammen und bildete einen kleinen Krater. Dort hinein legte er die Bananenstückchen und quetschte daraus mit seiner Gabel ein Bananenpüree, das er sodann mit dem Kartoffelpüree nochmals zu einem Bananen-Kartoffelbrei vermischte. Jetzt begann er sein Filetsteak mit dem Messer in kleine Stückchen zu zerschneiden.

Normalerweise, wenn ich ein Steak esse, schneide ich mir ein Stück davon ab, stecke es mir in den Mund und kaue es. So kann ich den Geschmack richtig genießen. Kartoffeln und Salat esse ich separat dazu. Das entsprach aber nicht den Essgewohnheiten meines Gastgebers. Er hingegen mischte die nun winzigen Steakstückchen mit dem zuvor gematschten Püree. Es entstand ein Bananen-Kartoffel-Steak-Brei. Warum hatte er sich nicht gleich Hackfleisch bestellt? Dank des dunklen Fleischsaftes ähnelte es nun eher einer Portion Kinderkacke. Aber damit nicht genug. Nun löffelte er alles noch in den Salat hinein, bestehend aus grünem Salat, Rucola, Tomaten und Gurken, rührte das Ganze kräftig um und garnierte das Mahl noch mit einigen Bananenscheiben.

Ich war fassungslos. Er hatte das köstliche Gericht in eine Portion Hundefutter verwandelt. Ich mochte diesen jungen Mann. Er hatte mich auch schon ein paar Mal befriedigt und mir obendrein eine Massage gegeben. Er versuchte wirklich, es mir an diesem Abend so angenehm wie möglich zu machen.

»Sieht das nicht lecker aus?«, fragte er und lachte begeistert mit seinen weißen Zähnen von einem Ohr zum anderen.

Ich verstand, was er mit seiner Frage meinte. Nämlich, ob er mit meinem Essen ebenso verfahren sollte.

»Ja. Das ist ...«, ich zögerte, ich würde ja noch die ganze Nacht mit diesem Jungen zubringen und suchte nach einem Wort, »... fantastisch.«

In der festen Überzeugung, mir etwas wirklich Gutes zu tun, hatte er genau diese Antwort erwartet.

»Okay! Dann mache ich das für dich auch.«

Geschwind nahm er meinen Teller und begann, mit geübten Bewegungen mein Essen in der gleichen Weise zu bearbeiten.

»Warte!«, wandte ich hastig ein. »Lass mich nur ein Stück vom Steak abschneiden. Als Vorspeise, ja?«

Wenigstens ein klein wenig wollte ich den Steakgeschmack noch genießen. Ich schnitt mir einen Bissen ab und steckte ihn eilig in meinen Mund. Er war bald fertig und reichte mir den Teller zurück.

»Guten Appetit«, sagte er.

Ich aß dann, ebenso wie er, alles auf. Schließlich hatte ich Hunger. Am Ende kommt sowieso alles zusammen, versuchte ich mich zu trösten und lächelte meinen Gegenüber tapfer an. Eigentlich war ich ein bisschen sauer, aber ich zeigte es natürlich nicht.

Naja, jedenfalls war ich satt. Wir machten dann noch mal Sex. Anschließend massierte er mich wieder. Wir unterhielten uns noch ein bisschen und schliefen dann gegen zwei oder drei ein. Zwar konnte ich schlafen, aber so richtig entspannen dann doch nicht. Ich spürte alles, blieb wachsam, im Halbschlaf. Schließlich war er ein fremder Mann. Ich konnte nicht wirklich sicher sein, ob ich ihm vertrauen kann. Er schmiegte sich eng an mich, als ob wir uns schon seit Jahren kennen würden. Ich lag mit dem Rücken zu ihm. Löffelchenstellung. Als ich fast eingeschlafen war, spürte ich, wie sein Ding wieder hart wurde.

»I want Sex«, flüsterte er in mein Ohr.

Ich griff nach meiner Tasche, die nah am Bett stand, nahm ein Kondom heraus und zog es ihm über. Er steckte ihn mir dann seitlich hinter mir liegend rein, machte ein paar Stoßbewegungen, kam. Vorher hatte er mich mit den Fingern feucht gemacht. Eigentlich war mein Bedarf mittlerweile gedeckt, denn wir hatten es schon fünfmal getan. Dennoch, ich ließ ihn. Als er fertig war, ging er ins Bad, um das Gummi zu entsorgen und sich wieder frisch zu machen. Ich schlief weiter, machte nichts. Er kam zurück, legte sich wieder hinter mich. Nach einer halben Stunde das gleiche noch einmal.

»I want Sex.«

Ein paar Stöße, wieder fertig. So ging das die ganze Nacht. Insgesamt sieben oder acht Mal. Der Bursche schien unersättlich. Mein Gummivorrat war am Ende jedenfalls sehr dezimiert.

Ich dachte daran, was Eagle wohl sagen würde, wenn er sieht, dass die Hälfte der Gummis weg sind: ›Was ist mit dir los? Wie viele Kunden hast du gehabt?‹

Rumena weckte mich. Um neun Uhr morgens rief sie an. Ich solle in zwanzig Minuten herunterkommen. Abfahrt zurück gen Plovdiv. Ich war total gerädert. Kein Wunder. Nicht einmal dreißig Minuten hatte ich während der Nacht im Stück durchgeschlafen. Mein hübscher Tänzer lag ausgebreitet neben mir und schnarchte die Symphonie des Gerechten. Er konnte bis zwölf ausschlafen, wie er mir erzählt hatte. Ich blinzelte, ließ nach und nach Licht in meinen Kopf und verließ das warme Bett in Richtung Bad. Duschen, eincremen, Haare kämmen. Als ich ins Zimmer zurückkam und mich verabschieden wollte, wachte er gleich auf.

»Was ist? Gehst du weg? Bleib doch noch bei mir.«

Er tastete nach meiner Hand.

»Das geht leider nicht, ich muss los.«

»Oh, schade. Ich fliege übermorgen wieder zurück nach Amerika. Dann gib mir doch deine Telefonnummer.«

»Nein, das geht auch nicht.«

Er sah mich einen Moment lang verschlafen an. »Okay, dann ... Ich gebe dir meine E-Mail, dann können wir uns mal schreiben und Bilder schicken.«

Ich sollte ja eigentlich keine Telefonnummer oder E-Mail von Kunden annehmen. Ich tat es trotzdem. Ich wollte ihm zwar schreiben, aber letztlich wurde daraus nichts. Ich hatte wenig Zeit, außerdem hatten wir keinen Laptop zu Hause. Wir mussten immer in ein Internetcafé gehen. Und Eagle kam jedes Mal mit. Im Grunde war ich nie allein. Nur wenn ich mit Kunden zusammen war oder auf der Toilette. Wann hätte ich ihm also schreiben sollen?

Am nächsten Tag ging ich erst mal einen großen Stofftiger kaufen. Für meinen kleinen Sohn. Einen richtig großen. Da konnte er drauf liegen wie auf einem Sofa oder reiten wie auf einem kleinen Pferd.

13. KAPITEL

Vor der Abreise

Zwei Monate waren vergangen, seitdem ich den dicken Griechen massiert hatte. Es war jetzt Ende April. Für Eagle und mich war alles soweit gut gelaufen. Es wurde Zeit, unseren Plan umzusetzen und nach Wien zu gehen. Erst mal für einen Monat, denn im Juni standen meine Abschlussprüfungen an. Ich brauchte Geld, wenn ich mein Diplom haben wollte. Die korrupten Professoren mussten geschmiert werden. Zwar hatte ich den Lehrstoff drauf, aber wenn du den Dozenten nichts gibst, und sie dich deshalb durchfallen lassen, ist schnell Schluss mit dem Traum vom Diplom. Du müsstest ein weiteres Jahr studieren, um die Prüfungen zu wiederholen. Wenn du nach einem Jahr immer noch kein Bakschisch zahlen kannst, hast du wieder Pech und bekommst erneut keinen Abschluss und so fort. Ich wollte die Uni so schnell wie möglich beenden, war aber realistisch genug zu wissen, dass ich das Geld alleine nicht würde aufbringen können. Nur wenn wir nach Wien gingen, hätte ich endlich genug eigene Mittel, um zu bezahlen, was nötig war.

Allerdings würde ich meinen Sohn nicht nach Österreich mitnehmen können, denn dazu bräuchte ich die schriftliche Zustimmung seines Vaters. Das aber hätte mein Exmann niemals zugelassen. Mein Plan war es deshalb, den kleinen Radomir während meiner Abwesenheit hier in Plovdiv bei meiner Mutter zu lassen. Zwischendurch wollte ich zurückkommen, um mein Kind zu sehen. Meine Mutter hätte sowieso nicht mehr arbeiten können. Sie war jetzt Frührentnerin, allerdings mit einer sehr geringen Rente. Sie hatte ihre Operation gut überstanden und war inzwischen voll genesen. Sie konnte daher gut auf Radomir aufpassen, die vergangenen Wochen hatten es gezeigt. Sonst hätte ich den Job nicht machen können. Wir wohnten jetzt in einer großen Stadt. Hier gab es alles. Geschäfte, Krankenhaus, Kindergarten. Ich hatte für den Kleinen inzwischen eine private Kindertagesstätte in der Nähe unseres Zuhauses gefunden, wo er von morgens um neun bis abends 19 Uhr bleiben konnte. Bei staatlichen Kindergärten hätte man das Kind schon um 16 Uhr oder spätestens um 17 Uhr abholen müssen.

Seit sie in Plovdiv war, wirkte meine Mutter oft ein wenig traurig. Sie kam nicht gut damit klar, dass sie jetzt in einer anderen Stadt wohnte, soweit von Antov entfernt. Sie vermisste Ihren Freund. Antov war mit ihr zusammen, seit ich zu meinem späteren Ehemann gezogen war. Ich hatte gedacht, es sei gut für sie, ein wenig Abstand zu bekommen. Er war ein stadtbekannter Säufer. Früher war er mal Fußballspieler gewesen, aber nicht sehr bekannt. Nur in der Regionalliga. Antov ließ sich gehen, war ungepflegt, rasierte und duschte nicht, ließ sich nie die Haare schneiden. Er ging immer nur trinken. Zwar hatte er noch eine Ehefrau und zwei Söhne in meinem Alter, lebte aber getrennt von ihnen. Sie wollten ihn nicht zuhause haben, weil er immer besoffen war und Stress machte.

Ich erzählte meiner Mutter von unserem Plan. Doch sie war alles andere als begeistert und stellte sich quer.

»Was? Du willst das Kind bei mir lassen und mit diesem fremden Mann ins Ausland gehen?«, empörte sie sich. »Er wird dich in Österreich als Sexsklavin verkaufen. Wer weiß, was passieren wird. Bald bekomme ich die Nachricht, dass du gestorben bist und ein Foto von dir, tot unter einer Brücke. Nein. Das machst du nicht!«

»Mama, ich bin jetzt vierundzwanzig. Ich bin alt genug, das selbst zu entscheiden«, entgegnete ich. »Eagle hat schon in Österreich gearbeitet und kennt sich aus. Er wird auf mich aufpassen. Ich kann viel Geld verdienen und werde dir regelmäßig etwas für dich und den Kleinen schicken.«

Sie überlegte einen Moment.

»Aber dann muss auch Antov herkommen«, meinte sie schließlich.

Der Gedanke gefiel mir ganz und gar nicht.

»Mama, er trinkt doch. Wenn er betrunken ist, schreit er herum und ist aggressiv. Er wird alles kaputtmachen.«

Ich wusste ja, wie unberechenbar er sein konnte, wenn er trank. Und er trank immer. Ich hatte ihn erlebt, als ich nach meiner Trennung von Rado bei meiner Mutter in der kleinen Wohnung in Welingrad bleiben musste. Und das sollte ich meinem vierjährigen Kind zumuten? Außerdem, das Apartment war im Zentrum von Plovdiv. Ich befürchtete, dass ihr versoffener Freund in der Nachbarschaft Ärger machen würde, und wir vielleicht sogar die Wohnung verlieren könnten. Und wohin sollte meine Mutter mit dem kleinen Kind dann gehen?

»Nein. Antov kann nicht nach Plovdiv kommen. Das kommt nicht in Frage, auf keinen Fall«, entschied ich.

»Na gut. Dann gehe ich eben wieder nach Welingrad«, sagte sie, verschränkte dramatisch die Arme und sah aus dem Fenster.

Wir diskutierten die Sache ein paar Tage lang. Aber scheinbar war der wahre Grund für ihre Weigerung weniger ihre Sorge um mich, als vielmehr, weil ich nicht wollte, dass der Säufer in unsere Wohnung zieht.

Am nächsten Morgen sagte sie: »Ich bin eine Invalidin. Wie soll ich das machen, allein mit dem Kind? Ich kann den Kleinen nicht immer umhertragen. Und überhaupt, diese Verantwortung kann ich nicht übernehmen.«

»Aber er ist jetzt vier. Du musst ihn nicht tragen, er kann schon alleine die Treppen gehen. Und der Kindergarten ist doch gegenüber«, versuchte ich sie zu überzeugen. »Wir bezahlen die Wohnung und schicken dir Geld. Der Supermarkt ist nicht weit. Wo ist das Problem?«

»Der Arzt hat mir gesagt, ich muss jetzt erst mal aufpassen mit der Hüfte. Nein, ich will nach Welingrad zurück.«

Dabei konnte sie sich jetzt schon ganz gut bewegen mit der Hüfte. Ständig erfand sie neue Gründe, unseren Vorschlag abzulehnen. Die Diskussionen wurden immer heftiger und lauter.

Eagle kam dann ins Zimmer und wollte mich unterstützen und sie zum Bleiben überreden: »Wir bezahlen doch die Wohnung und das Essen. Der Kleine bleibt von sieben Uhr morgens bis sieben Uhr Abends im Kindergarten. Und du bist doch gar nicht mehr krank«, wiederholte er die Argumente. »Deine einzige Aufgabe ist, abends auf das Kind aufzupassen. Das war's. Du weißt, Magdalena darf das Kind nicht mit über die Grenze nehmen. Wir haben keine andere Möglichkeit.«

Eagle sprach ganz sachlich und ruhig mit ihr. Mit steinerner Miene hörte sie zu.

»Wenn du jetzt nach Welingrad gehst, wird es viel anstrengender für dich. Du hast dort keine Zentralheizung. Wie willst du mit deiner Hüfte das Brennholz und die Kohlen tragen? Hier lebst du im Luxus. Dort hast du kein Badezimmer, so wie hier. Kein warmes Wasser, nichts. Hier in der Großstadt hast du alles, was du zum Leben brauchst. Und ein wenig bewegen musst du dich sowieso. Da ist es doch kein Problem, das Kind morgens in den Kindergarten zu bringen.«

Doch sie wollte sich nicht umstimmen lassen und wurde giftig: »Was willst du? Du bist ein Zuhälter. Du hast aus meiner Tochter eine Prostituierte gemacht! Warum soll eine Frau für dich das Geld ranschaffen? Kannst du nicht selbst arbeiten?«

Na gut. Da hatte sie Recht. Aber nur so hatte ich die Möglichkeit, in kurzer Zeit viel Geld zu verdienen. Außerdem würde er mich ja beschützen und in Wien alles organisieren.

Doch Eagle wurde nicht laut. Beherrscht und hartnäckig diskutierte er mit ihr. Wie konnte er nur so ruhig bleiben? Mit meiner Mutter stand und fiel schließlich unser Plan. Ich für meinen Teil, war schon total zermürbt von ihrer Sturheit. Aber es fiel ihm zunehmend schwerer. Wie sehr, zeigte sich, als er am Abend nach erneuter Diskussion wieder aus ihrem Zimmer kam. Schweißperlen glänzten auf seiner Stirn und über der Oberlippe. Seine Hände zitterten. Eagle musste normalerweise immer diese Tabletten gegen seine Panikattacken nehmen. Die bekam er gegen Rezept, das er sich jeden Monat beim Psychiater abholte.

Aber manchmal vergaß er sie einzunehmen, oder die Wirkung war nicht so stark, wie sie sein sollte.

Er rannte jetzt unruhig im Zimmer umher, schüttelte nervös die Hände und rief plötzlich: »Ich muss sterben. Ich sterbe! Bring mich sofort zur Rettungsstelle!«

Wir fuhren gleich hin. Es dauerte zwei Stunden, bis er sich beruhigt hatte, und wir das Krankenhaus wieder verlassen konnten. Wenn er diese Attacken bekam, konnte er sehr schnell aggressiv werden und schrie herum. Dann durfte man nicht mehr laut mit ihm streiten oder zurückschreien. Das Beste war, zu schweigen oder in ein anderes Zimmer zu gehen. Das war schon etwas anstrengend auf die Dauer. Aber ich hatte sowieso nicht vor, den Job lange zu machen. Nur ein paar Monate, bis ich genug Geld zusammen hätte, und dann wollte ich nach Bulgarien zurückkehren und etwas anderes anfangen. Ach, letztlich war ich mir nicht hundertprozentig sicher, was ich wirklich wollte.

Meine Mutter jedenfalls wollte zurück nach Welingrad. In ihre kleine Wohnung zu ihrem versoffenen Freund. Damit war sie zufrieden. Im Grunde war sie nie bereit gewesen, mir wirklich zu helfen. Wir hatten uns nie gut verstanden. Sie war schon früher der Meinung, ich störe ihr Leben. Mehr noch, ich denke, dass sie mich hasste. Vielleicht auch stellvertretend für meinen leiblichen Vater. Er war bildhübsch gewesen, aber er hatte sie früh verlassen, hatte nie geholfen oder sie unterstützt. Dafür hasste sie ihn und dann später mich, weil ich sein Kind war. Sie hatte mir das zwar nie so gesagt. Sie hatte mir aber auch nie gesagt, dass sie mich liebt - wie es eine Mutter tut, wenn sie ihr Kind abends ins Bett bringt. Sie war eigentlich immer nur anstrengend und ernst gewesen.

Einmal hat meine Mutter mich verprügelt und zwar richtig. Das werde ich nie vergessen. Es war, als wir noch bei meinem Stiefvater in Welingrad wohnten. Unter anderem war es meine Aufgabe, auf meinen kleinen Bruder aufpassen. Dass er nicht geschlagen wird von den anderen Kindern auf der Straße. Petko war damals zwei oder drei Jahre alt, ich acht oder neun. Es war Sommer und er hatte kurze Hosen an. Hinter unserem Haus gab es einen betonierten Hof. Im Laufe der Zeit war die Oberfläche an einigen Stellen aufgerissen. Dort wuchs das Gras hindurch. Ich liebte es, da herumzulaufen und zu tollen und mein Bruder lief mit. Dabei stolperte er über einen der Grasbüschel und schlug der Länge nach hin. Sein Knie blutete, er schrie und weinte wie am Spieß. Meine Mutter, die ausnahmsweise einmal zu Hause war, wurde sehr wütend. Als kleines Mädchen war ich auch oft hingefallen und hatte mir wehgetan, aber ich kann mich nicht erinnern, dass Mama mich sehr getröstet hätte. Aber natürlich war ich jetzt schuld, weil ich nicht anständig aufgepasst hatte. Sie packte mich am Genick und schleifte mich in die Küche. Dort griff sie sich eine Zange aus Metall, die sonst beim Ofen für das Wenden der Holzscheite benutzt wurde, legte mich auf den Küchentisch, zog mein Kleid hoch und schlug mir mit aller Kraft auf den nackten Rücken und den Po. Ich schrie und weinte, bis ich keine Kraft mehr hatte. Als sie endlich abließ, flüchtete ich nach oben in mein Zimmer und ins Bett. Ich schlief bis zum nächsten Mittag. Als ich aufwachte, tat mir alles weh. Ich konnte mich kaum bewegen. Im ersten Moment nach dem Erwachen wusste ich gar nicht, was passiert war. Ich ging zum großen Spiegel im Korridor. Der ganze Rücken, die Wirbelsäule hinunter bis zu den Nieren und der Po waren übersäht mit Striemen. Mein Rücken sah aus wie ein riesiges, gegrilltes Steak, nur dass die Streifen blau, grün bis dunkelviolett gefärbt waren. Warum hatte meine Mutter das getan? Ich dachte dann, ich störe ihr Glück, ihr Leben mit ihrem neuen Mann, meinem versoffenen Stiefvater. Wenigstens musste ich am nächsten Tag nicht in die Schule gehen.

Am übernächsten Abend waren wir um acht Uhr bei Freunden zum Essen eingeladen. Meine Mutter sollte zu Hause auf den Kleinen aufpassen. Wir waren schon fertig angezogen und bereit zum Gehen. Doch als Eagle die Wohnungstür öffnen wollte, war sie verschlossen.

»Wo ist der Schlüssel?«, fragte er mich.

»Keine Ahnung. Ich habe ihn innen stecken lassen, wie immer«, antwortete ich.

Wir sahen uns an.

»Magda, hast du unseren Schlüssel gesehen?«, fragte Eagle meine Mutter. Sie heißt wie ich.

»Den habe ich«, war ihre knappe Antwort. Sie stand am Ende des Flures vor ihrem Zimmer.

»Wie? Es ist abgeschlossen. Gibst du mir bitte unseren Schlüssel?«, sagte Eagle zu ihr.

»Nein.«

Ich konnte sehen, wie sie den Schlüssel fest umklammert in der Hand hielt. Sie gab sich keine Mühe, ihn zu verbergen.

»Wie bitte?«, fragte Eagle ungläubig.

»Ihr bekommt den Schlüssel nicht.« Ihre Augen blitzten angriffslustig.

»Magda, bitte. Wir haben einen Termin und wollen jetzt gehen.«

»Ihr geht heute Abend nicht weg. Es interessiert mich nicht, was ihr wollt. Ihr bleibt heute hier.«

Meine Mutter hatte natürlich einen eigenen Schlüssel, aber jetzt auch noch unseren. Sie sperrte uns einfach ein.

»Wir wollen nicht zur Arbeit. Wir möchten nur ein paar Freunde besuchen. Bitte gib mir den Schlüssel«, sagte Eagle.

Das war glatt gelogen. Er wollte mich dann später nach dem Essen zum Hotel fahren.

»Nein, ihr geht nicht weg«, beharrte sie.

Sie wusste natürlich, dass Eagle mich abends immer ins Hotel fährt. Sie suchte nach einem Grund, zu streiten. Sie wollte einen Eklat provozieren.

»Mama, was soll das? Wir sind keine kleinen Kinder, die man einfach einsperrt. Gib uns jetzt die Schlüssel!«

Genervt machte ich einen Schritt auf sie zu.

»Nein, ihr geht nicht.« Sie drehte sich um und ging in ihr Zimmer. Tür zu.

»Das gibt es doch nicht!«, stampfte ich wütend und hängte meine Jacke zurück an die Garderobe.

»Warte«, sagte Eagle zu mir.

Er sprach nochmals durch die geschlossene Tür mit ihr. Ganz zivilisiert und ruhig. Aber ohne Erfolg. Sie blieb stur und wollte nicht nachgeben. Das ging eine Weile so. Schließlich kam er zu mir ins Schlafzimmer und ließ sich entnervt auf das Bett fallen.

»Was soll ich mit deiner Mutter machen?«, fragte er und seufzte. Nachdem er ein paar Minuten durchgeatmet hatte, ging er nochmals zu ihrem Zimmer, klopfte an die Tür. »Bitte gib mir die Schlüssel. Ich muss runter zum Auto, meine Zigaretten holen.«

Normalerweise rauchte er nicht. Er tat es nur ganz selten. Die Zigaretten, die tatsächlich im Auto lagen, waren eigentlich für mich bestimmt, wenn ich zum Job ging und an der Bar saß.

»Nein! Heute Abend wirst du nicht rauchen«, tönte sie stoisch.

»Jetzt sei bitte vernünftig. Gib mir die Schlüssel.«

»Nein! Du wirst meine Tochter nicht weiter verkaufen. Damit ist jetzt Schluss. Du kriegst sie nicht. Ich gehe morgen weg. Ich verlasse euch. Dann könnt ihr die Schlüssel haben und von mir aus machen, was ihr wollt. Aber solange ich hier bin, wirst du meine Tochter nicht mehr verkaufen. Nein.«

Er versuchte es weiter: »Okay, gut. Machen wir einen Deal. Ich verspreche dir, Magdalena geht heute Abend nicht weg. Ich gebe dir mein Wort darauf. Wir sind doch zivilisierte Leute. Wir sind erwachsen und du kannst uns hier nicht beide einsperren. Gib mir jetzt bitte den Schlüssel. Sie wird bleiben, aber wenigstens ich will zum Auto gehen, die Zigaretten holen und was trinken gehen. So geht es nicht.«

»Nein, ihr bleibt da.«

Sie wollte die Schlüssel partout nicht herausgeben. Er versuchte es dann noch ein weiteres Mal. Wieder ohne Erfolg. Er kam zu mir, schaute hilflos wie ein Kind.

Es war jetzt schon fast halb zehn und seine Freunde, mit denen wir zum Essen verabredet gewesen waren, riefen an. Natürlich war es ihm peinlich, zu erzählen, dass meine Mutter uns nicht gehen lassen wollte.

»Ah, wir haben ein wenig Stress und ich habe Kopfschmerzen. Wir kommen später irgendwann. Vielleicht auf einen Drink. Fangt schon ohne uns an zu essen.«

Er hoffte immer noch, dass wir irgendwann gehen könnten. Eigentlich war es schon zu spät, um die Leute noch zu besuchen.

Er ging nochmals zu meiner Mutter und meinte: »Okay, kannst du jetzt wenigstens mich gehen lassen? Magdalena bleibt hier.«

»Nein! Ich hole die Polizei. Wenn du versuchst zu gehen, rufe ich die Polizei!«, schrie sie aus ihrem Zimmer. Wenn sie aufgeregt war, konnte sie manchmal sehr hysterisch werden und eine Stunde lang herumkeifen. Ohne Pause. Alle Aufmerksamkeit sollte dann ihr gehören. Vielleicht würde es ihr am nächsten Tag peinlich sein, aber wenn sie in Fahrt kam, war sie nicht zu stoppen.

»Denen werde ich erzählen, dass du ein Zuhälter bist. Und dass Magdalena für dich arbeitet, und dass du ihr das ganze Geld nimmst. Ich werde erzählen, dass du meine Tochter dazu gezwungen hast«, drohte sie.

Auf der anderen Seite, was Eagle tat, war Zuhälterei und verboten. Dafür kannst du ein paar Jahre in den Knast wandern. Allein schon, jemanden zur Prostitution zu überreden, gilt als kriminell. Noch schlimmer ist es freilich, wenn du jemanden dazu zwingst.

»Ich werde gleich die Nachbarn dazu holen. Ich weiß, in welches Hotel du sie immer bringst. Ich hole die Polizei!«

Eagle kam wieder zu mir zurück, griff sich die Wasserflasche, die auf dem Tisch stand, und trank einen Schluck. Er war kurz davor zu explodieren.

»Weißt du was?«, sagte er ohne mich anzusehen. »Ich gehe jetzt ins Zimmer zu deiner Mutter und nehme mir einfach den Schlüssel. Es reicht mir jetzt!«

Mein Herz schlug mir bis zum Hals. Was würde passieren, wenn er mit Gewalt versuchen würde, sich den Schlüssel von ihr zu holen? Vielleicht würden sie handgreiflich und sich sogar schlagen. Aber was sollte ich machen? Sicher, sie war meine

Mutter. Doch das ganze Leben war sie eigentlich immer nur gegen mich gewesen. Dafür gab es tausend Beispiele. Sie brachte mir nichts Gutes. Und was, wenn meine Mutter tatsächlich die Polizei rufen würde? Wenn dieser Mann jetzt wegen ihr ins Gefängnis müsste? Das wäre auch mein Desaster. Auf der anderen Seite hatte ich immer noch ein Fünkchen Hoffnung, dass sie vielleicht doch bleiben und das Kind nehmen würde.

Eagle riss die Tür zu ihrem Zimmer auf und ging hinein. Abschließen konnte man nicht.

»Gib-mir-die-Schlüssel«, wiederholte er verzweifelt zum x-ten Male. »Wir bezahlen diese Wohnung. Wir sind die Mieter. Das ist mein Schlüssel. Du hast einen eigenen. Mein Auto steht unten. Da will ich jetzt etwas holen. Ich bin ein fünfunddreißigjähriger Mann. Bitte gib mir die Schlüssel. Oder ich hole jetzt die Polizei und zeige dich an wegen Freiheitsberaubung. Ich sage, hier ist eine verrückte Frau, die uns eingesperrt hat.«

Ich verfolgte die Szene vom Nebenzimmer aus, denn mein Sohn war bei mir und weinte. Ich versuchte, ihn zu beruhigen. Aber ich konnte sie hören. Und wie.

»Gib sie mir. Sofort!« Er klang jetzt schon sehr böse.

»Nein. Ich will nicht. Du bist ein Zuhälter und ein Arschloch. Du verdammte Schwuchtel, du Scheißkerl!«

Sie schrie eine ganze Tirade von Beleidigungen heraus. Woher nahm sie nur die Energie, derart zu brüllen? Ihr musste doch klar sein, dass er kräftiger war als sie und es ihm nicht schwer fallen würde, ihr den Schlüssel abzunehmen. Trotzdem. Sie wollte nicht nachgeben und kreischte, was das Zeug hielt. Sie trieb es auf die Spitze.

»Hilfe! Hilfe! Er will mich vergewaltigen!«, schrie sie nun. »Vergewaltigung! Hilfe!«, wiederholte sie immer wieder.

Ich traute meinen Ohren nicht. Ich bekam eine Gänsehaut. Es war komplett lächerlich, was meine Mutter da abzog. Der ganze Häuserblock würde es noch mitbekommen. Ich stellte mir vor, wie es wäre, wenn jemand etwas hörte und kommen würde und an der Tür klopfte. Die war ja von innen verschlossen, und ich hätte sie nicht mal öffnen können. Dann das Geschrei meiner Mutter, meines Sohnes, Eagles. Ein Albtraum. Nach einer Weile hörte das Gezeter auf, und Eagle kam völlig entnervt zurück zu mir ins Schlafzimmer. Ohne Schlüssel. Er war fix und fertig. Er hatte verstanden, nett ging es nicht, energisch auch nicht, böse ebenfalls nicht und mit Gewalt war ihr erst recht nicht beizukommen.

»Ach«, sagte er nur, zuckte resigniert die Schultern und ließ sich erschöpft auf das Bett sinken. »Ich geb's auf. Meine Nerven sind am Ende. Mir egal, wer ab morgen auf deinen Sohn aufpasst. Sei mir nicht böse, aber gib ihn zu seinem Vater. Sag ihm, für ein oder zwei Monate. Dann finden wir eine andere Lösung.«

Er wusste, wie unangenehm mir der Gedanke war, den Kleinen zu meinem Exmann zu geben.

Er nahm sein Telefon und rief seine Freunde an, um abzusagen. Wir gingen nicht. Die ganze Nacht blieben wir zuhause. Erst am nächsten Morgen ließ sie Eagle gehen. Er wollte etwas einkaufen und verließ die Wohnung. Sie schloss auf, behielt aber weiter den Schlüssel.

Als wir allein waren, sagte meine Mutter zu mir: »Ich gehe. Ich habe mir ein Taxi bestellt und fahre zurück nach Welingrad.«

Sie ging in ihr Zimmer und packte ihre Sachen. Ich dachte, ist das wirklich meine Mutter? Und wie wollte sie mit dem Taxi fahren? Eine so weite Strecke? Sie hatte doch gar kein Geld. Ein paar Wochen zuvor hatte ich von zwei Kunden jeweils fünfzig Euro Trinkgeld bekommen. Davon hatte ich Eagle aber nichts erzählt und sie behalten, ohne mit ihm zu teilen. Ich besaß einen dicken schwarzen Kugelschreiber, indem ich die Scheine eng zusammengerollt zunächst versteckt hatte. Eagle hatte nichts davon bemerkt. Das sollte eine Art Notgroschen für mich sein. Ich hatte die Scheine dann in einen Notizblock gelegt und diesen meiner Mutter gegeben. Sie sollte das Geld für mich verwahren und mir bei Bedarf geben. Nun kam mein kleiner Sohn mit dem Notizblock in der Hand herein. Meine Mutter hatte ihm den Block gegeben und ihm aufgetragen, ihn mir zu geben. Ich schaute nach, aber die Euros waren weg. Ich fragte sie sogleich nach dem Verbleib des Geldes.

Doch sie sagte nur: »Was für Geld? Halt die Klappe und lass mich damit in Ruhe.«

Somit war klar, wovon sie das Taxi nach Welingrad bezahlen wollte. Ich war sauer, aber meine Proteste verhallten. Sie gab mir nichts zurück. Am Mittag war sie weg.

Von nun an blieb ich allein mit Eagle und meinem Sohn. Da meine Mutter nicht mehr bei uns war, um auf den kleinen Radomir achtzugeben, musste Eagle von jetzt an diese Aufgabe übernehmen, wenn ich arbeiten ging. Das war sehr stressig für ihn, denn er war es überhaupt nicht gewohnt, auf ein Kind aufzupassen.

Der Kleine löcherte ihn die ganze Zeit mit Fragen: »Wo ist die Mama? Wo ist der Papa? Warum ist die Oma nicht da?«

Er wollte nicht schlafen, ließ überall seine Spielsachen herumliegen und schmadderte mit dem Essen herum. Eagle war immer sehr ordentlich, und es war ihm ein Gräuel, wenn die Dinge nicht an ihrem Platz lagen. Er war zweimal verheiratet gewesen, aber beide Male wieder geschieden worden. Er hatte aus beiden Ehen jeweils ein Kind. Einen Sohn, der war sechzehn und eine Tochter, vier Jahre alt. Kontakt zu den Kindern hatte er nicht. Von beiden Frauen hatte er sich getrennt, als die Kinder noch Babys waren. Eagle ist so jemand, der sich gerne zeigt, und der die Aufmerksamkeit der anderen genießt. Er ist dabei nicht laut oder besonders auffällig oder frech, eher ein Macho, der eine ruhige Präsenz ausstrahlt. Jedenfalls war es für ihn sehr nervig den Babysitter zu spielen, und er drängte mich immer mehr, das Kind beim Vater oder der Oma zu lassen und möglichst bald nach Wien aufzubrechen. Die Probezeit war ja quasi zu Ende und wir dachten beide, je eher desto besser. Das richtige Geld war in Österreich zu holen. Aber es dauerte noch, denn es war vorher noch einiges zu organisieren.

Ich ging also wie immer abends in das Hotel, wo ich meine Kunden traf oder wurde zu Auswärtsterminen gefahren. Ein Stammkunde war der leckende Konsul. Er bestellte mich alle zwei, drei Tage. Ich glaube, er ließ sich jeden Tag ein Mädchen kommen. Am Anfang wusste ich nicht, wer er war. Ein Fahrer brachte mich zu einem schlossähnlichen Haus, an dem eine bunte Fahne hing. Am Tor befand sich ein kleines gestreiftes Wachhäuschen, vor dem ein Polizist stand, der die Besucher kontrollierte. Der Konsul sprach kein Bulgarisch und wir unterhielten uns auf Englisch. Zu Beginn bot er mir jeweils chinesischen Tee an, den wir in einem Salon einnahmen. Ich war jedes Mal für eine Stunde dort. Der normale Tarif war einhundert Leva plus eventuelle Extras, aber er bezahlte mich immer doppelt oder noch mehr. Er war vielleicht fünfzig Jahre alt, recht klein, mit dickem Bauch und hatte schwarze Haare mit einer Glatze oben in der Mitte. Seine buschigen Augenbrauen standen seitlich nach oben wie bei einem Uhu. Der Konsul war immer sehr gepflegt, glatt rasiert, parfümiert und trug stets einen teuren Anzug. Und das Haus war riesig. Bestimmt zehn Zimmer pro Etage. Allein das elegante Marmorbad war fast so groß wie meine ganze Wohnung und überall hingen Gemälde in schweren Goldrahmen an den Wänden.

Nach dem Tee wechselten wir hinüber in sein Schlafgemach. Ich war überrascht, als er sich auszog. So einen behaarten Mann hatte ich nie zuvor gesehen. Er hatte ein Fell wie ein Schimpanse. Am ganzen Körper. Bauch, Rücken, Arme, Beine, überall dichte, schwarze Haare. Irgendwie kuschelig. Mit ihm machte ich aber kaum richtig Sex. Er wollte immer nur lecken, lecken, lecken. Bis ich kam. Und er hatte eine enorme Ausdauer dabei. Er konnte eine Stunde oder länger, wenn es sein musste. Er wollte immer, dass die Frau kommt. Nun, er war nicht sehr schön, war nicht gerade der Typ, den ich sexy finde, aber er schaffte es jedes Mal, auch wenn es manchmal etwas dauerte. Er wollte nie, dass ich ihn blase. Gottseidank, denn seine Schamhaare waren wie ein Busch. Sein Penis war ziemlich dick, nicht sehr lang und er stand ihm auch nicht so richtig. Wenn ich gekommen war, wollte er sich selbst wichsen und auf meine Beine kommen. Das war's. Die meiste Zeit war Lecken.

Es waren ein paar Tage vergangen, und ich war abends etwas später dran als sonst, denn ich musste erst noch den Kleinen ins

Bett bringen. Eagle hatte es schon eine Weile versucht, aber Radomir wollte bei ihm wieder nicht einschlafen und hatte geweint. Ich sang ihm das Schlaflied vom bulgarischen Sandmännchen und legte mich noch zu ihm, bis er eingeschlummert war.

Weil Eagle anschließend Zuhause blieb, holte mich einer der Zuhälter vom Hotel ab.

»Heute bist du bei Jac-das-Casino«, meinte der Fahrer, als ich in den Wagen stieg. »Wir fahren direkt zu ihm.«

Den Namen hatte ich schon ein paar Mal gehört. Jac-das-Casino bestellte oft Mädchen von den Zuhältern. Er besaß mehrere große Spielcasinos in Plovdiv und hatte irgendwie mit der Mafia zu tun. Lana hatte erzählt, die Casinos seien aber nur so eine Art Alibi-Geschäft. Das meiste Geld verdiene er mit Drogen und Waffen. Er hätte sogar mit mehreren bekannten bulgarischen Sängerinnen geschlafen. Solche, die jung und hübsch aussahen. Für tausend Euro die Nacht.

Jac-das-Casino war ein stattlicher Mann Mitte dreißig, groß, mit breiten Schultern und muskulösen Oberarmen. Um den Mund herum trug er einen schmalen, scharf geschnittenen Vollbart. Er empfing mich in seinem Büro im Casino.

»Hi Baby«, sagte er freundlich lächelnd als ich eintrat.

Das Büro war geräumig und luxuriös ausgestattet. An einer Seite befand sich ein riesiges Aquarium, das fast die gesamte Wand bedeckte. Vor einer massigen Ledercouch lagen verschiedene echte Felle. Unter anderem ein großes Tigerfell und das eines männlichen Löwen mit mächtiger Mähne, der starr seine Zähne bleckte.

»Setz dich. Möchtest du etwas trinken?«

Ich nahm Platz. Das Sofa roch angenehm nach Leder.

»Ich habe einen alten Whisky da.«

Doch Whisky war mir zu hochprozentig.

Da ich nicht gleich antwortete, fragte er: »Oder lieber etwas anderes?«

»Ich mag gerne Baileys trinken, wenn du hast«, antwortete ich.

»Klar, kein Problem«, meinte er und ging zu seiner gut sortierten Hausbar hinüber.

Ich betrachtete indes das bunte Treiben im Aquarium hinter mir. Mein Blick blieb oberhalb eines leuchtend blau gepunkteten Seeigels an zwei braun-weiß gestreiften Fischen hängen, die sich in einem rosafarbenen Gestrüpp aus sanft hin und her wogenden Tentakeln aneinanderschmiegten und sich darin zu suhlen schienen.

»Was sind das für Fische, die da in den rosa Algen zusammen kuscheln?«, fragte ich.

»Welche meinst du?« Er stellte die Baileysflasche auf den Tisch.

»Na, die beiden da unten links. Die braunen mit den Zebrastreifen.«

»Ach die. Sie heißen Clownfische. Und die ›rosa Algen‹, wie du sie nennst, das ist eine Seeanemone. Ein Tier also, keine Pflanze. Die ist sehr giftig. Nur Clownfische können sie berühren, ohne sich zu verletzen. Diese Fische können nicht besonders schnell schwimmen und sind so vor Feinden geschützt, weißt du. Du siehst, man muss nur die richtigen Freunde haben.« Er blinzelte listig.

»Auf jeden Fall«, stimmte ich betont gewichtig zu und schaute ihn direkt an.

Er griente.

Ich musste kichern und fuhr fort: »Mir geht es wie den Fischen da. Schwimmen ist nicht so mein Ding, dafür Kuscheln umso mehr.«

»Das trifft sich gut«, meinte Jac launig und ließ sich zu mir auf die Couch nieder.

Er schenkte mir ein Glas Baileys ein und sich selbst einen Scotch. ›Linkwood‹ stand auf dem schwarzen Etikett. Der war bestimmt nicht billig. Die Zigaretten, die auf dem Tisch lagen, hatte ich auch noch nie gesehen. ›Muratti Privat‹. Sehr exotisch. Er machte ganz den Eindruck eines selbstbewussten Mannes, der weiß, was er will. Ein cooler Typ. Und ich gefiel ihm, soviel stand fest.

»Die sind aus Italien. Magst du?«, hielt er mir die geöffnete Schachtel hin.

»Ja, danke«, sagte ich und nahm eine Zigarette.

Er gab mir Feuer und fragte, was die ganze Nacht kostet. Wir unterhielten uns ein paar Minuten.

Dann sagte er: »Baby, ich habe noch meine Frau angerufen, sie kommt jetzt auch gleich vorbei.«

Aber ich zuckte nur die Achseln und erwiderte: »Okay, wenn du willst.«

Er schmunzelte. Mir war klar, dass er bluffte. Er wollte nur wissen, wie ich reagiere. Natürlich kam dann nicht seine Frau, sondern ein Zuhälter, der noch zwei Mädchen brachte, die ich aber nicht kannte. Eine Brünette und eine Schwarzhaarige. Anschließend fuhren wir zu viert mit einem Taxi in ein nah gelegenes Hotel.

Es begann eine hemmungslose Ménage à quatre und sollte die ganze Nacht dauern. Jac hatte einen schönen durchtrainierten Körper. Er war ein sexy Mann, mit dem es Spaß machte. Sein Schwanz stand ihm wie eine eins, und wir verwöhnten ihn abwechselnd oder auch mal alle gleichzeitig. Er selbst konnte auch gut lecken, wir wurden alle versorgt. Es war eine geile kleine Orgie. Allerdings schnupfte er zwischendurch jede Menge Kokain. Alle halbe Stunde zog er sich eine neue Line rein. Anfangs konnte man noch gut mit ihm quatschen. Aber nach der vierten, fünften Line verwandelte er sich. Er wurde wie ein anderer Mensch. Der Schwanz war auch nicht mehr richtig steif. Ich musste ihn ewig lang blasen. Er wurde wieder schlaff, ohne dass er kam. Dann weiter quatschen, wieder blasen. Jac war zwar nett, aber der Sex wurde fauler und es zog sich. Als er nicht mehr konnte, wollte er, dass wir lesbische Spiele machen. Er zahlte nochmal extra.

Wir leckten uns im Dreieck und er sah uns dabei zu. Das brünette Mädchen konnte besonders gut mit ihrer Zunge umgehen. Sie war zwanzig. Sie leckte wie eine Katze und sah auch aus wie eine. Sie war wahnsinnig hübsch. Sie ähnelte ein wenig Angelina Jolie, als sie jung war. Wunderschön. Straffer Körper.

Schöne Bräune. Sie roch wundervoll, hatte schulterlange, duftende Haare und eine entzückende, leckere Muschi. Dazu volle Lippen, große Mandelaugen und eine sehr weiche, frische Haut, die ich immerfort berühren wollte. Und sie konnte so gut lecken! Ich bin mehrmals gekommen. Es war göttlich. Auch Jac-das-Casino war mehr als zufrieden. Er bestellte mich dann noch ein paar Mal. Immer für die ganze Nacht, immer in anderen Hotels. Angelina, ich habe vergessen, wie sie richtig hieß, kam jedes Mal dazu. Meist auch noch ein anderes Mädchen oder nur Angelina und ich. Ich liebte dieses Mädchen. Ich nahm ihren Kopf in meine Hände und liebkoste ihre Haare, wenn sie zwischen meinen Schenkeln lag. Noch wenn ich heute daran denke, ich spüre es richtig zwischen den Beinen. Rrrrrrr.

Natürlich ging es nicht immer so heiß zu. Ein anderer Stammkunde war ein Bulgare, er war Ende dreißig und geschieden. Er bestellte mich meist erst nach Mitternacht zu sich nach Hause. Er wollte nur, dass wir miteinander Karten spielen. Und ich meine nicht Strippoker. Erst beim dritten Mal taten wir es. Er wollte dann, dass ich meine Stiefel dabei anbehalte, das machte ihn geil. Auch bestellten mich oft junge und teilweise recht hübsche Männer. Manche waren jünger als ich. Aber die Armen wussten meist nicht so recht, was sie mit mir machen sollten. Schade eigentlich.

Der Tag der Abreise rückte näher. Ich telefonierte noch einmal mit meiner Mutter, aber ihr Nein stand wie eine Wand aus Beton. Sie wollte den Kleinen nicht zu sich nehmen. Vielleicht dachte sie, dass ich doch nicht mit Eagle nach Österreich gehen und mit dem Kind in Bulgarien bleiben würde, wenn ich niemanden hätte, der auf ihn aufpasst. Sie wusste ja, wie sehr ich vor Gericht um ihn gekämpft hatte, um das Sorgerecht zu bekommen, und dass ich nicht vorhatte, meinen Sohn bei seinem Vater zu lassen. Aber nun musste ich es doch so machen. Mit einer normalen Arbeit konnte ich in Bulgarien nicht genug verdienen, um eine Wohnung und den Lebensunterhalt zu bezahlen. Ich traf Rado und erzählte ihm, dass ich nach Österreich gehen wollte, um dort einen Job zu suchen. Natürlich verschwieg ich, was ich wirklich vorhatte. Er war einverstanden, den Kleinen in seine Obhut zu nehmen und wir vereinbarten, dass ich ab und zu Geld schicke. Am übernächsten Tag fuhren Eagle und ich mit seinem Audi nach Wien.

14. KAPITEL

Berlin

»Guck mal, Eagle, der Eiffelturm«, scherze ich, als wir die Avus entlang in Richtung Charlottenburg fahren.

Eagle grinst schief. Er ist erschöpft. Fast neun Stunden sind wir von Wien auf der sauberen deutschen Autobahn unterwegs gewesen. Dreimal Kaffeepause auf dem Rastplatz. Einmal mit Würstchen und Kartoffelsalat, einmal Burger King.

Als wir an der alten Tribüne vorbeirauschen, kurbele ich das Fenster herunter und rufe es den leeren Rängen laut zu: »Berlin, wir kommen!«

Der Fahrtwind wirbelt warm meine Haare durch das Auto. Es ist Ende Juli. Ich halte sie fest und küsse Eagle auf den Hals.

Unsere Abreise aus Wien erfolgte ziemlich überstürzt. Auf der Fahrt erklärte mir Eagle, wie die Wiener Polizei ihn trotz seines neuen Namens gefunden hatte. Über sein Auto. Denn den Audi hatte er behalten. Samt Kennzeichen. Das war der Fehler. Am Morgen, als er entlassen wurde, stand der Wagen da, wo er ihn vier Monate zuvor abgestellt hatte. In der Nähe des Gefängnisses. Die Batterie war leer, aber er war noch fahrtüchtig. Eagle hatte sich dann eine Starthilfe organisiert und war gleich nach Bulgarien aufgebrochen. Dort hatte er zunächst andere Sorgen, als sich ein neues Auto zu kaufen. Außerdem war er pleite. Sicherlich hätte er später genug Zeit gehabt, wenigstens das Kennzeichen zu wechseln, aber daran hatte er nicht mehr gedacht. Er besorgte sich einen neuen Pass, einen neuen Familiennamen, wer kümmert sich da um das Autokennzeichen?

Dass wir zusammen bleiben, war klar gewesen. Alleine hätte ich in Wien nicht bleiben können, denn ich sprach kein Deutsch. Ohne ihn klarzukommen, wäre für mich unmöglich gewesen. So hatte es Eagle mir klargemacht. Es gäbe viele Zuhälter, die mich finden und zwingen würden, für sie zu arbeiten. Sie würden mir Drogen geben, mich schlagen und mir alles Geld abnehmen, das ich verdiene. Eine Fünfzig-Prozent-Regel wie mit ihm gäbe es mit denen nicht.

Wir hatten dann überlegt. Zurück nach Bulgarien? Im Vergleich zu Österreich war das keine lohnende Idee. Wo könnte man mit diesem Job möglichst viel Geld verdienen? Schweiz? Deutschland? Die Einreise in die Schweiz ist kompliziert. Berlin ist eine Hauptstadt, ebenso wie Wien eine ist. Hier könnte es vergleichbar gut sein. Also Berlin. Wo weder Eagle noch ich je zuvor gewesen sind. Aber er spricht zumindest etwas Deutsch. Doch wir kennen niemanden hier.

Wir landen zunächst in einem billigen russischen Hotel in Charlottenburg. Kantstraße, Ecke Kaiser-Friedrich-Straße. Dritter Stock, Zimmer 311. Toilette auf dem Gang. An der Tür zum Fahrstuhl baumelt ein verblichenes Schild. ›Außer Betrieb‹. Die Treppe ist eng und steil. Hier in der Nähe gibt es noch andere russische Hotels, die aber wohl auch nicht viel besser sind. Wir haben keine Ahnung von der Stadt, von den Bezirken und wie alles läuft. Sofort versuchen wir, eine Agentur zu finden, wo ich arbeiten kann. Eagle kauft eine Zeitung, wir schauen nach entsprechenden Anzeigen und sehen im Internet unter ›Escort Berlin‹ nach. Eigentlich hätten wir uns vorher informieren sollen, aber das haben wir leider nicht gemacht.

Dann der erste Schock. Die Preise sind definitiv nicht das, was wir erwartet haben. Die meisten Agenturen bieten die Mädchen für neunzig oder hundert Euro pro Stunde an. In Wien waren es mindestens hundertfünfzig pro Stunde, plus Extras. Hier ist das meiste schon inklusive, also Französisch ohne Kondom und Lecken, Küssen ebenso. Oder es wird allenfalls mit zehn Euro extra bezahlt. In Österreich konnte ich jeweils fünfzig Euro dafür nehmen. ›Zungenküsse bei Sympathie‹ steht da. Was soll das heißen? Will ich den Typ heiraten oder was? Das ist jedenfalls sehr wenig Geld. Das einzige, wofür man extra berechnen kann, ist Analverkehr oder Französisch total. Also in den Mund spritzen. Und dafür gibt es zwanzig oder dreißig Euro extra. Ich glaube, wir sind im falschen Film.

Schon nach wenigen Tagen beginne ich, für einige von diesen Agenturen zu arbeiten. Das einzig Gute ist, dass Eagle mich selbst fahren muss. Viele der Mädchen, die für die Agenturen in Berlin tätig sind, haben einen Zuhälter, der sie auch zu den Terminen fährt. Eine teure ist auch dabei. ›Dream-Escort‹ nennt sie sich. Da gibt es zweihundert Euro die Stunde. Die Agentur bekommt sechzig Euro, hundertvierzig sind für Eagle und mich. Das Geld wird an sie überwiesen. Hier gibt es auch keinen Fahrer, man soll das Taxi selbst zahlen. Die Besitzerin wohnt in Hamburg. Sie hat Mädchen in Hamburg, Berlin, München und Frankfurt. Ich rufe sie an, um mich bei ihr zu bewerben, und wie es der Zufall will, hat sie ein paar Tage später in Berlin zu tun. Wir treffen uns im Kempinski, denn sie will mich unbedingt persönlich kennenlernen, bevor ich für sie arbeite. Sie heißt Evita und ist Brasilianerin. Mitte dreißig, sehr schick und sexy. Ich zeige ihr meine Fotos und wir werden uns schnell einig. Die meisten Termine bekomme ich aber von der bulgarischen Agentur ›Intima-Escort‹. Eine neunzig-Euro-Agentur. Ab und zu kann ich etwas für ein paar Extras nehmen. Wir wohnen weiterhin im Hotel, aber wir wollen möglichst bald ein Appartement mieten. Dann der zweite Schock. Im Gegensatz zu Österreich ist es nicht so einfach, eine Wohnung zu finden. Hier in Berlin sind die Wohnungen zumeist leer, größtenteils sogar ohne Einbauküche und ohne Lampen. Zumindest, wenn man etwas Günstiges sucht. Und dann die ganzen Nachweise, die du erbringen musst. Verdienstbescheinigung, Steuernummer, Steuererklärung. Du musst angeben, was du arbeitest. Aber es hilft nichts, es muss schnell eine Wohnung her.

Wir lernen die Chefin von Intima-Escort etwas näher kennen, denn einmal in der Woche wird bei ihr in bar abgerechnet. Sie heißt Eylül, und sie lädt uns hin und wieder zu sich ein. Eylül ist eine bulgarisch-türkische Zigeunerin und spricht etwas Bulgarisch. Sie ist vor Jahren mit ihrem Zuhälter nach Berlin gekommen und hat selbst als Prostituierte gearbeitet. Eylül ist Ende zwanzig, mit schmaler Brust und breitem Hintern und stets freundlich. Sie hat viele Pickel im Gesicht und spricht immer sehr langsam. In einer Art nervigem Kaugummi-Singsang. Ihren Mann, einen Börsenmakler, hat sie als Kunden kennengelernt. Er ermöglichte ihr die Agentur, die sie jetzt alleine führt. Es ist wohl das einzige, wovon sie etwas versteht. Eylül hat Glück gehabt. Ihr Ehemann ist ein schmucker Deutscher Anfang dreißig. Blond, blaue Augen, mit sportlicher Figur, der weder raucht noch trinkt, geschweige denn fremdgeht. Er kümmert sich nur um seine einträglichen Börsengeschäfte und um Eylül, die er behandelt wie eine Prinzessin. Deutsch hat sie trotz ihres jahrelangen Aufenthaltes allerdings nicht viel gelernt. Wenn es an der Tür klingelt, sagt sie nur: »Aufmachen-Tür.« Ganze Sätze bringt sie nicht zustande.

Aber Eylül hilft uns, eine Bleibe zu finden, zumindest für den Übergang. Ein bulgarisches Pärchen hat noch Platz in ihrer großen Wohnung in Wilmersdorf und wir mieten eines der Zimmer für zwanzig Euro am Tag. Sie ist eine türkische Roma, etwa eins fünfzig groß, fast ebenso breit und wiegt mindestens neunzig Kilo. Sie arbeitet als Prostituierte, er ist ihr Zuhälter. Es bleibt mir ein Rätsel, wie jemand bereit sein soll, Geld für Sex mit dieser Frau zu bezahlen. Schnell stellt sich heraus, dass es sehr anstrengend ist, hier zu wohnen, denn die beiden streiten fortwährend und lautstark miteinander. Das Gezeter zu jeder Tages- und Nachtzeit ist auf Dauer nur schwer zu ertragen. So bleiben wir auch nicht lange dort. Eines Abends wird es uns zu bunt, und wir packen unsere Sachen und verschwinden. Wir ziehen es vor, einige Tage im Auto an einer Tankstelle zu übernachten. Eylül hat Mitleid und schickt uns schließlich zu einem anderen Pärchen. Ömer und Zeynep in Berlin-Neukölln.

Beide sind Türken, sie ebenfalls Prostituierte und er ihr Zuhälter. Wir bezahlen zehn Euro die Nacht. Zeynep arbeitet in einer kleinen Bar mit ein paar Hinterzimmern in Neukölln. Dem ›Liubov‹. Das ist bulgarisch und bedeutet ›Liebe‹. Jeden Abend um 18 Uhr geht Zeynep ins Liubov und bleibt dort bis morgens. Tagsüber schläft sie meist bis zum Nachmittag. Die Wohnung haben sie von einem Türken gemietet, der ebenfalls nur Mieter ist. Ömer und Zeynep zahlen jedoch keine Miete im herkömmlichen Sinne, sondern haben eine spezielle Regelung mit dem Vermieter getroffen. Die Regelung besteht darin, dass der türkische Wohnungsgeber zwei bis dreimal im Monat kommt, um mit Zeynep Sex zu machen. Er hat einen eigenen Schlüssel und schaut, wann immer er Lust verspürt, unangemeldet vorbei. Ihr Zuhälter Ömer ist nicht permanent in der Wohnung, weil er noch andere Frauen hat, die für ihn anschaffen. Manchmal übernachtet er bei einer Russin, die er am Hermannplatz einquartiert hat.

Als der Türke eines Nachts kommt, um seine ›Miete‹ einzufordern, trifft er Zeynep nicht an. Er schaut daraufhin in den anderen Zimmern nach und entdeckt mich, wie ich im Bett liege und schlafe. Eagle neben mir. Er kommt einfach herein, macht das Licht an und hebt die Decke hoch.

»Hey kommt. Aufwachen!«, sagt er laut.

Ich schrecke hoch.

»Was ist los? Brennt es?«, frage ich, noch halb schlafend.

»Ja, in meiner Hose«, antwortet der Türke und grinst mich nikotingelb an. Er stinkt nach Suff. »Geh mal raus, Mann«, sagt er zu Eagle, »ich will das Mädchen ficken.«

Ich ziehe die Decke zum Hals.

»Geht's noch?«, fährt Eagle ihn an. »Was soll das? Wir zahlen zehn Euro Miete pro Nacht. Das läuft hier nicht. Verpiss dich. Geh zu der anderen!«

Der Türke will noch diskutieren, aber Eagle macht ihm klar, dass er sich verziehen soll. Widerwillig und laut fluchend verlässt er unser Schlafzimmer. Zwei Wochen später müssen Ömer und Zeynep dann aus der Wohnung raus, denn der Türke verlangt, dass er nun zweimal pro Woche kommen kann, um mit Zeynep zu schlafen, was Zeynep und ihr Zuhälter jedoch kategorisch ablehnen. Wir müssen ebenfalls ausziehen und sitzen wieder auf der Straße.

Erneut sprechen wir mit Eylül. Und tatsächlich organisiert sie uns abermals eine Wohnung. Sie befindet sich in der Sonnenallee, also wieder in Neukölln, aber diesmal ohne Mitbewohner. Natürlich gibt es keinen Mietvertrag, alles wird mündlich vereinbart und soll cash bezahlt werden. Sechshundert im Monat, alles inklusive. Die Wohnung gehört einem Türken namens Mustafa, genannt Baba-Göbek, was so viel bedeutet wie ›Bauchtanz-Papa‹. Er besitzt außerdem ein türkisches Café in Neukölln, ebenfalls in der Sonnenallee. Baba-Göbek hat es geschickt angestellt. Sein Café ist auf den Namen seines Bruders angemeldet, ebenso die Wohnung, die er an uns vermietet. Offiziell hat er die Wohnung wiederum von seinem Bruder gemietet. Tatsächlich lebt sein Bruder aber gar nicht in Berlin, sondern in der Türkei. Gegenüber den Behörden, dem Finanzamt und dem Arbeitsamt, hat er kein Einkommen, so dass er Hartz IV beziehen kann. Das Jobcenter bezahlt ihm die Miete für die Wohnung, und er verdient doppelt. Ein echter Fuchs. Einen Bauchtanz habe ich ihn allerdings nie tanzen sehen.

Die Wohnung war immer nur für ein paar Monate vermietet, meistens an Leute wie uns, also Huren mit ihren Zuhältern. Wir sind glücklich, dass wir endlich die Tür hinter uns zumachen können, ohne dass jemand nachts hereinkommt und uns stört. Für den Moment ist es optimal. Keine Kaution, keine Kündigungsfrist, Möbel sind auch schon drin. Die Sache hat nur einen Haken. Das Apartment sieht verheerend aus. Um es bewohnbar zu machen, müssen wir erst mal zwei Tage und Nächte putzen. Überall liegen benutzte Kondome und String Tangas herum. Wir finden gebrauchte Socken verschiedener Größen und Farben unter dem Bett. Das Mobiliar im Wohnzimmer besteht unter anderem aus einem ziemlich verdreckten Sofa und zwei Sesseln mit Stoffbezug. Wie schmutzig es tatsächlich ist, merken wir, nachdem Eagle und ich zusammen auf dem Sofa eine Weile sitzen. Mit nackten Beinen natürlich, denn es ist Sommer. Die Folge ist, dass wir beide kurz darauf Pickel an den Beinen bekommen. Kleine rote Pickelchen, ein richtig fieser Ausschlag. Das Sofa und die Sessel werden dann erst mal von mir eingeschäumt und gründlich gebürstet.

Auch das Badezimmer ist eine Katastrophe. Die Badewanne, die ursprünglich mal weiß war, ist mit einer schwarzen, fettigen Schmierschicht überzogen. Die Dusche und das Klo sehen nicht viel besser aus. Die Toilette, das hat uns der schlaue Baba-Göbek natürlich verschwiegen, ist außerdem verstopft. Nachdem wir sie ein paar Mal benutzt haben, läuft es nicht mehr ab. Die ganze Scheiße kommt hoch und überschwemmt das Bad. Der Höhepunkt ist die Küche. Die Wohnung ist offenbar eine Zeit lang nicht bewohnt gewesen, und der letzte Mieter hat seine Lebensmittel, unter anderem Gemüse, Käse und rohes Fleisch, im Kühlschrank zurückgelassen. Da der Strom abgeschaltet war, ist das Kühlschrankinnere dank der sommerlichen Temperaturen nun mit Schimmel in allen Regenbogenfarben überwuchert, und es wimmelt von Würmern. Dieser farbenfrohe, lebendige Anblick wird noch von einem extrem widerlichen Gestank eindrucksvoll untermalt. Auch der Herd ist total versifft und innen verschimmelt. Am liebsten würde ich alles komplett wegwerfen und neue Geräte kaufen. Aber erstens haben wir nicht genug Geld, und zum Zweiten wissen wir ja nicht, wie lange wir hier überhaupt bleiben werden. Das Geschirr - Teller, Gläser, Töpfe – ist auch nicht gespült und voll mit vergammelten Essensresten. Der Fußboden klebrig und verdreckt, überall Spinnweben. Wir haben keine Wahl. Alles wird geputzt und schön sauber gemacht. Ich kümmere mich um die Küche, Eagle nimmt sich das Badezimmer vor. Außerdem werden die Decken gewaschen und die Bettwäsche, aber nicht mit der Waschmaschine, denn wir haben keine. Nein, ich wasche alles mit der Hand in der Badewanne durch.

Besonders lästig ist das verstopfte Klo. Wir müssen, bis das Problem behoben ist, jedes mal mit dem Auto zu einer Tankstelle fahren oder ich warte auf einen Termin, damit ich bei einem Kunden Toilette und Bad benutzen kann. Da Baba-Göbek auf

Beschwerdeanrufe nicht reagiert, gehen wir selbst in einen Supermarkt, um einen Rohrreiniger zu besorgen. Nachdem wir von einer blau bekittelten und sehr geduldigen Verkäuferin nach einem langen, peinlichen Gestammel aus Deutsch, Englisch und Gebärden endlich die entsprechenden Mittelchen bekommen haben, sind drei Anwendungen und drei Nächte nötig, bis die Toilette endlich wieder benutzbar ist. Am Ende gelingt es uns, Baba-Göbek's Drecksloch in ein passables und wohnliches Zuhause zu verwandeln. Ein gutes Gefühl.

Die junge Frau mit den langen blonden Haaren hockt im Halbdunkel auf dem Boden. Schatten verbirgt ihr Gesicht. Im Hintergrund Maschinenteile. Große Zahnräder und Stangen in schwarz-weiß. Im Vordergrund hängen Eisenketten herab. Sie wirft ihr Haar nach hinten und leckt sich die Lippen. Verführerisch schaut sie mich an und streicht über ihre Brüste. Sie trägt rosa Spitzenunterwäsche. Ein Höschen, ein Oberteil. Jetzt kommt ihr Gesicht ganz nah. Sie befeuchtet ihren Zeigefinger mit der Zunge, legt dabei den Kopf in den Nacken und streicht dann mit der Fingerspitze langsam ihren Hals entlang. Mit beiden Händen berührt sie nun ihre Schenkel, greift sich zwischen die Beine. Sie schiebt ihr Becken vor und zieht es zurück, fährt sich wieder durch ihr Haar. Sie lächelt und wiegt sich im Rhythmus. Schwerer House in Endlosschleife. Sie dreht sich, zeigt ihren Po, fasst ihn an. Das Höschen besteht hinten nur aus einem schmalen String. Ihre Finger gleiten langsam abwärts dahinter durch. Patsch! Sie klatscht ihren Arsch. Jetzt streift sie ihr Oberteil ab. Nein, doch nicht. Sie deutet nur an, schiebt den Träger wieder zurück auf die Schulter. Mit beiden Händen kämmt sie durch ihr Haar, wirft es nach hinten wie einen langen Schleier. Sie greift noch einmal nach ihren Brüsten, beißt sich dabei leicht auf die Unterlippe. Jetzt schiebt sie ihren kleinen Finger in den Mund. Dann ihren Zeigefinger und lutscht an ihm. Ihre Lippen schürzen sich wie zum Kuss. Wieder berührt sie ihren Hintern, beugt sich vor, zieht die Backen auseinander, fährt mit dem Finger dazwischen. Sie schiebt die Träger ihres BH's beiseite, holt einen Busen hervor und kneift sanft ihren Nippel bis er sich aufrichtet. Dann die andere Brust. Sie kniet sich hin, beugt sich rückwärts, berührt ihren Bauch, schiebt dabei ihr Becken vor. Jetzt bewegt sie den Slip zur Seite, zeigt ihre Muschi, liebkost sie. Sie steht auf, beleckt nochmals ihre Finger, lässt sie den Körper entlang nach unten wandern und befeuchtet sich. Schnitt.

Eine mit rotem Samt bedeckte Liege. Sie streckt sich hin. Die Sohlen ihrer High Heels schimmern golden. Vor ihr hängen die schweren Ketten. Ihre Hände gleiten die langen Beine herunter, sie schüttelt erneut ihr Haar. Der BH fällt. Sie schaut auf. Ihr Blick ist ernst. Sie beugt den Kopf vor, holt eine Brust heran und ihre Zunge umkreist die aufgerichtete Brustwarze. Die Beine weit gespreizt, findet ihr Mittelfinger sein Ziel zwischen den Schamlippen. Die Klit ist geschwollen. Der Finger umkreist sie sachte. Ihr Mund ist geöffnet, sie stöhnt leise. Jetzt legt sie sich auf den Rücken, nimmt ihre Beine senkrecht hoch und streift den rosa Tanga über die Knie. Er fällt hinter ihr auf den Boden. Sie ist nun vollkommen nackt und streicht wieder über Bauch und Brüste. Die goldenen Schuhe behält sie an. Sie greift wieder nach unten. Beginnt zu stöhnen. Die Musik wird leise. Nur einzelne wiederkehrende Akkorde. Sie schiebt sich den Mittelfinger hinein, ihre Schamlippen glänzen. Ihr Stöhnen wird lauter. Sie zieht Atem durch die geschlossenen Zähne. Tief steckt sie Zeige- und Mittelfinger in den Mund und saugt daran. Auf dem Rücken liegend, zieht sie die Knie nun dicht an den Oberkörper heran. Die Fingernägel leuchten rot wie reife Kirschen auf ihrer weißen Haut. Sie drückt ihre Schenkel auseinander. Die Vagina öffnet sich und zeigt rosa ihr Innerstes. Die Finger fahren hinein, sie klopft ein paar Mal leicht mit der flachen Hand darauf, dann umkreist wieder der Mittelfinger den Kitzler. Diesmal schneller. Sie wirft den Kopf hin und her, wird lauter. Oh und Ah. Schnitt.

Auf einem Edelstahlspieß steckt ein roter Dildo. An der Oberseite hat er kleine Zacken. Wie der Rücken eines Baby-Krokodils. Er nähert sich mit stechender Bewegung. Sie rückt ihm mit gespreizten Schenkeln entgegen und lässt ihn in sich kommen. Mit gleichförmigen Stößen dringt er in sie ein. Begleitet von einem metallenen, in einem fort wiederkehrenden Knackgeräusch. Ein Motor brummt. Die Vagina glänzt feucht. Sie stöhnt, als ob es ihr Lust bereitet. Der eine Mittelfinger umkreist ihre Perle, der andere ihren linken Nippel. Sie hebt ihren Kopf und beobachtet wie die Maschine sie fickt. Der Rhythmus wird schneller, der rote Krokodilrücken stößt tiefer hinein. Sie liegt rücklings auf die Ellenbogen gestützt und lässt den Kopf zurückfallen. Ja. Ja. Jaa. Es stampft Pneumatik. Die Maschine penetriert sie unnachgiebig. Sie scheint der kalten Technik ausgeliefert. Schnitt.

Sie kniet jetzt auf allen Vieren. Der Fickroboter nimmt sie von hinten. Schmatzend dringt er in sie ein. Sie knetet ihre Brüste und stöhnt rhythmisch. Der Takt erhöht sich und sie zieht mit beiden Händen die Arschbacken auseinander. Die Maschine stößt zu. Sie greift sich von innen durch die Beine und reibt sich. Oh-ja, oh-ja, oh-ja. Dann liegt sie wieder auf dem Rücken. Die Arme auf der samtroten, runden Unterlage aufgestützt. Ein Bein flach angewinkelt, das andere ist aufgestellt. Sie sieht auf den stechenden Dildo, spreizt mit den Fingern ihre Spalte, damit er bis zum Anschlag eindringen kann. Sie blickt zur Seite. Ihr Stöhnen wird schriller, verwandelt sich in Wimmern. Unter ihrer Nase schimmern kleine Perlen aus Schweiß. Immer schneller hämmert das Gerät. Findet sie das geil? Sie wirft den Kopf nach hinten, die Brust wölbt sich hoch. Die Nippel schauen steil nach oben. Sie windet sich wie ein Aal, dem gleich der Kopf abgetrennt wird. Sie kommt. Die junge Frau mit den langen blonden Haaren sinkt erschöpft zurück. Dann nur noch ihre vollen, roten Lippen - leicht geöffnet und entspannt. Erlösung. Die junge Frau in dem Film bin ich.

Es ist unsere gemeinsame Idee, in einem Pornofilm mitzuspielen. Aber nur zusammen. Wir haben gehört, dass es hier in Berlin Produktionen gibt, die Frauen für die Filme suchen und wollen wissen, wie das funktioniert. In Österreich ist der Job steuerfrei. Von einer Sachbearbeiterin bei der Ausländerbehörde erfahren wir, dass die Deutschen nicht so großzügig sind. Hier müssen auch solche Einnahmen versteuert werden. Genaueres wisse sie aber nicht darüber. Sie empfiehlt uns, einen Steuerberater zu nehmen, der Erfahrung im Rotlichtmilieu hat. Wir sollen bei der ›HYDRA‹, der Beratungsorganisation für Sexarbeiterinnen nachfragen.

Wir fahren in die Köpenicker Straße nach Kreuzberg. Die Sozialarbeiterin bei der HYDRA drückt mir erst mal einen Stapel Broschüren und Bücher über alles, was mit Prostitution zu tun hat in die Hand. Auch auf Bulgarisch. Über Krankheiten wie Syphilis, Aids und Tripper. Wie du sie vermeidest, und was du machen sollst, wenn du so etwas bekommst. Da gibt es Anleitungen, wie du Kondome benutzt oder Gleitgel. Da steht, wie wichtig es ist, Gleitgel zu benutzen und was du beim Sex mit Freiern machen sollst und was nicht. Dann wegen Französisch mit Aufnahme. Was die Risiken sind. Wenn du krank wirst, zu welchen Ärzten du gehen kannst. Ich finde es gut, dass ich dort so viele Informationen bekomme. Du kannst auch Kontakt mit Leuten aufnehmen, die Ahnung vom Milieu haben, wenn du Fragen hast. Die meisten, die dort arbeiten, sind ehemalige Prostituierte, die schon fünfzig, sechzig oder siebzig sind.

Eagle fragt die Sozialarbeiterin, ob sie Kontakte zu Pornofilm-Leuten hat. Die Frau weiß darüber nicht Bescheid und rät uns, an einem anderen Tag wieder zu kommen, wenn eine Expertin anwesend ist. Nach ein paar Tagen sind wir wieder dort, treffen aber weder die Expertin noch die andere an, die uns diese empfohlen hat. Die Frau, die heute da ist, kennt die Porno-Expertin zwar, sagt aber, diese käme selbst nicht zur HYDRA. Die Expertin habe aber wohl früher Pornos gemacht und kenne daher ein paar Agenturen, die Castings veranstalten.

»Geht hin und fragt sie. Sie wird euch weiterhelfen«, sagt die zierliche Sozialarbeiterin mit den kurzen, hell blondierten Haaren und kritzelt Name und Telefonnummer auf einen knallroten Notizzettel. »Sie heißt Gisela.«

Eigentlich gibt es viele Agenturen, die Pornodarsteller vermitteln. Wir hätten uns nur im Internet registrieren müssen, ein paar Fotos online schicken und so wahrscheinlich schnell etwas bekommen. Aber wir wissen nicht, wie es geht. Ich kann überhaupt kein Deutsch, auch Eagles Sprachkenntnisse sind nicht besonders toll. So verlassen wir uns komplett auf den Kontakt, den wir von der HYDRA-Beraterin bekommen. Wir sind sicher, dass die Expertin etwas für uns tun wird. Eagle ist sehr angetan.

»Das ist toll. Diese Frau wird uns alles zeigen. Du wirst sehen«, sagt er.

Noch am gleichen Tag ruft er Gisela an: »Hallo. Wir haben die Telefonnummer von HYDRA, und möchten wissen, wie das geht mit den Pornofilmen.«

Gisela ist fünfzig Jahre alt, macht Escort und hat eine eigene Firma. Einen Internet-Shop, wo man sexy Klamotten und Kondome kaufen kann.

»Ja, kein Problem«, sagt sie. »Ich kann Ihnen gerne helfen. Ich kenne privat den Chef einer bekannten Porno-Filmproduktion. Der Granti-Film. Ich kann das Formular aus dem Internet besorgen und Ihnen helfen, es auszufüllen.«

Sie hat schnell mitbekommen, dass wir aus sprachlichen Gründen dazu nicht in der Lage sind.

»Aber es kostet«, meint sie. »Mit einer Stunde werden wir nicht hinkommen, da brauchen wir bestimmt zwei oder drei Stunden. Sie müssen verstehen, ich mache Escort und meine Zeit ist kostbar. Ich nehme sonst hundertzwanzig Euro die Stunde. Ich würde Ihnen aber nur eine Stunde berechnen.«

Warum soll sie ihre Zeit umsonst opfern? Sie könnte währenddessen auch Kunden haben. Wir denken, vielleicht lohnt es sich, auch für die Zukunft. Also vereinbaren wir einen Termin bei ihr zuhause. Das Treffen dauert zweieinhalb Stunden. Das Geld will sie gleich am Anfang haben. Irgendwie eine komische Situation. Ich bin vierundzwanzig, sie über fünfzig, und ich soll sie bezahlen. Wir unterhalten uns auf Englisch und gebrochenem Deutsch. Sie hat zwei Formulare vorbereitet, die wir zusammen ausfüllen. Eines für mich, eines für Eagle. Dort musst du allerhand angeben. Wie groß bist du, wie alt, Brustgröße, Augenfarbe, Gewicht, Angaben über die Erfahrung mit Pornos. Was machst du alles. Mit einem Mann, mit zweien, Gangbang. Machst du anal, Französisch total, mit Sexspielzeug. Machst du es auch mit Frauen. Solche Sachen. Was motiviert dich, Porno zu machen. Wir geben unsere E-Mail und Telefonnummer an und Gisela schickt alles für uns ab.

Drei Wochen später klingelt mein Telefon.

»Hier ist Nick von Granti-Film. Wir drehen morgen und es gibt einen Job für dich. Aber allein, nicht für Eagle.«

Eagle hat mitgehört und nimmt mir das Telefon aus der Hand. Natürlich muss er zeigen, dass er sich kümmert.

»Hi, hier ist Eagle. Magdalena macht es aber nicht mit anderen Männern. Nur mit mir oder gar nicht. Damit das klar ist«, sagt er.

Das ist so besprochen, denn in Pornofilmen ficken sie meist ohne Kondom. Aber ohne will ich es nicht mit anderen Männern machen. Die Gefahr, sich mit Aids anzustecken, ist mir zu groß. Ich habe schon öfters davon gehört, dass es genau bei diesen Filmen zu Ansteckungen gekommen ist. Zwar müssen die Darsteller vor dem Dreh einen Test vorlegen, aber der ist zum Zeitpunkt des Drehens meist nicht mehr aktuell. Das Risiko will ich auf keinen Fall eingehen.

»Wir machen ›Robot-Sex 14‹. Das heißt, der Sexpartner ist eine Maschine«, antwortet Nick. »Sie macht Sex mit einem Metallgestell, mit einem Dildo dran. Ein Fickroboter. Der wird per Fernbedienung von einem Mann hinter der Kamera bedient. Also ganz hygienisch. Alles klar? Ich schicke euch eine SMS für den genauen Termin.«

Im Film sollen vier Frauen mitspielen. Drei haben sie schon, ich bin die vierte. Wir bekommen einen Termin für den nächsten Vormittag. Das Studio befindet sich in Kreuzberg, unscheinbar in einem Hinterhof versteckt. Von außen sieht man nichts. Ich wäre nie auf die Idee gekommen, dass hier Pornos gedreht werden. Am gleichen Tag habe ich auch einen Termin von der Zweihundert-Euro-Agentur bekommen. Für abends ab 21 Uhr in einem Hotel. Ich sage erst mal zu, wir wollen uns beeilen. Der Film soll zwei Stunden dauern, jedes Mädchen hat am Ende einen Auftritt von zwanzig Minuten. Ich bin in Unterwäsche und soll zunächst tanzen und einen Striptease machen. Danach ein bisschen mich selbst anfassen, um mich ›geil‹ zu machen, dann kommt die Maschine. Sex mit dem Fickroboter. Am Ende soll ich einen Orgasmus kriegen. So zumindest muss es aussehen. Zunächst werde ich geschminkt und die Haare werden gemacht. Von der Maskenbildnerin bekomme ich einen schönen flauschigen Bademantel. Ich fühle mich wie ein Filmstar. Die Unterwäsche habe ich von zuhause mitgebracht. Sie wollen sehen, was ich habe und wenn es nicht passt, mir andere geben. Ich habe rosa Wäsche dabei, ich trage immer rosa, das gefällt mir. Wenn mich ein Kunde mehrmals bestellt, wird er vielleicht denken, ich habe nur eine Garnitur. Aber so ist es nicht. Ich habe ganz viele, aber alle in der gleichen Farbe. Die Filmleute sind zufrieden mit der Unterwäsche. Dazu trage ich meine eigenen High Heels. Sie sind neu, ich habe sie in Bulgarien gekauft.

Zuerst darf ich bei den anderen zusehen. Ich muss ganz leise sein. Ein Mann mit Pferdeschwanz sitzt vor einem kleinen Monitor und gibt Anweisungen, was wie gedreht werden soll. Der Regisseur.

Er sagt »Stopp« und »Auf Anfang« und »Wiederhole dies oder jenes.«

Ein anderer bedient die Kamera. Er kommt manchmal bis auf wenige Zentimeter an die Muschi heran. Ich glaube, die Männer sind alle schwul. Außerdem sind noch mehrere Frauen da. Einige kümmern sich um die Schminke, andere um die Kostüme. Das Ganze findet in einer sehr geräumigen Wohnung statt. Es gibt viele große Zimmer und mehrere Bäder. In einem Raum ist ein Buffet mit Sandwiches und Getränken aufgebaut, an dem sich alle jederzeit bedienen dürfen.

Als die ersten drei Mädchen fertig sind, bin ich an der Reihe. Am Anfang machen sie ein Foto von mir und meinem Pass. Ich muss unterschreiben, dass ich damit einverstanden bin, dass der Film überall auf der Welt gezeigt und verkauft werden darf. Ich habe rot lackierte Fingernägel und bekomme passend dazu einen roten Dildo. Der wird vorn auf dem Roboterarm angebracht. Den Dildo kann man auswechseln. Jedes der Mädchen hat einen anderen bekommen. Da ist eine mit schwarzen Fingernägeln, die erhält einen schwarzen. Dummerweise habe ich heute meine Periode gekriegt. Damit ich nicht blute, habe ich mir einen Tampon reingesteckt. Ganz tief hinein. Hoffentlich merkt es niemand.

Sie bringen mich in einen großen Raum. Vor einer riesigen Fototapete mit Autoreifen und Rädern drauf soll ich tanzen.

Von der Decke hängen dicke Ketten herab, wie in einem Urwald. Ein Kettenurwald mit Lianen aus Eisen.

»Die Vertonung wird später gemacht«, erklärt mir der Regisseur, denn es gibt keine Musik.

Ich muss aber so tun, als würde ich welche hören. Das ist echt schwer und ich komme mir total blöd vor in dieser Stille. Es ist, als wenn ich im Trockenen schwimmen müsste. Welchen Rhythmus soll ich tanzen, wenn ich nichts höre? Ich soll erotisch tanzen. Erotisch. Gut. Ich ziehe mich langsam aus, mache den Silent-Strip. Dann ist Pause. Sie bringen mich zu einem Tisch, der mit einer roten Decke behängt ist. Ich soll mich selbst anfassen. Die Brüste und unten. Die Finger reinstecken. Dazu stöhnen, als ob es total geil wäre. Was es natürlich überhaupt nicht ist. Okay, ich befriedige mich manchmal selbst, aber ich stöhne nicht laut dabei und verziehe das Gesicht so, wie ich es hier machen soll.

»Du musst geil sein«, sagt der Mann hinter dem kleinen Bildschirm zu mir. »Und feucht.«

Aber wie soll ich feucht werden, wenn mir so viele Leute dabei zusehen? Sie geben mir ab und zu Öl zwischen die Beine. Ich liege auf dem Rücken und hebe die Hüfte zum Einfüllen des Öls. Das soll drin bleiben, bis wir wieder drehen und erst am Ende herauslaufen. Wie beim Orgasmus.

Nach der Masturbationsphase gibt es wieder eine Pause. Sie bringen mich zu einem runden Tisch, ebenfalls in rot gedeckt. Davor steht die Maschine. Sie besteht aus mehreren aneinander montierten Edelstahlstangen. Die Maschine hat nicht etwa Ähnlichkeit mit einem Menschen oder einem Roboter wie zum Beispiel dem C-3PO aus Star Wars. Das Ganze gleicht eher einer horizontalen Nähmaschine. Eine zwei Meter lange Stange läuft - über ein Gelenk verbunden - an einem Rad, vorne steckt der Dildo dran und stößt vor. Und dieser Dildo ist so verdammt groß. Ich muss ihn blasen und streicheln, alle Stellungen werden durchexerziert. Von vorne von hinten, von der Seite. Der Roboter fickt dich wie bescheuert.

Dabei macht er Geräusche wie in einer Fabrikhalle und der Regisseur ruft: »Tiefer, tiefer.«

Aber das ist kein Mann, der es mit Gefühl macht, sondern nur ein dummes Gerät, das in gleichmäßigem Tempo eine halbe Stunde lang in dich reindrischt. Das ist gar nicht toll. Aber es muss aussehen, als ob es mir Spaß macht. Am Ende soll ich einen Orgasmus simulieren. Aber wie echt. Nicht nur stöhnen und das Gesicht verziehen, sondern im ganzen Körper will der Pferdeschwanz-Mann den Höhepunkt sehen. Kurz davor füllen sie nochmal zwanzig Milliliter von dem Öl in mich hinein, damit am Schluss die Suppe fließt. Ich soll aufpassen, dass es nicht vorher herausläuft. Und das Maschinending fickt mich und fickt mich. Das Ende müssen wir drei oder vier Mal wiederholen, denn das Öl lässt sich nicht blicken.

»Wo ist das Öl? Warum kommt es nicht?«, fragt der Regisseur immer wieder.

Das ist wegen des Tampons, der zuverlässig seinen Dienst tut. Natürlich wissen sie nicht, dass ich meine Tage habe und sich in mir ein Schwamm befindet, der alles aufsaugt. Gottseidank ist der Dildo rot.

Mein Honorar für den Tag beträgt nicht etwa zweitausend oder wenigstens fünfhundert Euro, wie ich ursprünglich gedacht habe.

Nick hat es am Anfang gleich gesagt: »Es gibt zweihundert Euro. Du kannst es machen oder nicht.«

Ich habe noch mit Eagle diskutiert, ob sich das überhaupt lohnt, und ich es nicht lieber lassen soll.

»Naja, warum nicht. Erst mal zum Probieren. Vielleicht machen wir damit weiter«, sagte ich zu ihm.

Ich wollte es dann auch nicht nur wegen des Geldes, sondern um des Abenteuers, des Erlebnisses, der Erfahrung willen. Von den Zweihundert habe ich hundertzwanzig für die Expertin bezahlt. Es bleiben also achtzig, die ich aber mit Eagle noch teilen muss. Macht vierzig. Den anderen Abendtermin musste ich absagen, weil es so lange dauerte. Dafür habe ich mich von dieser

Maschine durchficken lassen. Es ist denn auch der erste und letzte Pornofilm, bei dem ich mitwirke. Eine Erfahrung reicht.

Die leuchtenden Farben des Sommers sind in die goldenen Brauntöne des Herbstes übergegangen und schließlich zum diesigen Grau-in-Grau des Berliner Winters verblasst. Ich stehe am Herd und draußen knallt es gewaltig. Dazwischen pfeifen Raketen. Dauerbeschuss der bösen Geister. Ich hoffe, sie hören es auch. Es ist unser erstes gemeinsames Silvester. Ich habe uns eine Pute gebraten, gefüllt mit Reis, Champignons und Sauerkohl. Neukölln haben wir inzwischen den Rücken gekehrt und sind in eine Einzimmerwohnung in Charlottenburg umgezogen. Alles ist sehr sauber und schön neu möbliert. Im neuen Jahr planen wir für kurze Zeit wieder nach Bulgarien zu fahren. Eigentlich läuft alles gut. Ich arbeite und Eagle bringt mich jeweils zum Termin. Auch als Paar kann man uns buchen. Manchmal besuchen wir andere Pärchen, mit denen wir zu viert Sex machen. Aber ich bin oft eifersüchtig. Ich kann es nicht gut ertragen, wenn er mit anderen Frauen schläft, während ich dabei zusehen muss. Ich liebe ihn sehr.

Leider habe ich mit der Zeit etwas zugenommen, denn an manchen Tagen sind wir wirklich wie Maschinen. Da gibt es kein Privatleben und oft habe ich nicht mal die Gelegenheit, mich zwischendurch auszuruhen oder etwas zu essen. Und wenn, gibt es in den kurzen Pausen hauptsächlich Fast Food. Schnell einen Döner, einen Hamburger oder Pizza. Manchmal Hähnchen mit Pommes oder Weißbrot dazu. Jedenfalls nur ungesundes Zeug. Ich wiege jetzt immerhin fast siebzig Kilo. Normalerweise sind es um die sechzig. Ich bin nicht richtig dick, schließlich bin ich groß und den meisten Kunden gefällt es auch. Aber ich finde, ich habe etwas zu viel Bauch und die Beine sind kräftiger als ich es mag. Zum Sportmachen ist einfach keine Zeit. Immer nur Termine, Termine, Termine. Und irgendwann muss ich ja auch mal schlafen. Für unsere Reise nach Plovdiv habe ich mir daher etwas überlegt.

Mittlerweile ist schon einiges zusammen gekommen, und weil ich mit meinem Körper weiter Geld verdienen will, habe ich mir vorgenommen, etwas in mein Kapital zu investieren. Ich will mir Fett absaugen und meine Brüste machen lassen und auch die Lippen etwas vergrößern, wenn wir in Bulgarien sind. Dort kostet es in etwa nur halb so viel wie in Deutschland. Ich möchte mich auch mal ein wenig wie ein Filmstar fühlen. Das finde ich reizvoll. Natürlich könnte ich auch zwei Monate Sport machen und weniger essen. Aber warum soll ich mir nicht etwas gönnen? Den ganzen Tag bin ich unterwegs, dann will ich auch essen, was ich mag und mich nicht noch mit einer Diät stressen. Natürlich wäre es gesünder, nach 18 Uhr nichts mehr zu mir zu nehmen, aber ich habe einen so unregelmäßigen Tagesablauf und schlafe oft zwischendurch nur ein, zwei Stunden. Ich bin vierundzwanzig Stunden buchbar und muss immer erreichbar sein. Aber ich mache mir keinen Kopf. Die Schönheitsklinik wird es schon richten. In Bulgarien gibt es eine Reihe solcher Kliniken. Ist sehr beliebt bei bulgarischen Frauen. Meine befindet sich in Pazardzhik, nicht weit von Plovdiv entfernt. Dort lassen sich auch bekannte Schauspielerinnen und Sängerinnen behandeln. Das ist genau das Richtige für mich. Außerdem kann ich es mir leisten. Wir fahren also zurück nach Plovdiv, unsere Wohnung dort haben wir ja behalten, und ich kann meine Familie, meinen kleinen Sohn, und meine Freundinnen sehen.

15. KAPITEL

Dr. Ivanov

Schon als Kind war ich geil auf Ärzte. Ich weiß nicht wieso, aber wenn ein Mann Arzt war und deutlich älter als ich, dann hat mich das heiß gemacht. Das war schon bei meinem Kinderarzt so, selbst beim Zahnarzt oder später auch beim Gynäkologen. Klar, das passierte mir nicht bei jedem Arzt, aber wenn er nur ein wenig sympathisch war und so ein gewisses Etwas in der Stimme hatte, machte mich das an. Als Mädchen hatte ich immer diese Fantasie. Die Frau geht zum Arzt und sie haben Sex. Natürlich nicht sofort. Es beginnt langsam, völlig unverfänglich eigentlich. Sie zieht sich aus, legt ihre Kleidung über einen Stuhl. Er bittet sie, sich auf die weiße Liege zu legen. Er fasst sie an, um sie zu untersuchen, berührt sie hier und da, ganz sachlich, wie ein Arzt es eben so macht. Und sie wird immer erregter. Sie spürt, wie ihre Muschi feucht wird. Ihr Herzschlag wird schneller. Sie liegt nackt vor ihm, sein weißer Kittel ist schon geöffnet, dann kommt seine Hose dazu und er nimmt sie auf der Untersuchungsliege. Ich werde manchmal schon feucht, wenn ich den Arzt nur in seinem weißen Kittel sehe.

Ich habe also diesen Termin in der Klinik in Pazardzhik vereinbart. Es ist der 6. Januar. Ich weiß nicht, wer der Arzt ist, der die Schönheitsoperation machen wird. In der Klinik gehe ich zunächst ins Sekretariat, um zu sagen, dass ich wegen des Beratungsgespräches da bin. Die Sekretärin meint, ich habe noch zwanzig Minuten, bis der Arzt Zeit für mich hat. So gehe ich erst mal wieder hinunter in die Cafeteria, um mir einen Kaffee zu holen und eine Zigarette zu rauchen. Ich bin gespannt, wer der

Arzt wohl sein wird. In der Cafeteria sitzen viele Leute mit grünen und weißen Kitteln. Einige davon sind Ärzte. Einer von ihnen, er steht ein paar Meter von mir entfernt am Fenster, schaut in die Ferne und raucht. Ich weiß nicht wieso, aber unter all den Menschen hier weckt dieser eine meine Aufmerksamkeit. Sein Gesicht sieht irgendwie pervers aus, so mein erster Gedanke.

Ein paar Minuten später gehe ich wieder hinauf, um den Arzt zu treffen, der mich behandeln soll. Die Assistentin führt mich in das Behandlungszimmer und siehe da, es steht eben jener Arzt vor mir, den ich unten in der Cafeteria gesehen habe. Ich stelle mich vor und erzähle ihm, was ich will. Fett absaugen und die Brüste machen lassen. Ich soll mich ausziehen, damit er meine Problemzonen begutachten kann.

»Es gibt fünf verschiedene Zonen«, erklärt er mir.

Bei mir sind alle fünf Zonen problematisch, denn ich will ganz schlank sein. Die erste Zone ist die Innenseite der Oberschenkel, die zweite die Innenseite der Beine im Bereich der Knie, die dritte Zone ist der Hüftgoldbereich, da ist es recht speckig, und das soll auch weg. Die vierte Zone bestimmt er an der Unterseite der Oberschenkel, direkt unter dem Po und Nummer fünf ist schließlich der Bauch. Das Fettabsaugen jeder Zone kostet fünfhundert Euro, also insgesamt zweitausendfünfhundert.

Er tastet alle Zonen ab, um festzustellen, wie viel Fett er würde entfernen müssen, auch die Brüste nimmt er sich vor. Die sind nicht klein. Eine gute fünfundsiebzig C. Allerdings bin ich nicht zufrieden mit ihnen. Sie hängen etwas, das heißt die Brustwarzen schauen nicht mehr so spitz nach oben wie bei einer Zwanzigjährigen. Das ist kein Wunder, schließlich habe ich auch schon ein Kind geboren und gestillt. Auch ist mein linker Busen etwas größer als der rechte und hängt deswegen etwas mehr. Na gut, das ist bei jeder Frau so, die Brüste sind nie ganz symmetrisch. Eine ist immer ein wenig anders als die andere. Bei Männern sind die Hoden auch nie ganz gleich. Der Plan ist, die Brust auf eine fünfundsiebzig D bis DD zu vergrößern. Sie sollen gleichmäßiger sein und auch wieder fester. Aber es muss schon noch natürlich aussehen und nicht wie bei manchen Frauen, bei denen es wirkt, als hätte man ihnen Tennisbälle implantiert.

Die Untersuchung verläuft ruhig und sachlich. Nachdem Dr. Ivanov alle Zonen geprüft hat, erklärt er mir, er würde den größeren zunächst verkleinern und dann pro Busen ein dreihundertfünfzig Milliliter großes Silikonimplantat einsetzen, damit sich der gewünschte Effekt einstellt. Ich bin zufrieden. Anschließend muss ich noch zum Anästhesisten. Der will mich überzeugen, nicht alle Operationen auf einmal beziehungsweise in so kurzer Abfolge machen zu lassen. Das Risiko sei zu hoch. Zwischen den Behandlungen müsse man jeweils einen Monat Pause machen, denn eine solche Operation sei ziemlich anstrengend für den Körper. Doch ich will nicht monatelang mit dieser Sache zubringen. Schließlich soll ich so schnell wie möglich wieder arbeiten. Und so wird es denn auch gemacht. Wir verabreden den 12. Januar für das Fettabsaugen, die Brust-OP will Dr. Ivanov drei Tage später durchführen. Ich zahle die Gesamtsumme cash im Voraus. Wir bekommen ein V.I.P.-Doppelzimmer mit zwei Betten und Bad für fünf Tage. Es ist praktisch wie ein Hotelzimmer, nur dass wir in einer Klinik sind. Eagle wohnt bei mir, damit er mir helfen kann. Die ganze Prozedur ist sehr schmerzhaft. Tagelang bin ich mit Schläuchen, aus denen Blut träufelt, gespickt und ich muss stillliegen. Aber das geht vorbei.

Ärzte regen – wie gesagt – meine Fantasie sofort an. Aber bis dahin ist nichts mit dem Doktor gewesen. Wir sind uns sympathisch, mehr nicht. Dr. Ivanov ist siebenundvierzig Jahre alt, er hätte also mein Vater sein können, nicht sehr groß, in etwa so wie ich. Er ist sportlich gebaut, nehme ich zumindest an. Er trägt ja immer diese Arztkluft, einen weißen Kittel und dazu etwas weiter geschnittene, weiße Hosen. Vielleicht finden ihn die meisten Frauen nicht sonderlich attraktiv, aber mir gefällt er sehr. An seinem Gesicht finde ich besonders die untere Hälfte interessant. Er hat eher schmale Lippen, aber sehr fein geschnitten und von schön geschwungener Form. Ein markantes Merkmal ist ein Grübchen unten in der Mitte seines Kinns. Das finde ich sehr männlich und total sexy. Auch das Timbre seiner Stimme ist sehr angenehm. Er spricht langsam und ruhig, was auf mich zugleich beruhigend und erregend wirkt.

Nach der Operation kommt er ein paar Mal in mein Zimmer, um sich zu erkundigen, wie es mir geht und ob etwas schmerzt. Ich mag das wohlriechende Parfum, das dann dezent das Zimmer erfüllt und auch noch Minuten später nicht verflogen ist, als er den Raum längst wieder verlassen hat. Nicht, dass ich sonst sehr auf Parfums geachtet hätte, aber hier will meine Nase unbedingt eine Ausnahme machen. Ich richte es ein, ihn mehrmals in seinem Behandlungszimmer aufzusuchen. Zum Beispiel, um mir Rezepte für Cremes zur Narbenbehandlung zu holen oder wenn ich Fragen habe. Sobald ich bei ihm bin und er zu mir spricht, spüre ich, wie ich unten feucht werde. Ich bin permanent geil. Natürlich bin ich sehr zurückhaltend und behutsam, denn ich weiß ja nicht, ob er mich auch mag und ebenso Lust auf mich hat wie ich auf ihn. Ich begrüße ihn immer mit Küsschen auf die Wange, ganz zart, aber nicht zu zärtlich, denn ich will es nicht zu offensichtlich machen. Ich nutze die Gelegenheit dann jeweils, um diese Begrüßungsküsschen etwas auszudehnen und seinem Mund jedes Mal ein klein wenig näher zu kommen.

Nach ein paar Tagen fahren Eagle und ich wieder in unsere Wohnung nach Plovdiv. Dr. Ivanov hat mir mindestens einen Monat Ruhe verordnet, also kommt auch keine längere Autoreise in Frage. Sechs Wochen lang soll ich außerdem ein spezielles Korsett tragen, das die operierten Zonen stabilisiert und das Wachstum lenkt. Auch muss alles steril bleiben. Es darf nichts bei mir angefasst werden. Ich kann auf keinen Fall arbeiten. Somit ist klar, dass wir bis Ende Februar in Bulgarien bleiben.

Mit unserem Sexleben bin ich überhaupt nicht zufrieden. Eagle guckt permanent Pornos. Wenn er sich einen Film anschaut, wird er geil und spielt an sich herum. Okay, er kommt nicht bis zum Schluss, aber er tut es, um sich in Stimmung zu bringen. Als wir uns kennenlernten, machte er das nie. Was soll das? Bin ich nicht hübsch, nicht jung genug? Vielleicht ist es ihm schon langweilig mit mir. Und das schon nach ein paar Monaten des Zusammenseins? Ich bin verliebt und habe jeden Tag Lust auf ihn, doch er wird nur geil beim Porno schauen. Na schön, das Fettabsaugen hat seine Spuren hinterlassen. Der Körper ist übersät mit blauen Flecken. Dazu kommen das Korsett und die Verbände an den Brüsten. Ich bin also ziemlich lädiert. Das ändert aber nichts daran, dass ich Lust habe. Ich bin feucht und will meinen Orgasmus haben.

Was tut Eagle? Jedes Mal, wenn wir Sex haben, schaltet er sich dazu den Porno-Channel an. Er glotzt auf den Bildschirm, während er mich von hinten nimmt. Mein Gott, ist das demütigend. So hat mich in meinem Leben noch niemand behandelt. Wieso muss er einen Porno gucken, um Spaß mit mir zu haben? Bin ich nur ein Fickloch für seinen Schwanz? Eine Sexpuppe oder was? Er streichelt mich nicht, keine Küsse, er ist kein bisschen zärtlich zu mir. Nichts. Na gut, er kann meine Brüste nicht richtig anfassen, alles muss ja steril bleiben. Die ganzen blauen Flecken bekommt Eagle allerdings nicht zu Gesicht. Ich trage ja diesen speziellen Ganzkörperanzug, der unten an der Muschi eine Öffnung hat, damit ich Pipi machen kann. Durch dieses Loch fickt er mich.

Andere Male, wenn wir Lust bekommen, leckt er mich, bis ich komme, legt sich dann gleich auf den Rücken und greift mit der Hand nach der Fernbedienung, um wieder den Pornokanal anzuschalten. Ich soll ihm dann einen blasen. Ich lutsche also seinen Schwanz und er schaut über mich hinweg auf den Bildschirm, Stöhn-Kulisse inklusive. Ich spiele keine Rolle mehr, bin nur noch Blasmaschine. Da kann er es sich doch eigentlich gleich selber machen, oder? Aber das ist wohl zu viel Arbeit für ihn. Ich bin sauer, aber ich tue, was er verlangt. Okay, man macht manchmal so Sachen. Und mit diesem Korsett bin ich auch nicht in der Verfassung, wie er es gewohnt ist. Aber wenn du deinen Partner liebst, und er dich so behandelt? Das stört mich schon sehr. Würde ich ihn nicht lieben, wäre es mir vielleicht egal, aber so ist es eben nicht.

Vielleicht ist er auch nur wegen des Geldes mit mir zusammen. Was bin ich eigentlich für ihn? Bin ich nur das Huhn, das goldene Eier legt? Er hat eine junge hübsche Freundin, mit der er sich in der Öffentlichkeit zeigen kann. Ein schmückendes Accessoire, das ihn gut aussehen lässt. Die Erinnerung daran, wie er mich manches Mal mit Besitzerstolz, seinen Arm um meine Hüfte gelegt, in ein Café oder Restaurant geführt hat, erscheint mir nun in einem anderen Licht. Dabei habe ich es immer sehr genossen, wie seine Freunde ihn und mich anschauten. Voller Bewunderung und auch ein bisschen neidisch. Nun ist er oft aggressiv zu mir oder zumindest unfreundlich. Na gut. Er hat auch Probleme mit seinen Nerven, nimmt immer diese Antidepressiva. Das verursacht starke Stimmungsschwankungen, und er ist dann zeitweise unberechenbar.

Nach ein paar Tagen in Plovdiv will ich mir Locken machen lassen. Eine Dauerwelle. Wir fahren zu einem bekannten Friseursalon in der Innenstadt. Die Chefin ist eine hübsche junge Frau Anfang zwanzig. Groß, schlank mit langen blonden Haaren. Allerdings sind die nicht echt, so wie meine. Ich habe gleich gesehen, dass sie Extentions hat. Sie sieht aus wie eine Puppe. Perfekt gestylt. Teure Klamotten, tolle Maniküre und Makeup. Alles top. Der Salon ist weitläufig und es schwirren rund zwanzig Friseurinnen, Visagistinnen und Mädchen für die Maniküre herum. Freilich macht sie nichts selbst, sondern koordiniert nur alles. Lässig thront sie an der Theke und gibt den Mädchen ihre Anweisungen. Meine Behandlung dauert seine Zeit. Über eine Stunde muss ich dasitzen. Verschiedene Mittelchen werden einmassiert. Die Haare werden gewaschen und ausgespült, auf Lockenwickler aufgedreht und unter eine Haube gesteckt. Eagle, der Langeweile hat, steht die ganze Zeit bei der flotten Blonden am Tresen und unterhält sich angeregt. Er lacht und flirtet mit ihr. Mich kann er von da aus nicht sehen. Ganz im Gegensatz zu mir. Während ich auf dem Friseurstuhl etwas abseits hinter einer spanischen Wand sitze, beobachte ich das Geschehen über mehrere sich gegenüberliegende Spiegel. Okay, ich erwarte nicht, dass er die ganze Zeit bei mir hockt und mit mir Händchen hält. Aber schließlich mache ich das Ganze auch, um ihm zu gefallen.

Mein Korsett schränkt mich sehr ein. Duschen und Haare waschen sind nur schwer möglich. Deshalb gehen wir alle zwei Tage in den Friseursalon. Eagle macht sich dann jedes Mal vorher schick, parfümiert sich und gibt dort den charmanten Womanizer. Ich bin genervt, ich bin sauer, ich bin eifersüchtig. Manchmal, wenn ich es mir selbst mache, denke ich nicht mehr an ihn so wie früher, sondern stelle mir dabei meinen Arzt vor. Ich will ihm eigentlich treu sein, wir sind ja zusammen und ich liebe ihn, aber Eagles Verhalten lässt mich zumindest in Gedanken schon untreu werden.

Nach einer Woche muss ich wieder in die Klinik zu einer Nachuntersuchung. Wir fahren von Plovdiv zusammen mit dem Auto hin. Die Heilung verläuft optimal, ich habe keine Probleme. Ich soll bei Dr. Ivanov aber einige Rezepte bekommen und ein paar Pflaster müssen gewechselt werden. Ich betrete sein Privat-Office, ein spezielles Büro und Behandlungszimmer, wo normalerweise keine Krankenschwestern oder anderes Personal hereinkommt. Eagle sitzt indes auf dem Flur und wartet.

Bevor ich mich zur Untersuchung ausziehe, frage ich ihn: »Sagen Sie, Dr. Ivanov, was denken Sie? Ist es normal, dass mein Freund keine Lust mehr auf mich hat?«

»Warum?«, fragt er und schaut mich verwundert an.

»Na ja, mein Freund, er wartet jetzt draußen, er will keinen Sex mehr mit mir machen. Er findet mich nicht mehr attraktiv. Er meint, alles ist jetzt künstlich an mir. Er sagt, ich bin schlank, weil Sie das gemacht haben, ich habe große Brüste, weil Sie das gemacht haben. Das gleiche sagt er von meinen Lippen.«

Bei der Operation hat Dr. Ivanov mir etwas Eigenfett vom Knie in die Lippen gespritzt, so dass sie jetzt um einiges voller sind als vorher. Das wird nach einem halben Jahr wieder weggehen. Ich finde, es sieht sehr schön aus. Es ist gar nicht so übertrieben, wie manche es machen lassen, die dann aussehen wie Schnatterinchen. Eagle jedoch gefällt es überhaupt nicht.

Er meint: »Wenn ich dich küsse, wird mir übel. Deine Lippen sind total künstlich, alles ist jetzt künstlich an dir.«

Ob das wirklich der Grund ist, weiß ich nicht. Vielleicht hat er auch etwas von der Chemie gespürt, die zwischen mir und dem Arzt besteht. Vielleicht ahnt er etwas, hat eine mir unbewusste Veränderung in meinem Verhalten bemerkt, die mit meiner Lust auf den Doktor zu tun hat.

»Ich verstehe nicht, weshalb Ihr Freund keine Gefühle mehr für Sie haben sollte. Sie sind eine sehr attraktive Frau«, sagt Dr. Ivanov zu mir.

Das ist natürlich Balsam für mich. Ich strahle ihn an. Er lächelt ebenfalls und bittet darum, mich nun für die Untersuchung auszuziehen. Er will Fotos machen, um das ›Vorher-Nachher‹ zu dokumentieren. Ich entkleide mich langsam und lege meine Sachen ordentlich auf einen Stuhl. Ich stehe nackt vor ihm und beobachte ihn dabei, wie er mich mit einer kleinen Kamera fotografiert. Ich will es jetzt einfach tun, will mit Dr. Ivanov schlafen. Nicht nur, weil ich ihn sehr erotisch finde, sondern auch als kleine Rache an Eagle. Er sitzt in diesem Moment immer noch draußen vor der Tür. Mir ist klar, dass er mir das nicht verzeihen würde, wenn er es mitbekäme. Es soll mein süßes Geheimnis sein, soll mir innere Genugtuung verschaffen. Dafür, dass er mich so mies behandelt hat. Ich will es ihm heimzahlen.

Dr. Ivanov legt die Kamera auf seinen massiven Schreibtisch zurück. Ich mache einen Schritt auf ihn zu, so dass ich direkt vor ihm stehe.

»Ich fühle mich so schlecht. Schau nur, wie ich jetzt aussehe mit meinen ganzen blauen Flecken. Mein Freund ist so abweisend zu mir, ich fühle mich schon gar nicht mehr richtig als Frau.« Ich beginne, ihn zu umarmen und lege meinen Kopf auf seine Schulter.

»Sei nicht traurig, das wird wieder. Du wirst sehen, alles wird gut. Nach einem Monat ist es verheilt«, tröstet er mich, ohne die Umarmung zu erwidern.

Meine Lippen suchen die seinen und ich küsse ihn sanft.

»Du bist so hübsch, mach dir keine Sorgen«, unterbricht er den Kuss.

»Glaubst du, dass ein Mann Lust auf mich haben kann?«, hauche ich in sein Ohr.

»Natürlich, das ist doch gar keine Frage«, erwidert er sanft.

Doch so leicht will er sich nicht verführen lassen. Immerhin bin ich seine Patientin, und er ist der Chefarzt der Schönheitschirurgie bei einer Untersuchung. Ein klares Tabu. Ich umarme ihn weiter und unsere Lippen berühren sich erneut. Er reagiert jedoch immer noch nicht, bleibt ganz passiv. Dort wo meine Taille beginnt, berührt er nur ganz leicht meinen nackten Rücken, zieht seine Hand aber gleich wieder zurück. Ich küsse noch einmal seinen Mund. Als ich mich ein wenig von ihm löse, sehe ich, wie er sich ganz leicht über seine Lippen leckt. Das ist mein Signal. Ich drücke mich enger an ihn und fahre fort, ihn zu küssen. Endlich kann er nicht mehr widerstehen. Er erwidert den Kuss. Anfangs noch schwach widerstrebend. Ich streichele über seinen Nacken und spüre die Kühle des Stethoskops auf meiner nackten Haut. Meine Erregung wächst. Ich lasse meine Hand seine Brust hinab zu seinem Gürtel und zwischen seine Beine gleiten und fühle, wie hart er ist. Ein glücklicher Schauer durchfährt mich. Der ›Point of no Return‹ ist erreicht. Ich greife zur Seite nach meiner Handtasche und hole ein Gummi heraus. Natürlich habe ich immer welche dabei. Ich nehme das Kondom in den Mund, gehe vor ihm auf die Knie und stülpe es ihm über seinen steifen Penis. Dann nehme ich ihn tief in meinen Mund, sauge an ihm, ziehe ihn wieder ein Stück heraus und lecke ihn mit meiner Zungenspitze an der Unterseite seiner Eichel, nehme ihn wieder ganz auf. Seitlich befindet sich ein großer Spiegel, in dem ich die ganze Szene gut sehen kann. Es ist ein schönes Bild. Er steht, den Kopf immer wieder in den Nacken legend und wieder vorkommend in seiner weißen Kluft an den dunklen Schreibtisch gelehnt da, die Hände in meine langen, gelockten Haare gegraben. Mein Haar reicht nun bis fast auf den Boden und bedeckt meinen nackten Körper seitlich wie ein goldenes Gewand.

»Mein Gott du bist so wunderschön. Du bist wie ein Bonbon, eine köstliche Praline ...«, bringt er hervor.

Er ist entzückt und überschüttet mich mit Komplimenten. Das ist schön und tut mir so gut. An seinem Schreibtisch steht ein Sessel mit Armlehnen und dunkelgrünem Lederbezug. Ich drehe mich, beuge mich über den Sessel und öffne mich ihm, strecke mich ihm entgegen, damit er mich von hinten nehmen kann. Er umfasst meine Hüften, zieht mich zu sich heran und dringt genussvoll in mich ein. Es ist überirdisch. Der Arzt, der meinen Körper neu modelliert hat, quasi wie ein Bildhauer oder ein göttergleiches Wesen in Weiß, vereinigt sich mit mir, seinem Geschöpf. Welches Gefühl muss das für ihn sein? Fühlt er die Macht, die er ausstrahlt? Das ganze dauert nur wenige Minuten. Natürlich komme ich nicht, er leckt mich auch nicht oder fasst mich viel an. Mein Körper ist ja noch bedeckt mit blauen Flecken und Pflastern. Außerdem könnte jeden Moment jemand herein kommen, denn die Tür ist nicht verschlossen. Der Stress aber, verursacht durch die Gefahr, entdeckt zu werden, steigert unsere Lust nur umso mehr. Und wir müssen leise sein. Anstatt laut zu stöhnen und so vielleicht die Aufmerksamkeit des Krankenhauspersonals zu erregen, bringt uns unsere Geilheit zur Implosion. An der Tür ist glücklicherweise außen eine Kamera angebracht, so dass wir von innen auf einem kleinen Bildschirm sehen können, wenn jemand kommt. Es ist ein rauschhafter Sturm der Lust, der sich wünscht, er möchte nie zu Ende gehen.

Nachdem wir uns noch zwei Minuten entspannt haben, ziehe ich mich wieder an und sage: »Auf Wiedersehen, Dr. Ivanov.«

»Auf Wiedersehen, Frau Nirva«, antwortet er und lächelt.

Zufrieden verlasse ich das Behandlungszimmer. Als ich herauskomme, sitzt Eagle wie erwartet auf dem Flur. Er hat nichts mitbekommen.

Wir fahren zurück nach Plovdiv, wo wir den ganzen Februar über bleiben wollen. Mein erstes Ziel habe ich erreicht. Aber das ist mir nicht genug. Ich will mit meinem Arzt einen richtigen Orgasmus bekommen. Was nützt es mir, wenn ich Sex habe und nicht auch voll auf meine Kosten komme? Ich überlege. Wie kann ich es anstellen, Dr. Ivanov wieder zu treffen und ein wenig mehr Zeit mit ihm zu verbringen? Aber ohne den Stress, dass Eagle draußen vor der Tür sitzt. So aufregend es gewesen ist, richtig entspannen konnte ich mich dabei nicht. Ein Problem ist, dass Eagle immer eifersüchtig über mich wacht. Wir sind die ganze Zeit zusammen, andere Leute treffen wir kaum. Wenn ich einmal raus gehe, um mir Zigaretten oder Kaffee zu kaufen, klingelt bereits nach kurzer Zeit mein Handy.

»Wo bist Du? Was machst Du?«

»Ich bin nur kurz Zigaretten kaufen. Kann ich nicht mal zwei Minuten für mich sein?«

»Sag mir, wo du bist. Ich komme mit dem Auto und hole dich ab.«

Er kontrolliert mich ständig, macht mir Stress. Was denkt er sich? Soll ich fremdgehen mit all meinen Binden und Pflastern? Was soll dieser Terror? Vielleicht hat er Angst, ich könnte jemanden kennenlernen und mit ihm Schluss machen. Seine Einnahmequelle wäre futsch. Was würde dann aus ihm? Wer würde das Geld für ihn verdienen? Ich soll auch deshalb keine anderen Leute allein treffen, weil die Geschichte, dass ich für ihn als Prostituierte arbeite, unbedingt geheim bleiben soll. Ich darf niemandem davon erzählen. Klar. Zuhälterei ist verboten. Er könnte dafür in den Knast gehen. Daher ist er permanent bei mir. Egal ob ich etwas einkaufen gehe oder beim Friseur bin. Er will dabei sein und hören, was ich mit anderen rede. Einmal bin ich in einem kleinen Supermarkt bei uns um die Ecke. Es sind keine Kunden im Laden, und ich stehe mit der Verkäuferin davor auf der Straße, trinke Kaffee und rauche eine Zigarette. Es vergehen keine drei Minuten, da klingelt schon wieder mein Telefon. Es ist Eagle.

»Wo bleibst du so lange?«

»Ich steh hier und rauche eine, trinke Kaffee und unterhalte mich.«

»Du kannst auch zuhause Kaffee trinken und mit mir quatschen. Komm sofort nach Hause, Schlampe.«

Selbst zu seinen Terminen nimmt er mich mit. Zum Beispiel, wenn er das Auto reparieren lassen muss. Ich habe keinerlei Privatsphäre. Es ist also schlichtweg unmöglich, ein geheimes Treffen mit meinem Arzt zu vereinbaren.

Eagle hat einen griechischen Vater und daher diese klassische, leicht gebogene Nase. Als er bei der Armee war, hat er sich irgendwann mit einem anderen Soldaten geprügelt und sich dabei die Nase gebrochen. Danach ist sie ein bisschen schief wieder zusammengewachsen. Man sieht es nicht gleich auf den ersten Blick, aber die Spitze ist etwas zur Seite gebogen. Ich finde, es macht ihn charmanter und irgendwie interessanter als Mann. Als wir uns kennenlernten, hat er mir mal gesagt, falls er einmal zu Geld käme, würde er sich die Nase richten lassen. Mit einer plastischen Operation. Er hat natürlich auch schon früher gutes Geld verdient, als er diese Falschgeldgeschichte in Österreich durchzog. Aber davon ist ihm nach häufigen Casinobesuchen nichts geblieben. Er ist die Sache also nie angegangen. Er hat wohl auch Angst, dass er danach schlimmer aussehen könnte als vorher. Und allein würde er das nie durchziehen. Er braucht jemanden, der ihn dabei begleitet.

Eines Abends kommt unser Gespräch darauf zurück, sich die Nase operieren zu lassen. Wer könnte das besser als Dr. Ivanov, denke ich mir sofort. Eagle würde dann einige Tage in der Klinik bleiben müssen, und ich könnte die Gelegenheit nutzen, um meinen Arzt wiederzusehen. Mein Plan ist es fortan, Eagle dazu zu überreden, die Operation bei Dr. Ivanov machen zu lassen. Aber ich muss vorsichtig sein. Wenn ich es ihm direkt vorschlagen würde, könnte er womöglich misstrauisch werden. Er würde mich vielleicht fragen, warum er unbedingt zu diesem Arzt gehen soll. Wenn ich ihn zu sehr drängen würde, könnte es genau das Gegenteil vom dem bewirken, was ich eigentlich will. Also tue ich erst mal so, als ob es mir gar nicht so wichtig ist.

»Ja, mach doch, wenn du das möchtest«, sage ich nur.

»Meinst du?«, fragt er.

»Naja, wir haben jetzt einen Monat. Die Gelegenheit wäre günstig. Außerdem, was sollen wir die ganze Zeit hier in Plovdiv machen? Ich kann mir vorstellen, dass du danach sehr gut aussehen wirst.«

Eagle ist eitel und immer sehr auf sein Äußeres bedacht.

Am nächsten Morgen stehe ich vor dem Spiegel und betrachte mich.

»Schau mal, wie schön meine Brüste jetzt aussehen. Alles ist fast verheilt, auch das Fettabsaugen wird keine Narben hinterlassen. Dr. Ivanov scheint mir wirklich ein guter Arzt zu sein und plastische OPs wie eine Nase hat er schon oft gemacht.«

Ich lasse noch ein paar Tage vergehen, bringe ab und zu das Gespräch auf dieses Thema, tue aber weiter so, als sei es mir nicht sonderlich wichtig. Meine Strategie hat Erfolg. Auch habe ich mit Dr. Ivanov telefoniert und besprochen, dass er die Operation für einen Sonderpreis machen würde. Das gibt schließlich den Ausschlag.

In der Klinik bekommen wir das gleiche Zimmer wie bei meiner Operation. Während Eagle von Dr. Ivanov operiert wird, warte ich dort. Nach einer Weile kommt eine Schwester herein.

»Dr. Ivanov erwartet Sie in seinem Kabinett.«

Es ist an diesem Tag auch eine Nachuntersuchung bei mir vereinbart. Als ich eintrete, frage ich den Doktor gleich nach Eagle.

»Wo ist mein Freund, ist alles in Ordnung?«

»Ja, alles bestens. Er ist noch im Operationsraum, aber er ist schon fertig und wird dann gleich wieder in euer Zimmer gebracht. In einer Dreiviertelstunde wird er wieder aufwachen.«

Er trägt noch OP-Kittel und Mütze und hat den Mundschutz zum Hals herunter geschoben. Er riecht quasi noch nach Eagle, den er bis eben operiert hat. Jetzt kann ich mich ihm hingeben, ohne dass wir gestört werden.

Seit ich mit Eagle zusammen bin, ist dies das erste Mal, dass ich fremdgehe und es richtig genießen kann. Das heißt nicht, dass ich so etwas schon länger vorgehabt hätte. Ich liebe Eagle und will ihm auch treu sein. Gut, ich habe zwar viele Kunden, aber das ist eben der Job. Auch wenn es manchmal mit dem einen oder anderen geil gewesen ist, und ich einen Orgasmus bekommen habe, Gefühle waren nie dabei. Auf jeden Fall bin ich niemals freiwillig, ohne dass ich dafür Geld bekomme, zu einem anderen Mann gegangen. Hier ist es anders, denn Eagle hat mich schlecht behandelt und es nicht anders verdient, als dass ich ihn hintergehe. Und ich bin sicher, dass er mich nicht stören wird. Er kann mich nicht anrufen oder sonst wie stressen, denn er ist per Narkose außer Gefecht gesetzt.

Kaum, dass ich es erwarten kann, ihn in mir zu spüren, küsse ich ihn und öffne seine Hose. Dann wende ich mich herum und lege mich über den Schreibtisch, damit er mich wieder von hinten nehmen kann. Es ist nicht wild oder animalisch, aber sehr lustvoll. Das liegt wohl auch daran, dass ich begonnen habe, etwas für Dr. Ivanov zu empfinden. Auf ein Kondom verzichte ich diesmal. Eigentlich mache ich das nie, aber ich vertraue ihm. Schließlich nehme ich regelmäßig die Pille. Auch ist er ein berühmter Arzt. Er schläft bestimmt nicht mit jeder. Das Risiko, dass er Aids hat, ist somit gleich null. Es ist so geil, so wundervoll, dass mich schon nach kürzester Zeit der heiße Strudel erfasst. Ich komme. Wenige Augenblicke später spüre ich, auch sein Höhepunkt ist nahe. Er zieht ihn heraus, ich drehe mich wieder zu ihm, gehe hinunter auf die Knie und lasse ihn sich in meinen Mund ergießen. Er hat seine weiße Arztkluft an, wohin soll er spritzen? Außerdem will ich seinen Geschmack testen, sein Sperma schmecken, in meinem Mund.

Zu lange kann ich jedoch hier nicht bleiben. Mein Ziel habe ich erreicht. Und so verlasse ich nach ein paar Minuten das Kabinett, um nach Eagle zu sehen. Ich gehe zunächst hinunter in die Halle und hole mir schnell noch am Kiosk eine Zeitung. Als ich wieder oben bin und die Tür zu unserem Zimmer öffne, sehe ich Eagle im Bett liegen. Vor ein paar Minuten schon haben ihn die Schwestern hereingebracht. Er kann zwar nicht richtig sehen, so wie das nach einer Vollnarkose nun mal ist, und er ist noch benommen. Es ist ihm aber aufgefallen, dass ich bei seiner Ankunft nicht im Zimmer gewesen bin.

Als er mich bemerkt, ruft er nach mir: »Wo warst Du? Ich wollte dich anrufen. Komm her zu mir, Schatzi. Ich brauche dich. Setz dich zu mir.« Er deutet mit einem Nicken zur Bettkante.

»Mir war nur langweilig vom Warten. Ich bin unten ein wenig spazieren gegangen und habe mir eine Zeitung gekauft.«

Wie er da so liegt im Bett, mit seinem Gesichtsverband, total schwach, die Augen halb geschlossen, tut er mir leid. Eagle hat zwei blutige Tamponagen in den Nasenlöchern, sodass er nur durch den Mund atmen kann. Das halbe Gesicht oberhalb der Nase ist dick angeschwollen und unter den Augen hat er blaue und grüne Flecken. Es sieht aus, als wenn er sich geprügelt hätte. Dazu kommt eine Art roter Kleopatra-Lidstrich aus Bluterguss an den oberen Augenlidern, der sich jeweils seitlich fortsetzt. Ich bemerke, dass sein Handy in Einzelteilen auf dem Boden verteilt liegt. Offenbar hat er versucht, mich anzurufen, aber das Telefon ist ihm heruntergefallen. Aufstehen kann er nicht. Er ist zu schlapp und in seiner Hand steckt eine Kanüle mit Tropf. So ist er nicht mehr herangekommen. Ich denke nur, wie gut, dass es mit dem Telefonieren nicht geklappt hat, während ich noch mit Dr. Ivanov beschäftigt war.

Er sagt: »Komm her zu mir, Baby! Gib mir einen Kuss.«

Oh Gott, ich habe noch den Geschmack von Dr. Ivanovs Samen in meinem Mund. Ich habe danach nichts getrunken oder ausgespült.

»Ich weiß nicht. Es ist besser, wenn ich deiner Nase nicht zu nahe komme. Nachher tue ich dir noch weh«, versuche ich auszuweichen.

»Nein, komm. Komm und gib mir einen Kuss. Das brauche ich jetzt.«

Er kann wahrscheinlich sowieso nichts riechen mit diesen Stopfen in der Nase. Ich küsse ihn.

»Danke, jetzt geht es mir schon viel besser«, meint er schwach und versucht zu lächeln.

Ich fühle mich mies, denn es ist schon ziemlich gemein von mir, was ich da gemacht habe.

Als Dr. Ivanov am nächsten Tag flankiert von zwei Krankenschwestern zur Visite in unser Zimmer kommt, ist ihm nichts anzumerken. Wir werfen uns nur kurz einen Blick zu. Eagle geht es gar nicht gut. Er ist recht mitgenommen, vor allem psychisch. Er hat eine richtige Nervenkrise und Angst bekommen, er könnte nun vielleicht nicht mehr so gut aussehen wie zuvor. Eagle, der Macho, der beste und tollste unter den Hechten fühlt sich hilflos. Das ist schlimm für ihn. Trotz der Psychopharmaka, die er nimmt, hat er in der Nacht wieder eine Panikattacke bekommen. Er will deswegen unbedingt so schnell wie möglich mit einem Psychiater sprechen. Dr. Ivanov schickt uns am nächsten Tag jemanden. Eine Psychiaterin. Sie ist die Leiterin einer Nervenklinik in der Nähe des Krankenhauses. Eagle will mit ihr über die Medikamente reden, die bei ihm plötzlich keine Wirkung mehr zeigen, wie er sagt. Vielleicht muss er andere Pillen nehmen oder die Dosis verändern? Bei dem Gespräch will er mich jedoch nicht dabei haben, ich soll das Zimmer verlassen. Für mindestens zwei Stunden.

»Zwei Stunden?«, frage ich etwas angekratzt. »Na schön, wenn du unbedingt willst. Dann gehe ich eben runter einen Kaffee trinken.«

Ich stehe auf und gehe hinaus. Allerdings nehme ich nicht den Fahrstuhl nach unten zur Cafeteria, sondern marschiere nur drei Türen weiter den Flur hinunter, geradewegs zum Office von Dr. Ivanov. Dort bleibe ich eine Stunde. Ich weiß, wir werden ungestört sein, denn wenn Eagle mit der Psychiaterin verhandelt, brauche ich keinen Kontrollanruf zu fürchten. Es wird wieder eine sehr schöne Stunde.

Nach zwei weiteren Tagen im Krankenhaus fahren wir zurück nach Plovdiv. Auf dem Rückweg machen wir in Pazardzhik noch bei einer Versicherungsagentur halt, um eine Europäische Krankenversicherungskarte zu besorgen. Damit soll uns im Krankheitsfall im Ausland die bulgarische Krankenversicherung unsere Kosten erstatten. Die Frau von der Krankenkasse, ich schätze sie auf um die fünfzig, ist recht attraktiv für ihr Alter. Sie hat eine tolle Ausstrahlung und sieht sehr gepflegt aus. Ihre dunkelroten Haare sind modisch frisiert, die Hände schön manikürt und sie hat sehr schicke Klamotten an. Sie ist mit einem Kollegen von Dr. Ivanov verheiratet, ebenfalls ein plastischer Chirurg, wie sich beim Gespräch herausstellt. Gut, ihr Mann verdient bestimmt nicht schlecht, sie kann es sich jedenfalls leisten. Wie auch immer. Die Karten sind jedenfalls bestellt und wir kehren nach Hause zurück.

Eagle muss die Frau von der Krankenkasse dann noch mehrfach aufsuchen. Einmal, um zu fragen, wann denn unsere Versicherungskarten kommen. Ein anderes Mal will er hinfahren, um zu besprechen, wie man die Sache beschleunigen kann. Ich sage, er kann doch bei ihr anrufen, um das zu klären. Warum muss er extra dorthin? Es sind immerhin fast vierzig Kilometer nach Pazardzhik.

»Nein, nein. Es ist besser, wenn ich hinfahre«, meint er. »Du musst auch nicht mitkommen, ich mache das schon.«

Ich schaue ihn etwas verwundert an.

»Was ist?«, fragt er. »Wir brauchen doch die Karten. Wenn die nicht bald kommen, hängen wir noch ewig hier fest.«

Etwas merkwürdig ist das schon. Aber naja, mir soll es recht sein. So habe ich wenigstens mal ein paar Stunden für mich alleine. Er will ihr ein paar Blumen und Pralinen mitbringen, um das Verfahren in unserem Sinne zu beeinflussen, sagt er. Schließlich bekommen wir die Versicherungskarten tatsächlich deutlich schneller als erwartet.

16. KAPITEL

Ab in den Puff

»So geht es nicht weiter«, sagt Eagle und wedelt verächtlich mit den Geldscheinen wie mit einem alten Putzlappen. »Das ist einfach zu wenig.«

Er wirft sie auf den Tisch. Es ist die Ausbeute des Tages. Zweihundertdreißig Euro. Eagle ist unzufrieden. Ist er immer, wenn es nicht mindestens vierhundert sind. Und das sei eigentlich auch noch nicht genug, ätzt er weiter. In Wien waren es nicht selten tausend am Tag. Aber hier ist die Situation nun mal eine andere. Es gibt viel Konkurrenz.

»Gestern war gar nichts«, fährt er fort und schüttelt den Kopf. »Wir müssen die Zeit besser nutzen, Baby.«

Er trommelt missmutig mit den Fingern auf der Sessellehne herum, scheint zu überlegen. Ich knabbere an einem Keks und trinke einen Schluck Tee. Seit ein paar Wochen sind wir jetzt wieder in Berlin, aber mit dem Escort läuft es nicht so gut. Die teure Agentur bringt mir an guten Tagen zwei Termine. Oft ist es aber auch nur einer oder wie gestern, gar keiner. Mit der Billigagentur der Bulgarin ist es nicht viel besser.

»Weißt du Schatzi«, meint Eagle nach ein paar Minuten, als wenn er eine rettende Eingebung hätte, »du kannst doch zusätzlich in einem Bordell arbeiten.«

Ich verziehe das Gesicht. Doch er meint es ernst.

»Schau, die Escort-Termine sind sowieso nur abends oder nachts. Warum sollst du den ganzen Tag hier zuhause herumsitzen? Wir wollen doch Geld verdienen, oder?«

Ich finde das keine so gute Idee. Bisher kann ich mich nach den nächtlichen Touren zuhause ausruhen, duschen, mich frisch machen, meine Haare waschen. Jetzt soll ich tagsüber in einem Puff bleiben und möglichst vielen Kunden bedienen, um die wenigen Escort-Termine auszugleichen. Masse statt Klasse. In den Pausen soll ich dort schlafen, essen und mich duschen. Eagle meint außerdem, ich könne ja jeweils früher gehen, wenn ich einen Escort-Termin habe. Aber so ein Bordell hat feste Zeiten, du kannst da nicht einfach kommen und gehen, wie es dir gefällt. Da sind die Probleme schon vorprogrammiert. Doch Eagle ist das egal. Schließlich verdient man beim Escort viel mehr als im Bordell und nur darauf kommt es an. Zuerst bin ich nicht einverstanden, aber er lässt nicht locker und geht mir dauernd damit auf die Nerven. Schließlich stimme ich zu.

Nun gilt es erst einmal, einen Puff zu finden. Wir haben zwar im Internet nachgesehen um Agenturen zu suchen, kommen aber nicht auf die Idee, dass man auf diesem Weg natürlich auch ein Bordell ausfindig machen könnte. Wir wohnen in Charlottenburg und es soll möglichst in der Nähe sein. Als am nächsten Abend das Telefon immer noch nicht klingelt, fahren wir kurzerhand mit dem Auto los, um die Gegend nach einem passenden Etablissement abzusuchen. Wir halten Ausschau nach blinkenden Lichterketten oder roten Herzchen, mit denen sich solche Läden nach außen normalerweise zu erkennen geben. Auf die Schnelle finden wir jedoch nichts. In Charlottenburg gibt es zwar eine Reihe von Bordellen, sie befinden sich aber meist in Privatwohnungen, die man von außen nicht identifizieren kann. Nach einer Weile nutzlosen Herumfahrens hat Eagle die Idee, einfach in irgendeine Kneipe zu gehen und jemanden zu fragen. Er will nach betrunkenen Männern suchen, mit ihnen ins Gespräch kommen und so fündig werden. Er parkt und lässt mich im Wagen zurück. Ich soll warten. Draußen regnet es.

Eagle stapft in die nächstgelegene Spelunke, wo sich im Nikotinnebel unrasierte Männer zum Saufen versammelt haben. An der Bar gesellt er sich gleich zu einem schon ziemlich angetrunkenen Typen.

»Hallo mein Freund«, spricht er ihn an. »Ich bin neu in der Stadt und suche was zum Ficken. Kennst du in der Nähe vielleicht ein Bordell?«

Der Typ, ein Deutscher, weiß denn auch gleich etwas. Er versucht, Eagle den Weg zu erklären, aber mit dem Reden klappt es nicht mehr so richtig. Als er merkt, dass seine Wegbeschreibung nicht verstanden wird, macht er einen Vorschlag.

»Weißt du was? Ich habe auch Lust. Komm, wir gehen zusammen in den Puff! Hast du ein Auto?«

Eagle nickt.

»Na wunderbar, dann lass uns los«, lallt der Mann und greift nach seiner Jacke.

Eagle kommt zum Wagen zurück und bringt diesen nach Alkohol, Zigaretten und Länger-nicht-gewaschen stinkenden Typen mit. Der lässt sich hinten auf die Sitze plumpsen und glotzt. Ich schweige. Was will er mit dem Penner hier? Fehlt nur noch, dass die beiden sich absetzen, und ich alleine am Straßenrand zurückbleibe.

Eagle redet nicht weiter mit mir, meint nur zu dem Typen: »Das ist meine Frau. Aber keine Angst, sie kommt nicht mit rein. Sie kann im Auto warten.«

Der Stinker sagt nichts dazu, und wir fahren los. Den Weg zum Puff weiß er trotz seines Pegels noch genau und lotst uns mit knappen links-rechts-links Anweisungen durch die verregneten Straßen. Am Ziel gibt es zwei kleine Häuschen. Ein Bordell namens ›Amore‹ und daneben ein Sexkino.

»Okay, geh du mal dort rein«, meint Eagle zu ihm und deutet auf das linke Haus, an dem ein rotes Herz mit der Aufschrift ›Kino‹ angebracht ist. »Ich gehe nach nebenan. Mal sehen, was da so los ist.«

Der Besoffene brummt irgendwas und tut ohne Widerspruch wie ihm geheißen. Natürlich will Eagle nicht mit ihm zusammen hineingehen. Wir warten, bis er torkelnd unter einem zeltartigen Baldachin am Eingang verschwunden ist.

»Es ist besser, wenn du ohne mich fragen gehst. Ich warte hier«, sagt Eagle dann zu mir.

Die Bordellbesitzer müssen am Anfang nicht unbedingt mitbekommen, dass ich einen Zuhälter habe.

Die Chefin heißt Maryna, ist Ukrainerin und Anfang dreißig. Sie spricht Russisch, und so kann ich mich gleich mit ihr verständigen. Wir werden uns schnell einig, und ich fange sofort an. Es ist das erste Mal für mich, dass ich in einem Bordell arbeite. Das ist ein Ort, an den Männer kommen und denken, sie kaufen ein Stück Fleisch. Escort zu machen, so wird mir schnell klar, ist mir viel lieber, denn es macht auch oft Spaß. Da ist der Mann zu Beginn meist ein wenig verspannt, denn er weiß nicht genau, wer zu ihm kommt. Sie müssen sich zunächst ein wenig kennenlernen. Er bezahlt ihre Zeit, er bezahlt ihre Aufmerksamkeit. Daran bin ich gewöhnt. Die Männer buchen dich für zwei, drei Stunden, gehen mit dir in eine Bar oder zum Einkaufen. Sie laden dich zum Essen ein und behandeln dich nicht selten wie eine Prinzessin. Sie geben sich Mühe, wollen dich beeindrucken und dich verwöhnen. Natürlich, für den Freier bin ich vielleicht die Nummer hundert, vielleicht lässt er sich regelmäßig Mädchen kommen. Aber für die paar Stunden bin ich die einzige. Und jetzt auf einmal bin ich nicht mehr die speziell Ausgewählte. Ich bin nicht mehr die Prinzessin. Hier ist es anders. Schnell verstehe ich, was es bedeutet, in einem Bordell zu arbeiten. Denn da sind außer dir noch ein dutzend andere Frauen, die teilweise jünger und manche auch hübscher sind als du. Ich bin jetzt vierundzwanzig, habe einen schönen Körper, aber da sind auch einundzwanzig- und zwanzigjährige Mädchen, aus Litauen und der Ukraine. Da gibt es Polinnen mit tollem Body, schlank, mit einer super sexy Ausstrahlung, gepflegt und mit schönen Haaren. Und alle sind sie Konkurrenz für dich. Da erscheint irgendein LKW-Fahrer, ungewaschen und hässlich, mit Schmierbauch und dreckigen Fingernägeln. Und dann kommt eine schöne, schlanke Frau nach der anderen, um sich ihm vorzustellen.

»Hallo ich bin Natalia. Hallo ich bin Dana, Catharina, Lisa.«

Und jede versucht, sich so zu präsentieren, dass der Mann sie nimmt. Es kommen zwölf bis fünfzehn Frauen, alle nacheinander. Es geht schnell, jede Vorstellung dauert nur ein paar Sekunden. Und du weißt nicht, für wie lange er dich nimmt. Vielleicht für eine Stunde, vielleicht auch nur für zwanzig Minuten. Und er wählt nur eine. Die anderen bleiben übrig. Dann kommt der nächste. Wieder die Vorstellung. Dann der vierte Mann, der fünfte. Es bleiben noch sechs, acht Frauen zur Auswahl. Nach einer Weile, wenn wieder ein Gast kommt, sind einige schon wieder fertig und es sind erneut zehn oder zwölf Mädchen, die sich vorstellen. Und du musst immer top aussehen, die Haare schön und geschminkt. Immer toll parfümiert und immer die Brüste zeigen. Alles, was du an deinem Körper attraktiv findest, sollst du betonen und vorführen. Das hat keine Klasse wie beim Escort, wo du schmucke Schuhe trägst, und du dich in Ruhe zurecht gemacht hast. Schicke Klamotten und dezent geschminkt. Da zeigst du auch deinen Charakter, deine individuelle Art. Hier bist du keine Lady mehr, du bist nur noch ein Stück Fleisch.

Erst musst du mit den anderen zwölf kämpfen, dass der Mann sich für dich entscheidet. Dann musst du kämpfen, dass er dich nicht nur für zwanzig Minuten, sondern für eine halbe Stunde nimmt oder gar eine ganze und dafür, dass er so viel Extras bucht wie möglich. Die meisten wollen aber nur schnell ficken und sofort wieder gehen. Gut, manche Gäste haben spezielle Wünsche, das kostet extra. Und diese Wünsche musst du so oft wie möglich erfüllen, denn umso mehr Geld hast du am Ende. Du kriegst von zehn Männern Sperma in den Mund. Das sind schon hundertfünfzig. Da kommen Leute, die nehmen dich für zwanzig Minuten und zahlen dafür fünfunddreißig Euro. Das kann sich jeder leisten. Es sind Männer mit schlechten Zähnen, alte Opas, Müllfahrer, Männer vom Bau. Sie stinken, haben Käse auf dem Schwanz, und du sollst sie pur blasen. Dafür bekommst du zehn Euro extra. Von den fünfunddreißig Euro musst du fünfzehn an den Puff abgeben. Er fickt dich für zwanzig Euro. Zehn Männer täglich. Da musst du schon richtig durcharbeiten, wenn du auf dreihundert am Tag kommen willst. Das ist komplett anders als Escort.

So läuft es auch an meinem ersten Tag. Ein Mann klingelt. Die Hausdame lässt ihn herein und führt ihn in ein Zimmer, das gerade frei ist. Dort soll er sich hinsetzen. Vielleicht war er schon mal da und hat eine Stammhure, zu der er will. Wenn nicht, müssen sich alle bei ihm vorstellen.

Und die Hausdame ruft: »In Zimmer Nummer zwei. Vorstellen!«

Egal was du machst, ob du dich gerade schminkst, oder ob du beim Essen bist. Du musst alles stehen und liegen lassen und in das Zimmer gehen. Zack, zack. Schnell, schnell. Vorstellen, vorstellen. Alle Mädchen müssen zu ihm rein. Er soll sich dann, so schnell es geht, entscheiden und dann, so schnell es geht, muss das Mädchen anfangen zu ›arbeiten‹. Es gilt, keine Zeit zu verlieren, denn das Zimmer muss wieder frei werden für den nächsten. Jede Frau hat drei Sekunden, sich von ihrer besten Seite zu präsentieren, denn jede hat ihre besondere Art, hübsch zu sein. Manche haben schöne Brüste, andere haben einen schönen Po oder tolle Haare, wieder andere sind ganz hässlich und nehmen besonders viel Schminke. Die Unterwäsche spielt eine große Rolle, die Netzstrümpfe, High Heels, oder ein durchsichtiges Kleid. Manche Sachen sind mit Glitzer besetzt. Einige Mädchen sind nicht sehr groß. Sie tragen Strapse und dazu zwanzig Zentimeter hohe Absätze. Diejenigen, die lange und schöne Haare haben, gehen immer mit offenem Haar zum Vorstellen. Vorher etwas aufgelockert oder angewühlt.

Andere, mit großem Busen, tragen durchsichtige Oberteile, damit der Mann die Brüste gut sehen kann. Frauen mit schönem Arsch oder Apfelpopo tragen ein Korsett und dazu einen Tanga. Die Hälfte des Körpers, Bauch und Busen, ist quasi bei ihnen versteckt. An den Beinen lange Strümpfe. Man sieht eigentlich nur den Hintern. Außerdem ist das Parfum wichtig. Der Mann soll auch durch die Nase verführt werden. Und viel Schminke natürlich, denn es ist sehr schummrig da drinnen. Vielleicht sieht die Frau nicht so gut aus, aber der Mann nimmt Erika, denn sie hat gut gerochen. Und du musst immer lächeln und freundlich sein. Vielleicht ist es der allerletzte Frosch, der letzte Spacko oder ein Greis ohne Zähne im Mund. Aber du flirtest mit den Augen und bist begeistert, als wenn Adonis selbst vor dir säße. Du versuchst dein Bestes, versuchst deine Vorzüge so gut wie möglich darzubieten, damit er dich wählt. Aber danach kommt das nächste Mädchen und das nächste. Und er wird nur eine aussuchen.

Der große Unterschied zwischen Bordell und Escort ist natürlich auch der Preis. Im Puff ist es viel billiger. Schon für dreißig oder fünfzig Euro bekommst du ein Mädchen. Beim Escort zahlst du hundertfünfzig oder mehr, aber du weißt, was du hast. Denn die meisten Mädchen im Puff haben eine kaputte Seele. Sie können nicht mit der gleichen Leidenschaft arbeiten wie beim Escort. Da habe ich einen oder zwei Kunden am Tag. Ich bekomme meinen Orgasmus. Ich küsse gerne und der Kunde ist glücklich. Ich kann erzählen, es gibt Konversation. Ich habe Energie und meinen Spaß dabei. Wenn du im Puff anschaffst, versuchst du, das gleiche Geld zu verdienen wie beim Escort. Nur brauchst du dafür statt einem zehn Kunden. Die Männer ficken dich von vorne, von hinten. Alle paar Minuten ein anderer. Deine Nerven, dein Körper, deine Muschi kann einfach nicht mehr. Du bist nervös, den sechsten oder siebenten Kunden hasst du schon, ohne ihn zu kennen. Du versuchst dann, dass er so schnell wie möglich abspritzt und tschüss. Kein Küsschen, kein gar nichts. Wenn du in den Puff gehst, ist das einfach so. Die Mädchen sind Muschi-Roboter, sie können sich auf nichts Menschliches mehr konzentrieren.

Trotz der geringen Preise macht das Bordell bei den vielen Mädchen immer einen guten Schnitt. Eine Stunde ist hundert Euro. Das ist vergleichsweise normal, bei der billigen Agentur bekomme ich neunzig. Von den Hundert bekommt dreißig der Puff, siebzig sind für dich. Wenn es länger dauert, muss der Gast nachzahlen. Es kommt sofort jemand und klopft von außen an die Tür. Er muss bezahlen oder das Mädchen verlässt umgehend das Zimmer. Das sind andere Regeln, da wird genau auf die Uhr gesehen. Bei der dreiviertel Stunde zahlt der Gast fünfundsiebzig Euro, davon bekommt fünfundzwanzig der Puff, fünfzig das

Mädchen. Die halbe Stunde kostet fünfzig Euro, das nehmen die meisten. Davon bekommt das Mädchen dreißig, zwanzig das Bordell. Und es gibt den Quicki, das sind zwanzig Minuten. Der Mann kommt, fickt dich und geht sofort wieder. Das kostet dreißig Euro, davon sind zehn für den Puff. Wenn du also zehn Kunden machst, hast du deine zweihundert Euro zusammen. Du arbeitest wie eine kleine Biene. Eine fleißige Fick-Biene. Von dem Geld musst du zusätzlich noch dreißig Euro täglich für ›Werbung‹ abgeben, unabhängig davon, wie viele Kunden du hast. Es gibt eine Website mit Fotos der Mädchen und sie annoncieren in der Tagespresse. Die Pauschale ist allerdings zu hoch. Ich glaube kaum, dass die Chefin jeden Tag mehr als dreihundert Euro für Werbung ausgibt.

Dann kommen die Extras. Das ist ein bisschen wie in einem Supermarkt, du kaufst dir hundert Gramm Käse und dreihundert Gramm Hackfleisch. Küssen macht zehn, Französisch total, also mit Aufnahme, fünfzehn. Du brauchst es aber nicht zu schlucken, sondern kannst es gleich wieder ausspucken. Ich muss es machen wegen Eagle, denn ich soll immer mit Geld nach Hause kommen. Wenn ich nicht genug mitbringe, schimpft er und hat schlechte Laune. Aber wenn du jemanden liebst und mit ihm lebst, willst du natürlich nicht, dass er schlechte Laune hat. Schon gar nicht, wenn er der einzige vertraute Mensch ist, den du hast. Dann Fingerspiele. Manche Männer wollen dir ihre Finger unten reinstecken, macht fünfzehn Euro. Dildospiele aktiv oder passiv zehn. Analverkehr kostet vierzig Euro. Natursekt, das Mädchen macht Pipi in den Mund des Mannes, zwanzig. Du machst Stellung 69, also ich blase ihn und gleichzeitig leckt er mich, dann soll ich pinkeln und er schluckt den Urin. Wenn ich ihn gleichzeitig vorn wichse, kommt er. Viele Männer wollen das, erstaunlich viele. Da Escort-Mädchen das nicht so oft machen, gehen die Männer dazu meist in den Puff. In Wien gab es auch oft Kunden, die das verlangten. In Bulgarien nie (bis auf den Holländer mit dem Eierkopf). Die Männer, die Natursekt möchten, sind meistens Deutsche. Keine Ahnung, was sie daran so toll finden. Die Türken, Araber oder Südländer, Franzosen oder Italiener, die ich treffe, dagegen niemals. Was die deutschen Männer noch oft wollen, ist anal. Jeder zweite will das. Entweder ficken oder auch passiv und mit dem Finger oder mit einer Flasche Whisky oder dem Dildo in den Po. Auch viele der Türken wollen es. Die aber meistens aktiv.

Die Arbeit beginnt mittags und dauert bis abends elf oder Mitternacht, wenn noch Kunden in der Bar sind. Und das jeden Tag außer sonntags. Ich müsste nicht jeden Tag kommen, es bleibt mir überlassen, wann ich arbeiten will. Dazu soll ich mich zuvor in den Wochenplan eintragen. Das muss dann aber verbindlich sein. Auch soll ich den vollen Tag da sein und nicht erst später kommen und früher gehen. Es gibt viele Stammkunden, die vorher anrufen und feste Termine mit bestimmten Mädchen ausmachen.

Anfangs arbeite ich dennoch jeden Tag dort, denn Eagle sagt: »Wozu sollst du frei haben? Ein freier Tag in der Woche ist doch okay. Und du kannst mit den anderen Mädchen quatschen und Kaffee trinken.«

Wenn ich mich ausruhen will, soll ich da in einem der Zimmer schlafen, meint er. Auch duschen und schminken könne ich mich dort. Wozu also zu Hause sitzen? Lieber im Bordell sein. Dann bin ich gleich vor Ort, wenn ein Kunde kommt. Da verdiene ich wenigstens Geld, meint er. Nach der Arbeit holt Eagle mich ab und wir fahren die ganze Nacht zu Escort-Terminen bis zum Morgen. Dann nach Hause, schlafen. Am nächsten Mittag fährt er mich wieder zum Puff. Ich weiß gar nicht, wie ich das durchstehe, aber ich tue, was er verlangt. Obwohl ich manchmal einfach keine Kraft mehr habe. Du schläfst nur vier oder fünf Stunden. Dann aufstehen, Kaffee trinken. Du fühlst dich schlapp, hast Kopfschmerzen, denn du bist erst um sechs Uhr ins Bett gegangen. Um eins musst du schon wieder im Bordell sein. Sogar fünfzehn Minuten früher, denn um eins kommen schon die ersten Kunden. Da musst du schon nackt, also sexy im Negligee und fertig geschminkt bereit stehen.

Komme ich später, ruft gleich die Chefin an: »Nadja, wo bist du?«

Maryna ist ansonsten freundlich und scheint mich zu mögen. Kein Wunder, denn seit meine Fotos im Internet auf der Seite stehen, kommen viele Männer in das Bordell. Außerdem bin ich jeden Tag da. Das ist nicht selbstverständlich. Viele der Mädchen nehmen sich zwei oder drei Tage in der Woche frei. Ich bringe dem Laden einiges ein. An manchen Tagen übernimmt sie auch die Rolle der Hausdame. Die Hausdame öffnet die Tür, wenn es klingelt und empfängt die Gäste. Sie führt die Männer ins Zimmer und stellt die Mädchen vor. Außerdem sitzt sie hinter der Bar und serviert die Getränke. Wenn wir mit dem Gast ins Zimmer gehen, müssen wir ihr Bescheid sagen. Für jedes Zimmer hat sie eine eigene Uhr. Sie passt genau auf, wie viel Geld wir bekommen. Wenn die Zeit um ist, klopft sie an die Tür. Die Hausdame macht auch die täglichen Abrechnungen und geht ans Telefon. Die Chefin übernimmt diese Aufgaben aber nur manchmal.

Ab und zu ist es auch interessant für mich, denn ich kann etwas Deutsch lernen. Ich spreche so gut wie gar kein Deutsch. Das meiste lerne ich in diesem Puff. Beim Escort kommt man nicht sehr viel zum Reden. Du bist da für eine oder zwei Stunden, aber du hast meistens anderes zu tun, als dich zu unterhalten. Und wenn, dann auf Englisch, das kann ich ja. Aber hier hängst du den ganzen Tag herum. Wenn du keine Kunden hast, wartest du in der Bar. Es gibt drei Hausdamen, die sich abwechseln, zwei davon sind Deutsche. In den Pausen kommen sie und unterhalten sich mit dir. Sie wollen wissen, woher du kommst, und ob du Kinder hast. Ich frage, was ›Kinder‹ bedeutet. Dann kommt ein anderes Mädchen hinzu, das Englisch spricht und sagt, ›Kinder‹ bedeutet ›Children‹. Ich führe ein Tagebuch, aber nicht über die Ereignisse, sondern über die Wörter, die ich lerne. ›Ente, Schnabel und trinken‹. ›Stimme, Stimmung und Laune‹. Oder ›Klinke, Klinge und Klingel‹. So beginne ich, Deutsch zu lernen. Ich habe ja keine Zeit, einen Kurs zu besuchen. Ab und zu kann ich meine E-Mails auf dem Computer im Puff oder bei einer Kollegin checken. Die Mädchen haben fast alle ein Laptop, auch um zu spielen oder zum Filme gucken, denn zwischendurch herrscht oft Langeweile. Ich sehe dann nach, ob Dr. Ivanov mir geschrieben hat. Wenn ich ins Internetcafé gehe, ist Eagle ja immer dabei und schaut mir über die Schulter.

»Hi, wie geht es dir? Ich denke an dich«, schreibt er mir von Zeit zu Zeit.

Ein oder zweimal rufe ich Dr. Ivanov heimlich an, für ein paar Minuten.

17. KAPITEL

Playboy

Das Telefon klingelt. Es ist elf Uhr morgens und Eagle und ich liegen noch im Bett. Ich habe die ganze Nacht gearbeitet, und bald muss ich wieder ins Amore. Eagle hat den Fernseher angeschaltet und trinkt schon Kaffee, während ich noch ein wenig döse. Er stupst mich an, das Telefon liegt auf meiner Seite des Bettes. Ich murre schwach, greife nach dem Handy und setze mich auf.

»Ja, hallo?«

»Hallo Violetta. Bist du schon wach?«

Evita aus Hamburg ist dran. Das ist mein Name bei ihrer Agentur. Ich habe ihn ausgesucht. In Bulgarien gibt es eine bekannte Sängerin, die so heißt.

»Ja. Klar«, räuspere ich mich und klimpere meine noch halb schlafenden Augen auf.

»Du hast einen Termin heute Abend. Hast du Zeit?«

»Ja. Klar«, wiederhole ich.

»Aber du musst bald losfahren.«

»Aha. Wo?«

»In Frankfurt am Main. Ihr solltet von Berlin mit dem Auto etwa sechs Stunden einplanen.«

In Frankfurt waren wir noch nie. Der Termin ist für 20 Uhr angesetzt. Deswegen ruft sie mich schon am Vormittag an. Sie weiß, dass ich einen eigenen Fahrer habe und immer mit dem Auto komme.

»Ich schicke dir die Adresse per SMS. Ein Fünf-Sterne-Hotel.«

»Sehr gut«, sage ich.

Eagle macht Zeichen, er will nicht umsonst nach Frankfurt fahren.

»Der Kunde ist sicher, ja?«, frage ich deshalb noch mal nach.

»Ja, ja, keine Sorge. Der ist sicher. Er wird da sein und dich bezahlen. Kein Problem.«

»Gut.«

Eagle hat alles mitbekommen und stellt mir eine Tasse Kaffee hin. Er freut sich, denn ein sicherer Job mit ordentlich viel Geld ist ein Grund für gute Laune. Würde ich den ganzen Tag in den Puff gehen, käme ich vielleicht mit fünfhundert nach Hause, vielleicht auch weniger. Er bekommt außerdem Fahrergeld, dann die Hälfte von meinem Honorar, vielleicht noch Trinkgeld.

»Alles klar«, sagt Evita. »Und bring bitte dein Shampoo und einen Hair Conditioner mit. Der Mann möchte gerne deine Haare waschen. Er war ganz begeistert von deinen Fotos. Steht auf lange Haare, weißt du.«

»Okay.«

»Und noch etwas. Der Aufzug im Hotel ist nur mit Karte zu benutzen. Wenn du da bist, rufst du mich an. Ich gebe dann dem Kunden Bescheid und er wird dich in der Halle abholen.«

»Gut, danke.« Ich lege auf.

Wir frühstücken noch etwas im Bett, ich gehe duschen, packe ein kleines Köfferchen mit verschiedener Unterwäsche und Sachen zum Wechseln ein und los geht's gen Westen. Wir fahren auf der Autobahn. Weiße Streifen, grüner Rand. Wer der Kunde wohl sein wird? Mein Sexleben mit Eagle läuft nicht so gut. Ein paar Sachen stören mich in letzter Zeit. Vielleicht treffe ich ja irgendeinen richtig schicken Playboy. Einen gutaussehenden, kultivierten Mann, groß und blond, der mich die ganze Nacht verwöhnt. Vielleicht gehen wir in ein Restaurant oder in einen exklusiven Club. Wir bestellen Room Service, er kann mich schön lecken und ficken und massieren. Meine Haare will er mir waschen. Naja, das könnte sehr nett werden. Und es wird sich lohnen. Der Kunde bezahlt tausend Euro für die ganze Nacht, für zwölf Stunden. Ein Overnight. Zusätzlich gibt es hundert

Euro als Geschenk, dazu noch zweihundertfünfzig für den Fahrer. So ist der Tarif. Wenn ich über Nacht bleibe, bucht Eagle sich immer eine günstige Unterkunft in der Nähe, natürlich bleibt er nicht im Fünf-Sterne-Hotel, so wie ich. Erst am nächsten Tag, wenn ich fertig bin, kommt er und holt mich wieder ab.

Kurz vor acht sind wir da. Ein richtig schönes, großes Hotel. Die weitläufige Lobby wirkt einladend hell und strahlt eleganten Luxus aus. Nur schlichte Formen in braun, schwarz und beige. Glänzender Marmor, Holz, Chrom. Sehr edel. Es gefällt mir hier. Ich passe gut ins Bild, top gestylt wie ich heute bin. Der Mann scheint Geschmack zu haben, wenn er in einem solchen Laden logiert. Wie besprochen rufe ich Evita an. Okay, sie sagt ihm Bescheid. Ich stecke das Handy zurück, hole mein schwarzes Chanel-Puderdöschen heraus und werfe einen letzten prüfenden Blick in den kleinen Spiegel. Alles perfekt. Mit meinem Köfferchen in der Hand postiere ich mich gegenüber der Rezeption neben einer Ledersitzgruppe und schaue gespannt in Richtung Fahrstühle. Eine blonde Frau in einem roten Kleid steht davor. Sie hat einen hechelnden Chihuahua auf dem Arm. Süß, der Kleine. Ich überlege, ob ich mich setzen soll. Eigentlich nicht nötig, er kommt bestimmt gleich. Außerdem, er muss mich sehen können. Vor allem meine langen Haare soll er gut sehen können, deswegen hat er mich ja bestellt.

Wenige Augenblicke später höre ich eine männliche Stimme: »Violetta!«

Ich gucke geradeaus, nach links, nach rechts. Halte Ausschau nach einem großen Mann, eins achtzig, eins neunzig groß, wie die wohlhabenden Kunden oft sind, entdecke aber niemanden.

»Violetta!«, höre ich wieder, sehe aber immer noch niemanden.

»Violetta, hier!«

Ach, da ist er. Ich sehe einen Menschen, der sich offensichtlich sehr freut, mich zu sehen. Er kommt mit ausgebreiteten Armen auf mich zu und reicht mir zur Begrüßung seine Hand. Sie ist klein wie die eines Kindes. Vor mir steht, wie ein Honigkuchenpferd strahlend, ein Zwerg. Höchstens eins dreißig hoch.

Das habe ich nicht erwartet. Ich umklammere den Griff meines Koffers. Oh Gott, keine Gefühle jetzt. Keine Enttäuschung. Geld, Geld, Geld. Ich bin nicht zum Vergnügen hier, sondern zum Arbeiten. Egal, wer er ist, er ist ein Kunde. Hauptsache, er verhält sich nett und ist pflegeleicht. Denn bei einer ganzen Nacht sollte es schon eine angenehme Atmosphäre geben. Immerhin freut er sich. Sein Lachen erscheint mir herzlich, voll echter Begeisterung. Ich lächele so freundlich wie möglich zurück. Und es tut mir schon leid, dass ich meine High Heels angezogen habe, denn nun bin ich noch einmal zehn Zentimeter größer.

Der kleine Mann sieht sehr gepflegt aus. Er trägt einen eleganten dunklen Anzug mit Krawatte und blitzblank polierte Schuhe. Er wirkt noch jung, vielleicht dreißig. Der Kopf ist proportional zu seinem Körper recht groß, seine auffallend hellen, wasserblauen Augen sind winzig wie Knöpfe. Die Gesichtsfarbe weiß, gesprenkelt mit rötlichen Sommersprossen. Er hat fast kein Kinn. Die Nase ist breit, mit nach oben gerichteten, offenen Nasenlöchern, das Ganze gekrönt mit einem rotblonden, borstigen aber akkurat frisierten Haarschopf. Er sieht aus wie ›Das Sams‹. Oder weniger freundlich: Sein Gesicht hat starke Ähnlichkeit mit einem Schwein.

»Hi Violetta. Ich bin Christian. Ich freue mich sehr, dich zu sehen.«

»Danke. Hallo, Christian. Ich freue mich auch.«

Was soll ich bloß mit ihm machen? Jetzt kann ich die schöne Liebesnacht vergessen. Ich kann den Orgasmus vergessen, ich kann alles vergessen, was ich mir ausgemalt habe. Das ist also jetzt mein Prinz, mein Playboy. Ein Wicht mit Schweinekopf.

»Möchtest du etwas von der Bar trinken bevor wir hoch gehen?«, fragt er. »Ich habe aber oben auch schon Champagner vorbereitet«, ergänzt er und deutet sanft in Richtung Fahrstühle.

Auf den Schreck will ich jetzt gerne einen Baileys trinken. Ein wenig Alkohol, täte mir bestimmt gut. Aber wie es scheint, will er lieber gleich auf das Zimmer gehen, und ich antworte, dass ich nichts dagegen habe, den Begrüßungsdrink oben einzunehmen.

Wir fahren mit dem Fahrstuhl in die fünfte Etage. Er bewohnt eine Suite mit mehreren Zimmern. Sehr geräumig und luxuriös ausstaffiert. Alles ganz schlicht-modern und elegant. Wir haben ein Sprichwort für so etwas in Bulgarien. Dieses Hotel, diese Suite erst recht, ist so superschick, ›da kann das Adlon Kuchen essen‹. Sprich, es ist noch viel schicker. Oben ist alles schon vorbereitet. Auf dem Couchtisch ragt eine mit einer gestärkten Serviette bedeckte Flasche Champagner aus einem silbernen Kübel hervor. Überall stehen Rosen, rote und weiße Rosen. Es läuft gedämpfte Musik. In der ganzen Suite sind brennende Kerzen aufgestellt. Schon im Flur und im ausgedehnten Wohnzimmer sowieso. Alles romantisch beleuchtet. Er hat sich richtig Mühe gegeben. Zum Begrüßungscocktail hat er eine süße Platte mit Früchten und exquisiten Pralinen vorbereiten lassen. Die ovale, sehr filigrane Glasplatte nimmt die Hälfte des nicht gerade kleinen Couchtisches ein, der vor dem blauen Sofa steht. Darauf, liebevoll garniert, verschiedene Obstsalate mit kleinen scharlachroten Erdbeeren, Blaubeeren, Weintrauben, Cranberries, winzigen Bananen, Lychees. Ringsherum sind kleine Tellerchen mit verschiedenen exotischen Nüssen aufgereiht, dazu Schokobonbons, Käsehäppchen, Schinken, alles.

Er sagt: »Für dich. Mach dir keine Sorgen, wenn du keinen Champagner magst. Ich kann alles bestellen, was du willst. Cocktails, Baileys, Weißwein, was immer du möchtest.«

Ich denke, wow, was will ich mehr.

»Aber wir werden, anstatt in die Bar zu gehen, hier bleiben. Auch für das Dinner. Ich hoffe, das ist okay für dich?«

Aha, alles klar. Er kann nicht mit mir in das Restaurant gehen. Er schämt sich vielleicht. So, wie ich aussehe, wird jeder wissen, dass er mich bezahlt. Und wie soll er mir den Stuhl heranschieben, wenn er so klein ist? Aber er will sich einen gemütlichen Abend mit mir machen und es soll uns an nichts fehlen. Er ist charmant und zuvorkommend und er scheint mich zu mögen.

Ich sage: »Okay, gut. Bleiben wir hier.«

Er überreicht mir ein Briefcouvert mit dem Schriftzug des Hotels darauf. Ich öffne ihn und zähle nach. Alles wie vereinbart und dazu noch zweihundert extra Trinkgeld.

Ich sage: »Danke, so viel? Bist du reich oder was?«

Er lächelt und ich freue mich. Auch, weil ich weiß, dass Eagle sich darüber freuen wird. Ich trinke Baileys und koste die Leckereien, er trinkt Champagner. Er ist gut drauf.

Nachdem wir gegessen haben, stellt er die Musik lauter und ruft: »Komm, tanzen wir!«

Ich ziehe meine hohen Schuhe aus, um wenigstens etwas kleiner zu werden. Er beginnt zu tanzen. Ganz so, als wäre er ein geiler Disco-King. Ich dagegen zögere.

Er fragt: »Was ist? Komm!«

Ich schäme mich etwas, mit einem so kleinen Mann zu tanzen, versuche aber, es mir nicht anmerken zu lassen und demonstriere, dass ich Spaß habe. Nach einigen Takten beginnt er einen Striptease. Wohlgemerkt, er für mich, nicht umgekehrt. Er tanzt wie ein echter Macho. Ich staune. Solche Hüftschwünge kenne ich höchstens von professionellen Strippern. Männer mit großem Selbstbewusstsein, prallen Oberarmmuskeln und Sixpack. Typen, die richtig sexy aussehen. Christian dagegen hat eine weiche Plauze und Arme und Beine wie ein Hühnchen. Aber das scheint ihn nicht zu stören. Er wirft den Kopf hin und her, streckt die Arme in die Luft und kreist die Hüften. Er bindet sich die Krawatte ab, wirbelt damit in der Luft herum, zieht sie gekonnt langsam zwischen den Beinen hindurch. Dabei schürzt er die Lippen wie ein Go-go-Girl. Ich lache in mich hinein. Es wirkt absurd und komisch, wie der Kleine da seine Show abzieht. Er interpretiert mein Lächeln als Freude über seine Darbietung und kommt jetzt erst richtig in Fahrt. Er zieht sich aus. Das volle Programm. Total hemmungslos. Aber Hut ab, seine Bewegungen sind perfekt.

Nachdem er alles bis auf die Unterhose von sich geschleudert hat, hopst er lachend auf das Sofa und sagt: »Jetzt du.«

Es ist mir ein wenig peinlich, außerdem kann ich nicht so gut tanzen wie er. Nach der Vorlage, wie soll ich das noch toppen?

Ich gebe nach und tanze, aber um einiges zahmer als mein Gastgeber. Ich schwenke mein Haar hin und her, entblättere mich nach und nach zur Musik. Die sexy Unterwäsche behalte ich vorerst noch an. Dann lasse ich mich zu ihm auf die Couch fallen. Er schmiegt sich an, wir trinken weiter. Es ist eine angenehme Stimmung. Ungezwungen wie mit einem guten Freund. Wir entspannen uns und schauen etwas Fernsehen. Er behandelt mich nicht wie ein Sexobjekt, obwohl er weiß, er wird mich gleich haben. Er fasst mich nicht an, ich kann weiter trinken und essen.

Als wir schon zwei Stunden zusammen sind, sagt er: »Komm, wir baden uns. Hast du dein Shampoo dabei?«

Wir gehen ins Badezimmer und er lässt die Wanne ein. Sie ist groß, mehr schon wie ein Jacuzzi. Er will nun für mich die Haarpflege machen. Wir sind zusammen in der Wanne. Ich sitze, er steht hinter mir. Achtsam und zärtlich wäscht er mir die Haare. Entspannt lasse ich den Kopf zurückfallen. Er massiert das Shampoo ein, spült es aus. Dann bringt er die Kur auf. Auch meinen Körper seift er duftend ein. Sorgfältig und aufmerksam wie eine Mama bei ihrem Kind. Allerdings sieht es wohl eher so aus, als ob das Kind seine Mama badet. Die ganze Zeit hat er eine Erektion, ich spüre es an meinem Rücken. Plötzlich kommt er. Er spritzt, ohne dass ich ihn stimuliert hätte. Als ich sein Sperma wie weiße Algen im Wasser schwimmen sehe, springe ich sofort auf, spüle mich mit der Dusche ab und steige eilig aus der Wanne.

Er sagt: »Was ist? Bleib doch drinnen.«

»Wie? Du hast jetzt ins Wasser gespritzt!«

»Hast du Angst vor meinem Sperma?«

Er ist wohl etwas beleidigt, dass ich so abrupt aufgestanden bin.

»Naja, so gut kennen wir uns nicht, oder?«, antworte ich.

»Okay, kein Problem, gehen wir raus, ich lasse neues Wasser einlaufen«, beeilt er sich zu sagen. Er öffnet den Abfluss, spült alles mit der Dusche ab und füllt frisches nach.

Nach dem Bad trocknet er meinen Körper mit einem großen flauschigen Handtuch ab und wir gehen ins Schlafzimmer. Auch hier Kerzenlicht. Mir ist ein wenig kalt, und er dreht an der Klimaanlage, um es für mich wärmer zu machen.

Er deutet auf einen kleinen Frisierhocker vor dem Bett: »Bitte, nimm Platz.«

Behutsam frottiert er meine Haare. Das macht er bestimmt nicht zum ersten Mal. Anschließend greift er nach einem großen Profi-Fön, der auf dem weißen Edelnachtschrank bereit liegt. Im warmen Luftstrom kämmt er mein Haar. Ich bin beeindruckt, als er fertig ist. Meine Frisur sieht toll aus. Mit richtig viel Volumen. Ein Friseur könnte es nicht besser.

»Was du alles kannst«, sage ich und lächele.

Seine kleinen Augen glänzen glücklich. Wir legen uns auf das Bett. Mir ist klar, dass wir jetzt Sex machen werden.

Er sagt: »Ich möchte dich gerne lecken.«

Irgendwie gefällt mir der Gedanke nicht. Das ist mir eigentlich zu pervers. Ein Zwerg mit Schweinekopf will mich lecken. Naja, aber als Kunde darf er. Also mache ich die Beine breit, lege meine Haare zur Seite und schließe die Augen. Ich versuche mir vorzustellen, jemand anderes tut es. Aber er macht es unerwartet gut, und er ist ausdauernd. Nach einiger Zeit komme ich tatsächlich. Anschließend blase ich ihn. Dann will er in mich kommen, aber sein Schwanz ist nicht richtig hart. Wir legen eine kleine Pause ein und er sagt mir, worauf er wirklich steht. Er kann kommen, wenn ich ihn anal stimuliere. Nicht mit Vibrator, sondern mit dem Finger. Er legt sich hin, ich schiebe ein Kondom über meinen Finger – darauf bestehe ich – und erfülle ihm seinen Wunsch. Dabei bläst du oder wichst. Er kommt schnell. Aha, das ist der Trick bei ihm. Ich denke, wenn das alles ist, okay. Er hat mich schön gewaschen, ich erhalte viele Geschenke, extra Geld. Sehr schön. Wir quatschen noch ein bisschen und ich bekomme Hunger. Es ist Zeit für den Room Service. Er reicht mir das Menü.

»Bestell dir alles, was du möchtest«, sagt er.

»Alles?«

»Klar, alles!«

Die Auswahl ist groß und ich wähle Steak, Bratkartoffeln und Salat mit Scampi. Dazu verschiedene andere Gerichte, auch nur zum Probieren. Wenig später klopft es an der Tür. Ein Kellner schiebt einen großen Rollwagen herein. Jedes Gericht ist mit einer silbernen Warmhaltekuppel bedeckt. Es gibt Wein, roten und weißen, Wasser und noch mehr Champagner. In der Mitte reckt sich eine wunderschöne rote Rose freigiebig aus einer kleinen Vase empor. Der Kellner wünscht guten Appetit und empfiehlt sich. Ich gehe zum Esstisch hinüber und setze mich. Christian schiebt mir den Stuhl ganz gentlemanlike unter. Geht offenbar doch. Wir schmausen los. Kerzen brennen. Leise Musik. Wenn es ein anderer Mann wäre - das Paradies. Naja, man kann nicht alles haben.

Ich erzähle ihm, dass ich aus Russland komme. Gut, das stimmt zwar nicht, aber alles andere ist wahr. Dass ich einen Exmann und ein Kind habe. Ich spreche über meine Eltern. Dass ich einen Freund habe. Dass Eagle mein Zuhälter ist, erwähne ich – wie immer - nicht. Christian erzählt, er habe zwei Brüder und eine Schwester. Der eine Bruder sei Maler und arbeite nicht in der Firma mit. Der andere sei Anwalt, die Schwester Journalistin. Vor zwei Jahren sei sein Vater an Krebs gestorben. Er sei deswegen sehr traurig gewesen. Die Firma hätte er dann von seinem Vater übernommen und vergrößert. Sie produzieren Elektronikteile für Flugzeuge. Soweit ich ihn verstehe, verdient er viel Geld. Fünfzehn Millionen Umsatz im Jahr. Über dreihundert Mitarbeiter beschäftigt er. Nach dem Essen setzen wir uns wieder auf die Couch und er holt einen seiner zwei Laptops und stellt ihn vor sich auf den Schoß. Wir haben ja viel Zeit, die ganze Nacht bis zum Morgen. Er beginnt, mir alle möglichen Firmenunterlagen zu zeigen. Offenbar will er mir beweisen, dass alles, was er sagt, auch tatsächlich wahr ist. Er zeigt mir Fotos aus der Firma. Auf der Firmenwebseite. Christian in Businesskluft mit engagierten Angestellten. Er legt mir Statistiken vor, Verträge, die Bilanz dieses und des letzten Jahres. Einnahmen, Ausgaben, Brutto, Netto, über die Mitarbeiter, wie viel Lohn er bezahlt und was davon für ihn übrig bleibt. Das sind Millionen pro Jahr. Eigentlich interessiert mich das nicht so sehr. Aber er will sich mir als einen wohlhabenden Mann präsentieren.

Er legt das Laptop für einen Moment beiseite und nimmt einen Schluck aus dem langstieligen Champagnerglas.

»Weißt du, Violetta«, sagt er und lächelt charmant, »ich habe keine Frau und keine Kinder, aber sehr viel Geld. Und ich weiß eigentlich nicht wirklich, was ich damit machen soll. Verstehst du?«

»Was meinst du?«, frage ich und nasche noch eine von den köstlichen Pralinen.

»Naja, ich bin jung, zweiunddreißig, aber ich finde keine passende Frau. Und ...«, er blickt zu Boden, »wenn ich eine Frau will, muss ich immer Geld bezahlen.«

Also Prostituierte. Ich ahne, was jetzt kommt.

»Du gefällst mir sehr und ich finde, dass wir uns sehr gut verstehen«, er zögert etwas und schaut mir tief in die Augen. »Und mehr noch, ich mag dich. Ich könnte mir dich sogar sehr gut als meine Freundin vorstellen.«

Ich lausche seinen Ausführungen und betrachte ihn. Er sitzt neben mir, in einem - wahrscheinlich maßgeschneiderten – Seidenbademantel, die kurzen Beine reichen nicht bis auf den Boden. Seine Wangen glühen.

»Ich meine es ernst, Violetta. Es ist normal, dass ich, wenn ich eine Freundin hätte, alles für sie bezahle«, fährt er unbeirrt fort. »Ich würde ihr ein Auto kaufen, Klamotten, egal was. Nur, sie müsste meine feste Freundin sein. Hauptsache, sie geht nicht fremd.«

Seine Fantasie geht wohl etwas mit ihm durch. Selbst, wenn ich seine Freundin wäre, wer weiß, ob ich fremd gehe oder nicht. Gut, er verdient viel Geld, aber was soll ich damit? Ich bin nett zu ihm die ganze Zeit, natürlich. Es ist mein Job, nett und zärtlich zu ihm zu sein. Ich habe ihn auch geküsst. Er hat immerhin schöne Zähne und einen sauberen Mund. Aber das?

»Du bist sehr hübsch und hast so wahnsinnig schöne Haare. Dein Gesicht, dein Körper, alles an dir gefällt mir. Und wir haben richtig geilen Sex. Du bist so, wie ich mir eine Freundin immer vorgestellt habe, du erfüllst meine kühnsten Fantasien. Ich finde es einfach total schön mit dir. Und wenn du mit mir klarkommst und wir uns dazu noch gut unterhalten können - das können wir doch oder meinst du nicht?«

Ich nicke knapp zur Seite und spitze zurückhaltend meine Lippen.

»Na also, dann kannst du doch auch meine Freundin werden.«

Meine Augenbrauen verknoten sich. Ich rücke unruhig auf dem Sofa hin und her.

»Aber Christian, ich habe doch einen Freund«, versuche ihn in freundlichem Ton zu bremsen.

»Ja, das sagtest du.« Nach einer kleinen Pause fährt er fort: »Ich weiß, das geht jetzt alles ein wenig schnell ...«

Allerdings. Offenbar bestellt er Mädchen, weil er auf diesem Weg eine Freundin sucht. Anscheinend denkt er, weil ich nicht verheiratet bin, ich habe ja ›nur‹ einen Freund, kann er im Sturzflug bei mir landen.

Er trinkt wieder einen Schluck, stellt das Glas zurück auf den Tisch und fragt: »Was macht dein Freund eigentlich beruflich?«

»Naja, nicht viel«, antworte ich und zucke die Schultern.

»Aha. Er lebt von deinem Geld.«

Er schaut mich fest an. Ich widerspreche nicht.

»Als meine Freundin wirst du nie arbeiten. Du wirst dich nur verwöhnen lassen. Massage, Urlaub, Kosmetik. Alles, was du möchtest. Ich bezahle alles.«

Wenn er ein anderer wäre, in einer anderen Situation, würde ich vielleicht sogar darüber nachdenken. Aber ich bin mit Eagle zusammen. Ich will ihn nicht betrügen. Ich will ihn nicht verlassen. Ich habe Eagle versprochen, dass wir zusammen arbeiten. Also arbeite ich und bin mit ihm zusammen. Eagle hat mir diesen Job beigebracht. Ohne ihn hätte ich nie dieses Geld verdient. Es ist so. Ich wäre in Bulgarien geblieben und könnte mir einmal pro Woche ein Brot kaufen, ein wenig Butter und das war's.

Natürlich sage ich Christian, dass das nicht geht. Aber er lässt sich davon nicht abhalten, mich weiter zu bequatschen, seine Freundin zu werden. Dann machen wir wieder Sex. Er leckt mich, damit er geil wird, dann legt er sich hin und ich spiele mit seinem Po. Das Kondom habe ich vorbereitet. Zwischendurch kuscheln wir und er erzählt mir, wie viel Geld er hat. Er will sagen: ›Ich bin reich, ich habe nur Pech, das ich so klein bin.‹ Er zeigt mir auch ein Familienbild seiner Geschwister. Sie sind alle groß. Nur er ist so klein. Er sagt, das sei nicht genetisch, sondern eine Krankheit.

»Ja aber, tut mir leid«, ich schüttele den Kopf.

Ich bin noch nicht lange in Deutschland. Ich fühle mich nicht so stark. Ich kann gar nichts allein, ich habe nur Eagle. Ich könnte nicht mal eine Wohnung finden. Wie kann ich so plötzlich zu einem Mann gehen und total abhängig sein? Und wenn etwas passiert? Für mich ist es gut, so wie es ist. Ich bin mit Eagle zusammen. Er ist älter. Er hat mehr Erfahrung. Und wir sprechen Bulgarisch. Er unterstützt mich. Naja, das ist eigentlich mehr Psychosache, aber trotzdem unterstützt er mich. Ich verdiene zwar das Geld, aber er ist mein Mann.

Christian ist die ganze Nacht sehr zärtlich zu mir. Er massiert mich. Meine Füße, meinen Rücken. Er küsst meine Füße, meine Hände und streichelt mein Gesicht. Er schaut mich aufmerksam an.

»Du bist so wunderschön. Eine Prinzessin. Warum machst du diesen Job? Der macht dich doch kaputt.«

Vielleicht hat er recht. Aber trotzdem, mir geht es gut. Ich bin nicht krank, alles ist okay.

Er sagt: »Warum willst du überhaupt arbeiten? Komm zu mir. Ich werde dich unterstützen und alles für dich machen.«

Aber dieser Gedanke ist mir gruselig. Mein Partner ein Zwerg? Wie könnte ich das meiner Mutter oder meinem Bruder sagen? Meinen Freunden? Die würden sich alle totlachen. Und wie kann ich Sex mit ihm haben? Ja, ich kann kommen, wenn er mich leckt. Aber soll das mein Sexualleben sein? Lecken? Wie kann ich diesen Gnom umarmen? Er ist kein richtiger Mann für mich. Wenn ein Mann mit mir Liebe macht, Sex und Liebe, meine ich, dann möchte ich ihn auch richtig. Bam-bam-bam! So wie mit Eagle. Das ist ein Mann. Du spürst seine Hände, du spürst seinen Rücken, wenn er auf dir liegt. Aber hier? Du fühlst nichts. Sein Kopf reicht mir gerade bis zur Brust. Er hat ganz kleine Hände und kurze Beine, einen dicken Kopf. Er macht keinen Geschlechtsverkehr, nur Analstimulation. Und er ist glücklich. Das ist nicht meine Vorstellung von Sex. Er ist bereit, Millionen für eine Freundin wie mich auszugeben. Aber sie muss ihm treu sein. Also, das kann ich nicht. Tut mir leid. Ihm treu zu sein, das wäre mir too much.

Um drei gehen wir ins Bett. Zum Schlafen komme ich allerdings nicht viel. Bis morgens um sieben lässt er mich nicht in Ruhe. Ich bin gerade eingeschlafen, da fasst er mich wieder an. Er steht ihm schon. Natürlich muss ich mitmachen. Dann ist klar, was folgt. Die Tüte mit den Kondomen in Griffweite, ziehe ich das Gummi über den Finger und zack-zack-zack in den Po, ein wenig wichsen, er kommt. Weiterschlafen. Er geht sich frisch machen. Er ist wirklich gepflegt, das muss ich ihm lassen. Jedes Mal geht er duschen und parfümiert sich. Er kehrt zurück und ich hoffe, ich kann jetzt schlafen. Aber er kommt nicht zur Ruhe. Er liegt neben mir und betrachtet mich. Als wäre ich eine Göttin. Er schaut meine Haare an, berührt sie und schon ist er wieder erregt. Die gleiche Prozedur von vorn. Ein paar Mal hintereinander. Ich habe keine Kraft mehr. Irgendwann schlafen wir endlich ein.

Als es fast acht ist, piepst mein Handy. Ich muss bald gehen. Die zwölf Stunden sind um. Christian sägt selig vor sich hin. Ich stehe auf.

Er bemerkt es, bricht sein Schnarchkonzert ab und murmelt schlaftrunken: »Oh. Was ist? Willst du schon los?«

»Die Zeit ist um, Schatz. Tut mir leid, ich muss gehen.«

»Bitte bleib doch noch eine Stunde.«

Er ist ganz müde, seine Augen sind kleiner, als bei einer Maus.

»Das geht nicht. Die Zeit ist um.«

Was soll ich machen? Ärger mit Eagle bekommen?

»Mein Fahrer ist gleich unten. Sonst musst du nachzahlen, wenn du willst, dass ich länger bleibe.«

»Okay, wie viel möchtest du?«

»Hundert Euro für eine Stunde.«

Es ist so großzügig gewesen. Irgendwie ist es unverschämt von mir, ich weiß. Wenn es ein Hotel in Berlin wäre und es wartete niemand auf mich, könnte ich einfach so ein wenig bei ihm schlafen. Schlafen ist schlafen. Das wäre mir sogar lieber, denn ich bin hundemüde und möchte am liebsten noch ein paar Stunden im Bett liegen bleiben. Es wäre eigentlich tausendmal bequemer für mich. Aber hier ist Frankfurt. Eagle wartet unten.

Bleibe ich einfach länger, wird Eagle sagen: »Du warst länger da. Wo ist das Geld dafür?«

Was soll ich dann sagen? Das gleiche gilt für die Agentur. Sie weiß, ich bin zwölf Stunden gebucht. Und dafür muss ich die Provision bezahlen. Die Agentur kontrolliert das. Vielleicht ruft sie an, wenn die Zeit um ist. Wenn sie herausfindet, dass ich länger bei ihm war, ist die Vermittlungsgebühr dafür fällig. Dreißig Prozent. Wenn ich das Geld aber nicht bekommen habe, zahle ich von meinem Anteil drauf.

Christian gibt mir das Geld und schläft weiter.

Ich schicke Eagle eine SMS: »Noch eine Stunde.« Ebenso der Agentur.

Nach der Stunde ruft Eagle an.

Ich sage zu Christian: »Die Stunde ist um. Ich muss jetzt wirklich gehen.«

Er sagt: »Oh bitte! Nur noch eine Stunde.«

Noch hundert Euro. Wir schlafen weiter. Um zehn ruft Eagle erneut an.

»Ich sitze unten im Auto. Komm runter, wie lange soll ich hier noch warten?«

Er weiß, bei jeder Verlängerung bekommen wir weiter Geld. Er könnte irgendwo Kaffee trinken gehen. Nein, das will er nicht. Er will, dass ich runterkomme. Ich verstehe es nicht.

Christian sagt: »Bitte geh noch nicht, ich möchte noch zusammen mit dir frühstücken. Ein Brunch. Wir können etwas in der Bar bestellen.«

»Das kann ich nicht. Der Fahrer ist schon sauer, ich muss jetzt gehen.«

»Nein. Bitte bleib noch.«

Er bezahlt noch einmal zweihundert für zwei weitere Stunden. Ich rufe Eagle an, der ist schon stinkig.

»Na gut, mach das. Aber dann ist endgültig Schluss. Egal wie viel er dir noch geben will, du kommst runter und wir fahren! Verstanden?«

»Ja, ist gut.«

Manchmal läuft die Zeit einfach sehr schnell. Ich stehe auf, es ist mittlerweile schon fast elf. Ich dusche, schminke mich, mache mich zurecht. Christian macht sich ebenfalls frisch. Doch ihm ist klar, dass wir uns bald trennen und er will noch mal mit mir ins Bett. Die gleiche Prozedur wie gehabt. Endlich ziehen wir uns an und gehen hinunter in die Bar. Es bleiben noch vierzig Minuten, bis die Zeit endgültig um ist. Wir bestellen Kaffee und Sandwiches, denn das Frühstücksbuffet ist schon geschlossen. Aber es dauert und der Kaffee kommt nicht. Die Zeit läuft und läuft. Er wünscht sich, dass wir zusammen essen wie normale Menschen und will mich dann zur Tür bringen. Soweit der Plan.

Wir sitzen am Tisch und warten immer noch. Er will meine Telefonnummer haben. Ich erkläre ihm, dass das nicht möglich ist, weil ich einen sehr eifersüchtigen Freund habe.

»Gut, dann gebe ich dir meine Telefonnummer.« Er holt eine Visitenkarte aus der Reverstasche seines Jacketts hervor. »Vielleicht rufst du mich irgendwann an. Nächsten Monat oder irgendwann, wenn du nicht mehr mit deinem Freund zusammen bist. Du kannst immer anrufen. Ich werde einfach warten. Vielleicht nächstes Jahr. Aber bitte, nimm meine Nummer.«

Er schiebt die Karte in meine Hand. Aber ich weiß, dass Eagle meine Taschen kontrolliert, wenn ich schlafe. Visitenkarten von Kunden zu nehmen, ist tabu. Ich habe oft welche bekommen, sie aus Höflichkeit nicht abgelehnt, aber schon unten in der

Hotelhalle oder im Hausflur habe ich sie in den Müll geworfen. Aber selbst das würde hier nicht funktionieren, denn Eagle ist draußen vor dem Hotel und könnte durch die Glastüren bis in die Lobby Bar gucken. Wo soll ich sie wegwerfen? Er wird fragen: ›Was schmeißt du da weg?‹ Ich habe Angst, dass er böse wird.

Ich sage: »Ich kann deine Karte nicht annehmen. Was ist, wenn mein Freund sie sieht? Was soll ich ihm erklären?«

»Na gut. Dann schreib meine Nummer unter anderem Namen in dein Handy.«

»Auch das geht nicht. Manchmal kontrolliert er es und ruft die unbekannten Namen an.«

Er bittet mich nochmals, es doch zu tun. Ich verneine wieder.

Dann sagt er es: »Violetta. Ich liebe dich. Ich werde alles für dich tun.«

Ich schaue zur Seite und überlege, was ich darauf antworten soll, doch da kommt der Kaffee. Endlich. Allerdings ohne das Essen. Ich bin jetzt schon ziemlich hungrig, denn es ist fast Mittag. Bereits seit Stunden bin ich wach. Gerne würde ich noch etwas zu mir nehmen, bevor ich gehe. Wieso dauert das überhaupt so lange? Es sind doch nur ein paar Sandwiches. Christian fragt den Kellner, was mit dem Frühstück ist.

»Kommt gleich, kommt gleich«, antwortet der und eilt davon.

Die letzten zwei Stunden sind fast um und Eagle ruft an: »Komm raus jetzt. Sofort. Oder ich komme rein und hole dich.« Er klingt mächtig gereizt.

Ich fühle mich wie zwischen Hammer und Amboss. Ich weiß, manchmal verlangt er Sachen von mir, einfach nur, weil er es so will. Ich soll gehorchen. Aber dieser Mann hat schon soviel Geld für mich bezahlt. Die letzten vier Stunden vierhundert Euro fast nur für schlafen und duschen. Ich schaue zur Theke hinüber. Warum bringen sie das Frühstück nicht? Dieser blöde Service. Es sind noch zehn Minuten. Das Essen kommt nicht. Es sind noch fünf Minuten. Das Essen kommt immer noch nicht. Was soll ich machen? Soll ich ihn jetzt hier sitzen lassen? Alleine? Die anderen Tische sind schon voll mit Leuten. Wie sieht das aus?

Ich lasse meinen Kaffee stehen und gehe einfach? Ich habe ein bisschen Mitleid. Wäre ich in Berlin, alles kein Problem. Aber wir sind nun mal in Frankfurt.

Ich sage ihm die Wahrheit: »Der Fahrer ist mein Freund. Ich kann nicht mehr bleiben. Es tut mir leid, ich werde sonst Ärger mit ihm bekommen. Ich muss jetzt wirklich.«

»Okay, aber bitte nimm meine Karte. Ruf mich mit versteckter Nummer an. Egal.«

»Nein, es geht nicht.«

»Bitte, ich bitte dich!« Er lässt nicht locker.

Seine Hartnäckigkeit nervt mich langsam und ich zicke ihn an: »Hast du nicht verstanden? Wenn ich sage, es geht nicht, dann geht es nicht. Bitte akzeptiere das. Wenn du mich wiedersehen willst, kannst du mich gerne wieder bestellen. Ich verspreche dir, ich werde kommen. Aber über die Agentur. Verstehst du? Du hast die Nummer.«

Er schluckt. Das war sehr direkt. Ich sehe Tränen in seinen Augen. Er versucht, sie zu verbergen, versucht, stark zu bleiben, aber die Tränen fließen einfach heraus. Mein Handy klingelt wieder. Eagle. Ich drücke ihn weg. Aber ich muss jetzt gehen. Ich stehe auf.

»Ciao, mach es gut.«

Ich küsse ihn zum Abschied auf die Wangen. Auf dem Weg nach draußen drehe ich mich noch einmal um. Ich sehe ihn alleine da sitzen. Regungslos, zusammengesunken. Ein Bild wie eine Karikatur. Der Stuhl riesig, der Tisch zu hoch und übergroß. Der Kellner erscheint mit den Sandwiches und stellt sie ihm und dem nun leeren Platz gegenüber hin. Es tut mir leid. Einen solchen Abschied wollte ich nicht.

18. KAPITEL

Amore

Unter den Mädchen im Bordell gibt es viel Tratscherei. Das passiert auch, wenn sie eigentlich befreundet sind. Wenn die eine nicht bei der Arbeit ist, spricht die andere hinter ihrem Rücken über sie. Das ist nicht ungewöhnlich unter Frauen. In diesem Geschäft aber gilt es doppelt. Es gibt ständig Neid und Eifersüchteleien. Wenn ein neues Mädchen dazu kommt, hassen die anderen sie sofort, denn die Neue ist erst mal Konkurrenz. Wenn sie jung und hübsch ist, hassen sie sie doppelt. Es gibt bis zu fünfzehn Mädchen, wobei nicht alle immer anwesend sind. Drei sind Deutsche, die anderen kommen aus Russland, Litauen und Polen. Ich vermute, weil die Chefin Ukrainerin ist und russisch spricht. Die jüngste ist neunzehn, die ältesten Ende zwanzig und Anfang dreißig. Die deutschen Frauen sind die einzigen, die ohne Zuhälter arbeiten. Die anderen haben alle einen. Die Typen sind nicht blöd. Die Mädchen kommen aus dem Ausland, verstehen kein Deutsch und wissen nicht, wie hier alles läuft, wie sie eine Wohnung finden sollen, sich anmelden und sich eine Steuernummer besorgen können. Aber sie können ficken. Egal, mit wem du sprichst, immer hat sie jemand hergebracht und ihr gezeigt, was sie machen soll. Die deutschen Mädchen können sich selbst organisieren. Manche wohnen sogar noch bei ihren Eltern. Ihrer Familie erzählen sie, dass sie als Kellnerin oder als Putzfrau in einem Hotel arbeiten. Oder sie lebt bei ihrem Freund. Vielleicht ist er Automechaniker, und sie arbeitet heimlich im Bordell. Aber sie haben wenigstens ihre Leute hier, die sie unterstützen können, wenn es darauf ankommt. Und sie tun es freiwillig und auf eigene Rechnung. Die Ausländerinnen müssen immer mit ihrem Zuhälter teilen. Wenn du sie fragst, haben sie natürlich keinen. Nur einen Freund. Und was macht er? Nichts. Er sitzt zuhause und wartet auf sie. Alles klar.

Ich verstehe mich eigentlich nur mit einer gut. Sie ist Deutsche und heißt Lisa. Sie arbeitet auch als Fotomodel. Sie ist ein paar Jahre älter als ich und nicht richtig hübsch im klassischen Sinn. Ich habe ein hübsches Gesicht. Das weiß ich und kann es sagen, ohne hochnäsig zu sein. Lisa besitzt eine andere Art von Schönheit, ist eher etwas karg und schmal im Gesicht. Insgesamt sehr dünn. Nicht viel dran sozusagen, nur Haut und Knochen. Aber sie hat schöne schwarze, schulterlange Haare und sie ist sehr warmherzig. Sie warnt mich, ich solle aufpassen und den anderen Mädchen nicht zu sehr vertrauen. Wir kommen uns näher, weil manche Männer einen flotten Dreier wollen. Das machen wir fortan immer zusammen. Die Männer buchen mich, und wenn eine zweite Frau gewünscht wird, rufe ich sie dazu. Wir machen dann lesbische Spiele oder Sex zu dritt. Auch wenn sie mit einem ihrer Stammkunden zusammen ist, und er ein zweites Mädchen will, fragt sie mich. Sie ist nicht die Frau, die ein Mann sofort haben will, wenn er sie sieht, so wie bei mir. Häufig kommen die Männer herein und wählen gleich mich aus. Nur wenn ich auf dem Zimmer bin und mich nicht vorstellen kann, bekommen die anderen auch jemanden ab. Das schürt natürlich Neid. Nicht so bei Lisa. Sie ist überhaupt nicht missgünstig, sie hat ihre Stammkunden. Es kommt oft vor, dass ein Mann nach Lisa verlangt, ohne die anderen anschauen zu wollen.

Viele der Gäste wollen lesbische Spiele sehen. Kostet fünfundzwanzig Euro extra. Da streicheln wir uns, küssen die Brüste und lecken uns gegenseitig die Muschi. Häufig tun wir aber nur so als ob. Der Kunde bekommt es nicht mit, weil wir die Haare davor hängen haben. Als wir es das erste Mal zusammen machen, also eigentlich als Show für einen Mann, leckt sie mich richtig. Ziemlich geil, ich bin fast gekommen. Der Holzfäller begrapscht mich dabei aber so unsensibel, dass ich nicht zum

Höhepunkt komme. Hinterher gesteht sie mir, dass sie bisexuell ist. Sie macht es auch im Privatleben gerne mal mit Frauen, obwohl sie einen Freund hat. Sie mag mich sehr, sagt sie. Es ist schön, einfach eine Freundin zu haben. Gerade in dieser Welt, wo alle gegen dich sind und nur hinter deinem Rücken tuscheln. Oft, wenn ich mich vor der Arbeit zurechtmache, tue ich es mehr für sie als für die Gäste. Und sie ebenso. In den Pausen trinken wir zusammen Kaffee. Sie erzählt mir persönliche Sachen. Dass sie beim Arzt war und einen kleinen Infekt hat, und dass ihr Freund nichts davon wissen soll. Sie gibt mir ihren Laptop, damit ich surfen und E-Mails schreiben kann. Solange ich will. Solche kleinen, netten Sachen. Und so vergeht die Zeit schneller, wenn ich im Amore bin.

Wir tauschen auch unsere Telefonnummern aus. Aber Eagle ist misstrauisch. Er hat mir verboten, Telefonnummern anzunehmen und zu geben. Von Kunden sowieso, aber das gilt auch für Kolleginnen.

Er sagt: »Privatleben ist Privatleben und Arbeit ist Arbeit. Deine Kollegin kann niemals deine Freundin sein.«

Vielleicht stimmt das sogar. Aber was soll so schlimm daran sein, wenn du eine oder zwei Telefonnummern von Kolleginnen hast? Doch er meint, das brauche ich nicht. Er hat immer Angst, dass ein Mädchen ihren Zuhälter auf Ideen bringen könnte, die ihm schaden. Zum Beispiel, wenn dieser ein zusätzliches Mädchen braucht, um mehr Geld zu scheffeln.

»Wer weiß? Du gehst mit ihr Kaffee trinken, und lernst dabei ›zufällig‹ ihren Zuhälter kennen ...«

Er fantasiert dann, ich könnte ihn vielleicht verlassen, um mit den beiden zu wohnen und mein Geld mit dem anderen teilen. Deswegen verbietet er mir, daneben Kontakte zu pflegen. Er wiederholt es ständig.

»Du hast keine Zeit, hier mit irgendwelchen Leuten Kaffee trinken zu gehen. Wenn du in Bulgarien bist, kannst du dich dort mit deinen Freundinnen treffen. Du bist hier in Deutschland. Hier ist nur Arbeit. Sonst nichts.«

Als ich Lisa meine Telefonnummer gebe, sage ich ihr vorsorglich: »Mein Freund ist sehr eifersüchtig. Bitte ruf mich besser nicht an.«

Eagle weiß, wenn das Telefon klingelt, kann es nur die Agentur sein. Sonst kennt niemand meine deutsche Nummer.

Dann ist Lisa krank. Sie ist erkältet und arbeitet nicht. Nach einer Woche ruft sie mich auf der Arbeit an, um zu Bescheid sagen, dass sie Tags drauf wiederkommt.

Ich sage: »Okay, aber ruf mich bitte nicht an, wenn ich zuhause bin. Du weißt, Eagle macht Stress.«

»Jaja, keine Sorge. Deswegen melde ich mich ja jetzt. Ich weiß, du bist im Puff. Ich habe vorher auch extra bei der Chefin gefragt, ob du da bist.«

Um Mitternacht holt Eagle mich ab. Anschließend sind wir zuhause. Ich dusche, und wir legen uns ins Bett, um noch Fernsehen zu schauen. Es ist schon so gegen halb zwei, da kommt eine SMS auf mein Handy. Eigentlich hätte ich auch auf Termin sein können, aber heute ist nichts. Ich stehe auf und gehe zum Telefon, das auf der Kommode liegt. Es ist von Lisa.

Sie schreibt: »Liebe Nadja, ich freue mich sehr, dass wir uns morgen wiedersehen. Ich komme morgen gerne arbeiten. Kuss, Deine Lisa.«

Normalerweise nimmt mir Eagle ganz selbstverständlich mein Mobiltelefon aus der Hand und guckt, was für eine Nachricht gekommen ist. Er kontrolliert immer alles. Wer hat mich angerufen, welche SMS habe ich bekommen. Das ist normal für ihn, denn es ist das Arbeitshandy.

Aber jetzt ist er wohl zu faul aufzustehen und fragt nur: »Was war das?«

»Nichts.«

»War das ein Termin, oder was?«

»Nein, nichts.«

Er richtet sich auf. »Wem hast du deine Nummer gegeben?«

Sein Ton klingt schon leicht aggressiv, und ich habe das Gefühl, dass er mich gleich schlägt. Oder schlimmer: dass er sauer wird. Mir ist lieber, er schlägt mich, als dass er sauer wird. Du liebst diesen Mann. Wenn er dir böse ist, tut es dir mehr weh. Wenn es echte Liebe ist.

Ich sage: »Naja, ich habe dir doch schon von Lisa erzählt. Dass ich zu ihr einen speziellen Kontakt habe.«

Ich habe es ihm so präsentiert, dass es wegen des Geldes ist. Dass wir lesbische Spiele zusammen machen. Das sei doch gut, da bekäme ich jedes mal fünfundzwanzig Euro extra. Ich habe ihm erklärt, dass die anderen Mädchen mich hassen und so was nicht mit mir machen wollen. Damit war er zufrieden, denn alles, was der Arbeit gut tut und mehr Geld bringt, ist willkommen.

Doch nun meint er: »Warum hast du ihr deine Telefonnummer gegeben?«

»Eagle, jetzt hör doch mal auf. Na, einfach so.«

»Einfach so? Was schreibt sie?«

»Sie war krank und wollte ...« Ich spreche nicht weiter. Er macht mich so an, zieht mich so runter mit seiner aggressiven Art. Verdammte Scheiße. Ich muss mich für jedes Wort rechtfertigen. Eine einfache SMS, und er veranstaltet dieses Theater. Er macht mir ein schlechtes Gewissen und ich habe Angst, diese einfache Sache zu erklären. Wegen nichts fühle ich mich schuldig und fange an zu stottern: »Sie kommt morgen, sie ... sie vermisst mich, was weiß ich ...«

Er starrt mich mit seinem Raubtierblick an, zieht die Mundwinkel herunter.

»Gib mir das Telefon. - Zeig her!«

»Nein. Wieso?«

»Zeig her die SMS«, beharrt er, schon fast wütend und streckt fordernd seine Hand aus.

Ich lege das Telefon hinein. Ich will nicht, dass er noch ätzender wird.

Er liest die Nachricht und sagt schneidend: »Sofort rufst du diese Lisa an, hier und jetzt, denn ich will es hören, und du sagst, sie soll dich nie wieder anrufen und nie wieder stören. Sag ihr, du hast deinen Freund zuhause und er freut sich darauf, dich zu sehen. Und mit ihr, das ist alles nur Arbeit, nur wegen Geld und sonst nichts. Und das war's. Sie soll sich nicht freuen wegen dir.«

Sehr ernst soll ich es ihr sagen. Doch wie kann ich dann morgen wieder zur Arbeit gehen und sie treffen? Sie ist meine einzige Freundin dort. Elf oder zwölf Stunden muss ich mich in diesem Laden jeden Tag aufhalten.

Doch er mahnt: »Ruf jetzt an.«

»Nein, ich rufe sie jetzt nicht an!«, schießt es aus mir heraus. Es ist das erste Mal, dass ich Nein zu ihm sage. »Was ist so schlimm daran? Was ist denn schon passiert?«

»Was passiert ist? Das fragst du mich? Du rufst jetzt an!«

Er ist aufgebracht. Nicht wegen der Sache mit Lisa, sondern weil ich es wage, ihm zu widersprechen. Soviel ist klar. Weil ich nicht das blöde Lamm bin, das nur ›Böh‹ macht und alles tut, was der große Löwe sagt. Ich schüttele entschieden den Kopf.

Er nimmt mein Telefon in beide Hände. Ein Nokia, ein schönes Telefon, das ich von meinem Geld gekauft habe und mit der Miene des brutalen Schlachters, der einem Lämmchen den Hals umdrehen will, droht er: »Du rufst sie jetzt an oder ich mache dein Handy kaputt. Aber richtig. Entscheide dich.«

Ich stehe da wie erstarrt.

»Drei, zwei, eins ...«, zählt er den Handy-Tod-Countdown herunter.

»Gut, gut, gut. Lass. Bitte. Ich werde sie anrufen«, rette ich mein Telefon in letzter Sekunde. Ich spüre, wie mir die Tränen kommen. Verflucht. Er bringt mich in eine Situation, ich kriege schon fast eine Nervenkrise.

»Wenn du nicht mit ihr sprechen willst, kein Problem. Ich rufe sie an und sage es ihr.« Er tut es ohne meine Antwort abzuwarten und stellt den Lautsprecher an.

»Ja, hallo?«

»Hallo. Ich bin der Mann von Nadja. Ich will dir nur eines sagen. Vergiss diese Telefonnummer hier und lösche sie. Jetzt sofort. Ruf sie nie wieder an. Sonst hast du Probleme mit mir. Verstanden?«

Entsetztes Schweigen am anderen Ende. Er legt auf und gibt mir das Telefon zurück. Vor seinen Augen muss ich erst die SMS und dann Lisas Nummer aus dem Telefonbuch löschen. Ich zerfließe vor Scham und Peinlichkeit und versickere in unserem neuen Ikea-Teppich. Warum muss er mich so erniedrigen? Warum macht er diese beschissenen Spiele mit mir? Am liebsten möchte ich ihm ins Gesicht kotzen, bis er aussieht wie ein Zombie im Endstadium. Für ihn ist die Sache selbst wahrscheinlich gar nicht so wichtig. Wichtig ist nur, dass ich tue, was er will. Zum Beispiel. Ich habe mir einen neuen Pullover gekauft. Ich liebe diesen Pullover. Er hat für mich einen speziellen Wert. Er will nun testen, ob ich für ihn wirklich alles tun werde.

Und er sagt: »Schmeiß den Pullover ins Klo.«

Okay, ich werde den Pullover hinterher waschen. Aber wer weiß? Vielleicht bleiben Flecken, keine Ahnung.

Ich sage: »Nein.«

Er sagt: »Los, mach es. Ich will, dass du das tust.« Nur um seine Macht zu zeigen.

Oh, ich könnte ihn umbringen.

Am nächsten Tag gehe ich wieder zur Arbeit. Doch Lisa ist nicht böse auf mich. Sie wirkt ganz gelassen, beinahe gleichgültig, als ich sie in der Umkleide treffe und sagt, als ob nichts wäre: »Hallo.« Nichts weiter.

Sie hat natürlich verstanden, was abgelaufen ist. Aber mir ist es peinlich. Ich fühle mich wie der Idiot, der sich erklären muss, der sich entschuldigen will.

Sie hört ruhig zu, sagt nur: »Okay. Gut. Kein Problem. Ich möchte mich nicht einmischen.«

Draußen ist es schon dunkel und ich habe es mir auf der Couch in der Bar bequem gemacht. Ich trage ein durchsichtiges, kleines Nichts aus heller Seide, dazu High Heels. Schummeriges, blau-rotes Licht taucht den Raum in eine geheimnisvolle, verruchte Atmosphäre. Mir gefällt diese Stimmung. ›Muschebubu‹ sagt Gerda, eine der Hausdamen, die aus Leipzig stammt, dazu. Oder ›Muschibubu‹? Jedenfalls ist die Bar ein guter Platz, um abends darauf zu warten, dass es an der Tür klingelt. Außerdem habe ich keine Lust, bei den anderen Mädchen hinten in der Küche zu bleiben, wo sie die ganze Zeit nur rumsitzen, rauchen und fressen. Manche gehen mir echt auf die Nerven. Erst gestern gab es wieder Stress, weil ich nicht den ganzen Abend bis zum Schluss geblieben bin. Ich hatte einen Termin von Dream-Escort. Es ist mir natürlich lieber, zu einem Mann in ein Fünfsterne-Hotel zu gehen, als hier im Puff für das gleiche Geld fünf Männer zu empfangen. Viele der Mädchen machen selbst kein Escort und verstehen nicht, weshalb sie immer bis Mitternacht bleiben müssen, egal ob es Gäste gibt oder nicht, während Nadja, die Prinzessin mit den schönen Haaren und den großen Brüsten, nicht nur die meisten Kunden abgreift, sondern auch noch kommen und gehen kann, wann sie will. Natürlich bin ich nicht verpflichtet, den anderen zu sagen, dass ich daneben noch Escort mache. Eigentlich weiß es auch nur die Chefin und Lisa. Aber das sorgt für Unmut. Einige haben deswegen den Aufstand geprobt und sich bei der Chefin beschwert. Sie wollten auch ab und zu eher gehen. Maryna ließ sich allerdings auf nichts ein.

Meine Erfahrungen aus der Hotelbar in Plovdiv kommen mir hier zu gute. Ich mache es wie damals und suche das Abenteuer. Es reizt mich, mit fremden Männern zu schlafen. Manchmal sind auch ganz hübsche dabei. Und in der Bar habe ich eher die Chance, selbst eine Wahl zu treffen. Zwar wollen viele der Kunden nicht in der Bar sitzen, denn was sie auf keinen Fall sehen möchten, sind andere Männer. Wer weiß, vielleicht begegnen sie dort jemandem, den sie kennen, einem Nachbarn oder Kollegen. Deswegen gehen die meisten direkt ins Zimmer und lassen sich dort die Mädchen vorführen. Trotzdem ist mir die Bar lieber, als dieser Schnelldurchlauf im Drei-Sekundentakt. Manchen der Mädchen, so habe ich den Eindruck, ist es egal, ob einer mehr oder weniger oder wie er aussieht. Vielleicht sind sie auch schon völlig abgestumpft.

Mir ist es nicht egal. Ich schaue, welcher Gast alleine sitzt, geselle mich zu ihm. Das funktioniert ganz gut, obwohl ich kein Deutsch kann. Und wenn ich ihm gefalle, gehen wir auf das Zimmer. Die anderen Mädchen will er dann gar nicht mehr sehen. Der Chefin ist es egal. Hauptsache, der Kunde bleibt. Ich suche mir möglichst einen, der gut angezogen ist, und von dem ich annehme, dass er Geld hat und mich für länger buchen wird.

Also vielleicht eine oder zwei Stunden. Oder wenn ich in Stimmung bin und richtig Spaß haben will, schaue ich nach jungen Arabern oder Türken, die teuer gestylt aussehen. Okay, manchmal ist es auch nur für eine halbe Stunde, aber wenn ich dabei auf meine Kosten komme, ist das in Ordnung. In diesem Teil von Charlottenburg gibt es eine Menge Ausländer, teilweise sehr gepflegt und gut gebaut. Fitnesstrainer oder welche, die mehrere Stunden am Tag ihre Muskeln stählen. Teilweise kommen auch ganz junge Typen. Zwanzig, fünfundzwanzig Jahre alt. Sie geben oft Trinkgeld oder bringen mir beim nächsten Mal kleine Geschenke mit. Süßigkeiten oder Blumen. Das gefällt mir. Aber ich will möglichst keinen von den Macho-Angebern, denn die sind meistens grob und machen dich fix und fertig.

Einer meiner Stammkunden ist Perser. Sein Name ist Murat. Er ist Autohändler, Ende vierzig, gut aussehend, mit lockigem Haar und schicker Brille. Murat ist mir sehr sympathisch und richtig nett. Er erscheint immer zusammen mit einem Freund und bestellt sich Bier. Er kommt wohl öfters her, denn er begrüßt die Bardame mit ihrem Vornamen. Als er mich das erste Mal sieht, will er mich gleich kennenlernen. Wir unterhalten uns auf Englisch.

»Wie heißt du?«

»Mein Name ist Nadja.«

»Möchtest du was trinken?«

Ich trinke mein Lieblingsgetränk, Baileys mit viel Eis. Es ist angenehm, mit ihm zu reden und in seiner Nähe zu sein. Er hat eine positive Aura, strahlt gute Energie aus. Er nimmt mich immer für eine dreiviertel Stunde oder eine Stunde. Er bucht auch Extras, Französisch pur und Küssen. Ich versuche natürlich immer, so viele Extras wie möglich zu bekommen. Die ersten beiden Male küsst er mich aber gar nicht. Es gibt Männer, die küssen nicht gerne. Jedenfalls nicht mit Zunge. Vielleicht haben sie Angst vor Krankheiten, vielleicht mögen sie auch den Geschmack nicht oder der Spucketausch ist ihnen zu intim. Ich habe Kunden, die küssen nur ihre Ehefrau, sagen sie. Murat bezahlt jedenfalls immer dafür, tut es dann aber nicht. Vielleicht will er mich nicht kränken, indem er mein Angebot ablehnt. Er leckt mich auch nicht die ersten Male. Er kommt immer sehr schnell. Die restliche Zeit streichelt und massiert er mich und wir unterhalten uns. Er interessiert sich für mich, will erfahren, was ich mache und woher ich komme. Natürlich sage ich ihm nicht die Wahrheit. Dann will er wissen, ob ich einen Freund habe. Ich bejahe, sage aber nicht, dass ich einen Zuhälter habe.

Wenn ich zur Arbeit gehe, hoffe ich jedes Mal, ihn zu sehen. Er kommt ein bis zweimal die Woche, meist gegen neun Uhr abends. Dann suche ich ihn mit den Augen. Wenn ich um die Zeit herum von einem anderen gebucht werde, bin ich unruhig, er könnte auftauchen und mich nicht antreffen. Vielleicht geht er wieder oder nimmt ein anderes Mädchen. Wenn ich aus dem Zimmer herauskomme, frage ich die Hausdame nach ihm. Dann, sofort, wenn er die Bar betritt, gehe ich zu ihm. Eigentlich soll das nicht sein. Schließlich ist er der Kunde, es ist sein Geld. Vielleicht will er ja Abwechslung. Doch ich zeige ihm, dass er nicht mit einer anderen gehen soll. Ich umarme ihn und gebe ihm Küsschen.

»Ich trinke heute Baileys«, gurre ich und lächele ihn unwiderstehlich an.

Er lacht: »Okay, verstehe. Einen Baileys dann für die Dame!«

Nach ein paar Minuten fragte ich: »Und? Gehen wir ins Zimmer?«

Erst beim dritten Besuch beginnt er, mich zu küssen. Und er leckt mich. Ich denke, aha, okay, was ist denn hier los? Er tut es richtig mit Gefühl und er genießt es. Es hat nichts Mechanisches mehr, ist erfüllt von intensivem Spüren. Fortan kommt er immer gut angezogen, ist glatt rasiert und parfümiert. Vorher ist er manchmal auch eher locker gekleidet erschienen und mit Stoppelbart. Es ist offensichtlich. Er gibt sich Mühe, dass er gut aussieht für mich. Er will dann meine Nummer haben, natürlich gebe ich sie ihm nicht.

Zwar gehe ich lieber in ein Fünfsterne-Hotel als im Puff zu bleiben, aber das ist natürlich kein Garant dafür, dass du attraktiven und gepflegten Männern begegnest. Ich bin schon zu Hause, es ist gegen halb elf Uhr abends, als ich eine SMS bekomme. Absender Evita HH. Termin nullhundert. Adlon-Kempinski. Eine Stunde. Ich bestätige.

Eagle umrundet den Pariser Platz im Schritttempo. Wir cruisen am erhaben angestrahlten Brandenburger Tor vorbei und kommen pünktlich kurz vor Mitternacht am Portal mit dem ovalen Baldachin zum Stehen. Der rote Teppich ist ausgerollt. Es fehlt nur noch die Fanfare. Das Adlon ist Berlins erstes Haus am Platz. Glanzvoll und piekfein. In diesem Grandhotel fühlst du dich fast wie in einer anderen Zeit, wie in einem anderen Leben. Wen ich hier wohl treffen werde?

Der Portier in schwarz-grauer Livree, Zylinderhut und weißen Handschuhen verbeugt sich aufmerksam lässig vor dem Eingang: »Guten Abend, Madame.«

Ich erwidere den Gruß und durchschreite die prächtige Hotelhalle mit dem berühmten Elefantenbrunnen in der Mitte in Richtung Aufzüge. Ich kenne fast alle Hotels in Berlin. Wenn man keine Karte braucht, so wie hier, gehe ich direkt zum Fahrstuhl. Keiner fragt dich etwas. Die Leute an der Rezeption arbeiten in verschiedenen Schichten, und es könnte sein, dass ich selbst Gast des Hotels bin.

Oben empfängt mich ein Mann Anfang sechzig. Ein Deutscher, mittelgroß, mit schwarz-grau melierten Haaren und auffällig braungebrannt im Gesicht. Entweder er macht viel Urlaub oder er geht oft ins Solarium. Eventuell, als er jünger war, ist er mal hübsch gewesen, aber nun hat er viele Falten. Es gibt Männer, die sind schon über sechzig und sehen einfach hammermäßig aus. Aber der hier - ich finde ihn ziemlich hässlich.

»Hi Violetta«, begrüßt er mich. »Na, wie geht's dir?« Er klingt, als würden wir uns schon ewig kennen.

Ansatzlos zieht er mich zu sich heran und küsst mich auf den Mund. Will mir gleich seine Zunge in den Hals stecken, als wäre ich seine Geliebte. Puh. Er hätte sich wenigstens die Zähne putzen können. Was denkt er sich? Hey! Langsam, langsam.

Sanft entwinde ich mich seiner Umarmung und sage: »Hallo, gut. Und dir?«

Ich hasse solche Männer. Ich kenne ihn ja gar nicht. Normalerweise ist die Etikette so: Nachdem er bezahlt hat, sollte der Mann der Dame zunächst ein Getränk anbieten. Je höher das Honorar, desto mehr muss er diese Art von Kultur an den Tag legen. Wenn ich bei der Neunzig-Euro-Agentur zu einem Termin gehe, gibt der Mann dir das Geld und sofort wird gefickt. Aber wenn ich in einem schicken Hotel bin, so wie hier, erwarte ich schon etwas mehr Stil. Ich komme ja auch nicht mit Jeanshose und Turnschuhen daher. Ich trage ein tolles dunkelrotes Etuikleid und High Heels in beige, dazu schöne Ohrringe und bin leicht geschminkt. Und der hier greift mir sofort an die Brüste.

Seine Hand, hinten unterhalb meiner Taille aufgelegt, schiebt er mich auf die edle, in goldenem Chiffonstoff schimmernde Sitzgruppe zu.

»Setz dich. Möchtest du Champagner?«

»Gern. Danke.« Gut, das hat er verstanden.

Ich nehme Platz und sehe mich um. Das Wohnzimmer ist mit glänzenden Stilmöbeln eingerichtet und bestimmt vierzig Quadratmeter groß. Eine breite, weit geöffnete Flügeltür gibt den Blick auf das Kingsize Bett im Schlafzimmer frei. Eine Suite. Die kostet hier neunhundert Euro die Nacht. Die üppigen Vorhänge sind aus hellem Satin, die Teppiche so dick und weich, dass man bis zu den Zehen darin einsinkt. Ich verstehe das nicht. Wozu braucht man das?

Der Mann scheint ein großes Selbstbewusstsein zu haben. Die Nase hoch erhoben, überreicht er mir mein Geld. Genau abgezählt. Wir quatschen ein bisschen, aber ihm ist wohl nicht viel nach reden.

»Was machst du beruflich?«, frage ich trotzdem, denn ich will jetzt nicht sofort loslegen. Außerdem bin ich neugierig.

Eine fette goldene Uhr, die geschätzt mindestens zehntausend Euro gekostet hat und sein teurer Anzug verraten mir, dass er ziemlich wohlhabend sein muss. Er erzählt, er besäße eine Fabrik für Implantate. Nasen und künstliche Körperteile, aber hauptsächlich Brustimplantate. Ich frage, ob er ein Direktor ist. Er sei der Eigentümer, entgegnet er.

Okay. Nur, wenn er so betucht ist, warum gibt er mir dann nur zweihundert Euro und kein Trinkgeld? Viele reiche Männer buchen dich für zwei, drei Stunden und bezahlen dafür, lassen dich aber schon nach einer Stunde wieder gehen. Ich denke, alles klar, kein Problem. Er hat bezahlt, und ich mache meinen Job. Normalerweise, müssen wir bei dieser Agentur nicht küssen und nicht Französisch ohne machen. Wenn der Kunde es will, kannst du extra Geld nehmen. Oder du machst es so, aus Sympathie. Normal ist also nur Französisch mit und Verkehr. Das will er.

Er reibt schon ungeduldig mit der flachen Hand seinen Oberschenkel und ich sage: »Ich möchte mich gerne noch frisch machen.«

Wie gewöhnlich bin ich zwar geduscht, aber untenrum muss ich mich immer erst noch mal waschen. Ich begebe mich in das exquisite Badezimmer. Als ich nackt, nur ein Handtuch umgebunden, wieder herauskomme, frage ich ihn, ob er auch noch ins Bad möchte. Er meint nein, er sei okay. Na gut. Kann sein, dass er sich kurz vor meiner Ankunft geduscht hat. Er hat ja auf mich gewartet. Den Termin hat er schon ein paar Stunden vorher vereinbart. Zeit genug dazu hätte er gehabt.

Dann will er als erstes, dass ich ihn ausziehe. Viele Männer möchten das. Ich streife das Sakko ab, ziehe ihm das Hemd aus, die Hose runter. Er steht jetzt nur noch in Unterwäsche da. Doch was ist das? Noch nie habe ich solche Haut gesehen. Sein ganzer Körper, vom Hals über den Rücken bis zu den Füssen ist total schuppig und extrem trocken. Die Struktur seiner Haut gleicht der einer Schlange, kurz bevor sie sich häutet. Ich berühre ihn an der Schulter. Die Haut fühlt sich an wie grobes Schmirgelpapier. Vorsicht Verletzungsgefahr! Außerdem riecht er. Nach einem teuren Luxusparfum. Aber nicht nur. Es ist eine Mischung aus Länger-nicht-gewaschen und Parfum. So müssen die französischen Adeligen am Hofe Ludwig des XIV. gerochen haben, wo Wasser als schmutzig und krankheitserregend galt, man sich deswegen niemals wusch oder badete und sich nur mit Duftwasser übergoss, um die Körpergerüche zu übertünchen. Aber Monsieur Schlangenhaut ist ganz unkompliziert dabei, schämt sich kein bisschen. Offenbar hat er mit seiner Angeber-Uhr und dem protzigen Diamantring am Finger so etwas wie Scham ohnehin nicht nötig.

Im Gegenteil. Er fühlt sich anscheinend wie ein Prinz, und ich bin seine Sklavin. Das strahlt jedenfalls sein Benehmen deutlich aus. Er tut es nicht mit Worten, aber ich spüre die Arroganz. Er atmet sie - neben dem Gestank - förmlich aus. Ich kann seine Gedanken quasi riechen. Die Art, wie er schaut, der Ton, wie er redet. Abschätzig, gönnerhaft und von oben herab. Ich ziehe ihm auch das Unterhemd aus, mache weiter mit seinen Slip. Der ist weiß, super weiß sogar. Zumindest außen. Aber die Form ist schon ausgeleiert. Damit ist klar, dass er diesen schon ein paar Tage nicht gewechselt haben muss. Und dass er sich keinesfalls vor unserem Treffen frisch gemacht hat. Ich ziehe die Unterhose herunter und sehe den braunen Bremsstreifen. Da ist Scheiße dran. Aber nicht nur ein bisschen. Der Streifen ist dunkelbraun und es riecht. Übel. Es ist mir schon peinlich. Was soll das? Er konnte sich frisch machen. Wenn du eine goldene Rolex trägst und neunhundert Euro für ein Zimmer bezahlst und dir für zweihundert ein Mädchen kommen lässt, bist du trotzdem ein Mensch, oder? Auch Prinzen gehen sich waschen, bevor sie eine Frau empfangen. Trotzdem, ich schweige dazu. Was soll ich sagen? Soll ich jetzt meckern? Sein Ding wird sofort wieder schlapp werden. Ich bin hier, damit er eine schöne Zeit hat. Und ich auch. So gut es eben geht. Wenn nicht, kann ich es auch aushalten - für eine Stunde. Damit er nicht sieht, dass seine Unterhose derart befleckt ist, lasse ich sie gleich auf den Boden fallen und schiebe sie mit dem Fuß beiseite. Ich denke, es würde ihm vielleicht doch peinlich sein und dann wäre die Stimmung im Eimer.

Ich mache noch einen Versuch: »Möchtest du vielleicht mit mir zusammen duschen?«

»Nein, brauche ich nicht«, antwortet er ohne zu zögern.

»Gut, okay.«

Wir gehen ins Bett, ein großes, kuscheliges Bett mit dicker Matratze, die Wäsche aus zartem Satin, ganz in Weiß.

Er legt sich auf den Rücken und sagt: »Komm her, ich möchte dich lecken.«

Ich steige über ihn auf 69, halte ihm meine Pussy hin. Gummi und Gleitgel habe ich schon mit ins Bett genommen.

Ich habe bis jetzt schon sehr viele Schwänze gesehen und auch viele Muschis. Die Schwänze haben eines gemeinsam: Sie sind sehr unterschiedlich. Es gibt Beschnittene und nicht Beschnittene, die nicht Beschnittenen sind natürlich auch alle verschieden. Klein, groß, manche haben richtig viel Haut vorne, manche weniger. Es gibt Männer, bei denen zieht sich die Vorhaut von selbst nach unten, wenn er steif wird. Du siehst schon den Kopf, also die Eichel, und wenn er sauber ist, das ist optisch einfach geil, einfach schön. Ich hatte einen Freund hier, einen Deutschen. Bei ihm war die Haut so lang, dass selbst, wenn der Schwanz richtig hart und groß war, die Vorhaut noch immer über die Eichel hinausragte. Du musstest die Haut schon mit der Hand runterschieben, damit die Spitze richtig zum Vorschein kam. Bei manchen Männern kommt dann so eine Art Schleim unter der Vorhaut hervor. Wenn du sie zurückziehst, erscheint ein fetter Tropfen. Das finde ich sehr geil. Aber das ist kein Käse. Das ist frischer Schleim, der neu entsteht.

Bei dem Schlangenhautprinzen hier ist es leider anders. Ich bin über ihm, er leckt mich schon und ich soll jetzt mit seinem Ding etwas machen. Ich ziehe die Haut ganz vorsichtig zurück, blase aber noch nicht, denn ich will jetzt erst mal nachsehen, was sich darunter verbirgt. Oh, die Eichel ist vorne rot. Er hat eine leichte Entzündung. Wenn die Spitze keine Luft und kein frisches Wasser sieht, ist es normal, dass sie rot ist. Normalerweise ist sie eher rosa. Rosa oder weißlich. Ich ziehe die Vorhaut zurück, der Schleim - manche nennen es ›Vorfreude‹ - läuft heraus, den Penis hinunter und mischt sich mit dicken Stückchen von Quark. Und das soll ich blasen? Nein danke. Kannst du dir vorstellen, wenn du den ohne Kondom bei Stellung 69 blasen würdest, wo würde dann meine Nase wohl sein? Richtig. Zwischen den Arschbacken. Für eine Million würde ich das nicht machen. Ich schwöre. Oh Gott, dieser Mann! Warum hat er sich nicht gewaschen? Was hat er für ein Problem? Ist er nur der nachlässigste, ungepflegteste Nillenkäse-Rüpel der Welt oder macht er das mit Absicht? Um mich zu demütigen? Puh. Mir ist bereits übel. Ich finde es schon ekelhaft, diesen Schwanz mit meinen Fingern überhaupt zu berühren. Gut, dass ich die Papiertücher habe, damit wische ich den Schleim schon mal weg. Ich will den Gummi überziehen und reibe dabei ein wenig an der Schwanzspitze, da löst sich der alte Quark ab, der bereits getrocknet und schon ganz gelb ist. Ich ziehe ihm den Gummi drüber und blase damit. Ich nehme einen mit Erdbeergeschmack, das geht. Und ich bete, dass das Kondom sich von der Säure nicht auflösen möge. Ich blase vorsichtig und keinesfalls zu tief, denn ich will seinem Arschloch nicht zu nahe kommen und womöglich noch an der Scheiße riechen, die verkrustet in seiner Ritze klebt. Rasiert ist er unten auch nicht. Keine Hygiene, keine Kultur, nichts. Ganz lange Haare überall, am Schwanz und auf den Eiern. Es gibt Männer, die haben Schamhaare nur über dem Geschlecht, andere auch an den Eiern. Manche, so wie der hier, hat sogar Haare auf dem Schwanz. Ich tue mein möglichstes. Er hingegen leckt mich sehr schlecht, beißt mich mit den Zähnen, was sehr unangenehm für mich ist. Er leckt auch nicht mit der Zunge, sondern mit dem ganzen Mund, den Lippen, den Zähnen. Fest auf die Schamlippen gedrückt. Das tut einfach nur weh. Was hat er davon? Ich blase weiter konzentriert, mit der Hand helfe ich nach, rolle mich aber jetzt auf die Seite und bin nicht mehr auf ihm. Nun beginnt er, meine Brüste zu kneten. Versucht er, meine Titten zum Platzen zu bringen? Er drückt und kneift aggressiv hinein.

Ich protestiere: »Hey, Entschuldigung, aber das musst du nicht machen! Das macht mich nicht an. Wenn du dein Bedürfnis hast, so ich habe auch eins, klar? Du hast bezahlt, ja, aber du hast meine Zeit bezahlt. Ich soll blasen und wir können ficken, aber so was machst du bitte nicht, das tut mir weh. – Ja, ich habe auch etwas machen lassen, wie du siehst. Vielleicht machst du was kaputt, wenn du so doll reinkneifst. Du hast selbst eine Firma für Implantate, du weißt wie das läuft.« Ich fahre ihn richtig an, vielleicht ein wenig übertrieben, aber lieber zu viel als zu wenig. »Ich mache, was du möchtest, aber lass bitte die Brüste in Ruhe«, versuche ich es dann etwas weicher, um ihn nicht zu sehr zu erschrecken.

Er hat es kapiert.

Ich blase weiter und er meint: »Ach, das ist so geil, ich möchte so kommen, aber bitte zieh das Gummi ab.«

Er meint damit, er will mir in den Mund spritzen. Soll ich ihm jetzt erklären, warum ich überhaupt mit Gummi geblasen habe?

Ich sage: »Schatzi ich bin jetzt geil. Lass uns erst mal ficken, ja? Bitte.«

Natürlich will ich dieses ungewaschene Ding nicht pur in den Mund nehmen. Er soll gefälligst im Kondom kommen. Und ich hoffe, dass er schnell fertig wird. Er tut, was ich will, aber dieser Mann kann auch nicht richtig ficken. Er macht so seltsame Bewegungen. Keine Ahnung, was das soll. Ich bin eine Frau, aber natürlich weiß ich, welche Bewegungen ein Mann machen muss. Richtig aus dem Rücken heraus und keine Pobackenkontraktionen. Aber soviel ist klar. Selbst, wenn er es gut machen würde, mit ihm hätte ich auf keinen Fall Spaß.

Himmelseidank, er ist schnell fertig. Ich nehme drei Tücher Papier, ziehe den Gummi damit ab und werfe das Knäul in einen Papierkorb neben dem Bett. Jetzt zügig aufstehen und ins Badezimmer. Das ist normal, ich muss mich schließlich waschen. Ich will nicht, dass er merkt, wie eilig ich es habe und küsse ihn noch ein wenig.

Dann breche ich ab, setze mich auf und sage: »Ich gehe mich duschen.« Und im Gehen: »Ich komme gleich wieder und gebe dir noch eine Massage, okay?«

Er nickt.

Ich sehe auf die Uhr. Es ist erst eine halbe Stunde vergangen, es gilt also noch dreißig Minuten totzuschlagen. Solange es geht, will ich im Bad bleiben. Auch damit er nicht womöglich noch mal will. Er soll begreifen, damit ist Schluss. Normalerweise dusche ich mich nie komplett nach dem Kunden, aber jetzt will ich mich ausgiebig reinigen. Ich lasse das warme Wasser minutenlang über mich laufen und seife meinen ganzen Körper gründlich ein. Ich will es abwaschen, dieses eklige Erlebnis. Ich habe zwar keinen direkten Kontakt mit dieser Mischung aus Quark, Schleim und gelbem Käse gehabt. Dem Kondom sei Dank. Aber trotzdem: Ich nehme mir reichlich Zeit. Dann trockne ich mich schön langsam ab. Das Handtuch ist sehr flauschig. Anschließend die Bodylotion überall verteilen. Es gibt eine große Auswahl im Bad. Als ich fertig bin, nehme ich eine weitere Body Milk und gehe damit wieder zu ihm. Er liegt unverändert da, das Sperma tropft noch heraus und läuft am Bein herunter.

Als ich mich auf das Bett setze, greift nach er meiner Hand, will sie zwischen seine Beine führen und meint: »Komm, wichs mich noch mal.«

Doch ich will nicht, ziehe die Hand weg und sage: »Lass mich dich jetzt massieren. Wir haben nicht mehr soviel Zeit, ja?«

Er dreht sich auf den Bauch, und ich massiere ihn. Allerdings ist es mehr ein Eincremen, als eine Massage. Denn die Haut ist trocken wie hundertjähriges Leder und so durstig nach der Lotion, dass sie sofort alles aufsaugt. Wie ein Schwamm in der Wüste. So etwas habe ich noch nie im Leben gesehen. Vielleicht hat er früher zu viel Solarium gemacht. Möglicherweise ist er auch krank. Ich verteile die ganze Tube auf seinem Rücken und seinen Beinen. Die Zeit ist um und ich gehe. Das wäre geschafft.

Nach dem Termin mit dem feinen Opa bin ich wieder zuhause. Es ist zwei Uhr nachts. Ich rufe die Chefin von Dream-Escort an. Evita. Normalerweise telefonieren wir nicht, denn wir machen alles per SMS. Aber ich will persönlich mit ihr reden.

Ich sage: »Wenn dieser Mann noch einmal anruft, egal wann, nächste Woche oder nächstes Jahr, ich will nie wieder zu ihm gehen.« Ich erzähle ihr genau, was ich erlebt habe.

Während ich mit ihr spreche höre ich, wie sie etwas isst. Es schmatzt ein wenig an meinem Ohr.

An der Stelle mit dem Quark unterbricht sie mich: »Igitt. Bitte Violetta, hör auf! Ich esse gerade Joghurt.«

Ich sage: »Du isst Joghurt, aber ich glaube nach diesem Termin werde ich eine Woche lang gar nichts mehr essen.«

Sie antwortet: »Na, aber es sind nicht alle so, die Termine, die ich dir gegeben habe, nicht wahr? Bis jetzt habe ich dir nur gute Kunden vermittelt, oder? Das ist einer aus einer Million.«

»Ja, gottseidank. Sonst werde ich den Job lieber an den Nagel hängen«, scherze ich.

Nach einem Monat kommt ein neues Mädchen ins Bordell. Natürlich mit Zuhälter, sie stammt aus Rumänien. Sie ist einundzwanzig, spricht kein Deutsch, kaum Englisch, nur rumänisch. Sie heißt Daria und ist recht klein, höchstens eins fünfundfünfzig. Insgesamt sieht sie sehr schmächtig aus, ist dunkelhäutig und hat so gut wie keine Brüste. Ihre kurzen, schwarzen Haare sind ungepflegt, ihre Augen groß und dunkel wie bei einem Äffchen. Sie ist nicht hässlich, aber sie ist mir auf Anhieb unsympathisch. Daria hat ein echtes Bettleroutfit. Ihre Schuhe, ihre Unterwäsche - eine Katastrophe. Auch riecht sie nicht gut. Ihr Parfum ist billig, außerdem duscht sie wohl nicht sehr oft. Ich vermute, es ist das erste Mal, dass sie als Prostituierte arbeitet. Jedenfalls hat sie kein Geld, um sich anständig zurechtzumachen. Anfangs hat sie viele Kunden, denn jeder kommt und will das neue Mädchen ausprobieren. Allen voran die Stammkunden. Alle müssen sie angucken, riechen, lecken, ficken. Trotzdem hat sie in den ersten zwei Wochen nicht so viele Gäste wie ich. Das erfahre ich, weil alles immer genau aufgeschrieben wird. Und bei der täglichen Abrechnung ist klar, wer am meisten hat. Dabei müssen die anderen jeweils im Büro der Chefin warten und jede bekommt mit, wie viele die anderen haben. Lisa und ich sind ununterbrochen auf Platz eins. Haben andere drei, vier oder sieben, so habe ich zwölf oder dreizehn. Und ich habe immer mindestens einen Gast mehr als Daria. Das scheint sie zu ärgern. Lisa erzählt mir, dass Daria beim Vorstellen Grimassen hinter meinem Rücken schneidet, dass sie dabei mit den Händen Riesenbrüste formt und ›Nadja-Nadja‹ sagt. Eigentlich belangloser Blödsinn, aber es ist nicht nett gemeint. Schnell ist klar, sie ist meine Feindin. Mit Daria muss ich aufpassen. Wenn wir zusammen essen oder in der Küche sitzen, ist sie arrogant zu mir. Sie spricht nicht mit mir, denn sie kann kein Englisch, ich kein Rumänisch. Ich merke es eher daran, wie sie mich ansieht. Ein klarer Fall von Eifersucht. Ich bin immer gepflegt und manikürt, trage teures Parfum. Ich benutze nicht dieses Fünf-Euro-Zeug und bin schick angezogen. Mit exklusiver Unterwäsche und High Heels. Das ist ein anderes Niveau.

Vormittags gehe ich jetzt immer zum Sport. Zwei oder drei Stunden bevor ich arbeite, jogge ich eine Runde im Park. Nach dem Fettabsaugen will ich meine Figur behalten. Eagle macht ebenfalls mit. Das ist mir angenehmer als alleine, nicht so langweilig und für Eagle ist es natürlich auch gut. Danach fahre ich normalerweise wieder nach Hause: duschen, umziehen und dann zur Arbeit gehen. Einmal sind wir mit dem Jogging schon etwas spät dran und es ist zu wenig Zeit, um noch nach Hause zu fahren. Ich denke, okay, wir haben im Puff ein Umkleidezimmer mit Bad und beschließe, mich dort frisch zu machen. Es gibt zwar keine richtige Dusche, aber eine Badewanne mit Duschvorhang. Dort waschen sich die Mädchen gerne die Haare. Geduscht wird dort eher selten. Eigentlich ist es auch mehr ein Umkleidezimmer. Und es gibt ein Bidet, was die Mädchen zwischen den Kunden nutzen sowie ein WC.

Eagle lässt mich am Amore aussteigen. Ich muss mich beeilen, es ist schon nach 13 Uhr. Als ich nackt im Badezimmer stehe und gerade in die Wanne steigen will, kommt Daria herein. Sie will sich ihre Haare waschen. Na, ich war zuerst da. Ich will mich eigentlich auch nur kurz abspülen. Ohne Haare waschen, meine ich, denn das dauert bei der Länge schon etwas. Ich erkläre ihr höflich mit einigen Gesten, dass es bei mir nicht lange dauern wird und dass sie ja wohl zum Haare waschen länger braucht als ich. Sie soll halt warten. Daria hat nie eigenes Shampoo, sie nimmt immer etwas von den anderen. An der Wand hängen kleine Regale mit Fächern, die mit den Namen der Mädchen beschriftet sind. Sie bedient sich wie gewohnt an einem fremden Fach mit Shampoo und Spülung und macht eine eindeutige Pose. Eine Hand in die Hüfte gestemmt, wippt sie ungeduldig mit dem Fuß. ›Bist du bald fertig?‹ Ich gebe mir Mühe, mich zu beeilen, denn ich mag es nicht, wenn mir jemand so im Nacken sitzt.

Jedes der Mädchen hat zwei Handtücher. Ein großes Handtuch, das du mit ins Zimmer zum Kunden nimmst. Das legst du dann unter, damit nicht jedes Mal das Laken gewechselt werden muss. Passend dazu das zweite Handtuch. Ein kleines, das du für deine Mumu verwendest, wenn du dich zwischendurch wäschst. Es hängt immer an deinem Haken. Meiner hat die Nummer sieben. Die Ziffer ist auf den Handtüchern aufgestickt, so kann es nicht zu Verwechslungen kommen. Dreimal pro Woche bekommen wir frische Tücher. Wenn Flecken darauf kommen, kannst du natürlich ein neues Handtuch nehmen. Gleiches gilt für die Laken. Aber wenn du zu oft neue Wäsche willst, macht die Hausdame ein langes Gesicht: Waschmaschine und Strom, alles kostet Geld. Es soll so wenig wie möglich ausgegeben und so viel wie möglich eingenommen werden.

Nach ein paar Minuten bin ich fertig mit Duschen und trockne mich mit meinem großen Handtuch ab.

Als ich danach beginne, mich einzucremen und Daria noch immer ungeduldig wartend neben der Wanne steht, sage ich: »Nun, ich bin fertig. Du kannst jetzt.«

Doch sie zeigt nur stumm und mit ausgestrecktem Arm auf den Kachelboden, wo es etwas nass geworden ist, als ich aus der Wanne gestiegen bin. Es ist keine Überschwemmung. Im Grunde nur ein paar Tropfen, die vom Duschvorhang abgelaufen sind. Ich sage, sie solle doch schon einmal anfangen mit dem Haare waschen, ich wolle mich jetzt erst mal eincremen. Danach würde ich den Boden wischen, denn beim Waschen der Haare wird es ja eh wieder nass. In der Ecke steht ein Wischmopp mit Eimer. Doch sie will nicht verstehen und macht eine ungehaltene Gebärde, ich solle jetzt sofort den Boden trocknen. Was soll ich sagen? Ich schüttele nur leicht genervt den Kopf und fahre fort, mich einzucremen. Doch anstatt einfach die Minute zu warten, geht sie zum Haken Nummer sieben, schnappt sich mein kleines Handtuch, lässt es auf die Erde fallen und wischt damit das Wasser weg. Mit ihrem Fuß darauf schiebt sie es umher. Und der Boden ist nicht gerade sauber. Anschließend hebt sie das Handtuch auf und hängt es zurück an den Haken. Ich starre sie ungläubig an. Sie verschränkt die Arme vor der Brust und grinst. So ein Miststück.

»Hey, was soll das?«, entrüste ich mich. Mein Blutdruck steigt. Ich ringe nach Fassung. Am liebsten möchte ich sie auf der Stelle erwürgen.

Sie hebt eine Erklärung aus rumänisch-deutsch-englischem Kauderwelsch an. Ich verstehe kein Wort.

»Jetzt muss ich das Handtuch in die Wäsche geben und die Hausdame wird sauer sein«, unterbreche ich ihre wirre Rede.

Mit betont gleichgültiger Miene zuckt sie die schmalen Schultern und sagt: »Okay, nix Problem.«

Daria greift wieder nach meinem Handtuch und wirft es nun ins Bidet. Mit einem Ende verstopft sie den Ausguss, lässt Wasser darüber laufen und schwenkt es ein paar Mal hin und her. Anschließend holt sie das Handtuch mit zwei Fingern wieder heraus und hält es mir triefend hin. Ich fasse es nicht. Hunderttausend-Volt-Laserstrahlen schießen aus meinen Augen und verwandeln den rumänischen Zwerg in Asche. Ich ergreife den Wischmopp, entsorge die schwarz-grauen Reste im Klo und spüle sie hinab in die Hölle. Warum steht sie immer noch da und zeigt mir frech ihre schiefen Zähne? Weil mir natürlich klar ist, dass ich statt ihrer verhaftet würde, täte ich ihr Gewalt an, denn sie hat ja ›nur‹ mit meinem Handtuch den Fußboden trocken gewischt.

Dennoch. Mir reicht es. Empört stapfe zur Chefin in die gemeinschaftliche Küche, die gleichzeitig auch ihre Privatküche ist, beklage das Schicksal meines kleinen Mumu-Handtuches und drohe damit, zu verschwinden und nie mehr wiederzukommen, falls Daria noch länger hier bleibt. Manchmal verstehen sich die Mädchen eben nicht und eine muss gehen.

Die Chefin will natürlich nicht, dass ich kündige, ihr bestes Pferdchen im Stall. Aber Daria will sie auch nicht verlieren, denn die hat in den letzten Tagen viele Kunden gehabt. Da kommt einer nach dem anderen und verlangt sofort nach Daria. Kein Wunder, denn sie hat einen Trick anwendet. Manche Mädchen versuchen, die Konkurrenz auszustechen, indem sie einfach alles Mögliche inklusive machen. Also ohne Extrageld zu nehmen. Das ist auch Darias Taktik. Insbesondere viele der Araber und

Türken kommen daraufhin jeden Tag wieder und schicken auch noch ihre Freunde und Bekannten zu ihr. Auch Analverkehr macht sie inklusive. Das kostet normalerweise vierzig Euro extra. Und sogar Sex ohne Kondom. Eigentlich ist das absolut tabu. Ihren Zuhälter interessiert anscheinend nur das Geld und nicht, ob sie ein Gummi benutzt. So macht sie freilich die Preise kaputt. Die Chefin weiß davon, aber drückt die Augen zu, denn daran verdient auch sie ordentlich.

Maryna ist gerade dabei, das Mittagessen für ihren Mann Günter zuzubereiten. Ein sehr großer Deutscher, etwa fünfzig Jahre alt, der einen S-Klasse Mercedes fährt und mit ihr im oberen Stockwerk wohnt. Lisa erzählte mir, er hätte seine Frau vor Jahren als Prostituierte kennengelernt, sich in sie verliebt und ihr in seinem Haus das Bordell eingerichtet. Stirnrunzelnd hört sie sich meine Beschwerde an, während sie ein rotes Stück Rindfleisch in kleine Würfel zerteilt. Als ich ende, legt sie das Fleischmesser beiseite und begleitet mich, gefolgt vom weißen Zwergpudel Lolly, der mit Bettelblick zu ihren Füßen auf Häppchen gewartet hat, ins Bad. In scharfem Ton macht sie Daria klar, dass so etwas wie mit dem Handtuch ganz und gar unmöglich ist. Dass es nicht nur um Hygiene geht, sondern auch um den Stolz der Mädchen.

Um ihrer Rede Nachdruck zu verleihen, nimmt sie Darias kleines Handtuch, wirft es auf den Boden und fragt: »Na und? Findest du das gut?«

Lolly bellt kleinlaut dazu und wedelt mit dem Wuschelschwanz. Daria legt ihren Unschuldsblick auf, und tut, als ob sie das Problem nicht verstehen würde. Sie zuckt nur die Achseln.

Am nächsten Tag stelle ich fest, dass einige meiner Kondome kaputt sind, die ich im Bad in einer kleinen Tasche aufbewahre. Mit einer Nagelschere oder irgendetwas Spitzem durchstochen. Wer kann das wohl gewesen sein? Daria war an diesem Abend auch da. Ich berichte der Chefin davon. Sie ruft sofort alle Mädchen in der Küche zusammen.

»Wer hat das gemacht?«, fragt sie und schaut in die Runde.

Alle machen betretene Gesichter, manche schimpfen, aber niemand will es gewesen sein oder weiß etwas darüber. Daria schaut wie immer unbeteiligt und zuckt die Achseln.

»Ihr seid ein Team, ihr müsst zusammen arbeiten, hört ihr?«, fährt sie ernst fort. »So eine Scheiße geht gar nicht. Wenn das noch mal passiert, muss eine von euch gehen, klar?«

Seit dem habe ich wirklich die Nase voll. Ich kann Daria einfach nicht ausstehen. Wenn ich zur Arbeit komme und der Giftzwerg ist mal nicht da, fühle ich mich richtig erleichtert. Es ist wie Urlaub für mich.

Auch mit anderen Mädchen habe ich vermehrt Stress. Einige sind ständig sauer, wenn ich eher gehe, weil ich noch Escort Termine habe. Auch mit der Chefin gibt es deswegen Konflikte, denn manchmal sind nicht alle Mädchen da, nur drei oder fünf statt zwölf. Wenn ich dann gehen will, ist sie natürlich sauer. Die Kunden sollen immer eine möglichst große Auswahl haben. Manchmal kommen auch Gäste extra für mich und warten, dass ich wieder frei bin.

Wenn ich dann einen Escort-Termin bekomme und weg will, sagt sie: »Komm, jetzt bleib mal noch zwanzig Minuten.«

Eagle wartet währenddessen schon draußen im Auto auf mich.

Als ich rauskomme, meckert er: »Jetzt bleibst du wegen der blöden Maryna hier zwanzig Minuten länger und bekommst fünfzehn Euro. Was ist, wenn du zu spät kommst und die Agentur absagt?«

Natürlich hat er recht.

Dann will ich neue Bilder von mir machen lassen. Maryna hat deshalb einen Termin mit einem professionellen Fotografen vereinbart. Das Ergebnis sind sehr schicke Fotos. Anschließend noch ein wenig Photoshop und sie sind super perfekt. Ich trage schöne Unterwäsche, die Brüste sind toll, meine Haare etwas lockig, noch von Bulgarien. Ich will die Fotos, aber Eagle ist dagegen. Denn Maryna verwendet mein Foto auch in ihrem Logo auf der Website und bei ihren Anzeigen. Normalerweise benutzen die Agenturen oder Bordelle dazu Fotos von Models und nicht von den Mädchen, die dort arbeiten. Die Bilder der Mädchen werden nur für die Profile verwendet. Die Models bekommen natürlich Geld dafür. Das will Maryna sich sparen und nimmt einfach mein Bild.

Eagle sieht immer auf das Geld und sagt: »Aha, du machst Reklame für den Puff und sollst trotzdem jeden Tag dort arbeiten.«

Er will dann, dass Maryna mein Foto vom Logo entfernt und außerdem, dass mein Gesicht im Profil unkenntlich gemacht wird. Die meisten Kunden kommen von außerhalb, irgendwelche Geschäftsleute auf Reisen. Aber es gibt natürlich auch welche, die in Berlin wohnen, und einige finden heraus, dass ich auch im Amore arbeite und dort für fünfunddreißig Euro für zwanzig Minuten zu haben bin. Wenn ich dann über die teure Agentur zu ihnen komme, kostet es aber zweihundert die Stunde. Deshalb will Eagle nicht, dass ich dort zu einem viel niedrigeren Preis auftauche.

Maryna sagt: »Gut, ich nehme es raus, aber erst nächste Woche, denn es gibt einen Mann, der sich speziell um die Internetseite kümmert, und das dauert eben.«

Aber nach einer Woche passiert nichts, ebenso wenig nach einer weiteren. Eagle kontrolliert es und ärgert sich. Mir ist es eigentlich egal. Denn nur wenige Kunden der teuren Agentur finden es heraus. Es sind nur einer oder zwei. Na und? Schließlich, Puff ist Puff, und Escort ist Escort. Kein Mann, der ein wenig Respekt vor sich selbst hat, wird in diesen Billigpuff gehen.

Eines Abends holt Eagle mich ab und kommt auch mit herein.

Er sagt zu Maryna: »Die Woche ist jetzt schon dreimal vorbei. Wann nimmst du nun endlich die Fotos von Nadja von der Website?«

»Der Mann, der die Internetseite macht, ist jetzt im Krankenhaus. Er kann nicht, ich weiß nicht, wann er wiederkommt«, versucht sie, sich rauszureden.

Eagle ist sauer und wir fahren.

Als er mich am nächsten Tag abholt, sagt er: »Nimm deine Sachen mit. Da gehst du nicht mehr hin.«

Das war's mit Amore. Gottseidank. Es ist Ende April. Fast zwei Monate war ich dort.

19. KAPITEL

Stress und ›Bei Hanni‹

»So, wir sind jetzt in der Ossastraße. Welche Nummer war das nochmal?«, fragt Eagle.

Ich krame mein Handy aus der Handtasche hervor und schaue nach der SMS von Intima-Escort. Von dieser Agentur bekomme ich meistens Termine von Privatadressen, bei Dream-Escort sind es eher die Hotels.

»Neunzehn«, antworte ich.

Eagle fährt langsam und sieht aus dem Fenster. Die Laternenbeleuchtung ist spärlich, Bäume verdecken die Sicht.

»Hier ist es.«

Er hält an und stellt den Motor ab. Ich steige aus. Es ist zwei Uhr nachts und sehr still draußen. Wir sind in Neukölln. Ich gehe zum Hauseingang und klingele. Der Summer ertönt, ich marschiere hoch. An der Wohnungstür erwartet mich ein junger Mann Anfang, Mitte zwanzig. Er ist groß, kräftig gebaut und hat ein hübsches Gesicht. Seine Hautfarbe ist leicht dunkel, die Haare schwarz. Ich freue mich, denn es ist mir lieber, zu einem jungen gutaussehenden Mann zu gehen.

Wir reden auf Englisch. Mir fällt auf, dass er etwas langsam, nicht sehr konzentriert spricht. Wie die Mädchen, wenn sie Drogen genommen haben. Seine Pupillen sind geweitet. Okay, eine Stunde lang kann ich das aushalten. Er gibt mir das Geld. Abgezählt, ein fünfziger, zwei zwanziger. Ich denke, aha. Nicht nur geizig, auch sehr selbstbewusst. Normalerweise bekomme ich hundert, die zehn sind immer Trinkgeld, keiner lässt sich Wechselgeld geben. Sie wollen dann meist noch Küssen, das kostet zehn Euro extra. Ich frage ihn, wo er herkommt. Er antwortet, aus Albanien. Was arbeitet er? Als Tischler.

Wir machen Sex. Ich blase ewig, dann vögeln. Eine halbe Stunde lang ohne Pause. Von vorne, von hinten, von der Seite, alle Stellungen durch. Er fickt mich wie ein Kamel. Anfangs macht es noch Spaß, aber nach einer Weile kannst du nicht mehr. Es geht körperlich nicht. Dann Gleitgel nehmen und nochmal. Weiter, weiter, weiter. Da ist es dir schon egal, ob er geil ist und hübsch. Dir vergeht irgendwann die Lust. Und die ganze Zeit anfassen und drücken überall. Echt unangenehm. Wenn sich einer so benimmt, kommen die Mädchen kein zweites Mal, so einfach ist das. Irgendwann spritzt er endlich. Ich gucke auf die Uhr, die Stunde ist fast um. Es bleiben noch zehn Minuten. Bei diesem Billig-Escort machst du eine Stunde und keine Minute länger, insbesondere, wenn der Gast so knapp bezahlt. Und nach einer Stunde musst du auch schon wieder unten sein, der Fahrer wartet. Duschen, anziehen, ein wenig nachschminken, das geht alles von der Zeit ab. Die Wohnung sieht aber so chaotisch und schmutzig aus, und ebenso das Badezimmer, da möchte ich nicht duschen. Das will ich lieber zu Hause machen. Ich ziehe mich an und will gehen. Normalerweise, wenn der Mann seinen Orgasmus gehabt hat, ist meine Aufgabe erfüllt.

Doch er sieht mich mit starrem Blick an und fragt: »Wohin gehst du jetzt?«

»Nach Hause.«

»Aber du hast noch zehn Minuten.«

Sofort ist mir klar, er will Stress machen.

»Soll ich die letzten zehn Minuten hier ins Badezimmer gehen? Es ist schon spät genug, weißt du, es ist drei Uhr nachts. Ich dusche mich lieber zu Hause.«

»Nein. Du hast noch zehn Minuten. Warum bist du schon angezogen?«

Ich sage: »Na gut. Was sollen wir jetzt machen? - Aber wenn du willst, dann sitzen wir hier eben noch und quatschen.«

Er sagt: »Okay, wir verstehen uns nicht. Gib mir jetzt mein Geld zurück.«

Ich sage: »Was, wie jetzt?«

Er sagt: »Du hast mich verstanden.«

So ein Scheiß wegen der neunzig Euro. Ich kann darauf pinkeln. Was sind neunzig Euro? Wenn er meint, er hätte mir ›soviel‹ Geld gegeben und er es sich eigentlich nicht leisten kann, warum hat er sich dann überhaupt ein Mädchen bestellt? Und er hat mich fix und fertig gemacht. Nun will er das Geld zurück? Ich gebe nie Geld zurück.

Ich sage: »Guck mal, mein Freund. Ich kann dir das Geld nicht zurückgeben. Ich habe der Agentur am Anfang den Termin bestätigt und dem Fahrer. Das heißt, die Agentur erwartet die Provision, der Fahrer sein Fahrgeld. Wenn ich dir jetzt das Geld zurückgebe, muss ich aus eigener Tasche die Agentur und den Fahrer bezahlen. Du hast mich umsonst gefickt und ich zahle auch noch drauf. - Verstehst du nicht? Das gibt es nicht.«

Zwanzig Euro bekommt immer der Fahrer. Wenn Eagle mich fährt, zusätzlich zu seinem Anteil.

»Nein, du gibst mir erst das Geld zurück. Eher gehst du nicht weg.«

»Ich gebe dir nichts zurück.«

»Du gibst mir das Geld nicht zurück? Warte, gleich denkst du anders.«

Er springt auf, geht zum Schrank und holt eine Pistole heraus. Und die ist echt, keine Gaspistole oder so. Eagle hat eine Gaspistole. Ich weiß, wie die aussieht.

Er hält mir die Waffe an den Kopf und sagt: »Los, gib mir die neunzig Euro zurück. Sofort.«

Mein Leben rast im Zeitraffer vor meinem inneren Auge an mir vorbei. Soll ich jetzt wegen der paar Euros sterben? Auf der anderen Seite habe ich Angst vor Eagle. Wenn ich ohne Geld herunterkomme, wird er mit mir schimpfen, dass ich nicht stark genug war. Er wird sagen: ›Warum hast du dich manipulieren lassen, warum hast du gezeigt, dass du Angst hast?‹ Er hat mir gesagt, ich darf mir nie anmerken lassen, dass ich Angst habe. Egal was passiert. Aber wenn du eine Waffe an der Stirn hast, was sollst du machen?

Ich überlege blitzschnell und sage zu ihm: »Ganz ruhig, okay? Weißt du was? Ich muss jetzt trotzdem die Agentur anrufen und sagen, dass ich das Geld zurückgeben muss. Weil, sonst glaubt mir keiner, dass ich kein Geld bekommen habe.«

Er meint: »Gut. Du kannst anrufen.«

Ich rufe Eagle an und sage auf Bulgarisch: »Der Typ hat die Pistole an meinem Kopf. Wenn du nicht sofort kommst - in einer Minute bin ich tot.«

Wenige Sekunden später klingelt es. Eagle kommt nicht ins Haus und muss warten, bis ihm aufgemacht wird. Der Albaner steht auf und geht zur Gegensprechanlage.

Ich höre Eagle sagen: »Ich bin der Fahrer. Bitte mach die Tür auf, ich komme hoch.«

Der Albaner betätigt den Summer. Eagle kommt, der Typ lässt ihn in die Wohnung. Ich sitze noch auf dem Bett, starr wie das Häschen vor der Kobra. Der Albaner hält mir die Waffe an den Kopf.

Eagle steht im Zimmer und fragt: »Was ist los?«

Der Albaner antwortet: »Die blöde Schlampe macht einen Scheiß-Service. Ich will mein Geld zurück, denn sie wollte zehn Minuten früher gehen. Sie ist Scheiße und kann nichts vernünftig, die dumme Nutte!«

Eagle bleibt betont sachlich: »Hey, jetzt warte mal. Hast du sie gefickt? - Hast du Sex mit ihr gemacht?«

»Hab ich.«

»Bist du gekommen?«

»Ja.«

»Na also«, sagt Eagle ruhig. »Außerdem, jedes Mädchen hat zehn Minuten Zeit, um sich zu waschen und wieder anzuziehen. Das ist normal. Sie will aber stattdessen gehen. Zehn Minuten ist nicht viel Zeit. Was kannst du da noch mit ihr machen?«

»Ja, aber sie macht nichts. Sie macht einen Scheiß-Service!«

»Na gut, Mann. Aber lass das Mädchen doch gehen. Wenn du nächstes Mal willst, kommt eine andere. Sie ist neu in diesem Geschäft und hat noch nicht viel Erfahrung. Heute ist ihr erster

Tag, weißt du. Sie versteht noch nicht, wie es läuft. Vielleicht ist sie ja Scheiße, wie du sagst. Sie muss halt noch lernen.«

Der Albaner lässt die Pistole sinken. Ganz langsam greife ich nach meiner Tasche, stehe auf und gehe in Richtung Tür. Als ich fast draußen bin, schnellt er hoch und spuckt mich an. Mit einer fetten Ladung. Wie das allerletzte Stück Dreck. Eilig verlasse ich die Wohnung und laufe hinunter zum Auto. Frische Luft. Ich starre in die Nacht.

Eagle will keine Zeit verschwenden und sucht schon ein paar Tage später ein neues Bordell für mich. Er ist nicht so erfahren mit dem Suchen im Internet, außerdem haben wir keinen eigenen Laptop. Also fragt er wieder irgendwelche Leute in Kneipen. Das Amore haben wir ja auch durch Recherche an der Basis gefunden. So lande ich bei Hanni. So heißt der Laden. ›Bei Hanni‹. Das Etablissement befindet sich in einer großen, weitgehend abgedunkelten Altbauwohnung in der Nähe der Deutschen Oper in Charlottenburg. Obwohl, das Wort ›Etablissement‹ ist eigentlich zu viel der Ehre für dieses dreckige Loch. Absteige passt besser. Diesen Puff gibt es schon ewig, seit dreißig oder vierzig Jahren. Hanni, die Chefin, ist fünfundsiebzig. Die Tapeten sind noch aus den frühen Achtzigern oder davor. Der Fußboden, das Mobiliar, alles ziemlich ranzig. Dieser Puff gefällt mir überhaupt nicht. Nichts ist gepflegt, geschweige denn seit Jahrzehnten mal renoviert worden. Aber ich verdiene gutes Geld, weil ich neu bin und mit Abstand die Jüngste. Einige der Damen sind bereits über sechzig und arbeiteten schon vor dreißig oder vierzig Jahren hier. Sie haben Kunden, die schon achtzig sind, weil die schon zu den Mädels gingen, als sie vierzig waren. Und heute kommen sie immer noch zu derselben Frau. Zusammen sind sie alt geworden. Natürlich gibt es auch zwei, drei Frauen, die jünger sind. Mitte, Ende dreißig.

Freilich sind nicht alle der Gäste schon im Rentenalter. Im Abstand von zehn Tagen kommt ein junger Mann zu mir. Ein hübscher Deutscher Ende zwanzig. Er kommt extra meinetwegen und nimmt mich immer für eine halbe Stunde. Es ist nicht unangenehm mit ihm, aber mehr auch nicht. Normale Arbeit.

Beim dritten Besuch frage ich ihn: »Und? Bist du verheiratet?« Einfach so, denn ich mag es, mich mit den Gästen zu unterhalten und etwas über sie zu erfahren.

»Ja. Ich habe eine junge Frau und zwei kleine Kinder. Zwei und vier Jahre alt.«

Er zeigt mir ein paar Fotos, die er aus seiner Brieftasche hervorholt. Einen hübschen blonden Jungen mit blauweiß gestreiftem T-Shirt und roter Shorts und ein kleines Mädchen in rosa mit Kuschelhasen.

»Warum kommst du dann zu mir in den Puff?«, will ich wissen. »Hast du kein schlechtes Gewissen, wenn du eine so junge Frau hast? Deine Ehe scheint noch nicht so lange zu bestehen, bei so kleinen Kindern.«

Er setzt sich neben mir auf dem Bett zurecht und seufzt. »Meine Frau hatte vor einem Jahr einen Autounfall. Hier in Berlin. Seitdem ist sie hüftabwärts gelähmt. Sie spürt gar nichts mehr, und sie hat auch kein Bedürfnis, mit mir zu schlafen. Überhaupt nach nichts. Sie sitzt im Rollstuhl.« Er erzählt, sie mussten ihretwegen die Wohnung wechseln und leben jetzt in einem Erdgeschoss, wo es keine Türschwellen gibt und alles behindertengerecht eingerichtet ist.

»Und was ist mit den Kindern, wie geht das?«, erkundige ich mich.

»Sie kommt ganz gut zurecht. Sie kocht, ist für die Kinder da. Sie kann die Windeln für die Kleine wechseln, kann die Kinder anziehen, das ist alles gut. Als Hausfrau und Mutter kommt sie klar. Aber Sex ist einfach nicht mehr da. Null Prozent.«

Manchmal bin ich neugierig, aber ich möchte natürlich nicht gefühllos erscheinen. Ich stelle die Fragen vorsichtig. Nicht, dass mein Gegenüber sich verletzt fühlt, oder dass er denkt, ich will ihn ausfragen.

Ich überlege einen Moment und sage: »Okay. Sie hat kein Bedürfnis, sie spürt nichts. Aber du könntest sie doch nehmen, wenn ihr zusammen im Bett liegt. Du machst ihr die Beine breit und steckst ihn ihr rein, vielleicht mit ein wenig Gleitgel, und du kannst trotzdem kommen. Sie ist doch immer noch eine Frau. Sie kann stöhnen, sie kann dich küssen, sie kann dich umarmen. Wenn sie jetzt unten gefühllos ist, kann sie doch mit dem Rest ihres Körpers etwas machen. Sie könnte es für dich tun, wenn sie dich liebt.«

Ich meine, für uns Prostituierte ist es ja mehr oder weniger genauso. Manchmal fühlen wir auch nichts und tun es trotzdem. Natürlich spüre ich, dass etwas passiert, ich meine das Seelische,

Emotionale. Okay, jetzt nicht bei jedem Mann, aber bei achtzig Prozent der Kunden empfinden wir gar nichts. Das ist unser Job. Wo ist der Unterschied? Er könnte das gleiche doch mit seiner Frau machen.

Er sieht mich erschrocken, beinahe entsetzt an. Dann reibt er mit beiden Händen sein Gesicht und entgegnet, bei dem Thema sei sie schon ganz aggressiv geworden. Schon allein, wenn er sie anfassen würde, oder sie merkt, dass er einen Ständer bekommt, wird sie richtig böse. Sie hält ihn für einen Perversen oder so was. Deswegen hätte er es aufgegeben, irgendwelche Versuche in dieser Richtung zu unternehmen.

Ich sage: »Na gut, sie könnte doch, auch wenn sie im Rollstuhl sitzt, dich wenigstens einmal wichsen.«

Er schüttelt entschieden den Kopf. »Nein, nein. Alles, was mit Sex zu tun hat, ist tabu.«

Ich glaube, die Frau kommt mit sich selbst nicht klar.

Er sagt: »Gottseidank war der Unfall in der Stadt, wo man nicht so schnell fährt. Auf der Autobahn wäre sie vielleicht gestorben.«

20. KAPITEL

Creature

Es geht mal wieder heraus aus der Stadt und ich freue mich. Eagle und ich sitzen zusammen im Auto und fahren nach Leipzig. Ich habe mich schick gemacht, trage ein enges schwarzes Kleid, dazu rote High Heels. Es ist ein Tagestermin. Fünfhundertfünfzig Euro für vier Stunden. Der Kunde hat keine speziellen Wünsche angesagt. Ich mag das Fahren. Vor allem, wenn es so schön draußen ist wie heute. Ein richtig angenehmer Tag. Und es ist sicheres Geld. Der Termin kommt wieder von Dream-Escort.

Als wir am Hilton ankommen, nehme ich gleich den Fahrstuhl nach oben. Klopf-klopf-klopf. Ganz langsam öffnet sich die Zimmertür.

Ein einzelnes Auge schaut durch den Spalt und flüstert: »Hallo, Violetta? – Komm bitte herein.«

Kaum habe ich das Hotelzimmer betreten, die Tür hinter mir geschlossen und mich meinem Gastgeber zugewendet, der ein paar Schritte vorgegangen ist, erstarre ich. Horror. Ein Dutzend Vogelspinnen krabbelt meinen Rücken hinauf und baut ein Nest in meinem Haar. Meine Hände und Füße sind in Beton gegossen. So gut es geht, versuche ich, mein Entsetzen hinter einem freundlichen Lächeln zu verbergen. Ich ignoriere meine steinernen Fesseln und nehme auf dem breiten Sofa Platz, auf das er mit freundlicher Geste deutet. Er bleibt vor mir stehen. Sieht mich einen Atemzug lang wie erleichtert darüber an, dass ich nicht sofort wieder die Flucht ergriffen habe, aber auch ein wenig ängstlich, weil ich es mir vielleicht doch noch anders überlegen könnte. Er überreicht mir als erstes eine stattliche, rosafarbene Rose, die in Zellophan gewickelt ist und mit einer blauen Schleife verziert.

»Herzlich willkommen, Violetta. Schön, dass du zu mir gekommen bist«, sagt er langsam. Seine Stimme klingt sanft, so wie man ein Küken streichelt. Er scheint jedes einzelne Wort sehr ernst zu meinen.

»Oh danke, die ist aber schön«, entgegne ich mit Blick auf die Rose, die ich ausgiebig betrachte, damit ich einen Moment länger dem Anblick meines Gegenübers entkommen kann.

Er heißt Erich. Du siehst einen Mann mit eleganter Anzughose und langärmeligem, frisch gebügeltem Hemd. Doch die Hälfte vom Gesicht ist weg. Du kannst dir nicht vorstellen, wie das aussieht. Im ersten Moment denke ich noch, er trägt vielleicht eine Maske. Wie bei Halloween. Aber das ist keine Maske. Er sieht wirklich so aus. Wie ein ›Creature‹ aus einem Horrorfilm. Ein leibhaftiges Crewmitglied der ›Flying Dutchman‹. So furchtbar, dass du es den anderen Menschen nicht zeigen kannst.

Er fragt mich, ob ich etwas trinken möchte. Cool, wir werden erst mal reden. Er stellt mir ein Glas Cola auf den Tisch und übergibt das Geld in einem unverschlossenen Umschlag. Ich zähle nach und stelle fest, dass es fünfzig Euro mehr sind. Mir ist klar, warum er mir mehr gibt. Als Entschuldigung dafür, dass er so schlimm aussieht. Aber er kann nichts dafür.

Erich ist Mitte vierzig. Hält sich für einen Ärztekongress in Leipzig auf. Ein Arzt also. Immerhin. Aber das macht es nicht viel besser. Er erzählt mir von seinem Job, ich von meinem. Es ist klar, er wird mir schildern, warum er so aussieht. Aber er kann nicht gut Englisch. Mein Deutsch ist jetzt zwar schon etwas besser, aber ich verstehe nicht alles. Manche Details gehen verloren. Ich frage nach, wenn ich etwas nicht verstehe, aber nicht jedes Mal. Ich sage dann ›Jaja‹, auch wenn ich nicht alles begreife. Lieber lasse ich ihn erzählen und die Zeit vergeht. Langsam verdrängt Mitgefühl meine Abscheu.

Als er jung war, ging er freiwillig zur Armee. Als Söldner im Ausland. Ich glaube, Fremdenlegion. Es war ein Krieg im Nahen

Osten. Bei einem Einsatz explodierte direkt neben ihm eine Bombe. Bumm. Gesicht weg. Er lag monatelang im Koma und wäre fast gestorben. Zunächst hielten sie ihn für tot, aber beim Abtransport stellten die Sanitäter in letzter Sekunde fest, dass sein Herz noch schlägt. Das Gehirn war nicht beschädigt. Glück oder Unglück. Heute ist er dankbar, dass er am Leben ist. Er musste sehr kämpfen, um wieder wach zu werden, wieder essen zu können. Sehen kann er nur noch mit einem Auge. Achtzehn oder zwanzig Operationen hat er gehabt. Jahrelang dauerte das. Es war fast alles weg. Der Mund, die Lippen. Er zeigt mir seine Beine. Er hat kaum Waden. Von der Ferse bis zum Knie, überall Narben. Die Muskeln wurden ins Gesicht transplantiert. Aber es dauerte sehr lange, denn man nahm immer nur ein wenig Muskelmasse weg. Auch Knochenmaterial kam von den Beinen. Dann Haut von den Oberschenkeln und von seinem Arsch. Die Haut sieht aus wie ein zerknitterter Ball. Wenn dir die intakte Hälfte seines Gesichts im Profil zugewandt ist, bemerkst du es fast nicht. Aber auf der anderen Seite hat er keinen Mund, keine Lippen. Das Auge, die Nase ist fast nicht mehr vorhanden. Eine Kraterlandschaft. Er ist den Ärzten so dankbar, den plastischen Chirurgen, die ihn zusammengeflickt und ihn wieder einigermaßen in einen Menschen verwandelt haben. Deswegen studierte er Medizin.

Sein Gesicht ist in erschreckender Weise entstellt, aber von seiner Ausstrahlung, seiner Seele und wie er spricht, ist er der zärtlichste und netteste Mann. Er redet sehr langsam, ganz vorsichtig. Jedes Wort wählt er mit Bedacht. Behandelt es wie eine kleine Kostbarkeit. Nervös oder durcheinander ist er nicht. Ich könnte mir vorstellen, dass er, als er noch jung und gesund war, ein ganz hübscher Mann gewesen ist. Er wirkt sehr gepflegt, hat einen schönen Anzug an, ist parfümiert. Der gesunde Teil seines Gesichtes ist glatt rasiert. Er hat sich Mühe gegeben.

Nachdem er mir seine Geschichte erzählt hat, gehe ich ins Bad, um mich frisch zu machen und komme mit Kondom und Gleitgel wieder ins Zimmer zurück. Bis jetzt war es gut. Und nun? Auch bei dem hässlichsten Mann kann ich die Schauspielerin sein. Mit ›Ja und oh und geil und komm‹ gebe ich ihm das Gefühl, dass er es gut macht. Jeder Mann fühlt sich mehr oder weniger wie ein Macho. Kann lecken. Vielleicht bin ich dick und hässlich, aber ich ficke gut. Aber welche Methode, welche Art soll ich diesem Mann geben? Welche Rolle soll ich spielen? Wenn ich nur einmal falsch stöhne, wird er sofort wissen, dass es Betrug ist. Aber wenn ich nur schweige und nur meinen Körper gebe, ist es auch nicht gut. Er wird denken, ›Aha, sie wartet nur, dass ich komme.‹ Schwierige Situation. Wenn du zu sehr Schauspielerin bist und übertreibst, merkt er es und es kann sehr unangenehm werden. Aber so unangenehm ist es hier nicht. Wir haben unsere Kondome, fertig. Ich denke, ich blase nur mit Kondom. Egal ob er gepflegt ist oder nicht. Mein Gott, ich habe noch nie einen solchen Mann gesehen. Er möchte mich ausziehen. Öffnet den Reißverschluss meines Kleides, streift es herunter. Ganz sachte. Dann der BH, der Slip. Er entkleidet sich ebenfalls. Ich soll mich auf das Bett auf den Rücken legen. Ich schaue ihn nicht an. Ich kann es nicht. Mitgefühl hin oder her.

Eine halbe Stunde lang streichelt er mich. Sehr zärtlich. Er hat schöne und gepflegte Hände. Vielleicht wird er versuchen, mich zu küssen? So, wie er es kann. Als er meine Brüste anfasst, spüre ich, er will sie küssen. Ich zucke zusammen. Werde steif wie ein Brett. Auch als er versucht, mich an anderen Stellen zu küssen. Er merkt es, hört damit auf und streichelt nur weiter mit den Händen. Er macht meine Muschi nass. Mit seinen Fingern. Vielleicht spielt er auch an sich? Ich weiß nicht, was er macht, denn ich schaue weg. Er drückt mich, gibt mir zu verstehen, dass ich mich auf die Seite drehe. Er legt sich hinter mich. Schmiegt sich an. Mit dem ganzen Körper. Ich spüre ihn an meinem Po und Rücken. Mit meiner linken Hand greife ich nach ihm, er ist bereit. Ich ziehe ihm ein Gummi über. Ohne hinzusehen. Seitlich liegend mache ich die Beine breit. Er kommt in mich, braucht auch nicht lange. Das machen wir zweimal. Und er ist sehr liebevoll die ganze Zeit. Ich küsse ihn nicht. Kein Blasen. Auch mit Gummi soll ich nicht. Ist auch nicht nötig. Er ist sowieso die ganze Zeit geil.

Das war's. Ich gehe wieder. Die Sonne scheint, es ist warm draußen. Ich fahre mit Eagle zurück nach Berlin.

21. KAPITEL

Geschichte der O

Ein paar Tage darauf bringt Eagle mich nach Wolfsburg, wo ich nie zuvor gewesen bin und setzt mich vor einem vielstöckigen Wohnblock mit grauer Betonfassade ab. Fenster, wohin man schaut. Außerdem weiße und rosafarbene Balkone. Wie immer bin ich schön zurechtgemacht. Ich trage ein kurzes, eng anliegendes Sommerkleid mit Blumenmuster und hohe Riemensandaletten. Meine Lippen sind leuchtend rot geschminkt, die Lider leicht umschattet. Eine Tasche mit Schminksachen, Dessous und Kondomen habe ich dabei. Dem Eingang gegenüber befindet sich ein kleiner kreisrunder Park mit jungen Bäumen, Bänken und einem Klettergerüst sowie einem Sandkasten in der Mitte, wo kein Kind spielt. Auch sonst ist niemand zu sehen. Es ist drei Uhr nachmittags, völlig windstill und die Sommersonne brennt. Um acht will Eagle mich hier wieder abholen. Bei anderen Städten als Berlin muss die Buchung mindestens fünf Stunden betragen.

Es ist ein Sadomaso-Termin. Ich soll eine Sklavin spielen. Das mache ich normalerweise nicht so gerne. Mir ist es lieber, wenn der Mann der Sklave ist. Nach der OP sind meine Brüste sehr empfindlich, und ich muss aufpassen, denn vielleicht wollen sie dich schlagen oder kneifen oder brutal anfassen. Der Kunde hat der Agentur mitgeteilt, er wolle die ›Geschichte der O‹ nachspielen. Diese Geschichte kenne ich nicht. Der Mann denkt wohl, wir Mädchen sind wie Schauspielerinnen. Auf jeden Fall ist es richtig teuer für ihn. Er wird einen Sadomaso-Zuschlag bezahlen, doppelt soviel wie normal. Anfangs dachte ich, gut, wenn er meinen Po mit einer Peitsche oder mit einem Stock schlagen will, werde ich es schon überleben. Ich dachte, vielleicht wird er es ja nicht zu doll machen, also nicht bis aufs Blut.

Ein ballondicker Mann Ende dreißig, holt mich am Hauseingang ab. Wir fahren in einem engen Fahrstuhl nach oben. Er riecht nach Herrenrasierwasser. Sein teigiges, mehlweißes Gesicht geht ohne erkennbaren Hals in den Rumpf über. Wie bei einem Schneemann. Er fragt mich, ob ich eine gute Fahrt hatte. Ich bejahe. Im sechsten Stock angelangt, betreten wir eine große Wohnung. Er führt mich einen Flur entlang in ein Zimmer, das wie ein Fotostudio eingerichtet ist. Mit Scheinwerfern auf Stativen, Kameras und allerhand Utensilien. Schnell merkt er, dass ich nicht gut Deutsch kann, und wir uns auf Englisch unterhalten müssen. Und dass ich überhaupt keinen Schimmer habe, um was es geht.

Als er mich fragt, ob ich denn wisse, was er von mir erwarte, sage ich, dass ich mich mit Sadomaso-Spielen gut auskenne. Aber die ›Geschichte der O‹, ob ich das Buch gelesen hätte oder wenigstens den Film gesehen, will er wissen. Ich antworte, dass ich weder das Buch noch den Film kenne. Ich sage nicht, dass ich zwar Literaturwissenschaft studiert habe, die ›Geschichte der O‹ aber nicht auf dem Lehrplan gestanden hat. Er verzieht leicht missbilligend den Mund und meint, wir hätten jetzt keine Zeit, das Buch zu lesen oder den Film anzuschauen. Aber er hätte für diesen Fall ein Resümee vorbereitet. Er nimmt ein paar DIN A4-Blätter zur Hand und beginnt, mir Satz für Satz vorzulesen. Erst auf Deutsch, dann übersetzt er jeweils. Er spricht einigermaßen gutes Englisch.

Soweit ich es verstehe, geht es in dem Buch um eine junge Frau, die in einen Mann verliebt ist. Mit Herz, Leib und Seele. Sie möchte mit ihm eine Beziehung haben. Der Mann merkt, dass die Frau alles für ihn tun wird und will sie testen. Er ist offenbar ein wenig gaga und hat eine ziemlich obszöne Sadomaso-Fantasie. Darum bringt er sie an einen fremden Ort und will alles mit ihr machen, was geht. Wenn sie es schafft, das durchzustehen und tut, was er von ihr verlangt, hat sie eine Chance mit ihm zusammen zu sein. Er liebt sie gar nicht. Er spielt nur mit ihr. Aber sie wird aus Liebe alles tun, und er nutzt dieses Angebot aus. Er bringt sie in ein Schloss, ich glaube es ist gemietet, nimmt sich ein paar Tage Urlaub und lädt dazu Freunde von sich ein. Er hält sie dann eine Woche lang wie eine Sklavin dort gefangen.

Und das will der Kunde nun fünf Stunden lang mit mir machen? Er stellt sich vor, dass ich diese Frau bin, die in ihn verliebt ist, und er ist der Geliebte aus dem Buch. Detailliert wird geschildert, was er alles mit ihr anstellt, was für Kleidung sie trägt und welche Regeln sie zu befolgen hat. Die Frau darf kein Wasser trinken, nicht essen, nicht schlafen. Ohne ausdrückliche Erlaubnis darf sie gar nichts machen. Sie darf nur tun, was er ihr befiehlt. In der Zeit, wo sie allein im Zimmer ist, soll sie auf dem Fußboden knien. Die Beine breit. Nackt, ohne BH, ohne Slip. Hauptsache immer die Muschi und die Brüste zeigen. Die Hände sollen immer offen auf die Knie gelegt sein, den Kopf gesenkt, nur nach unten schauend. In dieser Stellung soll sie verharren. Wenn sie die Regeln nicht genauestens befolgt, wird sie bestraft. Eine Strafe ist es aber schon, wenn sie die ganze Nacht in dieser Position verbleiben muss. Wenn er dann andere Dinge von ihr verlangt, die es ihr erlauben, die Stellung aufzuheben, ist es schon wie Urlaub für sie. Er verlangt auch, dass sie ganz enge Schuhe trägt. Zwei Nummern zu klein. Damit soll sie laufen und die Schuhe stets anbehalten, damit sie auch schön Blasen an den Füssen bekommt. Gehorcht sie nicht oder macht sie Fehler, wird sie geschlagen.

Hier ist natürlich alles nur ein Spiel. Im Buch ist alles Wahrheit. In der Beziehung Kunde-Prostituierte kannst du freilich immer ›Stopp‹ sagen. Dann weiß der Gast, es war zu viel, und wir fangen von vorn an, beziehungsweise wir machen es nicht so. Aber er warnt mich, dass ich jetzt nicht denken solle, ich könne ständig ›Stopp‹ sagen, wenn es mal unangenehm wird. Nur wenn wirklich etwas verkehrt läuft.

Der Mann im Buch bringt die Frau auch in ein Restaurant, das sich innerhalb der Schlossmauern befindet. Er führt sie dazu an einem Hundehalsband mit Leine herum. Auf allen Vieren. Auch beim Essen muss sie untenrum entblößt sein. Beine breit, Hände auf den Knien. Muschi und Arsch direkt auf dem Ledersitz vom Stuhl. Die Leute sollen sehen können, dass sie unten offen und blank ist. Ihre Körperöffnungen müssen immer und überall für die Männer zugänglich sein. Beim Essen muss sie erst fragen. Darf ich jetzt essen? Darf ich jetzt trinken?

Im Schloss sind seine Freunde versammelt und machen abwechselnd Sex mit ihr. Aber nur, wenn der Mann es ihr erlaubt. Ihre Hände und Beine werden gefesselt, ihr Körper mit heißem Wachs beträufelt. Mit einer Klammer werden Brustwarzen, die Klitoris und die Schamlippen eingeklemmt. Auf dieser Klammer sitzen weitere Klammern, um den Druck und somit den Schmerz zu verstärken. Sie wird mit einer Peitsche geschlagen und mit einem Stock. Mit verschiedenen Vibratoren fickt er sie. Dann muss sie ihn blasen. Richtig warmen Sex mit Küssen hat sie jedenfalls nicht von ihm bekommen, in dem Buch. Sie muss nur tun, was er sagt. Und sie unterwirft sich alledem. Freiwillig. Wagt keinen Widerspruch, denn sie will nur eines. Seine Liebe.

Er gibt mir dann Klamotten, die ich anziehen soll. Alles in Schwarz. Ich erhalte einen kurzen Rock und dazu ein Top. Ohne Strümpfe, ohne Slip, ohne BH. Und dazu diese zu engen Schuhe. Er bestellt anscheinend öfter Mädchen für diese Aktion von meiner Agentur. Er hat die gleichen Schuhe von Größe fünfunddreißig bis zweiundvierzig. Acht Paar. Ich trage neununddreißig, aber er gibt mir eine siebenunddreißig. Es sind spitze, vorn geschlossene rote High Heels mit fünfzehn Zentimeter hohen Absätzen. Ich kann sie gerade so anziehen, aber darin laufen? Die Zehen sind total eingequetscht. Es tut mir jetzt schon weh. Ich binde meine Haare zusammen und darf die Schuhe vorerst wieder ausziehen. Dann zeigt er mir, wie ich mich auf den Boden knien soll. Die Hände geöffnet auf den gespreizten Oberschenkeln abgelegt, untenrum nackt. Auf keinen Fall dürfe ich die Beine übereinanderschlagen oder die Knie schließen. Als ich die Position eingenommen habe, nickt er prüfend, sagt, er komme gleich wieder und geht hinaus.

Ich bleibe alleine zurück und die Minuten verstreichen. Außer den Kameras, Stativen und Scheinwerfern befindet sich an der gegenüberliegenden Wand ein großer dreiteiliger Spiegel, in dem ich mich sehen kann. Meine Vagina klafft wie eine offene Wunde zwischen meinen Beinen. Die Scheinwerfer brennen hell auf mich herab und ich bekomme Durst. So was bin ich nicht gewohnt. Normalerweise wird mir etwas zum Trinken angeboten. Wasser, Whisky, Champagner und Bonbons. Und hier lässt er mich erst eine Stunde lesen, was ich alles machen und nicht machen soll und geht anschließend einfach raus, damit ich mir im Spiegel dabei zusehe, wie ich gegrillt werde.

Ich habe am Anfang gesehen, dass sich die Küche direkt gegenüber befindet. Die Wohnung ist sehr groß, mit vielen Türen, aber ich weiß nicht, in welches Zimmer er gegangen ist. Ins Bad vielleicht? Keine Ahnung. Ich stehe auf und gehe geradeaus über den Flur in die Küche. Plötzlich erscheint er. Mit wütendem Gesicht. Im Buch ist der Mann sehr charmant, kultiviert und gutaussehend, er hat nur diese abartige Fantasie. Und diesen Mann will er darstellen? Ein feister Idiot, der aussieht wie ›Jabba der Hutte‹? Wenn er redet, hat er ständig Spucke zwischen den Zähnen. Es bilden sich kleine Speichelbläschen, die ewig nicht zerplatzen. Immer nass der Mund, wie bei einer Schnecke. Dann diese hellblauen Schweinsaugen. Sie sind wie Knöpfe in seinem fetten Riesenbabygesicht angenäht. Und er benimmt sich wie ein Angeber. Aber das passt gar nicht. Er ist einfach nur lächerlich.

Er kommt angestürmt und grunzt: »Ah, halt! Wohin gehst du?« Sein Gesicht ist ganz rot geworden.

»Ich bin durstig und will mir ein Wasser holen.«

Er stemmt die Hände in seine Speckhüften und schnaubt: »Ja. Aber du darfst nicht vom Fußboden aufstehen. Ich habe dich da zurückgelassen, und du musst so sitzen bleiben, bis ich wiederkomme. Dann kannst du mich um Wasser bitten. Nicht einfach selber suchen. Aber du darfst mich auch nicht rufen. Erst wenn ich entscheide, zu dir zu kommen, darfst du danach fragen. Kapiert?«

Er meint es ganz ernst. So habe ich das nicht verstanden.

Ich kann mir ein Lachen nicht verkneifen und sage: »Komm jetzt. Ich habe Durst, ich möchte etwas trinken. Wozu bin ich hier? Du hast mich bestellt, du bezahlst mir Geld dafür, und wir sollten bald mal Sex machen. Meinst du nicht?«

»Nein, nein, nein, nein. Wenn du nicht mitspielst, wie ich will, kannst du gleich wieder gehen.«

Das will ich natürlich nicht. Denn dann kommt womöglich die Diskussion über Geld zurück. Den Stress will ich mir sparen. Die fünf Stunden werde ich schon irgendwie überstehen.

Ich soll auch bestimmte Dinge zu ihm sagen, soll ihn mit ›Mein Gebieter‹ ansprechen.

Also sage ich: »Mein Gebieter, ich möchte gerne Wasser haben.« Ich kotze gleich. So ein Depp. Er übertreibt es wirklich.

Es gibt zwei Kategorien von Männern, die eine Prostituierte bestellen. Die einen, die gut aussehen oder irgendetwas Besonderes haben. Die Machos, die genau wissen, was sie wollen und sowieso gute Chancen bei Frauen haben und sich die Mädchen aus Langeweile kommen lassen. Dann die anderen, die im echten Leben keine Frau abbekommen, weil sie zu hässlich oder zu schüchtern sind, die sich nicht mal trauen, mit einer Frau auf der Straße zu sprechen und immer Geld bezahlen müssen, damit sich überhaupt eine mit ihnen abgibt. Solche Männer wollen die Frauen erniedrigen, denn sie fühlen sich selbst im Grunde nur wie ein Stück Scheiße. Vielleicht wollen sie sich dadurch ein gutes Gefühl verschaffen und mehr Selbstbewusstsein. Dieser hier ist auf jeden Fall einer von der zweiten Sorte.

Spitzlippig hebt er sein Doppelkinn und sagt: »Na gut, ich gebe dir was zum Trinken.« Er holt mir eine Flasche Wasser aus dem Kühlschrank.

Ich trinke und trinke, denn ich bin sehr durstig.

Doch nach einigen Schlucken nimmt er mir die Flasche schon wieder vom Mund und meint: »So. Das ist genug.«

Mit ausgestrecktem Arm weist er mir den Weg zurück in das Studiozimmer. Ich muss mich erneut auf den Boden knien, und er lässt mich allein. Wieder verstreichen die Minuten und es passiert nichts. Beobachtet er mich mit seinen Kameras wie der

Mann im Schloss? Wahrscheinlich sitzt er in einem der anderen Zimmer, starrt auf einen Monitor und masturbiert dabei. Er sieht mir dabei zu, wie ich hier sitze, nackt, die Hände geöffnet auf den Knien, den Kopf gesenkt wie eine Delinquentin, die ihre Auspeitschung erwartet, dazu verurteilt, dem Gebieter ihre entblößte Vagina darzubieten. Und er geilt sich daran auf, wie ich leide, denn es ist sehr anstrengend so zu sitzen. Meine Nerven brennen schon von der Erniedrigung.

Mir ist klar, es ist nur ein Spiel, aber ich bin es schon leid. Ich habe keine Geduld mehr, darauf zu warten, dass der feine Herr Gebieter wiederkommt. Ich mag nicht mehr am Boden hocken. Ich bin schon fast bereit, ihn anzuflehen, mit mir Sex zu machen. Ich will schon schreien: ›Ja, ich blas dich, gib mir bitte deinen Schwanz. Ich mache alles, egal, was. Von mir aus in den Mund spritzen.‹ Hauptsache ich mache was und muss nicht nur so sitzen die ganze Zeit. Der Boden ist hart. Ich will nicht mehr. Mir ist es tausendmal lieber, er kommt und gibt mir eine Strafe. Ich will das. Ein bisschen Action. Ich will Abwechslung. Soll er doch kommen und mich schlagen, dann werde ich eben schreien. Alles ist besser, als in dieser Stellung zu verharren. Eine gefühlte Ewigkeit lang bleibe ich so. Endlich erscheint er wieder im Zimmer und eröffnet mir, dass er mich nun zum Essen einlädt. In ein italienisches Restaurant. Ein Hoffnungsschimmer.

»Aber du gehst so, wie du bist«, weist er mich an.

Also mit Minirock, oben das Top, unten nackt, herunter bis zu den Füßen. Die viel zu engen Schuhe muss ich auch wieder anziehen. Dann legt er mir das Halsband mit Hundeleine an.

»Wie? Werden wir jetzt so draußen herumlaufen?«, frage ich. Das ist so peinlich.

»Es sind bloß zwei Straßen, da gibt es kaum Leute«, meint er. »Nach ein paar hundert Metern nehme ich dir das Halsband wieder ab.«

Ist auch besser so. Wer weiß, vielleicht kommt die Polizei und es gibt womöglich Ärger, wenn er mich in diesem Aufzug an der Leine hinter sich herschleift. Im Fahrstuhl nach unten fängt er an zu labern. Er stellt sich vor, wir gehen jetzt zur Party mit seinen Freunden in den Schlosshof.

»Komm du Schlampe! Du Fotze! Du bist ein Hund, nichts weiter. Los belle! Du sollst bellen, sag ich! Du Hündin!«, sabbert es aus seinem Schneckenmund.

Es ist später Nachmittag und mittlerweile richtig schwül draußen. Tatsächlich sind fast keine Leute auf der Straße. Nur eine Frau mit Kinderwagen, die keine Notiz von uns nimmt, und ein paar Jungs spielen Fußball. Fast keine Autos. Er hört nicht auf mit dieser Tirade von Beleidigungen, aber wenigstens muss ich nicht auf allen Vieren laufen. Doch schon nach ein paar Schritten habe ich das Gefühl, es bilden sich Blasen an meinen Füßen. Es tut weh. Die Scheißschuhe sind viel zu eng. Du kannst kaum gehen. Und dazu das Halsband, die Beschimpfungen. Ich bin kurz davor zu weinen. Nach ein paar Minuten schnallt er das Hundehalsband wie angekündigt ab und trollt zügig weiter.

Ich aber kann nicht mithalten. Meine Füße schmerzen bei jedem Schritt, und ich sage: »Bitte nicht so schnell.«

Doch er fistelt nur: »Los, komm jetzt! Du bist meine Sklavin. Hör auf zu jammern.«

Er versucht, seiner Stimme einen harten, autoritären Ausdruck zu geben, aber es klingt übertrieben. Wie ein kleiner Junge, der beim Cowboy und Indianer einen Bösewicht spielt.

Am Ende des Foltermarsches erreichen wir das italienische Restaurant. Die Kellnerin gibt uns einen Tisch für zwei. Es sind kaum Gäste da.

»Die Schamlippen und der Po müssen den Ledersitz spüren, verstanden?«, raunt er mir seine Anweisung zu.

Der Stuhl hat überhaupt keinen Ledersitz, du sitzt auf dem blanken Holz. Egal. Bevor ich mich setze, schiebe ich den Rock ein wenig hoch und spreize die Beine. Ich spüre es ganz kalt an den Schenkeln, aber nicht unangenehm. Glücklicherweise liegt auf dem Tisch eine weit überhängende Tischdecke, so dass man von außen nichts sehen kann. Kommt aber jemand an den Tisch, würde der es bestimmt mitbekommen. Die Hände soll ich wieder auf die Schenkel legen. Er beugt sich zur Seite und hebt die Tischdecke ein wenig an, um meine Beinstellung zu kontrollieren. Offenbar ist alles in Ordnung.

Die Kellnerin erscheint und fragt freundlich lächelnd, als ob nichts wäre, was wir bestellen möchten. Natürlich darf ich nur essen, was er mir gestattet. Würde er Froschschenkel für mich aussuchen, müsste ich die verspeisen. Oder Spinnen oder Würmer. Gottseidank stehen die nicht auf der Karte. Ich würde ihm den Teller über dem Kopf leeren und einfach weggehen. Ich warte nur darauf, dass ich endgültig die Schnauze voll habe von diesem perversen Theater.

»Was willst du trinken?«, fragt er.

»Ich möchte Latte Macchiato.« Trinke ich gerne. Schön mit Milchschaum oben drauf.

Er zeigt sich gnädig und sagt: »Okay, Latte Macchiato. Aber du musst Lasagne essen.«

Von mir aus Lasagne. Hauptsache essen, ich bin schon hungrig.

Während wir auf die Bestellung warten und auch noch beim Essen, ist er auf einmal ganz normal. Er fällt richtig aus der Rolle, stellt mir ganz normale Fragen. Woher kommst du, hast du Kinder, bist du verheiratet. So was. Ich atme auf. Das ist so schön. Ich kann in ihm einen ganz normalen Mann sehen. Aber er erzählt mir, dass ihm Reden und Lachen eigentlich überhaupt keinen Spaß machen. Trotzdem. Wir essen schön und ganz zivilisiert. Als die Mahlzeit beendet ist, sagt er, wir machen jetzt das Spiel weiter. Wir müssen nun zurückgehen. Wieder zu Fuß. Na gut, das Restaurant ist nicht so weit weg, aber mit diesen Schuhen - meine Füße haben vorne und hinten am Hacken schon Blasen bekommen und schmerzen fürchterlich. Ich sage es ihm, weil ich hoffe, er wird vielleicht ein wenig Mitleid zeigen. Aber nein, es freut ihn nur. Seine Schweinsaugen leuchten und über seinen Mund zuckt ein fieses Grinsen.

Als wir aus dem Restaurant herauskommen, hat sich der Himmel zugezogen und es fängt zu regnen an. Einzelne dicke Tropfen fallen auf mein Gesicht. Die Uhr zeigt sechs Uhr nachmittags und es wird noch dauern, bis es dunkel wird. Wenigstens die Temperatur ist angenehm. Etwa fünfzehn Minuten sind es bis zum Haus. Wir gehen ganz langsam. Einen Höllenschritt nach dem anderen. Ich kann nicht schneller. Noch diese Straße und dann kriege ich wieder das Halsband um, und er wird an mir zerren. Es regnet jetzt stärker und bei jedem Schritt wird es schlimmer. Ich wate durch einen Strom glühender Lava, meine Füße sind schon bis zu den Knöcheln verbrannt. Ich bleibe stehen, öffne einen der Schuhe und ziehe ihn aus, um nach meinem Fuß zu sehen. Ich blute am Hacken. Die Haut ist abgeschürft und das nackte Fleisch ist zu sehen. Das Leder hart wie Stahl. Die Schuhe sind wahrscheinlich nagelneu.

»Na guck mal, das Fleisch schaut schon raus«, jammere ich. »Ich kann wirklich nicht mehr. Ich muss ins Krankenhaus.«

»Doch, doch. Das schaffst du schon«, lautet die herzlose Antwort. Seine Knopfaugen blitzen.

Ich fange an zu weinen. Tränen kullern über meine Wangen. »Es tut mir weh. Was machst du mit mir?«

Am liebsten würde ich ihm wüste Beschimpfungen ins Gesicht schleudern und ihm sagen, dass er ein hässliches, fettes, sadistisches Schwein ist, ein perverser Idiot. Aber ich kann nicht, denn meine ganzen Sachen, meine Schuhe, alles ist noch bei ihm. Ich muss wieder zurück in die Wohnung. Der Regen wird immer stärker. Der Weg ist ungepflastert und die mit Staub und Steinchen durchsetzte Erde verwandelt sich in braunen Schlamm. Ich ziehe auch den andern Schuh aus. Ebenfalls voll mit Blut. In der Hoffnung, ihn zu erweichen, weine und wimmere ich wie ein Hund und halte ihm den blutigen Schuh vor die Nase.

»Ich mache jetzt keinen Schritt mehr«, schluchze ich. »Es tut mir weh, siehst du das nicht? Oder ich rufe die Polizei und zeige denen, was du mit mir machst. Okay, du bezahlst, aber es gibt Grenzen.«

Er weidet sich noch ein paar Sekunden an meinem Leid und sagt: »Na gut. Du darfst die Schuhe ausziehen.« Er betont jedes Wort dabei, als wenn er mir ein wertvolles Geschenk überreicht. »Du darfst barfuß nach Hause laufen.«

»Wirklich?«

»Ja, du darfst.«

Sofort höre ich auf zu weinen. Ich bin ich so glücklich auf einmal. Was kann dich glücklich machen? Stell dir vor, du musst mit diesen Schuhen laufen. Und dann erlaubt er dir, die verdammten Dinger auszuziehen und barfuß zu laufen! Natürlich, es ist Sommer, es ist warm, das geht. Trotz des Regens. Meine Füße sind befreit. Es ist so schön ohne die verfluchten Schuhe. Ich trage sie in der Hand und laufe durch den Regen, durch die Pfützen. Die Blasen, das Blut, alles vermischt sich mit Matsch und Regenwasser.

Ich freue mich wie ein Kind und sage: »Oh Mann, ich liebe dich.« Kaum habe ich den Satz beendet, erschrecke ich. Habe ich diese Worte wirklich gesagt?

Fünf Minuten sind noch zu gehen. Ich will jetzt versuchen, nett zu bleiben und genau tun, was er sagt. Damit er ein bisschen freundlicher zu mir ist. Vielleicht hätte er mir schon viel eher gestattet, die Schuhe auszuziehen, aber weil ich am Anfang nicht richtig mitgespielt habe, war dies wohl meine Bestrafung.

Früher, im Hause meines Stiefvaters gab es ein paar besondere Strafen. In unserem Hof standen zwei Walnussbäume, deshalb hatten wir im Keller immer Vorräte davon zum Kuchenbacken. Manchmal ließ mein Stiefvater mich eine Tüte mit Walnüssen aus dem Keller holen, nahm einen Hammer, um die Nüsse zu knacken und schüttete sie in der Küche auf den Boden. Meine Aufgabe war es zunächst, die Kerne von den Schalen zu trennen. Danach legte er einen Teil der Schalen auf eine Zeitung und ging mit mir nach oben in mein Zimmer. Dort musste ich mich bis auf die Unterwäsche ausziehen und mich auf die scharfkantigen Nussschalen knien. Die Arme durfte ich natürlich nicht aufstützen, damit es auch ordentlich schmerzte. In dieser Position musste ich dann eine Weile ausharren, bis er mir erlaubte, wieder aufzustehen und die Schalenscherben aus meinen geröteten und manchmal auch blutenden Knien abzusammeln. Bei uns wurde im Winter mit Holz geheizt. Ende Oktober kam immer ein Lastwagen und brachte uns und den Nachbarn das Brennholz.

Mein Stiefvater spazierte dann die Straße hinunter und suchte nach einem geeigneten Stock. Etwas dicker als ein Finger und nicht zu kurz. Den hängte er anschließend in der Küche hinter die Tür. Wenn ich eine Strafe bekommen sollte, und er keine Zeit hatte, Walnüsse zu knacken, holte er den Stock hervor.

Wir gehen wieder hoch in seine Wohnung.

Ich habe meine Lektion gelernt und frage ihn so devot wie möglich: »Mein Gebieter, darf ich ins Badezimmer gehen?«

»Hey! Gutes Mädchen, gutes Mädchen! Wie ich sehe, hast du schon etwas gelernt. Sehr gut.« Er reibt zufrieden seine dicken Fleischerhände aneinander.

Ich gehe duschen. Als ich nackt wieder aus dem Bad komme, nehme ich die Schuhe in die Hand, um sie wieder anzuziehen, wenn wir uns setzen oder hinlegen, denn ich will nicht darin laufen. So, wie es der Gebieter befohlen hat. Das macht ihn offenbar an. Es kommt oft vor, dass ich die Schuhe anbehalten soll. Manchmal muss ich sie sogar im Bett tragen. Egal was für Schuhe, High Heels, Sandalen oder Stiefel. Manche Männer stehen total auf Stiefel.

Er führt mich in einen anderen, bestimmt fünfundzwanzig Quadratmeter großen Raum. Eine Fototapete mit weißem Strand, grünen Palmen und blauem Meer ziert die Wand gegenüber der Fensterfront, die Gardinen sind zugezogen. Eine schlichte Neonröhre an der Decke sorgt für Helligkeit. Am Boden braune Auslegeware. In der Mitte des Zimmers liegt eine breite Matratze. Direkt am Boden. Neben der Bettstatt sind auf mehreren nebeneinander gelegten weißen Papierservietten verschiedene Sexspielzeuge wie ein Operationsbesteck aufgereiht. Ich bin nun seine Sklavin, und er darf mit mir alles machen. Zunächst will er mich fesseln. An Armen und Beinen. Ich bekomme etwas Angst und bestehe darauf, immer mindestens ein Bein oder einen Arm frei zu haben. Da sind zwei Stangen. Eine für die Beine, eine für die Arme. Du musst dich hinlegen und die Arme ausbreiten wie Jesus am Kreuz. An den Enden der Stange sind Ringe angebracht, wo die Hände durchgesteckt werden. Ich kann sie dann nicht mehr bewegen. Das gleiche mit den Füßen.

Aber stell dir vor, er nimmt dich ohne Kondom. Ich könnte nichts machen. Ich habe kein Vertrauen zu diesem Kerl.

Also sage ich: »Nein, mein Lieber, das geht nicht.«

Schließlich lasse ich zu, dass er meine Hände fesselt, aber nur ein Bein. Doch ich spiele, als ob das zweite Bein auch gefesselt wäre. Er macht die Neonbeleuchtung aus und zündet mehrere Kerzen an. Durch einen schmalen Spalt im Vorhang fällt ein greller Strahl Abendsonne in die Folterstube und blendet meine Augen. Ich liege ausgebreitet und ›wehrlos‹ auf dem Rücken. Über mir im Gegenlicht die Silhouette meines beleibten Kerkermeisters. Er nimmt in jede Hand eine Kerze und tropft mir das heiße Wachs auf die Beine, über den Bauch bis hoch zu den Brüsten. Es sind nur kleine Tropfen, das brennt ein bisschen, ist unangenehm, aber noch auszuhalten. Was er davon hat? Dann stellt er die Kerzen zur Seite und nimmt einen Vibrator von seinem Besteckstisch. Aber keinen großen zum Reinstecken, sondern einen kleinen, nur für die Klit. Er schaltet ihn ein und demonstriert mir die Funktion. Vorn an der Spitze ist eine sich sehr schnell drehende Kugel angebracht. Das Ding macht Geräusche wie ein Bohrer beim Zahnarzt. In einem Pornofilm habe ich so etwas schon gesehen, auch bei lesbischen Spielen wird so ein Minivibrator manchmal benutzt. Das Gerät vibriert viel stärker als ein normaler.

Als ich das Teil sehe, sage ich sofort: »Nein, das geht nicht.«

Er erwidert: »Doch, das geht«, grinst und macht unbeirrt weiter.

Ich lasse es ihn benutzen, zehn oder fünfzehn Minuten lang. Er hält es an meine Perle. Die Klitoris ist sehr empfindlich, und er drückt sehr stark. Ich schreie. Aber nicht, weil ich Spaß habe. Glühender Schmerz breitet sich in meinem Unterleib aus. Aber trotzdem komme ich. Ich weiß nicht wieso. Ich will eigentlich keinen Orgasmus bekommen. Aber er hört nicht eher auf, und ich kann es nicht verhindern. Selbst in dem Moment, in dem ich komme, tut es mir weh. Ein Schmerzorgasmus. Meine Beine sind weit gespreizt und es läuft richtig viel Flüssigkeit heraus. Er betrachtet es mit weit aufgerissenen Augen. Dann nimmt er mir die Fesseln ab, ich soll mich vor einen Stuhl knien, die Stirn auf die Sitzfläche gelegt. Zuerst schlägt er mich mit seinen Händen auf den Po. Ein paar Mal hintereinander und mit jedem Schlag kräftiger.

Dann nimmt er eine kurze Peitsche, eine Reitgerte und sagt: »Du kannst es dir aussuchen. Ich schlage dich fünfzig Mal nicht so doll, oder zehnmal doller, oder einmal richtig doll.«

Vielleicht ist er nicht ganz richtig im Kopf oder er ist ein Verbrecher. Das ist schon gefährlich. Ich wähle die fünfzig Mal, aber es brennt trotzdem, denn er schlägt immer auf die gleiche Stelle.

Ich jaule: »Aua, aua! Es tut mir weh.«

Unbarmherzig zählt mein Peiniger weiter bis fünfzig.

Als er fertig ist und die Peitsche zur Seite legt, sagt er: »Das war gut, ne?«

Ich antworte nichts, verziehe nur missbilligend meinen Mund. Er sieht es nicht, weil er aufgestanden ist und sich einem Regal an der Wand mit der Südseefototapete zugewendet hat.

Er kramt eine flache Pappschachtel hervor und fragt: »Willst du mal was sehen?«

Mit der geöffneten Schachtel in der Hand setzt er sich zu mir auf die Matratze. Er zeigt mir verschiedene Fotografien von Kolleginnen meiner Agentur. Detailaufnahmen von deren Ärschen nach der Auspeitschung. Eine ganze Sammlung gepeinigter Popos mit blau-lila Flecken und roten Striemen. Allesamt ganz geschwollen von den Hieben. Die Haut schon aufgerissen und teilweise ganz blutig.

Er meint: »Siehst du, es gibt Frauen, denen macht das richtig Spaß.«

Ich antworte: »Tatsächlich? Mir nicht.«

Dass es Frauen geben soll, die es toll finden, wenn sie bis aufs Blut ausgepeitscht werden, kann ich mir beim besten Willen nicht vorstellen. Was, wenn sie einen Freund hat, und er die Wunden sieht? Die Mädchen haben bestimmt nur so gesagt, dass es ihnen gefällt. Falls es überhaupt stimmt. Und wenn, dann höchstens, um sich interessant zu machen oder damit der ›Gebieter‹ nachher zufrieden ist und sie wieder bestellt.

Dann Rollentausch. Er will, dass ich ihn mit dem Kerzenwachs foltere. Er legt sich hin, begibt sich in die Fesselstellung mit den Stangen, und ich tropfe heißes Wachs auf seinen massigen Leib. So herum gefällt es mir schon besser. Noch besser fände ich es allerdings, wenn er etwas mehr leiden würde. Aber das scheint nicht der Fall zu sein. Bei jedem Tropfen lässt er ein wohliges Brummen hören.

Dann will er mit Klammern meine Brustwarzen einklemmen. Ich bin neugierig und versuche es, entferne die Klammer aber sofort wieder.

»Huh, tut das weh!«, sage ich.

»Ach was«, entgegnet er. »Soll ich dir zeigen, was richtig weh tut?«

Er demonstriert es an meinem Mittelfinger, klammert den Finger ein und setzt auf die Klammer eine weitere an, um den Druck zu verstärken.

»Na, das zieht ordentlich, was?«, sagt er mit leuchtenden Augen.

Sein nächstes Werkzeug sind zwei extrem magnetische Kugeln. Sie haben einen Durchmesser von etwa einem Zentimeter. Wenn die zusammen kleben, kriegst du sie kaum wieder auseinander. So stark ziehen sie sich gegenseitig an. Er legt sie an meine Schamlippen, um sie einzuklemmen. Das tut so weh. Er kneift mich dann überall mit den Fingern, auch im Gesicht. Als er versucht, es bei den Brustwarzen zu machen, sage ich sofort Stopp.

Danach setzt er sich auf ein Sofa und befielt: »Jetzt komm mich mal blasen.«

Ich soll vor ihm knien und die Hände dabei auf den Rücken nehmen. Sein Schwanz ist nicht sonderlich groß, aber wenigstens sauber. Die Position ist sehr anstrengend, denn ich kann mich ja nicht abstützen, es geht mir voll auf den Rücken. Dabei drückt er mich zwischendurch immer wieder mit dem Kopf nach unten. Ich blase und blase. Wer weiß, wie oft er schon vorher beim

Wichsen gekommen ist, als er mich heimlich beobachtet hat. Natürlich geht es jetzt nicht so schnell.

Es gibt Männer, da macht das Lutschen richtig Spaß. Bei manchen kommt, bevor sie spritzen, immer diese Flüssigkeit heraus. Manchmal schmeckt es salzig, aber wie Wasser, wie Tränen. Bei anderen ist es dicker und schleimiger als Spucke. Wie Rotz aus der Nase. So ist es bei ihm. Echt ekelhaft. Normalerweise wende ich einen Trick an. Ich nehme die Hand dazu, spucke drauf, blase weiter, nehme aber nie den ganzen Penis in den Mund und belasse den Schleim auch nie im Mund. Aber wenn die Hände hinter dem Rücken sind, geht das nicht. Und der Typ kommt nicht. Ich kann schon nicht mehr, mir tut alles weh, die Knie, der Rücken. Ich zeige ihm, dass ich nicht mehr kann. Aber das interessiert ihn nicht. Erst nach zwanzig Minuten spritzt er endlich. Kommt in meinen Mund. Am Anfang hat er extra bezahlt. Für Französisch total. Ich will es natürlich nicht schlucken, springe auf - ohne den Gebieter zu fragen - und stürze ins Bad, um alles auszuspucken. Ich gurgele und spüle sorgfältig. Dann mit Mundwasser hinterher, dreißig Sekunden lang und nochmal. Als ich zurückkomme, fängt er wieder an mit den Folterspielen. Wachs, Klammern, Fesseln, Peitschen, Stockschlagen und dann nochmal blasen. Es ist ja noch über eine Stunde Zeit. Was sollen wir so lange machen?

Am Ende bin ich tot. Eigentlich ist es mir lieber, er wäre es. Ich hasse diesen Mann von ganzem Herzen. Ich will ein Messer in seinen fetten Wanst stoßen und ihn töten. Dann gehe ich. Ich habe die Nase voll. Solche Kunden müssen echt aufpassen. Ich bin nett. Aber eines Tages kommt eine, die nicht so duldsam ist. Wenn ich sicher wüsste, dass mir nichts passieren würde, ich nicht in den Knast müsste, ich würde es tun. Ohne schlechtes Gewissen, ohne Zweifel, ohne Angst vor Gott. Dieser Kerl ist für mich kein Mensch mehr. Er ist ein Schwein, ein Idiot, ein Teufel, ein Nichts.

Die Zeit ist fast um. Ich gehe duschen und mich anziehen. Die restlichen zwanzig Minuten quatschen wir nur wie normale Menschen. Er macht mir noch ein Resümee für meinen Service und erklärt, es könnte besser sein. Ich hätte ihn nicht meine Brüste anfassen lassen. Natürlich nicht. Denn was er macht, ist nicht anfassen, sondern kneifen, schlagen, beißen. Er sagt, dass ich nicht so wirklich nett gewesen sei. Doch er täuscht sich. Ich war so nett wie noch nie in meinem Leben. Ansonsten läge er jetzt tot, an einer Wachsmaske erstickt mit Messerstichen übersät unter seiner Südseekulisse. Zumindest finanziell hat es sich gelohnt. Weit über Tausend.

Alle Männer sind Schweine und alle Frauen sind Schlampen.

Als ich herunterkomme, sitzt Eagle im Auto und wartet auf mich. Ich will meine Tasche nach hinten legen, aber der Rücksitz ist mit Tüten vollgepackt, und ich nehme sie mit nach vorne.

Er sagt: »Schau, was ich mir gekauft habe«, und hält stolz ein kleines Souvenir vom Ein-Euro-Shop hoch. Irgendein Plastik-Nippes.

»Was willst du damit?«, frage ich und schlage genervt die Autotür zu.

Eagle startet den Motor.

»Hey, was bist du so? Ich habe schließlich ziemlich lange auf dich warten müssen, ja? Mir war langweilig. Da habe ich einen kleinen Stadtbummel gemacht. Was soll ich deiner Meinung nach hier die ganze Zeit über tun?«

Er fährt los.

Von unserem gemeinsamen Geld geht er also einkaufen. Vielleicht für ein oder zweihundert Euro. Er nimmt die Hälfte vom dem, was ich bekomme, nur fürs Nichtstun, und dann beschwert er sich noch. Okay, jetzt bloß nicht ärgern, er weiß ja nicht, was ich währenddessen durchgemacht habe. Also erzähle ich ihm ein wenig von dem, was mir in den letzten fünf Stunden widerfahren ist.

Er hört sich meine Geschichte kopfschüttelnd an und meint: »Warum bist du nicht gegangen? Es ist dein Körper, du bist der Chef.«

Ich kneife meine Lippen zusammen und antworte nur: »Okay, gut. Alles klar.«

Schweigend starre ich aus dem Fenster in die Dämmerung. Meine Wangen glühen. Der Himmel ein Meer aus Blut und Feuer. Sicher, er hat mich diesen Job gelehrt, aber ich halte meinen Arsch hin. Nicht er. Das Risiko, Krankheiten zu bekommen, übernehme ich. Ich lasse mich von einem perversen Fettwanst auspeitschen, nicht er. Und er zwingt mich zum Arbeiten. Okay, er tut es nicht mit Gewalt. Er schlägt mich nicht. Aber trotzdem. Es ist Psychozwang. Wenn ich am Tag nicht mindestens tausend Euro mitbringe, nörgelt er rum: »Ah, kein Geld. Ah, Nervenkrise! Ich muss ins Krankenhaus.«

Er will soviel wie möglich verdienen, denn er plant, in Bulgarien sein Haus umzubauen, dass er sich gekauft hat. Na, du Arschloch. Geh mal selber arbeiten, wenn du so viel Geld brauchst! Na gut, es gibt Zuhälter, die ihren Mädchen noch mehr abnehmen. Aber ich gebe mir Mühe. Ich mache alles. Anal, total, Sadomaso, Geschichte der O. Und er? Zieht ein langes Gesicht. Sagt, es ist ihm langweilig und ob ich nicht eher hätte gehen können. Er weiß ganz genau, dass das nicht geht. Wenn du so was öfter machst, verlierst du vielleicht die Agentur. Natürlich, es gibt viele Agenturen, aber nicht jede ist wirklich gut. Diese ist gut. Ich bin so angepisst. Aber ich sage nichts. Denn ich weiß genau, wenn ich anfange zu streiten, nimmt es kein Ende.

Ich kann auch die andere Seite verstehen. Der Mann bezahlt viel Geld dafür und möchte erleben, was er sich vorgestellt hat. Er will die ›Geschichte der O-Show‹. Ich habe zugestimmt am Anfang. Hätte ich Nein gesagt, hätte er mir trotzdem das Fahrergeld bezahlen müssen, und ich wäre wieder gegangen. Aber was wäre dann passiert? Den ganzen Weg zurück wäre Eagle schlecht gelaunt gewesen und sauer auf mich. ›Warum bist du nicht geblieben‹, hätte er gesagt. Ich weiß es. Ich kenne ihn ganz genau. Eben deswegen habe ich entschieden, zu bleiben. Und wenn ich meckere, wie beschissen der Job war, bin ich noch doppelt schuldig, weil ich mich überhaupt beschwere. Ich soll die Klappe halten und gut.

Ich gebe Eagle das Geld. Wie immer. Er sammelt es, und wir werden am Ende des Monats teilen. Eagle macht den ganzen

Tag nichts. Okay, er fährt mich abends zu den Terminen, aber die restliche Zeit schläft er und entspannt sich. Ich muss immer in den Puff gehen. Er behauptet, er liebt mich. Ich liebe ihn wirklich. Ich kann nicht ohne ihn leben. Ich fühle mich kraftlos ohne ihn. Immer muss ich seine Meinung hören, ich erzähle ihm alles. Im Puff mache ich zehn, fünfzehn Männer am Tag. Danach Escort. Das ist nervig, es stresst mich. Dann die Türken. Mancher will diese Stellung, mancher eine andere. Du fühlst dich wie ein Mopp. Und du musst die ganze Scheiße dieser Männer putzen. Dann gehst du nach Hause, wo du die einzige Person triffst, von der du ein bisschen echte Wärme bekommen kannst. Und ich habe mich daran gewöhnt. Wenn ich bei ihm bin und mit ihm kuschele, wäscht er alles ab von mir. Den ganzen Dreck der vielen Männer. Wenn ich mit ihm schlafe, er mich leckt, mich fickt, fühle ich mich wie neu geboren. Das hat immer gut funktioniert.

Doch in letzter Zeit will Eagle es mit mir nicht mehr so oft machen, wie ich möchte. Er meint, er habe sowieso die Schnauze voll von Frauen. Was soll das heißen? Und jeden Tag Sex sei zu viel für ihn. Vielleicht jeden zweiten Tag oder zweimal pro Woche, das müsse doch reichen. Vielleicht könnten wir kuscheln, aber ich solle keinen Verkehr von ihm verlangen. Zur Not könne er mich lecken, aber mehr nicht. Seine Psycho-Probleme, seine Nerven und seine Panikattacken machten ihm zu schaffen. Er müsse sein Herz schonen. Aber manchmal, nach solch schrecklichen Terminen, will ich auch meinen Spaß haben. Wenn ich ihn dann küsse und geil werde, leckt er mich schnell bis ich komme, steht dann sofort auf und geht ins Badezimmer. Waschen, Zähne putzen, Getränk holen. Wenn er wiederkommt, schaltet er den Fernseher an oder er nimmt sein Handy und schreibt SMS. Wem eigentlich? Das sagt er mir nicht. Er lässt mich einfach links liegen und beachtet mich nicht mehr. Das kann ich gar nicht verstehen. Mir ist dann so einsam, so fremd zumute. So würde ich mir nicht einmal trauen, einen Kunden zu behandeln. Nicht mal im Puff. Ich würde niemanden nach dem Sex derart ignorieren. Gleich aufspringen, Muschi waschen,

Hände waschen und Tschüss. Was ist das? Er ist ein Mensch! Selbst wenn er dich bezahlt und du ihn nie wieder siehst, musst du ihm doch das Gefühl geben, ein Mensch zu sein. Ein bisschen Wärme zeigen. Das ist doch normal. Aber Eagle geht sofort weg. Umarmt mich nicht, streichelt mich nicht oder fragt, wie es geht oder wie es war. Okay, er muss mich nicht sofort vögeln, wenn er nicht möchte oder zu müde ist. Obwohl ich nicht weiß, von was eigentlich. Aber er kann mich zumindest mit den Fingern verwöhnen, man findet immer einen Weg. Oder, wenn er gar keine Lust hat, kann er sich einfach zu mir legen. Aber selbst das tut er nicht. Es wird mit jedem Tag schlimmer, mit jedem Tag weniger.

Wir sind jetzt eineinhalb Jahre zusammen. Eigentlich habe ich schon noch das Gefühl, dass er mich liebt. Mehr oder weniger, ich bin ja eine hübsche junge Dame. Auch gibt es den Traum, zusammen ein Baby zu haben. Der Plan ist, das Kind nach einem oder anderthalb Jahren nach Bulgarien zu bringen und es für einige Zeit bei der Oma zu lassen. Dann wollen wir das Geschäft weitermachen. Auch zu Hause bin ich die perfekte Frau für ihn. Ich mache den Haushalt, wasche die Wäsche, koche für ihn, wenn ich Zeit habe. Zwischen Puff und den Terminen. Ich bereite bulgarische Gerichte zu. Paprika mit Hackfleisch, oder Hühnchen mit Soße oder Suppe, ich kann gut kochen. Sogar backen.

Wenn ich ihm nach dem Termin das Geld übergebe fragt er nur: »Wie viele Extras hast du gemacht?«

Jedes mal fragt er mich das. Oder nach dem Puff. »Wie viel Geld, wie viele Kunden, wie viele Extras? Okay. War's schön? Gibt es noch was Spezielles zu sagen? Gut, her mit dem Geld.« Er steckt es sich in die Tasche, das war's. Ich bin immer für ihn da, mit Leib und Seele. Aber von ihm spüre ich das nicht mehr.

Manchmal, wenn wir Sex gemacht haben – was rede ich, Sex! Ein wenig Lecken – sage ich: »Du musst nicht gleich aufstehen und rausgehen. Ich brauche dich noch ein bisschen, ich bin noch warm, ich bin noch geil.«

Doch er zuckt die Schultern: »Was willst du? Du bist doch schon gekommen.« Dann sagt er zu mir: »Weißt du, was du bist? Du bist eine Nymphomanin. Du musst mal zum Arzt gehen. Du willst jeden Tag Sex. Das ist doch nicht normal.«

Na und? Die Kunden, die ich habe, zählen nicht. Na gut. Manchmal sind wirklich schöne Männer dabei, ich gebe es zu. Aber ich liebe keinen von denen. Ich meine von Herzen. Da ist nur Eagle. Bei den anderen, egal, ob ich gekommen bin oder nicht, ist es reiner Sex. Orgasmus, fertig. Nur mit Eagle empfinde ich diese Wärme und ich erwarte, dass er mir echte Liebe gibt. Das ist etwas völlig anderes. Wenn Sex und Liebe zusammen kommen, ist es natürlich unsagbar schöner. Und genau das will ich von ihm.

Doch er meint: »Du bist krank, immer Lust auf Sex zu haben.«

Ich erwidere: »Ich habe nicht Lust auf Sex, ich habe Lust auf dich. Das sind zwei verschiedene Sachen. Nymphomanin zu sein, ist, wenn ich Lust habe, es ständig mit verschiedenen Männern zu treiben. Wenn ich nie genug bekomme und es dann noch mit dem Vibrator mache. Aber ich will dich. Weil ich dich liebe. So einfach ist das.«

Okay, ab und zu ist es auch jetzt noch sehr geil mit ihm. Ein, zweimal pro Woche. Aber trotzdem. Das ist keine gute Beziehung mehr für mich. Ich bin nun mal keine Steppen-Aloe, der ein paar Tropfen Wasser im Monat genügen. Ich bin eine Orchidee des Regenwaldes.

22. KAPITEL

Adiós Bandido

Es ist der 22. Juli. Mein Namenstag. Der Namenstag hat für mich den gleichen Stellenwert wie mein Geburtstag. Da erwarte ich eine kleine Aufmerksamkeit.

Eagle weiß, dass ich romantisch bin, und ein paar Tage zuvor hat er mich gefragt: »Baby, bald ist dein Namenstag. Was soll ich dir schenken?«

Natürlich habe ich keinen speziellen Wunsch geäußert.

Ich sage nur: »Dankeschön, ich hab alles, ich will nichts.«

Das ist normal. Der Mann muss sich schon selber etwas ausdenken. Letztes Jahr hat er mir zum Namenstag zwei goldene Ringe gekauft. Ich liebe Gold. Einen mit zwei ineinander verschlungenen Delfinen in Weißgold, den anderen mit einem vierblättrigen Kleeblatt in Gelbgold. Es war für ihn ganz selbstverständlich, mir Goldschmuck zu schenken.

Also erwarte ich heute zumindest, dass er mir Rosen schenkt. Ich erwarte nicht, dass ich teuren Schuck bekomme. Eine Kette oder ein Ring muss nicht unbedingt sein. Ein kleines Plüschtier wäre auch schön. Oder dass er sagt: ›Mein Liebling, heute ist dein Namenstag. Heute gehen wir schön zusammen essen. Heute gehst du nicht arbeiten.‹

Nach dem Aufstehen ist erst mal kein Geschenk in Sicht. Das Frühstück ist wie immer, keine Kerze auf dem Tisch oder eine Blume. Naja, das kommt bestimmt noch. Wie an jedem normalen Tag will er mich um elf zu Hanni in den Puff fahren. Bevor wir ins Auto steigen, gehe ich noch zum Briefkasten. Wer weiß? Vielleicht habe ich ja eine kleine Karte von ihm bekommen, mit ein paar lieben Worten drauf. Manchmal ist so etwas mehr wert, als das teuerste Geschenk - wenn ich sehe, dass er sich nur ein wenig Mühe gibt. Ich stecke den kleinen Schlüssel ins Schloss, drehe ihn herum und öffne gespannt das Türchen. Aber auch da ist nichts.

Ich habe ein paar Tüten vom Aldi dabei. Mit Chips, Brötchen und Pastete und Schokolade für die Mädels. Auch ein paar Flaschen Sekt habe ich gekauft. Die Mädchen und die Hausdame wissen, dass ich Magdalena heiße, und sie kennen diese bulgarische Tradition. Dass man Geschenke bekommt am Namenstag. Sie haben Geld gesammelt und mir einen mächtigen Topf mit Chrysanthemen gekauft. Dazu eine Karte und eine Flasche Champagner, verziert mit einer roten Schleife. Zwei von ihnen haben eigene Präsente für mich mitgebracht. Einen Blumenstrauß, ein Plüschtier. Ich decke für die Mädels den Tisch in der Küche. Wir trinken den Sekt. Auch einige der Kunden, zumindest die Stammkunden, die wissen, dass ich Magdalena heiße, in diesem Puff bin ich Natalia, haben mir Süßigkeiten mitgebracht. Da ich während des Tages keine romantische Nachricht auf meinem Handy bekomme, gehe ich ein paarmal mit dem Laptop einer Kollegin ins Internet, um zu schauen, ob eventuell eine E-Mail von Eagle angekommen ist. Eine kleine Liebeserklärung oder eine Botschaft wie: ›Lass es dir gut gehen an deinem Namenstag.‹ Aber da ist nichts.

Na gut. Die Hoffnung stirbt zuletzt. Als der Puff um elf Uhr abends schließt, kommt er mit dem Wagen, um mich abzuholen. Er könnte sagen: ›Komm lass mal deine Sachen im Auto, wir fahren irgendwo hin‹ – doch das tut er nicht. Noch auf dem Heimweg hoffe ich auf eine kleine Überraschung zu Hause. Ich öffne die Tür und auf dem Bett liegt vielleicht eine Rose. Aber als wir ankommen und ich nachsehe, finde ich - gar nichts. Wirklich nichts. Nullkommanull. Wir essen einfach etwas aus dem Kühlschrank, und dann kommt der erste Abendtermin. Er fährt mich. Nichts Besonderes. Für ihn ist es ein ganz normaler Tag. Ich bin schwer enttäuscht. Ich fühle mich wie eine Sklavin. Seit eineinhalb Jahren sind wir nun zusammen, ich arbeite Tag und

Nacht für ihn und verdiene nicht mal eine Rose oder eine Karte? Die zwei goldenen Ringe letztes Jahr waren wohl nur der Köder. Heute ist er nur noch fixiert auf das Geld. Je mehr, desto besser. Er sieht mich nur noch als seinen Goldesel. Mehr nicht. Das vergesse ich ihm nicht. In Bulgarien sagt man, manchmal können die kleinsten Steine ein Auto umkippen.

Seitdem nervt es mich, dass ich mit ihm alles teilen soll, und wir streiten uns ständig.

Manchmal gifte ich ihn richtig an: »Weißt du, was du bist? Ein Zuhälter. Du brauchst mir nicht zu erklären, dass du mich liebst und dass du mein Freund bist. Okay, du hast mir geholfen. Du hast mir, zu meinem Glück oder zu meinem Unglück, diesen Job beigebracht. Aber du bist nie zufrieden mit dem, was ich mitbringe. Obwohl ich vierundzwanzig Stunden beschäftigt bin. Du bist einfach ein Zuhälter. So. Du musst aufpassen. Das ist kriminell, weißt du das?«

»Was? Willst du mir drohen? Willst du die Polizei anrufen und mich anzeigen? Na mach doch!«, antwortet er und lacht nur.

Er versucht dann, mich zu erniedrigen und wird nicht müde, mir zu erklären, dass er derjenige war, der mir die Augen geöffnet und die Welt gezeigt hat. Ohne ihn hätte ich den Champagner nie getrunken, den Kaviar nie gegessen, das goldene Leben nie gekostet. Langsam kommen mir Zweifel, ob er mich überhaupt noch liebt. Vielleicht bedeute ich ihm ja gar nicht so viel, wie ich eigentlich dachte. Hat er womöglich eine andere? Von Tag zu Tag werde ich eifersüchtiger. Das geht soweit, dass ich beginne, ihm nachzuspionieren.

Ein paar Wochen später wollen wir einkaufen gehen. Wir wohnen in Siemensstadt und ganz in der Nähe gibt es ein Einkaufszentrum mit Edeka.

Ich bin noch nicht fertig und sage: »Okay, geh schon mal runter, ich ziehe mich schnell an und komme gleich nach.«

Er geht vor und sagt: »Ich warte unten auf dich.«

Ich weiß, dass er zwei Handys hat. Ein Bulgarisches und ein Deutsches. Das mit der deutschen Nummer ist immer bei ihm.

Das Bulgarische nimmt er für gewöhnlich auch immer mit, falls ein Freund anruft. Eigentlich mache ich das nie, aber dann denke ich, nein, nein, nein. Ich muss jetzt nachschauen, ob das Handy bei ihm ist. Ist es nicht. Es steckt in seiner Lederjacke, sie hängt im Flur. Ich nehme das Telefon heraus.

Das ist sonst wirklich nicht meine Art, aber heute reitet mich ein Teufelchen und flüstert: »Geh mal, Magdalena und guck, was da so alles drin ist.«

Mit wem hat er sich immer geschrieben, wenn er neben mir im Bett saß? Die eingegangenen SMS sind nicht auffällig. Von seinem Cousin, seinem Sohn, alles gut. Aber bei den Gesendeten gibt es eine Nummer, wo kein Name dabeisteht. Aha. Da sind ein paar Nachrichten, die er verschickt hat. Ich lese sie. Es sind Liebeserklärungen! Natürlich an eine Frau. Und so schön! Sogar in Reimform. Mir hat er so was nie geschrieben. Nicht mal zu meinem Namenstag. Ich kontrolliere die Daten. Einige hat er verfasst, als wir im Winter in Bulgarien gewesen sind, andere zu Zeiten, an denen ich arbeiten war. In Berlin.

»Ich habe selber nicht verstanden, wie das möglich war.
In eine verheiratete Frau mich zu verlieben, finde ich ganz wunderbar.
Vielleicht verboten ist meine Liebe hier.
Doch lass mich dich bitte lieben - mein Herz gehört ganz dir.«

Oh mein Gott! Sofort greife ich nach meinem Telefon und rufe die Nummer an. Egal. Es klingelt. Eine Frauenstimme meldet sich. Das war klar.

»Schönen guten Tag, was kann ich für Sie tun?«

Ich sage dir, was du für mich tun kannst.

»Guten Tag. Ich heiße Magdalena Nirva. Es geht um etwas Persönliches, also bitte nicht gleich wieder auflegen. Bitte hören Sie erst, was ich zu sagen habe.«

Die Frau am anderen Ende ist erst mal einen Moment sprachlos. Dann sagt sie: »Gut, bitte. Was wollen Sie?«

»Ich habe gerade im Handy meines Freundes nachgeschaut und diese SMS an Sie gefunden.« Ich lese ihr eines der Gedichte vor.

»Oh«, sagt sie und lacht. »Ach der ist das! Der Eagle! Und wissen Sie, wer ich bin?«

Sie meint, sie sei die Frau von der Versicherungsagentur in Pazardzhik. Wo wir die EU-Versicherungskarten bekommen haben. Nach Eagles Nasenoperation waren wir bei ihr. Eagle hatte sie noch mehrmals aufgesucht. Angeblich, damit wir die Karten schneller bekommen können. Das war also der wahre Grund.

Sie sagt: »Bitte schauen Sie sich die Nummer an, die Sie gerade gewählt haben. Das ist meine Bürotelefonnummer, nicht meine private.« Trotzdem ginge sie nur persönlich an dieses Handy.

Er hat ihr also auf ihr Arbeitshandy diese Gedichte geschrieben. Wie peinlich.

Sie erzählt weiter, dass Eagle sie bei der Arbeit mit einer großen Schachtel Pralinen in der Hand aufgesucht habe. Ein anderes Mal mit Blumenstrauß. Um sie anzumachen. Aber sie sei verheiratet, und wenn einer so käme, und die Mitarbeiter es mitbekommen, sei das Risiko, selbst um aus Neugier nur einmal Kaffeetrinken zu gehen, viel zu groß.

Das war so auffällig, so plump, was Eagle da gemacht hatte. Ich kann es kaum glauben. Die Frau ist schon Ende vierzig. Zugegeben, sie sieht gut aus für ihr Alter. Ihr Mann hat mit Dr. Ivanov zusammengearbeitet. Auch ein Schönheitschirurg. Vielleicht hat sie deshalb noch recht hübsch ausgesehen. Sie hatte ein bisschen Botox hier und da, außerdem die Lippen etwas gemacht. Eine Bürotussi. Ich weiß, Eagle steht manchmal auch auf ältere Frauen. Selbst auf solche, wo ein bisschen mehr dran ist. Sogar mehr als bei mir. Eagle kann an jeder Frau etwas Besonderes, etwas Hübsches oder Interessantes finden. Er ist nicht festgelegt auf irgendeinen bestimmten Typ oder Alter. Er ist wie Casanova. Er hat keine Traumfrau: groß, blond, blaue Augen. Nein. Es spielt für ihn nur eine untergeordnete Rolle, wie sie aussieht. Selbst wenn sie super dick ist - vielleicht hat sie schöne Lippen und kann gut blasen. Vielleicht ist sie fünfzig Jahre alt, aber hat einen schönen Körper. Trotzdem. Das ist das Allerletzte. Ich bin vierundzwanzig, ich bin so jung, so hübsch, die Frau könnte meine Mutter sein. Ich mache alles für ihn. Ich liebe ihn. Ich bringe ihm soviel Geld, wie kein normaler Mensch je gesehen hat. Zehn, fünfzehn, zwanzigtausend im Monat. Nur für ihn. Und ich bin für ihn da. Tag und Nacht. Mit Leib und Seele. Und dann geht er hinter meinem Rücken zu dieser Oma und schenkt ihr Blumen und Pralinen?

Die Frau sagt: »Dein Freund ist so lustig. Er schreibt mir ständig diese Gedichte. Sogar meine sechzehnjährige Tochter, die ab und zu mir ins Büro kommt, hat sie gelesen und immer gelacht. Ich habe deinem Freund tausendmal gesagt, dass er es lassen soll. Ich sagte ihm auch, dass ich dich kenne. Ich habe gesagt: Eagle, du hast eine so bezaubernde junge Frau. Ich würde mich vor dir schämen. Selbst wenn ich dich mögen würde, könnte ich nichts mit dir anfangen. Wie könnte ich mich vor dir ausziehen, wenn ich weiß, dass du eine so junge und hübsche Freundin hast?«

Das Ganze ist einfach nur beschämend. Aber ich reiße mich zusammen. Ich sage nichts weiter dazu, bedanke mich, verabschiede mich höflich und lege auf. Also hatten sie in der Tat gar nichts miteinander. Er wollte, aber sie nicht. Aber er hat nicht aufgegeben. Selbst auf die Entfernung. Hätte er sie einmal gefickt, wäre die Jagd wahrscheinlich schon längst beendet. Eagle ist vielleicht nicht richtig verliebt in sie, aber er denkt es zumindest. Denn er ist für eine Frau nur so lange entflammt, bis er sie fickt. Hat er gehabt, was er wollte, verliert er ganz schnell das Interesse und es ist vorbei mit dem Feuer. Natürlich ist die Frau interessanter, wenn sie immer nur Nein sagt. - Aber die letzte SMS ist nur ein paar Tage alt. Und wir sind in Berlin. Also lässt er sie einfach nicht in Ruhe.

Eine Suppe aus Wut und Enttäuschung kocht schäumend in mir hoch. Na warte. Den Tränenhahn drehe ich mit Gewalt zu und trockne mein Gesicht mit einem Taschentuch ab. Erst mal tief durchatmen. Ich trage einen blutroten Lippenstift auf, bringe mein Augenmakeup wieder in Schuss und gehe hinunter, um zusammen Lebensmittel einzukaufen. Im Supermarkt lasse ich mir zunächst nichts anmerken. Ich bleibe cool.

Erst als wir mit den Tüten wieder oben sind, frage ich ihn ganz schnell, einfach so: »Bist du fremdgegangen?«

»Nein«, antwortet er ebenso schnell.

»Jetzt überleg mal kurz. Ich gebe dir die Chance, die Wahrheit zu sagen. Bist du fremdgegangen?«

»Nein«, sagt er wieder. Er sitzt bequem auf der Couch und verschränkt die Arme hinter dem Kopf.

»Jetzt stelle ich die Frage so: Hattest du vor, fremdzugehen?«

»Nö. Natürlich nicht. Ich? Niemals!«

»Hattest du Lust, eine andere Frau zu vögeln?«

»Nein, Baby. Wie kommst du darauf? Ich liebe dich, das weißt du doch. Du gibst mir alles, was ich brauche. Du bist doch meine Prinzessin!«

»Okay. Alles klar. Du hattest deine Chance. Du hast es nicht zugegeben. Jetzt sage ich dir, ich weiß, dass du der Frau von der Versicherungsagentur Nachrichten geschrieben hast. Und ich weiß, was du ihr geschrieben hast. Ich habe die Gedichte gelesen, du Idiot!«

Er verzieht keine Miene. Nicht ein einziger Muskel seines Gesichtes macht den geringsten Knick. Er sitzt nur da und schaut mich an wie ein Engel und sagt ganz unschuldig: »Aber ich wollte sie doch vielleicht nur einmal ficken.«

Ich habe viele Kunden, die eine wunderschöne Frau zu Hause haben. Sie haben mir Fotos gezeigt. Private Fotos vom Urlaub, auch mit ihren Kindern drauf. Topmodel-Frauen, die teilweise wirklich als Model arbeiten. Und sie ficken mit mir. Warum? Einfach so. Sie sind auf Geschäftsreise für eine Woche und ihnen ist langweilig. Statt einmal zu wichsen, haben sie einen warmen Körper und können ihn reinstecken. Weil sie es können. Aber sie lieben mit Herz und Seele ihre Frauen.

Zwar verstehe ich das. Und mir ist es recht, denn ich profitiere davon. Aber jetzt bin ich eifersüchtig. Und diese Eifersucht hat mit Eigentumsgefühlen zu tun. Ich gebe es zu. Eagle ist mein Mann. Und er erzählt mir, er will die fünfzigjährige Fotze einmal ficken – vielleicht? Das ist Horror. Hätte er mir das nicht ein wenig durch die Blume sagen können? Aber doch nicht so. Ich bin wahnsinnig wütend. Gleichzeitig fühle ich mich unfassbar stark. Mir ist egal, wie viele Muskeln er hat, wie groß er ist, und ob er eine Waffe hat. Mir wachsen Flügel, ich hebe mich zwanzig Zentimeter vom Boden ab und spucke ihn mit meinem ganzen Speichel, mit richtig viel Schleim drin, mitten ins Gesicht. Ich sehe, wie die Spucke von seiner Stirn über seine Wange nach unten läuft. Ich erwarte, dass ich als Reaktion eine Ohrfeige bekomme, er mich anschreit. Irgendwas. Aber er macht nichts. Er sitzt nur da. Zusammengesackt. Bewegungslos.

Ich sage: »Wie? Du willst sie ficken? Warum sie? Eine Frau, die so alt ist wie meine Mutter und fett?«

Er rechtfertigt sich, es seien doch nur ein paar Versuche gewesen. Und dass zwischen den beiden doch sowieso nichts gelaufen sei, überhaupt nichts.

»Du brauchst mir gar nichts weiter zu erzählen«, fauche ich ihn an. »Weil ich das schon weiß. Ich habe mit der Frau vorhin telefoniert. Ich weiß, dass da eigentlich nichts war. Aber die Frau macht sich schon lustig über dich und deine schwülstigen Gedichte. Nur, dass du es weißt. Sogar ihre Tochter, ein Teenager, lacht dich aus. Das nur zur Info. Und jetzt nimmst du deine Sachen und raus. Aber sofort. Aber ganz sofort!«

Er sieht mich erschrocken an. Seine Augen sind weit aufgerissen, rot und füllen sich mit Tränen.

Mit erstickter Stimme sagt er: »Können wir erst mal essen?«

Wir sind ja gerade vom Einkauf zurückgekommen.

Ich sage: »Gut, ich mache dir was zum Essen und dann sei mal so lieb, pack deine Sachen und geh.«

Ich mache ihm Spiegeleier und dazu Paprika, geschnitten als Salat. Er isst und weint dabei. Der Tränenschleim fließt aus der Nase über seine Lippen in seinen Mund. Natürlich bereut er. Aber nicht, weil er so gehandelt hat. Er bereut, dass er nicht schlau genug war, das Handy mitzunehmen. Nur das bereut er.

Mehr nicht. Ich weiß es. Er schiebt die Spiegeleier mit Paprika Bissen für Bissen in seinen Mund. Mit tausend Bitten und ›Überleg dir mal‹, versucht er, die Situation noch zu retten. Aber ich bleibe hart. Als er aufgegessen hat, packt er langsam seine Tasche ein und trottet hinunter zum Wagen, um nach Bulgarien zu fahren. Ich sehe ihn vom Fenster aus. Er schaut zu mir hoch, aber ich unterbreche den Blick und ziehe den Vorhang zu. Vor der Tür übernachtet er im Auto. Gegenüber haben wir einen türkischen Internetladen, der vierundzwanzig Stunden geöffnet hat. Dort kann man auch etwas essen und Kaffee trinken. In der Hoffnung, ich würde es mir anders überlegen und sagen, komm doch zurück, wartet er bis zum Morgen. Aber ich komme nicht. Dann ist er weg. Wir sind getrennt.

Ich bin unendlich wütend auf ihn und deswegen sehr froh, dass er fort ist. Ja. Ich will gar nichts mehr von ihm wissen. Dennoch. Ich leide furchtbar darunter, auf einmal alleine zu sein. Die Federn meiner Flügel sind abgefallen. In der Nacht wälze ich mich in meinem leeren Bett hin und her. Ich stehe auf, gehe zum Fenster, rauche eine Zigarette. Lege mich wieder hin. Falle endlich in einen tiefen Schlaf.

An den ersten paar Tagen esse ich fast nichts. Nur einen halben Becher Joghurt und zwei Kiwis. Den ganzen Tag lang. Trinken mag ich auch nicht. Meinen Job mache ich weiter. Aber ich habe Angst. Ständig.

Immerzu muss ich daran denken, was Eagle mir alles prophezeit hat: »Mach dir keine Illusionen. Wenn du alleine bist, werden andere Zuhälter kommen, dich unter Drogen setzen und dich zwingen, für sie zu arbeiten. Sie werden dich schlagen und dich einsperren.«

Unzählige Male hat er das wiederholt.

Ich fürchte mich, auf die Straße zu gehen. Ich fürchte, dass mir irgendetwas Schlimmes passiert und dass dann niemand da ist, um mir zu helfen. Meine Augen sind auch gar nicht offen für die Welt um mich herum. Ich bin immer nur mit ihm in seinem Auto unterwegs gewesen. Noch nie bin ich mit der U-Bahn gefahren. Auch haben wir nur Bulgarisch miteinander gesprochen.

Eine Möglichkeit, richtig Deutsch zu lernen, hatte ich nicht. Wann auch? Dazu war nie Zeit gewesen. Ich fühle mich einsam und entwurzelt, ich weiß überhaupt nicht, wer ich bin und was ich will. Außer im Rotlichtmilieu zu arbeiten. Mehr nicht. So gehe ich wie bisher jeden Tag in den Puff. Allerdings fahre ich jetzt immer mit dem Taxi. Zwanzig Euro hin, zwanzig zurück. Dazu mache ich am Abend Escort, ebenfalls mit dem Taxi. Aber wenn ich nach einem Termin aus dem Haus oder dem Hotel komme und im Dunkeln fröstelnd auf das Taxi warte, befürchte ich immer, dass mir jemand nachspioniert oder dass mir ein Dieb meine Tasche mit dem Geld rauben könnte. Eagle hat mir über die Monate so viel Angst gemacht, dass ich mir nie getraut habe, mich eigenständig, ohne ihn, in der Stadt zu bewegen. Nur im Puff habe ich ein paar Freundinnen. Vor allem eine, sie heißt Linda. Eine Deutsche, sie ist Ende dreißig, Anfang vierzig. Sie spricht nur Deutsch mit mir, obwohl sie weiß, dass ich nicht so viel verstehe. Seitdem Eagle weg ist, hilft sie mir sehr.

Sie sagt: »Natalia, das ist doch gut. Der Typ ist ein Zuhälter, er war nie dein richtiger Freund oder Liebhaber, er hat dich nur ausgenutzt. Was er gemacht hat, ist kriminell. Wenn du willst, kannst du Anzeige erstatten, und er wird im Knast landen. Wenn du wirklich gemein bist.«

Linda ruft mich sogar dann und wann zu Hause an, wenn ich abends allein bin. Sie macht mir immer Mut und gibt mir Selbstvertrauen. Auch die Wirtschafterin im Puff und die anderen Frauen helfen mir, die deutsche Sprache besser zu verstehen. Ich lerne viele neue Wörter.

Einmal fragen sie mich: »Wie ist das jetzt, wenn dein Freund dich nicht mehr bringt oder abholt? Wie kommst du nach Hause?«

»Mit dem Taxi.«

»Ja aber Natalia, das ist viel Geld. Jeden Tag vierzig Euro.«

Für mich ist das eigentlich kein Problem. Ich verdiene fünf bis siebenhundert am Tag. Die Mädchen, die mich das fragen, haben weniger Gäste als ich. Sie machen meist nur zwischen hundertfünfzig und zweihundert. Ich bin sehr beliebt. Egal, wer kommt, jeder will zu Natalia. Teilweise sind sie sogar jung und hübsch. Also juckt es mich nicht, vierzig Euro für das Taxi auszugeben.

Aber für die Mädchen ist es viel Geld und sie sagen: »Natalia, egal wie viel du verdienst. Es ist auf jeden Fall gut, zu sparen. Überleg mal. In zehn Tagen sind es vierhundert. Das macht tausendzweihundert Euro im Monat, wenn du jeden Tag arbeitest. Nur für Taxi. Manche Leute schuften dafür einen ganzen Monat. Warum gibst du das Geld für Taxi aus? Du kannst doch mit der BVG fahren.«

Oh mein Gott, was ist das? - Obwohl. Am Siemensdamm gibt es eine U-Bahnstation der Linie sieben. Ich wohne direkt davor. Aber ich traue mich nie, mit der U-Bahn zu fahren. Ich weiß gar nicht, wie das funktioniert. Dass es bei jeder Station zwei Richtungen gibt, dass es einen U-Bahn Plan gibt. Du musst wissen, wo du aussteigen sollst. Ich habe gar keine Ahnung davon. In Bulgarien haben wir keine U-Bahn. Nur in Sofia gibt es eine Metro, aber die hat nur eine Linie mit nur einem Ausgang. Und in Welingrad sowieso nicht. In Wien bin ich auch nie mit der Bahn gefahren. Natürlich nicht, wir hatten ja beim Escort immer einen Fahrer. Wozu sollte ich da die U-Bahn nehmen? Ich hatte ohnehin kein Privatleben in Wien. Vielleicht bin ich einmal mit Eagle eine Station gefahren, aber ich konnte den Plan nicht lesen. Ich bin total überfordert. Das Ganze ist wie ein Rätsel für mich. Total unverständlich. Ein Mysterium. Und nun sagen sie mir, ich könne doch ganz einfach von der Wilmersdorfer Straße die paar Stationen bis Siemensdamm fahren. Das koste nur ganz wenig. Ich denke, das schaffe ich nie, und ich fange zu weinen an. Aus Wut über meine Verzweiflung, und weil ich so schwach bin. Aber die Mädels sagen alle: »Das schaffst du.« Manche lachen oder verdrehen die Augen. Sie können es kaum glauben, dass ich deswegen Tränen vergieße. Dann schenkt mir jemand einen Fahrplan.

Die Wirtschafterin, sie heißt Angelika, eine Ex-Prostituierte, erklärt es mir auf Deutsch: »Wir Puff hier.« Sie markiert es mit einem Stift. »Du wohnst da.« Sie malt wieder ein kleines Kreuzchen auf den Plan. »Du gehst runter und guckst nach der Richtung.«

»Was ist Richtung?«, frage ich.

»Direction«, sagt jemand auf Englisch.

»Immer die letzte Station der Linie ist deine Direction. Richtung Rathaus Spandau.« Und ich müsse dann nur aus dem Fenster gucken und die Stationen zählen. So würde ich mein Ziel nicht verpassen.

»Was mache ich dann?«

»Einfach da aussteigen.«

Ich verstehe gar nichts.

»Ich kann das nicht«, sage ich, fange wieder an zu weinen. »Wie soll das gehen? Und wie komme ich von zu Hause in den Puff?«

»Da musst du dann in die andere Richtung fahren.«

»Und was, wenn ich ganz woanders einsteige?«

»Du kannst gar nicht woanders einsteigen, es gibt doch nur zwei Richtungen. Kostet zwei Euro zehn.«

Das ist tatsächlich günstig. Aber ich habe nur fünfziger, hunderter und fünfhunderter. Wir wechseln das Geld, die Wirtschafterin legt es mir passend abgezählt in die Hand und drückt sie zu, wie man einem kleinen Mädchen ein paar Münzen gibt, wenn sie einen Liter Milch vom Kaufmann holen soll. Langsam erklärt sie noch einmal ganz genau, wie ich es machen muss.

»Du gehst und löst dir ein Ticket.«

»Aber wer soll mir das Ticket geben?«

Die Frauen sind alle fertig mit den Nerven. Die Lösung ist, dass eine der Damen mich zur U-Bahnstation begleitet.

Dann der Fahrkartenautomat. Wo muss ich drücken? Einzelfahrschein. Denn es gibt ganz viele verschiedene Tickets. Ich verstehe nicht, was ist ›Einzel‹? Dann das Geld einwerfen, das Ticket kommt. Jetzt muss ich noch entwerten, sonst kostet es Strafe.

»Einsteigen bitte. Zurückbleiben bitte.« Es ist so lustig.

Da kommen Kinder und Teenager. Wahnsinn. Sogar Kinder fahren alleine. Das ist für mich das Highlight des Jahres. Siemensdamm steige ich wieder aus und am nächsten Tag fahre ich auch so wieder zur Arbeit. Ist gar nicht so schwer. Seitdem ist U-Bahnfahren meine liebste Sache. Mit dem Ticket kann ich zwei Stunden lang unterwegs sein. Das ist so gut. Wenn ich das nur eher gewusst hätte. Viel Geld für Taxi hätte ich sparen können. Sogar einige Termine in den Hotels in Mitte, Adlon oder Hilton, mache ich ab jetzt mit der U-Bahn. Das ist so unglaublich. Mir fällt ein Stein vom Herzen, denn nun kann ich mich in Berlin frei bewegen. Das erste, was ich ohne Eagle schaffe. Und ich verbessere mein Deutsch und die sozialen Kontakte zu den Mädels im Puff. Sie sagen mir, dass kein Mann, niemand, ein Recht auf mein Geld hat. Auf Geld, dass ich mit meinem Körper verdiene. Das ist Zuhälterei und verboten und kriminell. Trotzdem. Ich vermisse Eagle.

Wenn ich zu Escort-Terminen in teure Hotels gehe, sind meine Haare immer offen. Ich bin geschminkt, trage schicke Klamotten, High Heels, eine schöne Handtasche. Auf dem Weg zur Arbeit ins Bordell dagegen, ziehe ich mich möglichst unauffällig an. Auch auf dem Rückweg. Mit alten Jeans, Turnschuhen, ohne Schminke, die Haare zum Zopf gebunden und mit Mütze. Damit ich aussehe wie ein ganz normales Mädchen und aus Vorsicht, denn mein Portemonnaie ist am Abend voller Bargeld. Ich verstecke es im Rucksack und trage außen auch keine Damentasche.

In diesem Outfit komme ich eines Abends von der Arbeit zurück. Mit der U-Bahn. Ich steige die Treppen hinauf und laufe auf dem Trottoir in Richtung nach Hause. Von der Station bis zu meiner Haustür sind es etwa zweihundert Meter. Es ist nach 23 Uhr und dunkel. Die Straße ist menschenleer. Dann bemerke ich am Rand ein Auto mit einem Mann am Steuer. Ich glaube, ein Ausländer. Türke oder Araber. Als ich am Wagen vorbei gehe, startet er den Motor, macht das Licht an und beginnt, neben mir herzufahren. Im Schritttempo und parallel zu mir. Dann fährt er ein Stück vor und hält an. Mit laufendem Motor. Ich schaue seitlich nach dem Wagen. Er glotzt mich an und sagt irgendwas zu mir. Ich verstehe es nicht und will es auch eigentlich gar nicht hören. Was soll das? Ängstlich beschleunige ich meine Schritte. Er fährt an, wieder neben mir her. Was will er von mir? Ist es jemand, der weiß, dass ich im Bordell arbeite? Woher kann er das wissen? Will er mich entführen? Wie Eagle mich immer gewarnt hat? Mich berauben? Oder irgendein Verrückter? Oder jemand, der mich mag, der mich anmachen will? In der Gegend ist es normal, dass irgendein Türke ankommt und sagt, ›komm wir gehen Kaffeetrinken‹. Aber in diesem Outfit? Wer kann mich da anbaggern? Ich bin überhaupt nicht provokativ angezogen. Außerdem, so kann man doch keine Frau ansprechen, indem man sie erst mal verfolgt. Natürlich bekommst du Angst. Du willst am liebsten wegrennen.

Als ich zu meinem Haus abbiege, es gibt davor einen kleinen Platz mit Bänken und Spielplatz, wo keine Autos reinfahren dürfen, kommt er mit dem Wagen hinterher. Obwohl es eigentlich für Autos gesperrt ist. Ich beeile mich, will schnell in meine Wohnung. Vor dem Haus stehen ein paar Betonpfosten. Der Typ fährt jetzt so dicht an mich heran, dass er mich zwischen Auto und Pfosten beinahe einquetscht und kurbelt die Scheibe herunter. Sein Gesicht bleibt im Dunkeln, ich kann nichts erkennen. Mein Herz schlägt mir bis zum Hals.

Er quatscht mich wieder an, aber ich verstehe nicht, was er will.

Schnell sage ich ganz laut auf Deutsch: »Was willst du von mir? - Was willst du von mir? Entweder du haust ab oder ich rufe die Polizei! Ich kann deine Autonummer sehen.«

Ich ziehe das Handy aus der Jackentasche und lege es ans Ohr, ohne allerdings wirklich die Bullen zu rufen. Aber ich tue so, als hätte ich die Polizei schon am Telefon und sie kämen gleich. Sofort kurbelt er die Scheibe wieder hoch. Er fährt davon.

Als der Mann weg ist, rufe ich sicherheitshalber doch bei der Polizei an. Wenige Minuten später sind sie da, und ich erzähle den Beamten, was mir passiert ist. Vielleicht ein wenig wirr, denn ich bin immer noch ziemlich aufgeregt. In Erwartung, dass sie etwas unternehmen werden, nenne ich ihnen das Autokennzeichen. Aber die Polizisten stellen mir nur drei Fragen.

»Frau Nirva. Hat der Mann Sie beleidigt?«

»Nein.«

»Hat der Mann Sie bedroht oder geschlagen?«

»Nein.«

»Hat er Ihnen irgendetwas gestohlen?«

»Nein.«

»Na gut. Wenn etwas passiert, können Sie uns jederzeit anrufen.«

Sie verschwinden wieder.

Und meine Angst? Der Mann hat mich verfolgt! Bis vor meine Haustür. Ich habe mich bedroht gefühlt. Er hat mich mit seinem Auto bedrängt und mich beinahe zerquetscht. Ich verstehe es nicht. Ich soll anrufen, wenn etwas passiert. Und wenn er mich umgebracht hätte? Soll ich anrufen, wenn ich schon tot bin?

Fortan fühle ich mich ständig beobachtet. Am Tag, wenn ich zur Arbeit gehe, beäuge ich misstrauisch meine Umgebung. Überall sehe ich dieses Auto. Es könnte zumindest da sein. Irgendwo verborgen hinter einer Ecke. Oder der Mann ohne das Auto, versteckt hinter einem Baum oder in einer dunklen Nische. Der Wagen war nicht aus der Nachbarschaft. Da bin ich mir sicher. Vielleicht war es jemand, den Eagle geschickt hat. Den er gebeten hat, mir einen Schreck einzujagen. Ich weiß es nicht.

Ein paar Tage darauf bekomme ich einen Termin von Dream-Escort. Da bin ich mit meinen eigenen Fotos aufgeführt, mit Gesicht sogar. Für eine Stunde. Beginn 22.30 Uhr. Ganz schön spät. Ich habe deswegen im Puff früher Schluss gemacht. Ich will erst mal nach Hause. Duschen, mich umziehen und anschließend zum Termin fahren. Das Hotel ist ziemlich weit weg. Ich habe die Postleitzahl und die Adresse vom Hotel bekommen und bestelle mir ein Taxi. Die Hinfahrt kostet fünfunddreißig Euro. Dann würde ich zurück insgesamt siebzig bezahlen. Die Stunde ist zweihundert, davon bekommt sechzig die Agentur. Dann bleiben für mich siebzig für die Stunde. Aber nur, wenn der Mann auch wirklich da ist, denn manchmal klopfst du und niemand macht dir die Tür auf. Passiert alles. Möglicherweise gibt mir der Gast auch Taxigeld oder Trinkgeld, oder er verlängert.

Hübsch angezogen, meine Handtasche neben mir, sitze ich hinten im Taxi. Ich schaue aus dem Fenster. Die Lichter der Stadt huschen an mir vorbei wie Schneespatzen. Manchmal sind auch Möwen dabei oder rote Papageien. Es dauert und dauert. Wohin wir fahren, darauf achte ich nicht. Ich kenne mich auch nicht aus in Berlin. Für mich sieht es überall gleich aus. Besonders nachts. Endlich, nach fast fünfzig Minuten, komme ich an. Es ist ein Hotel in Marzahn, Lichtenberg. Ich lasse mir vom Taxifahrer eine Rechnung geben und gehe nach oben. Klopf, klopf, ein sympathischer Mann Mitte vierzig öffnet mir die Tür.

»Bist du Violetta?«

»Ja, bin ich.«

»Bitte, komm herein.«

Ich setze mich. Auf dem Tisch liegt mein Profil aus dem Internet. Ausgedruckt auf DIN A4 Blättern. So was macht eigentlich kein Mensch. Ich bin hier. Wozu braucht er meine Fotos und Infos über meinen Service? Eine Kontrolle vom Finanzamt vielleicht? Na gut, ich mache mir keine Sorgen, denn ich habe ja eine Steuernummer. Ich mache Begleitservice. Dafür bin ich offiziell angemeldet. Sogar einen Steuerberater habe ich, der jeden Monat sechzig Euro bekommt, damit er meine Sachen zum Finanzamt schickt. Einkommenssteuer und neunzehn Prozent Mehrwertsteuer muss ich zahlen. Da ist alles korrekt gemacht. Manchmal gab es Kontrollen des Finanzamtes im Puff. Die Beamten wollten die Steuernummer und eine Gewerbeanmeldung sehen. Manche Mädchen hatten keine. Die waren beim Jobcenter und machten den Job zusätzlich, aber ohne es anzugeben.

Auf den Profil-Zetteln liegen zweihundert Euro. Vier fünfziger. Schön aufgefächert.

Er fragt: »Wie alt bist du?«

»Ich bin vierundzwanzig.«

Zwar bin ich schon ein Jahr älter, aber so steht es auf der Website meiner Agentur.

»Ist das dein Profil?«

»Ja.«

»Und was machst du für dieses Geld jetzt mit mir?«, fragt er.

Wer ist der jetzt schon wieder? Und das nur ein paar Tage nach dem Zwischenfall mit dem Auto. Auf jeden Fall gibt es hier einen Haken. Ich muss aufpassen, was ich antworte. Im Profil steht ›Begleitservice‹. Gemeint ist natürlich Prostitution. Im Puff machen wir auch nichts anderes als Blasen und Ficken. Na gut, aber für eine Stunde, wohin soll ich ihn da begleiten?

Ich ordne meine Haare und sage: »In der einen Stunde kann ich dich zur Bar begleiten, mit dir etwas trinken, oder wenn du keine Lust hast, rauszugehen, kann ich dich massieren.«

Von sexuellen Sachen sage ich erst mal gar nichts.

Er fragt: »Seit wann bist du bei dieser Agentur?«

Ich entgegne: »Warum willst du das wissen?«

Ein normaler Kunde darf mich so etwas nicht fragen. Ich will darauf nicht antworten. Eagle ist ja auch nicht bei mir. Ich habe sowieso das Gefühl, dass ich unter keinem richtigen Schutz mehr stehe.

Da ich auf seine Frage nicht eingehe, geht der Mann wortlos zum Zimmertelefon und wählt.

»Sie ist da, ihr könnt jetzt kommen«, sagt er in den Hörer.

Eine Minute später betreten zwei weitere Männer und zwei Frauen das Hotelzimmer. Sie zeigen mir ihre Dienstausweise. Nicht vom Finanzamt. Polizei. Eine Razzia. Sie wollen wissen, ob ich dazu gezwungen werde, ob ich die Papiere dabei habe, ob ich einen Zuhälter habe, ob die Agentur Zuhälterei betreibt. Eigentlich ist das unüblich, Frauen von einer so teuren Begleit-Agentur zu kontrollieren. Es wird eher gegen billige Agenturen und Bordelle ermittelt. Letzte Woche haben die Mädchen im Puff davon gesprochen. Es hätte eine große Razzia bei einem Riesenbordell am Kudamm gegeben, das von einer bekannten Rockerbande betrieben wird. Da wurden üble Machenschaften aufgedeckt. Ich meine, jeder wusste es, aber keiner hatte bis dahin etwas dagegen unternommen. In der Szene sprach man darüber, dass Bulgarinnen und Rumäninnen zur Prostitution nach Berlin gebracht werden. Die Zuhälter nehmen ihnen die Pässe ab, und die Mädchen werden gezwungen, diese Arbeit zu machen, obwohl sie gar nicht wollen oder können. Sie werden eingesperrt und mit Drogen vollgepumpt. Das volle Programm. Das ganze Geld geht an die Zuhälter. Und sie müssen alles machen. Anal, Französisch total oder Verkehr ohne Kondom. Für dreißig Euro extra. Das bringt ihnen eigentlich nur zu neunzig Prozent Aids ein. Die Mädchen haben es sogar von sich aus den Kunden angeboten, damit die mehr zahlen. Alles für den Zuhälter. Damit es heißt, braves Mädchen, du warst fleißig und hast ordentlich angeschafft.

Die Polizisten wollen von mir wissen, ob ich freiwillig nach Deutschland gekommen bin und verlangen die polizeiliche Anmeldung zu sehen. Ich habe alles dabei und zeige ihnen meinen Ausweis. Das bedeutet, ich bin freiwillig da. Sie überprüfen die Adresse. Alles gut.

Der eine fragt: »Hast du einen Freund? Wohnt jemand bei dir?«

Wenn ein Mädchen angibt, dass sie einen Freund hat, kann die Polizei daraus schließen, dass er der Zuhälter ist. Wenn sie sagt, sie wohnt seit drei Jahren mit dem Freund zusammen und der Freund arbeitet nichts, ist alles klar.

Aber ich antworte: »Nein.«

Sie sind überrascht. »Hast du wirklich keinen Freund, keinen Mann?«

»Nein, ich habe niemanden.« Ist ja nicht gelogen.

Dann konzentrieren sie sich auf die Vermittlung.

»Wie viel nimmt deine Agentur?«, wollen sie wissen.

Falls eine Agentur mehr als fünfzig Prozent nimmt, ist das schon Zuhälterei. Meine bekommt dreißig Prozent. Aber warum soll ich das eigentlich sagen?

»Meine Agentur nimmt nicht soviel«, gebe ich zur Antwort. »Und wenn ich für sie arbeite, ist das doch meine Entscheidung, oder? Ich bin damit zufrieden.«

»Verlangt die Agentur Dinge von dir, die du nicht willst?«

»Nein. Ich entscheide selbst, was ich mit wem mache.«

Sie sind fertig mit der Befragung. Es gibt nichts, was für sie greifbar illegal wäre. Einer von ihnen, ein Kommissar, gibt mir seine Visitenkarte. Sittendezernat.

»Wenn jemand kommt, ein Zuhälter oder wenn dich jemand erpresst oder irgendwas ist, vielleicht willst du bei der Agentur aussteigen und sie lassen dich nicht, kannst du einfach hier anrufen.«

»Okay, danke.« Ich verstaue die Karte in meiner Tasche.

Das Ganze hat über eine halbe Stunde gedauert. Sie sagen, ich könne jetzt nach Hause gehen.

Ich frage: »Was ist mit den zweihundert Euro?«

Das ist mein Honorar für eine Stunde. Sie werfen sich Blicke zu, schütteln die Köpfe. Das Geld stecken sie wieder ein. Sorry, so ist das bei einer Razzia. Sie machen nur ihren Job. Das Geld dient nur als Köder, damit ich meiner Agentur sage, alles okay, eine Stunde. Normalerweise, wenn ich das ›Okay‹ gebe, bedeutet es, dass ich das Geld schon habe. Natürlich hatte ich das Geld nicht in der Tasche, aber es lag ja vor mir auf dem Tisch. Doch sie geben mir nichts, fertig. Sagen Tschüss, geh nach Hause. Was ist das? Ich habe fünfunddreißig Euro für das Taxi bezahlt. Und noch mal so viel zurück. Das sind siebzig Euro. Ich gehe doch jetzt nicht mit siebzig Euro minus nach Hause. Ich erkläre es ihnen, zeige die Taxiquittung. Doch die Antwort ist: Pech gehabt. Wäre ich es nicht gewesen, hätte es ein anderes Mädchen getroffen. Sie wählen die Frauen nach dem Zufallsprinzip aus.

»Dann geben Sie mir bitte wenigstens das Geld für das Taxi.«

»Nein, das geht nicht. Wir sind die Polizei, wir sind vom Staat, und der bezahlt kein Geld für so was.«

»Aber warum habt ihr ausgerechnet ein Hotel hier am Arsch der Welt ausgewählt?«

Weil sie nun mal ein Hotelzimmer brauchen. Da bestellen sie ein Mädchen nach dem anderen hin, von morgens bis in die Nacht. Natürlich haben sie eines genommen, das möglichst billig ist. Die Polizei bucht kein Zimmer im Adlon für fünfhundert Euro.

Na toll. Mir ist es egal, ob hier die Polizei vor mir steht.

Ich setze mich in die Mitte des Zimmers und protestiere: »Ich gehe nicht, weil ich kein Geld habe, um zurückzufahren. Ich gehe nicht. Ich habe mich darauf verlassen, dass ich hier zweihundert Euro bekomme. Mit einem Teil davon hätte ich mein Taxi bezahlen können. Jetzt habe ich kein Geld. Ich gehe nicht.«

»Ja, das tut uns leid.« Unisono zucken sie die Schultern.

»Leid? Ich will, dass ihr mich mit eurem Polizeiauto nach Hause fahrt.«

Als sie auch das ablehnen, rufe ich Evita an und erzähle ihr, was los ist. Natürlich auf Englisch.

Aber sie druckst nur herum und sagt schließlich: »Tja. Pech gehabt. Dann musst du das Taxi halt zahlen.«

Ich lege frustriert auf. Ich schmolle. Dann gehe ich eben nicht nach Hause.

Der Kommissar sagt: »Du brauchst nicht fünfunddreißig Euro für ein Taxi zu bezahlen, du kannst für zwei Euro zehn mit der BVG fahren.«

»Nee, nee, nee. Ich weiß erstens gar nicht, wo ich überhaupt bin. Ich weiß nicht, wo ich überhaupt bin! Wie komme ich nach Hause? Soll ich in diesem Aufzug in die U-Bahn steigen? Nein. Ich fahre nicht mit der BVG.«

Ich kenne nur den Weg vom Siemensdamm zum Puff und zurück.

Dann meint einer der Polizisten, es gäbe in der Nähe eine Straßenbahn, Station sowieso, dann umsteigen in eine andere Linie, von dort solle ich weiter zum Alexanderplatz. Vom Alexanderplatz gäbe es eine Verbindung zur U7 und damit könne ich dann nach Hause. Aber wie komme ich zum Alexanderplatz?

Ich bin fix und fertig und sage: »Ich nix verstehen. Geht nicht.«

Schlussendlich nimmt einer der Polizisten mich bei der Hand, führt mich aus dem Hotel, die Straße entlang bis zur Straßenbahnhaltestelle an der Ecke. Wir schauen, welche Richtung ich zum Alexanderplatz fahren soll. Es fängt an zu regnen. Auch das noch. Er wartet bis die Bahn kommt, und ich steige ein. Also zum Alexanderplatz, in die U-Bahn bis zur U7. Die Tram ruckelt quietschend die fremden Straßen entlang durch die Nacht. Es dauert ewig. Der Alexanderplatz ist groß. Ich muss erst alles finden, am Alexanderplatz war ich bis dahin noch nie. Gut, dass ich jetzt diesen Plan habe.

Als ich endlich zuhause bin, ist es fast zwei. Drei Stunden meiner Zeit sind weg. Ich habe kein Geld verdient und stattdessen siebenunddreißig Euro zehn minus gemacht. Warum passiert mir das? Wut treibt mir Tränen in die Augen. Meine Stimmung ist miserabel. Ich gehe zum Fenster, öffne es und lasse ein wenig frische Luft herein. Dem Himmel geht es auch nicht viel besser. Draußen gießt es immer noch in Strömen. Auch kein Trost. Na gut. So etwas kann immer passieren. Aber das war jetzt wirklich zu viel auf einmal.

Seit Eagle fort ist, sind eineinhalb Monate vergangen.

Zwei Tage nach der Razzia ruft er mich an: »Hallo, meine Süße, wie geht's dir? Wie kommst du ohne Papi klar?«

Genau das habe ich gebraucht. Sofort breche ich wieder in Tränen aus und erzähle ihm alles. Ich habe mich so einsam gefühlt. Wie ein kleines Mädchen, dass man allein im Dschungel ausgesetzt hat.

Eagle, der erfahrene Fuchs, weiß natürlich gleich, was er dazu sagen muss.

»Siehst du! Wenn ich da gewesen wäre, hätte ich dich umsonst mit dem Auto überall hingefahren, ich hätte da auf dich gewartet und dich nach Hause gefahren, ich wäre bei dir gewesen. So was passiert, wenn du alleine bleibst. Habe ich doch gesagt.«

»Ja.«

»Soll ich kommen?«

»Ja, komm zu mir!«

»Gut. Dann schick mir bitte hundert Euro für das Benzin. Ich habe jetzt kein Geld.«

Und welche Adresse gibt er mir für Western Union? Wien. Er war gar nicht in Bulgarien, erzählt er, sondern hat versucht, allein in Wien als Gigolo zu arbeiten. ›Schwuchteln ficken‹. Aber diesen Job mit Ende dreißig zu machen - er ist ja schon vom Knast ganz kaputt und mit seinem Herzen hat er auch Probleme, er muss Tabletten nehmen, Betablocker ab und zu - das ist schon ein bisschen heftig. Mit fünfzigjährigen Weibern geht's gerade noch mit dem Schwanz, aber für die Typen muss er wohl immer Viagra nehmen. Es ist schon eine ganz andere Nummer, wenn eine Prostituierte für dich arbeitet, und du guckst nur Pornos und wichst. Aber wenn du fette, runzlige Österreicher ficken sollst ...

Sofort laufe ich runter, fahre zu Western Union am Zoologischen Garten und überweise ihm das Geld. Bereits eine halbe Stunde nach unserem Telefonat ist alles abgeschickt. Was soll ich machen? Mein Retter kommt! Dann kommt der Retter. Schon am nächsten Abend ist er da. Ich bereite ihm einen schönen Empfang. Anstatt arbeiten zu gehen, schneide ich Bilder und Schrift aus einem Zeichenblock für Kinder heraus und male eigenhändig alles schön farbig aus. ›Herzlich Willkommen! Ich liebe dich!‹ Außen pinne ich die Worte an die Wohnungstür. Liebevoll mit bunten Blümchen und roten Herzchen verziert. Als er eintrifft, freue ich mich riesig. Es ist besser als Geburtstag, Namenstag und Weihnachten zusammen. Schnell ist alles wieder beim Alten. Er bringt mich jeden Tag zum Puff und fährt mich zu den Terminen. Wir sind das verliebteste Paar der Welt.

Über die Neunzig-Euro-Agentur werden wir gelegentlich auch als Pärchen bestellt. Vorwiegend von bisexuellen oder schwulen einzelnen Männern in Privatwohnungen. Ich lade dann Eagle dazu ein. Eagle verlangt jeweils zweihundert Euro die Stunde. Das ist eine richtige Schweinerei manchmal. Besonders, wenn die Männer auf Koks sind oder besoffen, was meistens der Fall ist. Einige wollen Eagles Schwanz blasen, oder sie lecken mich und Eagle soll uns währenddessen von oben bis unten bepinkeln. Es gibt auch ältere Männer, die darauf stehen, dass Eagle es mit mir vor ihren Augen treibt. Als Anregung. Spanner. Sie gucken nur zu. Pärchen, wo noch eine Frau dabei ist, gibt es eher selten.

Es ist Mitternacht, als wir einen Termin von Intima-Escort bekommen. Ein deutsches Pärchen, sie bewohnen ein großes Einfamilienhaus in Berlin-Lankwitz, hat uns für zwei Stunden gebucht. Der Mann ist Ende fünfzig und trägt einen grauen Zickenbart. Wie Aramis von den drei Musketieren. Ein Auge hängt nach unten, die Haut ist ganz faltig. Eine große, dürre Gestalt. Wie ein ausgehungerter Ziegenbock. Die Frau ist zu meinem Unglück genau nach Eagles Geschmack. Mitte, Ende vierzig, aber fickbar. Das heißt nicht hässlich. Eine, die Sexappeal versprüht. Mit einem lüsternen Ausdruck um Augen und Mund. Dazu schulterlange schwarze Haare. Ihre Figur ist für ihr Alter recht sportlich. Als wir ankommen, sind die beiden schon high. Kokainhäufchen überall auf dem Tisch. Sie bieten uns auch etwas davon an, aber wir nehmen nichts, denn das ist bei Eagle streng verboten. Wir trinken nur Wasser und Cola. Normalerweise, wenn ich Eagle zu einem Kunden mitbringe, egal wie bekokst oder besoffen der Mann ist, trinken wir zuerst ein wenig Wein und lernen uns ein bisschen kennen. Etwas Konversation am Anfang. Eagle erzählt dann immer, dass er eigentlich Antonio heißen und aus Milano, Italia, stammen würde. Aber bei diesem Pärchen hier gibt es nichts zu erzählen. Wie es scheint, wissen sie auch gar nicht mehr, wer sie überhaupt sind. Sie koksen nur und gackern rum wie blöd. Die Frau sitzt schon mit nackten Brüsten im Bett, der Mann liegt wie halbtot daneben.

Im Schlafzimmer gibt es eine riesengroße Matratze ohne Bettgestell. Daneben steht eine Nachttischlampe am Boden, die den Raum schummerig beleuchtet. Was ich so erkennen kann, stehen noch ein paar andere Möbel herum, die alle teuer aussehen. Aber es wirkt messimäßig. Jedenfalls ist klar, hier ist kein großes Blabla gefragt. Wir sollen gleich zur Sache kommen. Ich darf mich mit dem Mann beschäftigen, Eagle wendet sich der Frau zu. Manche Pärchen bestellen ein Couple, weil die Frau auf lesbische Spiele steht. Damit ich sie lecke. Nicht so hier. Diese Frau steht überhaupt nicht auf lesbisch. Aber ich verstehe, was hier der Trick ist. Eigentlich braucht die Frau einen Schwanz. Sie will ficken. Der Musketier ist ihr Ehemann. Sie ist keine Kollegin vom Escort oder seine Liebhaberin. Sie will einen Gigolo und als Ausgleich für ihn gibt es noch eine Frau. Mich.

Aber eigentlich braucht der Ziegenbart gar keine Frau. Das ist schnell klar, denn er macht nicht viel mit mir. Der Typ ist total stoned und kann sich kaum mehr bewegen. Bei soviel Koks steht er ihm sowieso nicht mehr. Er liegt platt auf dem Rücken und ich oben auf 69. Ich blase und blase, aber sein Ding bleibt weich wie Pudding. Er schubbert mit seinem musketierischen Bart und den Zähnen an mir herum. Anfangs tut meine Muschi noch weh, aber nach ein paar Minuten ist sie einfach nur noch taub. Der alte Ziegenbock hat überhaupt keine Gefühle mehr. Er macht es wahrscheinlich nur, weil er soll, denn ich bin ja bestellt. Aber die Frau. Die Frau! Sie hat gemachte Brüste, schön voll. Genau Eagles Typ. Mit ihr hätte er wahrscheinlich auch ohne Geld rumgemacht. In dem Moment, wo er nackt ist und sie ansieht, steht sein Schwanz wie eine eins. Warum hat er keine Viagra genommen? Weil er sie mag. Oh Mann, ich bin so eifersüchtig. Und das ist natürlich kein Fremdgehen, weil wir ja bestellt sind. Die Leute geben uns Geld. Das ist Geschäft. Aber er macht viel mehr als nur ›Geschäft‹. Er küsst sie gleich mit Zunge. Ansatzlos.

Und mir sagt er immer: »Bei so einer billigen Agentur musst du extra Geld für das Küssen verlangen.«

Also, warum muss er sie küssen? Ein Gigolo muss ficken, auch nicht unbedingt spritzen, muss sie nur ficken, bis die Frau einen Orgasmus bekommt und fertig. Er soll ja noch für andere Frauen bereit sein. So ist das. Aber was macht er? Er küsst sie, er leckt sie, sie kommt. Dann fickt er sie noch. Und wie. Wild wie ein Stier fickt er sie. Während ich die schlaffe Lunte von Ziegenbart im Mund habe, was ziemlich langweilig ist, beobachte ich die beiden. Sie liegen direkt neben mir. Er besorgt es ihr so heftig, dass die Frau einwandfrei fertig ist am Ende. Und ganz zufrieden. Ich weiß genau, wie eine Frau aussieht, wenn sie richtig befriedigt ist. Die Wangen gerötet, Sternenglanz in den Augen und auf den Lippen ein selig entspanntes Mona-Lisa-Lächeln. Natürlich bumst er sie mit Kondom. Und am Schluss kommt er mit einem lauten Schrei und das Kondom ist voll. Muss er unbedingt kommen?

Seine ganzen Geschichten vom Gigolo waren also nur Blabla: »Das ist nur ein Job. Ich mache es ganz mechanisch, total automatisch.«

Na schön, bei den Kunden, die mich gut geleckt haben, bin ich auch gekommen. Das habe ich Eagle auch nicht erzählt. Aber jetzt ist klar, dass er genau das Gleiche gemacht hat. Und er hat es mir nicht erzählt, dieser Schuft! Jetzt war ich dabei. Wenn der Ziegenmann wenigstens ein bisschen sexy wäre, oder jünger, damit ich auch Spaß habe. Wenn er ein muskulöser Typ wäre, so Ende zwanzig, Anfang dreißig, mit dem du richtig küssen könntest, doch der Musketier-Opa ist schon im Delirium. Hauptsache Eagle hat mit dieser Pussy seinen Spaß. Na toll.

Die Zeit ist um und wir verlassen die Messigruft. Er fährt, ich schweige. Grün vor Wut. Wir sind zu Hause. Er ist ganz ruhig. Nichts passiert. Aber für mich ist es nicht so, als ob nichts passiert wäre. Er hat mit einer anderen Frau geschlafen, vor meinen Augen. Und wie!

Er sagt: »Das haben wir doch schon so oft gemacht. Wenn du mich einlädst für Geld, bei irgendwelchen Schwuchteln, die ficken dich doch auch und lecken dich. Da sage ich ja auch nichts.«

Das stimmt natürlich.

»Aber ich bin nicht so, dass ich gleich wie wild mit Zunge küsse und den Typ ablecke und komme«, entgegne ich.

»Ja, aber weißt du, wenn der Gigolo kommt, ist die Frau begeistert und vielleicht bestellen sie uns wieder.«

»Wenn die uns wieder bestellen, gehst du alleine hin. Ich kann mir das nicht mehr antun. Ich kann das nicht mehr sehen, wirklich nicht mehr sehen. Punkt com.«

Meine brennende Eifersucht, die ich schon fast vergessen hatte, ist wieder voll da. Und meine Verzweiflung.

Ein paar Tage darauf muss ich einer der Agenturen die Provision überweisen. Auf ein Konto der Postbank. Wir sind mit dem Auto unterwegs und Eagle hält vor der Filiale. Ich gehe rein, er wartet draußen. Ich mache die Überweisung am Schalter. Vielleicht bilde ich mir das nur ein, aber ich habe den Eindruck, dass die Angestellte stark der Frau ähnelt, mit der Eagle beim Ziegenbart so viel Spaß hatte. Sie nimmt den Schein entgegen, wirft einen prüfenden Blick darauf und stempelt ihn. Dann trennt sie einen Durchschlag heraus und reicht ihn mir zurück. Ich würde sagen, achtzig Prozent. Ich bin mir aber nicht sicher, denn eine Frau, die nackt und ungeschminkt in einem fast dunklen Zimmer sitzt, die wild gekokst und getrunken hat, mitten in der Nacht, wo jedes Haar seine eigene zerwühlte Meinung hat, sieht natürlich hier bei der Arbeit ganz anders aus. Es ist also schwer festzustellen. Trotzdem. Ich denke, sie ist es.

Als ich wieder im Auto sitze, Eagle fährt los, sage ich: »Ich glaube die Frau am Schalter - das war sie.«

»Wer?«

»Die Schwarzhaarige vom Samstag.«

»Echt?«, fragt er und wendet urplötzlich den Wagen.

Sofort bereue ich, was ich gesagt habe.

Er fährt zurück, parkt das Auto wieder vor der Post, steigt aus und geht rein, um nachzusehen, ob tatsächlich sie hinter dem Schalter sitzt. Was geht ihn das an? Das war doch nur ein ›Job‹. Vielleicht will er es ja umsonst mit ihr machen. Die Frau wäre vermutlich super zufrieden. Sie zahlt gar nichts. Warum nicht? - Das ist nun das Allerletzte. Natürlich streiten wir, als er wieder herauskommt. Warum muss er auch da reingehen? Die Stimmungskurve geht wieder steil nach unten.

Heute Vormittag will ich zu meinem Steuerberater und ihm ein Formular bringen, das ich mir habe zuschicken lassen. Es geht um irgendeinen Antrag fürs Finanzamt. Der Brief ist gestern mit der Post gekommen, aber nachdem ich ihn morgens aus dem Briefkasten genommen habe, ließ ich den Umschlag in unserem Auto liegen, denn ich wollte die Papiere nicht mit zur Arbeit nehmen. Bevor ich ihn abgebe, muss ich den Zettel aber noch ausfüllen. Deswegen will ich schnell zum Wagen und mir den Brief heraufholen.

Ich ziehe mir schon die Schuhe an und sage: »Wo sind denn die Autoschlüssel? Ich habe gestern das Formular für den Steuerberater unten vergessen. Das brauche ich jetzt.«

Eagle, der gerade aufgestanden ist, antwortet: »Ich will erst mal was frühstücken und duschen. Dann gehe ich und hole dir den Zettel.«

»Ist nicht nötig. Lass dir Zeit. Ich spring in der Zwischenzeit kurz runter. Gibst du mir bitte den Schlüssel?«

»Warte doch den Moment. Es dauert nicht lange.«

»Wo ist das Problem? Das Auto steht vor der Tür. Wenn du mir nicht glaubst, kannst du ja aus dem Fenster gucken.«

»Nein, ich gebe dir die Schlüssel nicht. Ich hole den Zettel nachher selber aus meinem Auto.«

Mittlerweile haben wir einen anderen Wagen. Wieder einen Audi, aber ein neueres Modell.

»Was soll das? Und überhaupt. Was heißt hier ›mein Auto‹? Von welchem Geld hast du es denn gekauft? Jetzt hör auf und gib mir endlich die Schlüssel.«

»Nein«, sagt er und verschwindet im Bad.

»Du hast wohl Angst, dass ich da irgendwas finde«, rufe ich ihm hinterher.

Vorgestern habe ich nämlich zufällig etwas entdeckt. Eine Großpackung Kondome. Schön im Auto versteckt. Hundert Stück. Wenn ich ihn irgendwo zum Kunden einlade, habe ich sowieso schon dreißig dabei. Wofür braucht er also so viele

Kondome? Das kann eigentlich nur einen Grund haben. Die Packung war geöffnet und es fehlten welche. Gesagt habe ich nichts.

Ich fahre fort: »Deine Kondome habe ich schon gesehen. Die brauchst du nicht vor mir zu verstecken.«

Wütend reißt er plötzlich die Badezimmertür auf, stürmt in den Flur zu seiner Jacke und zerrt den Schlüsselbund heraus. Einen sehr dicken, an dem alle seine Schlüssel hängen. Auch die zur Wohnung für Berlin und Bulgarien. Ich sitze am Küchentisch, und strecke meine Hand, flach auf die Tischplatte gelegt, nach dem Schlüssel aus. Aber statt sie mir hineinzulegen, holt er aus und schlägt mir ohne Vorwarnung mit den schweren Schlüsseln auf die Hand. Mit voller Wucht. Ich schreie auf vor Schmerz. Nach wenigen Minuten schwillt die Hand an und ich kann die Finger nicht mehr bewegen. Wir müssen zur Rettungsstelle fahren, wo ich eine Salbe und einen Verband bekomme. Zwei Tage lang muss ich die Hand kühlen und kann nicht zur Arbeit gehen. Es ist das erste und letzte Mal, dass er mich geschlagen hat. Das vergesse ich ihm nicht.

Der Hand geht es zwar bald wieder besser, aber unsere Beziehung bleibt angeschlagen. Wir zanken uns andauernd, und ich mache ihm Vorwürfe, dass er mich nur als seine Geldmaschine betrachtet. Als Huhn, das ihm die goldenen Eier legt. Die Wunden unserer ersten Trennung, die negativen Gefühle, sie sind wieder da. Ich liebe ihn noch, aber gleichzeitig hasse ihn schon. Das Gefühl, dass er mich ausnutzt, wächst mit jedem Tag.

Zwei Wochen sind seit dem Termin mit dem Pärchen vergangen.

Eagle legt wie jeden Abend vor dem Schlafengehen seine schwere Goldkette, die goldene Uhr und die drei goldenen Ringe auf der Kommode gegenüber dem Bett ab und sagt wie beiläufig: »In den letzten Tagen war nicht so viel. Es könnte besser sein. Versuch mal, dass du öfter anal machst, oder Französisch total, ja? Da geht noch was.«

Ich weiß nicht, warum die Sachen bei Pärchen immer nachts eskalieren, aber jetzt platzt mir der Kragen: »Versuch mal, versuch mal! Mein Gott, ich weiß, dass ich es versuchen soll«, motze ich ihn an. »Du bist sehr geldgierig, weißt du das? Für dich reicht es nie. Und es nervt mich, verstehst du? Ich habe es nicht nötig, permanent diese Anweisungen zu bekommen. Das brauche ich wirklich nicht. Außerdem hasse ich anal und das weißt du genau. Aber dir ist das scheißegal. Es ist doch immer dasselbe. Wenn ich von einem Kunden herunterkomme, fragst du nie, wie es mir geht, oder ob der Kunde ruhig war oder ein Arschloch. Wie ich mich fühle, interessiert dich nicht die Bohne. Dich interessiert nur, ob ich Extras gemacht habe, und wie viel Kohle du verdient hast.«

»Ey, was soll das? Was regst du dich auf?«

»Weil es mir auf den Sack geht!« Ich verschränke die Arme vor der Brust. »Außerdem. Ich habe nachgedacht und möchte, dass du dir einen Job suchst. Eine ganz normale Arbeit. Natürlich können wir das Geld weiter teilen wie bisher, aber ich will sehen, dass du auf eigenen Füßen stehen kannst.«

Eagle verzieht angewidert den Mund und schiebt dunkel seine Brauen zusammen.

»Jetzt guck nicht so. Was ist, wenn ich in zehn Tagen nicht mehr arbeiten kann? Wenn etwas passiert, oder wenn wir ein Kind bekommen? Du bist doch ein Mann. Du bist gesund, du siehst gut aus, du hast eine gute Figur, du bist nicht dumm. Du kannst doch etwas machen. Egal, wie viel Geld das einbringt.«

»Baby, was redest du da für einen Schrott? Ich bin nicht für normale Arbeit geboren. Das weißt du ganz genau.«

»Ach ja? Also wirklich. Du bist der Prinz von Persien oder was?«

»Prinz von Persien, Prinz von Persien«, äfft er mich nach. »Ich habe langsam die Schnauze voll von deinem Genörgel. Ständig diese Vorwürfe. Aber alleine kommst du auch nicht klar. Das haben wir ja gesehen.«

»Vor allem haben wir gesehen, dass ich dich aushalte. Ich kenne jetzt meine Rechte. Ich bin hier gemeldet, ich zahle die Miete, den Vertrag für die Wohnung habe ich unterschrieben, es läuft alles auf meinen Namen. Wenn ich gleich die Polizei anrufe, kannst du Nein sagen. Aber wer bist du? Arbeitest du irgendwo? Nein. Bist du Hartz IV Empfänger? Nein. Woher bekommst du das Geld? Von nirgendwo. Wie kannst du leben? Wer zahlt für alles? Ich. Und ich werde sagen, dass ich das nicht freiwillig tue.«

»Hast du es immer noch nicht kapiert? Weißt du immer noch nicht zu schätzen, was ich dir ermöglicht habe? Du nymphomanisches Monster!«

»Und du ...«, ich greife wahllos nach seinen Ringen, seiner Kette, seiner goldenen Uhr, »... bist ein geldgeiles, faules Arschloch!«, und werfe sie ihm einzeln an den Kopf.

»Hey, spinnst du jetzt?«, brüllt er und duckt sich. »Weißt du, was du bist? Du bist eine Hexe. Das bist du! Eine bösartige, geile Hexe!«

»Eine Hexe? Ja! Und die Hexe sagt dir jetzt: ver-piss-dich! In zehn Minuten bist du hier raus.«

Wütend sammelt er seinen Goldschmuck ein und zischt: »Na schön, wie du willst, ich gehe! Mir reicht es.«

Eilig fängt er an, seine Sachen zusammenzupacken und stopft alles in seine Tasche.

»Ja, geh mal! Und wenn du es wissen willst, ich habe mit Dr. Ivanov geschlafen, nachdem du operiert worden bist. Nur damit du Bescheid weißt, dass ich auch kein Idiot bin. Ich habe mit ihm gefickt ohne Kondom. Und dann hat er mir in den Mund gespritzt, und du hast mich danach geküsst. Das nur zur Info.«

Rache ist süß. Na und?

Er wirft mir nur einen hasserfüllten Blick zu. Keine weisen Sprüche, keine Tränen, kein Bitten.

Als er alles eingepackt hat, sagt er kühl: »Ich fände es fair, wenn du mir jetzt zweitausend Euro gibst. Ich fange bei null an. Ich habe kein Mädchen und bis ich eine andere finde ...«

»Eine andere finde? Ich bin also nichts weiter als irgendein Mädchen, das für dich anschaffen geht. Und ersetzbar. Alles klar.«

»Sorry, aber ich brauche bis dahin Geld für Unterkunft, Essen, Auto. Na du weißt schon.«

»Ich gebe dir gar nichts. Nicht zweitausend, nicht tausend, nicht hundert. Und jetzt geh.«

Zum Glück können Blicke nicht töten. Er knallt die Tür und ist weg. Diesmal soll es für immer und ewig sein.

23. KAPITEL

Auf mich gestellt

Die Wochen vergehen. Von Eagle höre ich nichts und das ist gut so. Er war gottseidank nie der Typ, der mich mit Gewalt unter Druck gesetzt oder bedroht hätte, so wie manche Zuhälter es machen. Nach dem Motto, wenn du nicht mir gehörst, sollst du auch keinem anderen mehr gehören. Wie in Wien, wo man Leichenteile von Mädchen in der Donau fand. In einer Tüte der Kopf, in anderen die Beine und die Arme. Prostituierte, die aussteigen wollten.

Auch ohne ihn gehe ich weiter ins Bordell. Ich will nicht wieder zurück nach Bulgarien. Was soll ich dort? Wieder als Lehrerin arbeiten? Für einen Hungerlohn, mit dem ich nicht mal die Miete bezahlen kann? Nein. Auf keinen Fall. Denn eines habe ich gelernt: Ohne Geld gibt es keine Liebe, ohne Geld gibt es keine Gesundheit, kein gutes Essen, keine Heizung im Winter und kein gutes Leben. Arm zu sein, das ist wirklich Scheiße, ich weiß, wie das in Bulgarien ist. Inzwischen liebe ich Deutschland. Außerdem gefällt es mir, mich mit den Mädchen auszutauschen und mein Deutsch zu verbessern. Sie sind für mich wie eine Familie. Ich habe sonst sowieso niemanden.

Neuerdings arbeite ich noch in einem anderen Puff. Er heißt ›Pension Horn‹ und befindet sich in der Nähe vom Kurt-Schuhmacher-Platz in Berlin-Reinickendorf. Ein gutbürgerlicher Bezirk, wo die Häuser nicht so großstädtisch in den Himmel ragen wie im Zentrum und die Straßen schmaler sind. Den Tipp habe ich von Linda bekommen. Sie schafft auch dort.

Sie sagt: »Wenn du schon eine Weile in einem Laden bist, kennen dich die Männer nach und nach und gehen lieber zu einer anderen, die neu ist.«

So bin ich ein paar Tage in der Woche bei Hanni, die restlichen in der Pension Horn. Abends mache ich weiter Escort. Ich nehme alles, was kommt. Als ich mit Eagle anfing, empfand ich es eigentlich als unmoralisch, als Prostituierte zu arbeiten. Aber jetzt, wo ich diese Erfahrungen gemacht habe, und ich weiß, dass es hier sogar ein anerkannter Job ist, der sich ›Sexarbeiterin‹ nennt, sage ich mir, warum nicht. Ich bin wie eine Schauspielerin, ein Arzt oder eine Masseurin. Manchmal macht die Arbeit Spaß und manchmal weniger oder gar nicht, aber ich tue es. Ich mache einfach meine Arbeit und bekomme einen guten Stundenlohn dafür.

Bei Horn heiße ich Viktoria. Es gibt fünf Arbeitszimmer und einen Salon mit gemütlichen Sofas und Sesseln als Aufenthaltsraum für die Mädchen. Es ist alles viel moderner als bei Hanni. Wir sind acht bis neun Mädchen. Je nachdem, wer da ist. Vier sind aus Berlin, zwei kommen aus Polen und zwei aus der Ukraine. Die Chefin ist eine vierzigjährige Deutsche, sieht aber eher aus wie fünfzig. Ex-Prostituierte. Klein, schlank und blond. Den Laden hat sie schon über zehn Jahre. Seitdem sie selbst aufgehört hat. Sie ist stets charmant und freundlich zu den Mädchen und erscheint immer teuer angezogen, wenn sie gegen Feierabend das Geld abholt. Manchmal bringt sie ihren Ehemann mit. Ein gutaussehender Mittfünfziger im dunklen Anzug, der immer sehr höflich und zurückhaltend auftritt, aber ansonsten nichts mit dem Bordell zu tun hat.

Wir zahlen zwischen zehn und dreißig Euro Miete pro Gast für das Zimmer. Es läuft wie in den anderen Etablissements. Der Kunde bezahlt, das Mädchen geht raus und bringt das Geld der Wirtschafterin. Die notiert, wie lange es dauert. Am Abend wird abgerechnet. Auch hier habe ich die meisten Kunden. Ich mache zehn bis fünfzehn Zimmer pro Tag. Oft zwar nur für zwanzig Minuten, aber immerhin. Die anderen haben höchstens fünf oder sechs.

In den Pausen sitzen wir meist zusammen im Salon und erzählen Geschichten. Eine von unseren Ukrainerinnen nennt sich Scarlett. Eigentlich heißt sie Olga. Sie zwitschert hochnäsig wie eine Zaunkönigin, temperamentvoll, zickig und redet, was ihr gerade in den Mund kommt. Sie ist dieser Typ Frau, wo alles gemacht ist. Lippen, Brüste, Botox überall im Gesicht und zitronenhell gefärbte Haare. Mit ihren sechsunddreißig verkauft sie sich immer noch als Fünfundzwanzigjährige. Gerne berichtet sie uns aus ihrem Leben. Wahrscheinlich, um zu beweisen, dass man aufpassen muss, wenn man sich mit ihr anlegt.

Bevor sie aus der Ukraine nach Deutschland auswanderte, lebte sie mit ihrem ukrainischen Mann und ihrem vierjährigen Sohn in einem Dorf in der Nähe von Obukhov, südlich von Kiew. Die Familie bewohnte ein kleines Haus mit Garten. Es gab ein paar Hühner und Kaninchen. Alles war gut, bis sie eines schönen Tages herausfand, dass ihr Mann sie mit einer anderen Frau betrügt. Sie war so erbost darüber, dass sie ihn umbringen wollte und ersann einen Mordplan. In der Ukraine sind die Dörfer meist von Wildnis umgeben. Drei Straßen weiter stehst du schon im Wald. Nach einem kräftigen Spätsommerregen ging sie hinaus, um Pilze zu sammeln. Diese roten mit den weißen Punkten, auch Fliegenpilze genannt. Sie sammelte so viele ein, wie sie fand. Im Haus gab es genügend Verstecke, wo sie die Pilze unbemerkt trocknen lassen konnte. In meiner Einzimmerwohnung ginge das nicht so gut. An ihrem Verhalten zu ihrem Mann änderte sie nichts.

Als die Pilze getrocknet waren, hackte sie alle in kleine Stückchen, zermahlte sie mit einem Stößel in einem steinernen Mörser zu Pulver und füllte das Gift in ein kleines Tongefäß, das sie in einem Schrank hinter Einweckgläsern mit Birnen und Pflaumen versteckte. An einem der nächsten Abende bereitete sie dann einen deftigen Eintopf mit Kaninchenfleisch für die Familie zu. Sie hatte die Suppe extra gut gewürzt, damit es dem Manne auch bestimmt schmeckt. Das Pulver mischte sie ihm in den Teller. Für sich und ihren Sohn servierte sie ebenfalls den Eintopf, natürlich ohne das tödliche Gift. Dem Mann mundete die Mahlzeit sehr und er ließ nichts von seiner Portion übrig.

Sie sagt: »Und das war mein Fehler, ich hätte einfach schweigen müssen.«

Denn einige Minuten später bildeten sich Schweißperlen auf seiner Stirn und er wurde ganz bleich im Gesicht.

Er suchte Hilfe bei seiner Frau und rief: »Olga, Olga, mir geht es schlecht!«

Sie habe dann zu ihm gesagt: »Du Idiot. Ich weiß, dass du fremdgehst! Jetzt sagst du Olga, Olga! Na, stirb mal, du Arschloch! Ich habe giftige Pilze in deinen Teller gemischt und gleich bist du tot.«

Der Mann war zu seinem Glück noch genügend bei Verstand und griff sofort nach seinem Telefon, um die Ambulanz zu rufen. Wenig später war Hilfe da. Sie retteten ihm das Leben. Trotzdem hat er später keine Anzeige gegen sie erstattet und behauptet, er habe die Pilze aus Versehen gegessen. Sie hätten im Wald gesammelt und es seien wohl giftige darunter gewesen. Er wollte nicht, dass seine Frau ins Gefängnis geht, obwohl er hätte daran sterben können. Wahrscheinlich wegen des Jungen.

»Der Plan war gut«, sagt sie uns. »Warum konnte ich nicht die Klappe halten, bis der Penner tot ist?« Sie habe eigentlich erwartet, dass es sehr schnell geht, aber da hatte sie sich getäuscht.

Als er aus dem Krankenhaus kam, reichte er selbstverständlich sofort die Scheidung ein. Gemeinsame Abendessen kamen für ihn nicht mehr in Frage. Sie musste das Haus verlassen und ging nach Berlin. Ihren Sohn nahm sie mit. Er ist heute fünfzehn.

Eine andere heißt Claudia. Sie ist so ein Vogel. In ihrem Profil hat sie achtzehn angegeben. Aber das passt. Sie hat tatsächlich eine Mädchenfigur und ist nicht viel älter. Ich glaube zwanzig. Claudia ist schwanger, arbeitet aber trotzdem weiter. Es ist ihr zweites Kind. Das andere ist drei. Ihr Mann ist Chinese, und Mama arbeitet im Puff. Den Kleinen hat sie letzte Woche mal in den Laden mitgebracht und herumgezeigt. Süß. Im fünften Monat ist sie jetzt und man kann es schon sehen. Zumindest wir

Mädchen. Aber die meisten der Gäste merken es nicht. Wahrscheinlich, weil sie immer ein bisschen weitere Hemden trägt. Wenn du ein paar Termine in der Woche hast, ist es vielleicht was anderes, schwangere Frauen haben schließlich auch Sex mit ihrem Mann oder Freund. Aber zehn Männer am Tag - als Schwangere? Für mich wäre das nichts.

Ich muss auch zugeben, manche der Kunden gefallen mir. Ich habe richtig Spaß. Ich meine nicht nur sexuell. Mit jedem unterhalte ich mich über etwas anderes. Manchmal bekomme ich kleine Geschenke. Die Tage vergehen so viel besser, als wenn ich zu Hause sitzen würde. Außerdem bekomme ich Einblick in die Leben der verschiedensten Menschen. Das finde ich sehr interessant. Manchmal erfahre ich auch richtig traurige Geschichten. Und wie das Geld dabei eine Rolle spielt.

Der Mann hat mich über die Neunzig-Euro-Agentur bestellt. Wenn du in eine Wohnung reinkommst, merkst du natürlich gleich, ob hier ein Hartz IV-Empfänger wohnt oder einer, der Kohle hat. Hier ist mehr so Hartz IV. Eine enge Neubauwohnung mit billigem Mobiliar. Der Mann ist Mitte, Ende vierzig. Er bietet mir etwas zu trinken an, wir quatschen ein bisschen. Anschließend machen wir Sex. Nicht besonders toll für mich.

Als wir danach nebeneinander im Bett liegen, stelle ich meine Lieblingsfrage: „Bist du verheiratet? Warum bestellst du mich?“ Irgendwie habe ich Spaß daran, die Männer das zu fragen. Um zu hören, wie sie sich jetzt herausreden.

»Ich war es. Meine Frau ist gestorben«, antwortet er. »Vor ein paar Monaten. An Krebs.«

»Oh, das tut mir leid«, sage ich.

»Hm, ja danke.« Er nickt. »Leider haben wir es zu spät erkannt, sonst hätte man noch etwas machen können.«

»Wie das?« Natürlich frage ich immer nach.

»Naja, letztlich aus Sparsamkeit. Wir haben nicht besonders viel Geld. Meine Frau hat als Putzfrau gearbeitet, ich bin Helfer im Verkauf bei einem Supermarkt.«

Na guck mal, in Deutschland gibt es auch arme Leute. Für Bulgaren ist es kaum vorstellbar, dass es in Deutschland arme

Menschen gibt. Nicht, dass unbedingt alle Millionäre sind, aber sie denken, es gibt die Mittelklasse und die High Society. Sie denken, dass die Deutschen alle diszipliniert und immer pünktlich sind.

»Wieso aus Sparsamkeit?«, frage ich.

»Die Haare meiner Frau waren sehr kurz. Bei dieser Art von Krebs, wachsen die Haare nicht mehr. Gar nicht. Irgendwann merkte meine Frau, dass sie nicht mehr so oft zum Friseur gehen musste.«

Klar. Wenn du als Frau eine Kurzhaarfrisur hast, musst du die Haare mindestens jeden Monat oder alle sechs Wochen einmal schneiden lassen, wenn sie die Form halten sollen.

»Zwar hat sie keine Haare verloren, aber sie blieben, wie sie waren. Auch die Farbe«, fährt er fort. »Das war aber erst das Anfangsstadium. Wir hätten zum Arzt gehen können, haben wir aber nicht gemacht. Ich war sogar ganz froh, dass ich meiner Frau kein Geld für den Friseur geben musste. Doch nach einem Jahr ging es ihr plötzlich schlecht, denn der Krebs hatte sich schon ausgebreitet. Sie wurde ab und zu ohnmächtig. Erst dann sind wir zum Arzt gegangen. Der sagte uns, dass die speziellen Symptome dieser Krebsart so seien, dass die Haare aufhören zu wachsen. Ebenso die Finger- und die Fußnägel. Aber da war es schon zu spät. Wir haben es dann noch mit einer Chemotherapie versucht, aber das half nicht mehr. Zwei Monate später war sie tot.«

Wie ironisch doch das Schicksal sein kann. Du hättest die Chance, die Krankheit aufzuhalten, aber du bist nur froh, monatlich fünfzig Euro für den Friseur zu sparen. Und nun verlängert er um zwei Stunden à neunzig Euro, nur um mir diese Geschichte zu erzählen. Aber die Frau kommt nicht zurück. Seine drei Kinder, alle im Teenageralter, hätten den Tod der Mutter nicht verarbeiten können und zu kiffen angefangen. Einer nimmt sogar Heroin und ist jetzt richtig am Arsch. Und nur Ärger. Der Mann ist nun ebenfalls fertig und depressiv und braucht eine Psychologin. Und die bin ich. Aber wie peinlich das eigentlich ist! Wie kann er so etwas zugeben und einer wildfremden Frau wie mir erzählen? Naja, vielleicht wollte er eine Art Beichte ablegen. Mir kann er alles sagen, er braucht nicht zu lügen, denn er wird mich vermutlich niemals wiedersehen.

Grand Hotel Esplanade. Fünf Sterne Hotel vom feinsten. Mit Blick auf den großen Tiergarten und die Skyline vom Potsdamer Platz. Der Termin kommt von Dream-Escort. Für eine Stunde. Es ist spät in der Nacht. Ich trage eine enge Jeanshose und rote High Heels. Ich klopfe an der Tür. Ein schwarzhaariger, ungewöhnlich großer Mann begrüßt mich mit einem freundlichem Lächeln und intelligent wachen, braunen Augen. Sie leuchten mich an. Ich merke sofort, wenn ich einem Mann gefalle. Er bittet mich herein und fragt als Erstes, ob ich Englisch verstehe, denn er spreche leider kein Deutsch. Das ist ganz bequem für mich, denn mein Deutsch ist immer noch nicht so toll. Er stellt sich als Italiener vor und sagt, dass er aus Rom komme. Er ist gut gebaut, nicht fett, aber hat Bauch. Das ist normal in dem Alter, er ist Anfang fünfzig. Und er sieht ausnehmend gesund aus, mit einem schönen Teint. Sehr braun. Offenbar von viel, viel Urlaub. Solarium Bräune ist das nicht. Schon nach ein paar Minuten liegen wir im Bett, küssen uns, schmusen und trinken Champagner. Alles ganz relaxed. Er zeigt großes Interesse an mir und will wissen, woher ich komme. Fragt richtig nach. Offenbar mag er mich. Aber wir machen keinen Sex. Er verwöhnt mich nur mit seinen Händen. Sie sind groß, auf dem Handrücken behaart und sehr gepflegt. Hände, die niemals schwere Arbeit verrichten. Mit der Rückseite streichelt er zärtlich meinen Hals, lässt seine Fingerspitzen über meine Schultern den Rücken herunterwandern, führt sie mit der ganzen Fläche sanft nach vorne den Bauch hinauf bis zum Busen und nimmt Kurs auf meine Venus. Lecken tut er mich nicht, aber es ist schön.

Wenn du nur eine Stunde Zeit hast, und der Gast dir kein Signal gibt, dass er verlängern will, bist du darauf konzentriert, dass deine Mission erfüllt wird. Das heißt, der Kunde soll seinen Orgasmus haben. Ich verwöhne ihn dann französisch bis zum Schluss. Wir quatschen noch ein bisschen, ich schaue auf meine

Uhr und sehe, die Zeit ist fast um. Also stehe ich auf, ziehe ich mich an und will gehen.

Er fragt mich: »Warum bist du so in Eile? Bleib doch noch.«

Aber mein sechster Sinn sagt mir, ich soll besser nach Hause gehen. Weil, ich will einfach nicht bleiben, und ich bin müde, denn ich habe einen langen Tag hinter mir. Er fragt noch nach meiner Nummer, aber ich gebe sie ihm nicht.

Seit meiner Trennung sind inzwischen zwei Monate vergangen. Es ist früher Nachmittag und ich sitze bei Horn im Salon, als die Wirtschafterin zu mir kommt.

»Da ist einer für dich, Viktoria. Zimmer drei.«

Ich betrete das Boudoir und wer sitzt da räudigen Blickes vor mir auf dem Bett? Eagle. Er bucht mich für dreißig Minuten. Telefonisch konnte er mich nicht erreichen, weil ich ihn blockiert habe. Mich hier zu buchen, ist die einzige Chance für ihn, Zugang zu mir zu erhalten. Ein anderer hätte mich vielleicht bei der Hand genommen und gesagt: ›Komm ich will mit dir reden.‹ Aber das ist nicht seine Art. Mit ein paar Monaten Knast im Nacken ist er ganz vorsichtig. Er will keinen Ärger mit der Polizei. Für Zuhälterei bekommt man immerhin ein paar Jahre.

Er ist zahlender Gast, also bleibe ich für die Zeit bei ihm. Aber ich bin eiskalt. Ich behandele ihn wie jeden normalen Kunden. Ich mache Französisch, ich mache die Beine breit. Das war's. Da ist nichts mit ›Mein Liebster, ich habe dich vermisst‹ und mit leidenschaftlichen Küssen. Gar nichts.

Als er in mich kommt, treibe ich ihn an: »Ja Baby, komm fick mich. Ja, fick mich!«

Dabei dosiere ich mein Stöhnen so, dass es ihn gerade noch erregt, aber dennoch gekünstelt klingt. Er soll merken, dass ich eigentlich nur schauspielere. Das ist sehr demütigend für einen Mann, ich weiß. Böse Stiche direkt ins Herz. Das Blut sickert als Tränen aus seinen Augen hervor.

Er schluchzt: »Bitte komm zu mir zurück. Ich vermisse dich. Jetzt weiß ich dich zu schätzen.«

Ich antworte: »Ja, jetzt weißt du mich zu schätzen, aber nun ist es zu spät.«

Meine Gefühle sind total abgekühlt. Er sieht schließlich ein, dass das nichts bringt. Aber ich fühle mich gut. Sogar Eagle zahlt für mich. Als Kunde!

Eylül von Intima-Escort erzählt mir eine Woche später, dass er zwei Frauen nach Berlin mitgebracht hat, die bei ihr für ihn arbeiten. Sie sind beide schon fast vierzig und überhaupt nicht sexy. Eine Agentur in der Zweihundert-Euro-Kategorie kommt da nicht in Frage. Außerdem sprechen sie weder Deutsch noch Englisch. Selbst Schuld. Soll er sehen, wo er bleibt.

Einer meiner Stammkunden bei Horn heißt Martin. Er ist drei Jahre älter als ich und bucht mich immer für zwei, drei oder vier Stunden. Er ist allerdings ein bisschen gaga. Hat irgendwie einen Dachschaden. Aber er besitzt einen Führerschein und ein Auto und darf fahren. Sein Vater ist Abteilungsleiter bei einer Behörde in Tempelhof. Seine Mutter arbeitet bei einer Versicherung. Er kommt also aus einer guten Familie, aber ich weiß nicht, ob er den Führerschein ohne seinen Papa geschafft hätte. Er ist etwas seltsam.

Als er mich das erste Mal sieht, sagt er sofort: »Ich will zu Viktoria.«

Wir sind zusammen im Zimmer, ich ziehe ihm seine Unterhose runter, streife ihm ein Kondom über und blase ihn. Sein Ding ist ein bisschen schief. Wie eine Banane.

Dann kommt er auf mich, seine Hände neben meinen Schultern aufgestützt. Zwar macht er die Bewegungen, aber nicht aus dem Becken heraus, sondern nur mit dem Oberkörper. Er macht Liegestütze. Die ganze Zeit nur Liegestütze. Er kommt gar nicht in mich. Ein paar Mal trifft sein Schwanz die Muschi, dringt einen Zentimeter ein, ist aber sofort wieder draußen. Ich versuche, ihm zu helfen, aber er rutscht immer wieder raus. Ich simuliere ein wenig Stöhnen, damit er kommt, aber das klappt nicht. Nach einigen Minuten habe ich schon keine Stimme mehr. Keine Spucke mehr im Mund. Ich höre auf damit und schaue auf die große Uhr, die neben der Tür an der Wand hängt. Erstaunlich, wie lange er das durchhält. Und er schwitzt wie verrückt. Ich habe den Eindruck, er ist wie bei einer Prüfung. Und er denkt, das sei Sex. Er schwitzt so sehr, dass ihm der Schweiß vom Gesicht trieft, von seinen Muskeln, und es tropft mir schon in die Augen, in den Mund. Ich wende mein Gesicht von diesem salzigen Regen ab und versuche, es am Kissen abzuwischen.

Nach fast einer halbe Stunde ist klar, das wird nichts, und ich sage: »Martin, willst du nicht bald zum Schluss kommen?«

Er stöhnt gestresst und sagt in kurzen, gepressten Worten: »Ach. So. Hm. Ja. Bin fertig.«

Dann steht er auf, macht sich das leere Gummi ab und wäscht sich. Im Zimmer gibt es ein kleines Waschbecken. Er setzt sich wieder zu mir auf das Bett und beginnt, mir die Füße zu massieren. Als die erste Stunde um ist, verlängert er noch um eine Stunde. Dann noch um eine weitere und anschließend noch mal. Vier Stunden. Er zahlt vierhundert Euro. Am nächsten Tag kommt er wieder. Fortan erscheint er jede Woche ein, zwei oder dreimal und bleibt immer drei bis vier Stunden. Das ist viel Geld. Immer massiert er die ganze Zeit nur meine Füße. Da ist kein Verkehr, gar nichts. Er massiert mir auch den Nacken oder liegt einfach nur neben mir und streichelt mich. Ich denke, was ist los mit dem Kerl? Warum macht er nichts? Hat er keine Bedürfnisse? Letztlich, für mich ist das okay.

Nach ein paar Wochen überlege ich mir, der Martin macht sowieso nichts. Er ist ein bisschen balla-balla. Er gibt mir so viel Geld, bestimmt helfen ihm Mama und Papa. Er hat erzählt, er arbeitet in einem großen Baumarkt in Lichtenberg. Da machen sie viele Überstunden und werden doppelt bezahlt. Er verdient bestimmt zwei- oder dreitausend im Monat. Anscheinend hat er ausreichend Geld, dass er ständig in den Puff gehen kann. Ich denke nach. Dieser Mann ist so unkompliziert. Er zahlt mir drei, vier Stunden, davon muss ich hundertzwanzig Euro als Provision an den Puff zahlen. In diesen vier Stunden könnte ich auch andere Kunden haben, die Extras buchen. Dieser will gar nichts. Nicht mal ficken.

Deshalb sage ich zu ihm: »Pass auf Martin. Du musst hier im Puff ja immer so viel Geld bezahlen und die Zeit ist limitiert. Wenn du möchtest, kannst du mich nach meiner Arbeit abholen, denn ich mache auch Escort. Für dich kann ich Escort direkt machen. Das heißt ohne Agentur. Wenn ich die ganze Nacht bei dir bleibe, kostet es für dich sechshundert Euro. Über eine Agentur bekomme ich auch sechshundert, vielleicht ein bisschen mehr. Da zahlen die Kunden tausend Euro für eine Übernachtung. Ich gebe einiges für die Agentur und das Taxi aus, da bleibt mir auch nicht viel mehr.«

Er ist einverstanden und bekommt meine Telefonnummer. Ein paar Tage später will er mich abends abholen. Natürlich, weil ich weiß, ich habe jetzt ein Date, ziehe ich High Heels an, schicke Klamotten, schminke mich schön. Irgendwie ist das lustig. Ich frage mich, was ich eigentlich mit ihm machen soll, denn wir haben nie richtigen Sex. Er weiß gar nicht, was das ist. Er weiß nicht mal, wie er mich küssen soll. Aber er ist ganz lieb.

Dann unser erstes Date. Natürlich bin ich froh, dass ich jetzt sechshundert Euro verdiene, und das praktisch ohne etwas zu machen. Nur Übernachtung. Er kommt mit seinem Auto, hält etwas weiter die Straße herunter an, nicht direkt am Puff vor der Tür. Ich steige ein, und er fährt mit mir zu sich nach Hause. Vor einem großen dreistöckigen Einfamilienhaus parkt er. Wir durchqueren einen hübschen Vorgarten mit Büschen, Geranien und Rosenbeeten, der mit Laternen beleuchtet ist.

Als wir das Haus betreten, kommt uns freundlich lächelnd sein Vater entgegen und führt uns gleich in ein geräumiges Esszimmer. Eine große Tafel ist gedeckt. Die Tischdecke aus weißer Seide und richtig gut gebügelt. Ebenso die Stoffservietten. Auch das Geschirr ist vom feinsten. Nur Kristallgläser. Es erklingt deutsche Schlagermusik, Kerzen brennen. Seine Mutter und sein vierzehnjähriger Bruder sind ebenfalls da, und sie haben seine Oma eingeladen. Die ganze Familie ist versammelt, und sie haben extra gekocht. Alle sitzen ganz gerade am Tisch und Martin stellt mich ihnen als seine Freundin vor. Hoppla.

Naja, was soll er sagen? Sonst hätte er mich wohl nicht mit nach oben nehmen können, denn die Familie ist immer da. Sie würden natürlich mitbekommen, wenn da eine Frau bei ihrem Martin im elterlichen Hause ist. Ich könnte gar nicht ›undercover‹ mit zu ihm kommen. Die Wahrheit konnte er seiner Familie freilich nicht mitteilen. Aber er hätte mich zumindest vorwarnen können. Seine Freundin! Ich kann natürlich nicht sagen: ›Hey, ich bin eine Prostituierte, und kann ich bitte erst mal meine sechshundert Euro haben?‹

Zunächst gehen wir nach oben, er gibt mir das Geld und ich frage: »Was ist los? Was ist das hier?«

Er sieht mich an, sagt nur: »Ah«, und sein Mund zuckt so, als ob er einen epileptischen Anfall hätte.

Er hat das öfters, wenn er aufgeregt ist. Sein Mund verzieht sich dann zur Seite. Ein bisschen behindert. Wir gehen wieder runter. Abendessen im Familienkreis.

Und alle sind so begeistert, so inspiriert. Die Verwandten sind wahrscheinlich ganz froh, dass er jetzt eine Freundin hat. Mit seinen achtundzwanzig Jahren hat er noch nie ein weibliches Wesen mit nach Hause gebracht. Das Peinliche ist, dass sie mich Viktoria nennen. Aber meinen echten Namen will ich nicht sagen. Wie könnte ich auf einmal erzählen, dass ich Magdalena heiße? Ich konnte ja nicht ahnen, dass er mich gleich seiner ganzen Sippe als seine Freundin vorstellt. Das ist ganz schön anstrengend. Der Vater guckt mich ein bisschen misstrauisch an. Er ist nicht irgendein kleiner Beamter, sondern ein Abteilungsleiter bei der Berliner Justiz. Wahrscheinlich macht er sich so seine Gedanken, dass sein halbbehinderter Sohn eine so hübsche Freundin mitbringt. Der Papa und die anderen fragen mich, wo ich denn arbeite. Im Hotel an der Rezeption. Welches Hotel? Hotel Merkur. Was soll ich sagen? Es ist das erste, was mir einfällt. Das ist eigentlich eine Nummer zu groß für mich. Ich bin eine Schauspielerin, aber eine so gute bin ich dann doch nicht.

Wieder und wieder bestellt er mich und jedes Mal ist die Familie dabei. So einmal pro Woche. Ich muss immer sehr aufpassen und meine Papiere und die Gesundheitskarte verstecken. Aber ich habe das Gefühl, dass mich nicht nur Martin bestellt, sondern indirekt die ganze Familie. Ich bin für alle da. Wir essen zusammen, wir spielen Kniffel. Es kommt die Oma, sie wohnt außerhalb irgendwo auf dem Dorf und beim dritten Treffen lerne ich noch seine drei Tanten kennen. Tante Andrea, Tante Sabine und Tante Martina. Die Schwestern seiner Mutter. Das ist ein ganz anderes Milieu. Beim Essen ziehen sie immer ein frisches Hemd an. Und es ist nicht Weihnachten, sondern ein ganz normales Abendessen. Am Samstag und Sonntag frühstücken alle zusammen. Der Vater holt frische Brötchen, die Mutter deckt den Tisch. Nachmittags gibt es Kaffee und Kuchen. Und nicht nur ein paar Stückchen. Zwei, drei verschiedene Torten stehen auf dem Tisch. Aber nicht welche für acht Euro aus dem Supermarkt. Richtig teure aus der Konditorei.

Immer bleibe ich über Nacht. Wenn wir zusammen in seinem Bett liegen, massiert er mich nur. Bis zwei Uhr früh. Am nächsten Morgen fährt er mich zur Arbeit. Um neun fangen wir an. Er schenkt mir andauernd schöne Sachen, ohne dass ich ihn darum gebeten hätte. Goldene Ringe und Ohrringe, goldene Ketten, teure Parfüms und Pralinen. Nach einer Weile habe ich schon langsam ein schlechtes Gewissen, und ich denke, es ist vielleicht besser, wenn ich wirklich seine Freundin spiele.

Er ist auch ganz zufrieden als ich sage: »Hey, du brauchst nicht immer sechshundert Euro zu zahlen. Ab und zu kannst du bei mir übernachten oder ich kann bei dir schlafen.«

Eigentlich suche ich keinen Freund. Aber die Sache ergibt sich so. Seit Eagle weg ist, ist das ganz bequem für mich. Er kann mich zum Puff bringen und wieder abholen. Weil er immer zuerst mit seinem Job fertig ist. Er fährt überall mit mir hin. Zum Essen, zu verschiedenen Plätzen in Berlin oder nach Potsdam. Da gibt es einen großen Garten, so was wie Disneyland, oder zum Tropic Island. Auf seine Kosten und mit seinem Auto. Er geht mit mir in Museen, zeigt mir viele schöne Ecken. Sachen, nur so zum Spaß. Wir gehen shoppen, er bezahlt mir die ganzen Klamotten. Er bezahlt praktisch alles. Er weiß, was ich mache, ist nicht eifersüchtig. Sex will er nicht mit mir machen. Nur Geschenke. Aber egal, ich habe sowieso meinen Spaß, wenn ich will. Ich sage, Martin, ich brauche dies und das, organisier dies oder mach jenes für mich. Und er macht alles. Tut es gerne.

Genug Geld hat er. Er wohnt ja noch bei seinen Eltern. Das Haus ist groß. Im dritten Stock hat er ein großes Dachzimmer, das über die ganze Ebene geht. Mit Fernseher, Couch, Bett und Schreibtisch. Auch ein paar Trainingsgeräte hat er dort stehen. Er ist Bodybuilder. Wenn er nicht auf Arbeit ist, trainiert er. Warum soll er irgendwo anders Miete zahlen? Das ist ganz angenehm für ihn. Er spart sich Strom, das Essen. Mama kocht immer. Er muss eigentlich nur für Klamotten Geld ausgeben. Sogar das Auto war ein Geschenk von seinem Opa. Er hat praktisch alles für umsonst.

Der arme Martin. Er ist wie ein privater Sklave für mich. Aber die Familie liebt mich. Das Ganze ist gut für mich nach Eagle. Besser ein ›bekloppter‹ Freund als gar keiner. Du hast das Gefühl, einen Rückhalt zu haben, du hast jemanden, den du immer anrufen kannst. Einmal habe ich eine Blasenentzündung, einmal eine Grippe, ein anderes Mal ist mir übel. Und Martin schießt los wie ein Verrückter, kauft Medikamente von der Apotheke, holt mir Tee oder bringt mich zum Arzt. Fährt hin und her. Manchmal übernachtet er bei mir in meiner Wohnung und er kocht für mich. Er bringt Videos mit nach Hause, er lädt mich zum Kino ein. Ich kannte bis dahin keinen Mann, der so viel für mich macht wie Martin. Verliebt bin ich nicht in ihn. Er ist mehr ein guter Kumpel für mich.

Aber er ist - eigentlich will ich nicht das Wort sagen - ein bisschen hässlich. Sehr unattraktiv sozusagen. Vielleicht hat er sich deswegen so auf das Bodybuilding konzentriert. Er hat einige Medaillen und Pokale zu Hause im Regal stehen. Also körperlich ist er gut gebaut, aber gesichtsmäßig – nein. Und sexuell läuft nichts. Er weiß gar nicht, was er machen soll. Wir versuchen es noch ein, zwei Mal und er kommt, aber ich muss ihn reiten, damit der Schwanz überhaupt Reibung hat. Er wichst auch nie, soweit ich weiß. Vielleicht macht er es heimlich, reden tut er nicht darüber. Im Grunde finde ich ihn körperlich fast abstoßend. Manchmal kann ich sogar beim Fernsehen schauen nicht neben ihm sitzen. Ich halte ihm nur meine Füße zur Massage hin.

Zumindest kann er normal und deutlich Deutsch sprechen. Doch immer wenn er sich aufregt, zeigt er diese epileptischen Zuckungen im Gesicht. Sobald er wütend ist oder ihm etwas nicht gefällt, treten seine Augen hervor, als wollten sie gleich aus dem Gesicht fallen. Eines schaut nach rechts oben, das andere nach links unten. Einmal erzählt er mir, dass Mama und Papa ihn als kleines Kind dauernd geschlagen haben. Immer auf den Kopf. Vor allem der Papa. Wenn er die Milch verschüttet hat oder er ungeschickt war. Martin erzählt es mir nicht, aber ich kann mir denken, warum. Weil er ein unerwünschtes Kind war. Er kam nicht geplant. Die Eltern waren beide in der Ausbildung und noch nicht verheiratet. Er zeigt mir seine Kinderfotos. Als er noch ein Baby war und auch mit vier, fünf oder sechs Jahren. Ich sehe einen bildhübschen kleinen Jungen, der immer lacht. Irgendwas Schlimmes musste passiert sein, dass er jetzt so ein deformiertes Gesicht hat und diesen nervösen Tick. Und heute mit fast dreißig hat er immer noch Angst vor Papa. Ganz anders sein Bruder. Er ist mit seinen vierzehn ein sehr intelligenter Junge. Für ihn hatten seine Eltern wohl mehr Zeit, beide hatten schon Karriere gemacht. Das Haus war schon da. Da war ein großer Unterschied, wie sie seinen Bruder behandelten.

Ein paar Wochen nach meinem Termin mit dem Italiener im Esplanade habe ich erneut ein Date am Lützowufer. Ich fahre ins Hotel, wieder er. Diesmal für zwei Stunden. Fortan fängt er an, mich regelmäßig zu bestellen. Alle paar Wochen. Immer wenn er in Berlin zu tun hat. Mehr als einmal fragt er mich nach meiner Telefonnummer, aber ich will sie ihm nicht geben. Ich kenne das schon. Gibst du den Kunden die Nummer, versuchen sie anschließend, jedes Mal weniger zu zahlen.

Oder sie drohen dir: »Ich sage deiner Agentur, dass ich deine Nummer habe.« Oder sie versuchen gar, dich zu erpressen. Ich bin lieber vorsichtig.

Was auffällig ist, ich mache mit ihm keinen Sex. Nie. Zwar kommt er immer, denn ich verwöhne ihn mit der Hand oder mache Französisch. Aber er küsst mich. Leidenschaftlich. Nur Verkehr will er nicht. Dabei hat er kein Problem mit der Erektion. Auch nicht mit dem Kondom. Bei manchen Männern ist das so. Wenn ich ein Gummi drüberziehe, wird die Lunte wieder weich.

Nach mehren Dates weiß ich, dass er Roberto Como heißt, denn er gibt mir seine Visitenkarte mit Privatadresse und Telefonnummer. Ich habe den Eindruck, dass er ehrlich zu mir ist. Er zeigt mir Bilder auf seinem Laptop. Manche von seiner Arbeit. Auch private. Er bewohnt ein wunderschönes altes Haus in Rom. Riesig. Mehr eine Villa, schon ein Schloss. Und es gehört ihm. Roberto Como ist ein superreicher Mann. Er erzählt mir, er sei geschieden und habe eine Schwester, die in Berlin wohnt. Seine Frau heißt Isabel, eine erfolgreiche Galeristin in Mailand. In der Villa lebt er jetzt alleine. Nur mit seinen Hausangestellten. Er beschäftigt diverse Putzfrauen, einen Koch und hat eine Empfangsdame, die seine Telefonate entgegennimmt. Außerdem gibt es einen Gärtner und einen Chauffeur. In der Garage stehen viele Autos. Ein ganzer Fuhrpark. Ein Porsche, ein großer weißer Mercedes, ein Jeep und zwei flache italienische Sportwagen in grün und rot. Er erzählt, dass er Direktor eines großen Industriekonzerns sei, und regelmäßig Termine mit Investoren habe, daher komme er so oft nach Berlin. Er sei ständig in der Welt unterwegs, bereise verschiedene Länder und Kontinente, müsse permanent fliegen und in Hotels übernachten.

Er sagt sogar, dass er in mich verliebt sei und mich als seine Freundin wolle. Ich nehme das zwar nicht ganz so ernst, aber ich gebe ihm schließlich meine Nummer, denn er hat mich schon genügende Male bestellt und mein Vertrauen gewonnen. Auch meine E-Mail, denn er will mir ab und zu Fotos schicken. Zwei Kinder hat er. Einen Sohn und eine Tochter. Sie sind noch Teenager. Er schickt mir Urlaubsfotos aus Ägypten oder von einer Safari in Kenia. Mit Jeeps und Elefanten. Und Bilder aus dem Dschungel. Roberto lässig mit Indiana-Jones-Hut auf dem Kopf und die Hände auf eine lange Machete gestützt. Ab und zu bekomme ich eine SMS von ihm: ›I love you‹. Und er ruft spontan an. Da bin ich bei Horn. Natürlich sage ich nicht, dass ich im

Puff bin. Das habe ich sowieso verheimlicht. Ich sage, ich bin nur Escort-Mädchen.

Bei unserem fünften Treffen bittet er mich: »Du musst aufhören mit diesem Job. Du bist zu jung und zu hübsch. Du bist zu schade für so was.« Er will mich aus dem Pfuhl der Sünde befreien.

Drei Wochen darauf ist er wieder in Berlin. Diesmal wohnt er im Adlon und hat seine Sekretärin dabei. Natürlich in getrennten Zimmern, wie er sagt. Wir verabreden ein Treffen ohne Private Time, denn ich bekomme eine Einladung zu einem Abendessen. Er will, dass ich ihn zu einem Geschäftsdinner mit Investoren seiner Firma in ein italienisches Restaurant am Kudamm begleite. Roberto und ich treffen uns vor dem Lokal. Er ist in Begleitung seiner Sekretärin. Mir ist sofort klar, dass sie wirklich nur seine Sekretärin ist. Sie wiegt vermutlich hundert Kilo. Eine richtig dicke Italienerin, aber eine gebildete Frau, wie es scheint. Ihre blitzgescheiten Augen verraten es. Das Restaurant ist sehr nobel aber gleichzeitig gemütlich. Du hast nicht dieses Gefühl von kalter, vornehmer Steifheit wie in manchen Läden der Luxusklasse. Die Atmosphäre wirkt eher familiär. Kuschelig gestylt mit Teppichen und vielen Bildern an den Wänden.

Im Gastraum ist eine lange Tafel gedeckt. Geschlossene Gesellschaft. Am Tisch die ganzen Investoren. Über zwanzig angeregt plaudernde Gentlemen, teilweise in weiblicher Begleitung. Zumeist ihre Sekretärinnen. Noch nie habe ich so viele Männer verschiedener Nationalitäten auf einmal gesehen. Chinesen, Koreaner, verschiedene Afrikaner, Europäer, Araber. Die Vereinten Nationen versammelt an einem Tisch. Aus Tokyo, aus Paris, aus London. Inder und Russen. Ich erzähle, dass ich Russin sei. Das wird fast peinlich, denn die russische Sekretärin eines Mannes aus Moskau, die mir gegenübersitzt, spricht ein lupenreines Russisch. Zwar kann ich Russisch, aber so perfekt nun auch wieder nicht. Also halte ich mich sogleich etwas zurück, was das Russischreden betrifft und verlege mich lieber auf Englisch. Roberto bemerkt das kleine Manöver und schenkt mir einen anerkennenden Blick.

An der Tafel sitzen nur wirklich wohlhabende Männer. Ich kann es an ihrer Kleidung und ihren Uhren erkennen. Aber sie wirken nicht protzig, wie manche der Geldleute, die ich schon getroffen habe. Sie legen ein sehr zurückhaltendes, ernsthaftes Benehmen an den Tag. Keiner hat es nötig, zu prahlen. Sie wissen ganz genau, wer sie sind. Wenn einer Schmuck trägt, dann nur einen Ring. Und mit nur einem Diamanten. Der ist dann aber richtig teuer. Nicht so wie Eagle, der immer wie ein Weihnachtsbaum mit Gold behängt herumläuft. Die Manschettenknöpfe ihrer Hemden sind teilweise mit Brillanten besetzt, die dezent unter den Ärmeln ihrer exquisiten Jacketts hervorfunkeln. Understatement. Das hat Klasse. Roberto hat mich gebeten, etwas Feines anzuziehen. Ein schwarzes Kleid, möglichst schlicht. Dazu schwarze High Heels, nicht zu auffällig und nur ganz leicht geschminkt. Als ich die Leute sehe, verstehe ich sofort warum. Alle sind so kultiviert. Sie reden über Geschäfte. Es gibt auch ein paar Übersetzerinnen, die jeweils in der Mitte und am Ende der Tafel platziert sind. Sie sprechen diverse Sprachen, sehr interessant. Ich fühle mich geehrt, an diesem Tisch sitzen zu dürfen. Das Essen dauert ein paar Stunden, es wird ein umfangreiches, edles Menü serviert. Ich kann aber nicht bis zum Schluss bleiben und Roberto bestellt mir ein Taxi. Er begleitet mich noch zu Tür und steckt mir fünfhundert Euro zu. Nur dafür, dass ich da war. Das Treffen haben wir privat, ohne Agentur vereinbart. Wenn doch nur jeder Job so wäre. Ich war nur etwas mehr als zwei Stunden dort.

Nach diesem Abend schreibt er mir ein paar Mal E-Mails. Und beim nächsten Treffen schlägt er mir erneut vor, ich solle den Job aufgeben und mit ihm gehen.

»Wie, mit dir kommen? Wohin?«, frage ich.

»Nach Rom, in mein Haus. Aber du musst nicht immer dort bleiben, du kannst mich auf meine Geschäftsreisen begleiten. Ich schlafe ungerne alleine.«

Egal, wo er ist, er bestellt sowieso öfter Callgirls. Ob mit Sex oder ohne.

Er sagt: »Warum soll ich das Geld nicht dir geben? Ich will nicht irgendwelche schönen Frauen. Ich will eigentlich nur dich dabei haben. Weil ich dich mag. Verstehst du? Aber als Gegenleistung möchte ich, dass du diesen Job aufgibst. Komplett.« Das sei auch der Grund dafür, dass er mit mir niemals Sex gemacht habe. »Ich werde irgendwann mit dir schlafen, aber erst, wenn ich sicher sein kann, dass dich keine anderen Männer mehr berühren.«

Er ist eifersüchtig auf die anderen, die er gar nicht kennt.

Ich sage, er könne das vergessen, denn ich brauche das Geld, ich hätte ein Kind, das versorgt werden müsse. Er sagt, kein Problem, das Kind könnten wir nach Italien mitnehmen. Er besorge eine Gouvernante, die auf das Kind aufpasst.

Aber ich kann das nicht ernst nehmen. Er versichert mir, er meine es ernst, doch für mich klingt es wie ein Märchen. Na, mal sehen. Nach ein paar Stunden trennen wir uns wieder.

Der Sommer neigt sich himmelblau seinem Ende zu und ich fliege für ein paar Tage nach Bulgarien, um meinen Sohn zu sehen und meine Mutter zu besuchen. Außerdem will ich zu meiner Oma, denn in ihrem Haus sollen einige Renovierungen gemacht werden. Martin hat die Tickets für mich gekauft und fährt mich zum Flughafen. Natürlich will ich auch meine Freundin Binka treffen.

Da ist allerdings etwas, das ich nicht verstehen kann. Mittlerweile ist Binka nach Plovdiv gezogen und hat einen Job als Lehrerin angenommen. Für Mathe und Informatik. Als Lehrerin hat man in Bulgarien einen sehr niedrigen Lohn. Ihre Eltern haben ihr deshalb eine Zweizimmerwohnung finanziert. Sie verkauften dazu ein Haus in Welingrad. Sie wohnt nun mit einem festen Freund zusammen. Aber in der ganzen Zeit, ob sie eine Beziehung hat oder nur umherfickt, hat sie Sex mit jedem Mann, der etwas von ihr will. Völlig wahllos, wie Zigarettenrauchen. Mit einem der Masseure vom Fitnessstudio, dann mit ein paar von den Trainern, mit fast allen ihren Kollegen in der Schule, dem Sportlehrer, dem Psychiater in der Schule, dem Mathelehrer und dem Physiklehrer. Nichts, was männlich ist, wird ausgelassen. Natürlich alles heimlich. Sie macht es mit ihren Ärzten, dem Zahnarzt und dem Nachbarn. Nicht, dass sie Nymphomanin ist, denn meist hat sie nicht mal einen Orgasmus dabei.

Es geschieht auch nicht aus Armut. Ich könnte es ja noch verstehen, wenn die Männer ihr Geschenke oder Geld geben würden. Parfum oder irgendwas. Aber sie verkauft sich nicht mal. Sie macht es aber auch nicht, weil sie Spaß dabei hat. Wenn alles coole Typen wären, die sie gut lecken oder es ihr schön in den Arsch oder in die Muschi besorgen würden oder wenigstens attraktiv wären, könnte ich es ja noch kapieren. Aber mit einem sechzigjährigen Narkosearzt, nur weil er einen Hund hat und sie ebenfalls und sie sich beim Gassi Gehen im Park getroffen haben? Und wie der aussieht! Sie hat mir Fotos geschickt. Dicker Bauch, graue Haare, teilweise schon Glatze, unrasiert, ein rundes fettes Gesicht wie ein Schwein und mit Brille. Was zum Teufel hat sie mit ihm zu ficken? Dann sagt sie, sie stehe jetzt auf ältere

Männer, so fünfzig, sechzig. Und sie ist Mitte zwanzig. Aber sie macht es auch mit Fünfundzwanzigjährigen und mit noch jüngeren. Als ich noch in Bulgarien war, vor Eagle, stand sie nur auf Typen wie den Zirkusakrobaten. Die mussten Topmuskeln haben. Nur durchschnittlich sportlich ging gar nicht. Und jetzt tut sie es mit jedem. Warum? Ich vermute folgendes. Ich kann nicht sagen, sie ist hässlich. Außerdem ist sie meine Freundin. Aber sie ist klein und sehr mager. Obwohl sie normal isst, kann sie nicht zunehmen. Sie hat keine Brüste und Geld, um sich welche machen zu lassen, hat sie natürlich auch nicht. Ihr Gesicht ist nicht besonders hübsch.

Sie hat mich immer beneidet: »Du bist so hübsch. Du hast so schöne lange, blonde Haare.«

Ja, habe ich. Aber bei manchen Frauen wachsen sie nun mal nicht so lang. Sie müssen öfter zum Friseur gehen, weil die Haare sonst kaputt gehen. Ihre Zähne sind auch nicht so gut. Und nun, je älter sie wird, desto mehr Bestätigung braucht sie und desto mehr Männer. Keiner wird ausgelassen. Als Beweis, dass sie noch begehrt wird. ›Aha, es geht noch. Du bist ja nicht ewig Mitte zwanzig.‹ Kinder hasst sie und will selbst auch keine haben. Das hat sie mir gesagt.

Bevor ich sie in Plovdiv treffe, spreche ich mit einem Freund von mir, der sie auch gut kennt. Ich begegne ihm zufällig, als ich in der Stadt einkaufen bin.

Er erzählt mir: »Also Binka, bei allem Respekt, sie ist ja deine beste Freundin, und ich will sie um Gotteswillen nicht beleidigen, ich habe auch Spaß dabei gehabt. Aber sie ist völlig durchgedreht. Sie will, dass die Männer sie anspucken, sie schlagen, sie erniedrigen. Sie will, dass die Männer sie fix und fertig machen. Der eine fickt sie in die Fotze, der andere in den Arsch, der dritte steckt ihr den Schwanz bis zum Hals in den Mund. Dann stehen noch zwei andere dabei und wichsen. Am besten gefällt es ihr, wenn es ihr schon wehtut.«

Warum will sie, dass Männer ihr das antun? Vielleicht als eine Art Selbstbestrafung, weil sie sich nicht hübsch findet? Vielleicht fühlt sie sich besonders, wenn sie soviel Sex hat. Doch was bringt das, wenn sie nicht mal einen Orgasmus bekommt?

Ich rufe Binka an, um mich mit ihr zu verabreden.

Eigentlich will ich sie zum Essen einladen, doch sie sagt: »Nein, lass uns lieber zu Hause kochen oder Kaffee trinken gehen.« Sie müsse sparen.

Bei den letzten Besuchen habe ich immer die Rechnung übernommen. Aber das ist auch irgendwann unangenehm, wenn dauernd ich zahle. Zum Kochen habe ich aber keine Lust. Außerdem möchte ich sie alleine sehen, ein paar Frauengespräche führen. Also gehen wir ins Café De Niro.

Wir setzen uns in die gemütlichen Sessel in der Fensterecke, wo man seine Ruhe hat und sie bestellt sich ihr Lieblingsgetränk. Warme Milch mit Zimt und Honig. Dann erzählt sie mir, dass sie es jetzt gerne zu viert macht. Also mit drei Männern. Oder mindestens mit zweien.

»Es war ein bisschen stressig«, lächelt sie. »Neulich, am Samstag, da war ich mit ein paar Jungs zusammen. Aber dann musste ich mich so verdammt beeilen, wieder nach Hause zu kommen, denn es war am Vormittag. Mein Freund war auch irgendwo unterwegs und sollte nicht mitkriegen, dass ich weg war. Ich hatte nur zwei Stunden Zeit. Das war echt knapp.«

Ich sage: »Ich verstehe nicht. Du hast dich mit ein paar Jungs zum Ficken getroffen und hattest auch noch Stress? Was hattest du davon? Bist du wenigstens gekommen mit einem von ihnen?«

»Nein«, sagte sie und zuckt die Schultern.

»Warum hast du es dann gemacht?«

»Ach, ich weiß auch nicht - ich weiß auch nicht«, seufzt sie und rollt die Augen.

Ich weiß auch nicht? Ja, wer weiß es dann?

Wie jedes mal, wenn ich sie in Bulgarien besuche, beschwert sie sich ausführlich bei mir darüber, wie schlecht die Bezahlung als Lehrerin ist. Sie muss zwar keine Miete zahlen, weil sie ja in einer Eigentumswohnung wohnt. Aber trotzdem schafft sie es kaum, ihre Rechnungen zu begleichen. Handy, Wasser, Strom, Essen, die Tickets für den Bus. Deswegen hat sie sich auch ein

Fahrrad besorgt. Okay, das ist gesund. Du kriegst schöne Beine. Aber ganz einfache Sachen kann sie sich nicht leisten. Sie hat nicht mal einen Fernseher. Die ersten sechs Monate hatte sie in ihrer Wohnung auch kein Sofa. Ihre Mutter gab ihr dann das Geld dafür. Na gut. So arm ist sie auch wieder nicht. Sie lässt sich immer schöne Fingernägel machen und die Haare, geht regelmäßig ins Solarium, zu Massagen, ins Fitnessstudio. Dafür kann sie dann nicht viel für das Essen ausgeben. An den Klamotten muss sie auch sparen. Trotzdem ist sie immer gut angezogen, allerdings Second Hand. Sie schämt sich nie, das zuzugeben.

Sie sagt: »Ja, für ein, zwei Euro kann ich da gute Sachen finden.«

Sie ist recht kreativ dabei und findet immer Wege, sich modisch aktuell und elegant anzuziehen. Ich stimme ihr zu. Auch ich habe manche Klamotten aus zweiter Hand.

Dann sage ich zu ihr: »Binka, du weißt, was ich in Berlin tue.«

Ich habe ihr erzählt, was ich mit Eagle gemacht habe, dass ich eine Prostituierte bin. Und dass man dadurch gutes Geld verdient. Ich bin immer offen zu ihr gewesen.

Und ich sage: »Binka, guck mal, du bist schlank. Die deutschen Männer stehen auf schlanke Frauen. Komm zu mir nach Deutschland. Ich werde dich in ein paar Läden bringen.«

Sie kann perfekt Englisch. Wir haben beide diese Sprachenschule absolviert.

»Ich habe auch so angefangen in Österreich. Glaub mir, das ist nicht gefährlich. Du hast keinen Zuhälter und brauchst das Geld mit niemandem zu teilen. Ich werde dir helfen, ich gebe dir Geld für die Reise und am Anfang kannst du bei mir wohnen. Ich kann dir alles beibringen. Keine Angst, Binka, du kannst mit nichts infiziert werden, weil du immer ein Kondom nimmst. Und du kannst alles kontrollieren. Die Kunden sind nicht irgendwelche Idioten.«

Ich schildere ihr, wie es in einem Bordell abläuft. Oder sie macht Escort. Da verdienst du eher mehr. Du lässt ein paar sexy Fotos machen, du nimmst ein bisschen Schminke, machst dir die

Haare schön. Es ist topp, kein Problem. Da kriegst du mindestens zwei, dreihundert am Tag. Am Anfang sogar mehr, denn immer, wenn ein neues Mädchen kommt, wollen alle Stammkunden sie ausprobieren. Was neu ist, muss weggefickt werden. Wenn es nach ein paar Monaten in dem einen Puff nicht mehr so läuft, kannst du in einen anderen gehen.

»Dafür arbeitest du in Bulgarien in deinem Job einen ganzen Monat.«

Der Anfangslohn für einen Lehrer sind zweihundert Euro. Sie arbeitet von morgens um acht bis abends manchmal 17 Uhr. Am Vormittag zwei Stunden, dann hat sie ein Fenster. Aber die Schule ist weit weg von zu Hause. Sie muss dableiben, denn am Nachmittag hat sie noch eine Stunde mit der zehnten Klasse.

Ich sage: »Nimm dir Urlaub oder komm in den Sommerferien. Nur zwei, drei Monate. Du kriegst viel Geld und schonst deine Nerven.« Denn sie hasst Kinder, sie hasst sogar ihren Job. »Du bekommst deinen Monatslohn an nur einem Tag. Und wenn du Glück hast und Escort machst, in einer Stunde. Du machst zwei, drei Kunden und schon bist du drei Monate voraus.« Und wenn sie Extras macht, sie steht auf anal, dafür zahlen die Männer gerne, verdient sie doppelt. Ich wünschte, dass ich das auch machte, aber ich hasse es. Da kann sie in Berlin reich werden.

Ich sage: »Ich will gar nichts dafür. Keine Prozente, keinen Gefallen. Ich organisiere alles für dich. Ich bringe dich zum Steuerberater, ich melde dich an. Ich helfe dir bei allem. Wenn du im Puff bist, kommen immer viele junge Männer, denn es ist relativ billig. Alle Jungs können sich das leisten. Und wenn sie zehn Mädchen zur Auswahl haben, sagen sie: ›Ich will mit Binka.‹ Natürlich kannst du immer auch Nein sagen. Du bist nicht verpflichtet, es mit Männern zu tun, die du nicht willst. Du siehst den Typ ja vorher. Und achtzig Prozent der Kunden im Puff sind Jungs. Oft Araber, Serben und Türken.« Ich weiß, sie steht auf solche Männer. »Da kommen schöne Boys mit Muskeln. Die riechen gut, die sind rasiert, die behandeln dich wie eine Prinzessin. Für zwanzig oder dreißig Minuten. Egal. Sie sind geil, diese

Typen. Und auch am Abend, wenn du Escort machst. Da bestellt dich so ein Kerl, ein reicher Deutscher, ein Anwalt. Der lädt dich für ein paar Stunden in ein Restaurant ein und gibt dir vielleicht noch Trinkgeld. Du kommst mit ein paar Hundert Euro nach Hause und hast schon gut gegessen.«

Die ganze Zeit guckt sie mich an wie betäubt.

Sie sagt: »Warum Megi, soll ich meinen Körper verkaufen? Bin ich eine Schlampe?«

Kein Kommentar.

Sie weiß, ihre Freundin, die vor ihr sitzt, macht das gleiche, und sie sagt mir das? Ist ihr nicht bewusst, dass sie mich beleidigt?

Also ich finde das sehr traurig. Weil ich sie liebe. Als Freundin, als Mensch. Ich bin jetzt schon eine Weile in Berlin. Warum lehnt sie es ab, zu kommen? Es wäre doch nur für ein Jahr oder ein paar Monate. Um ein paar Tausend Euro sparen zu können. Nein. Einfach nein. Aus Prinzip. Sie will sich nicht verkaufen. Wenn ich nachrechne, sind die Typen, mit denen sie gefickt hat, mehr als meine Kunden. Aber ich kann mir bald eine Wohnung in Bulgarien kaufen, habe an meinem Körper machen lassen, was ich wollte, habe meinen Sohn versorgt, habe mir viele Sachen gekauft, habe ein gutes Leben gehabt. Gute Klamotten, toller Schmuck. Ich brauche mir nie Sorgen zu machen, was ich morgen esse. Ich kann es mir leisten, zu reisen. Geld ist nicht alles, aber ohne kannst du dir Paris eben nur im Fernsehen angucken.

Ich bin nicht stolz darauf, eine Prostituierte zu sein, aber ich schäme mich auch nicht deswegen. Ich bin einfach zufrieden, dass ich die Chance habe, diesen Job zu machen, und dass ich das Vermögen besitze, das ich jetzt habe. Kein Luxus, aber immerhin. Und sie? Sie muss überlegen, ob sie den Joghurt für dreißig oder fünfzig Cent kaufen soll. Aber sie ist doch keine Schlampe, und sie kommt nicht nach Deutschland. Aber mit Sechzehnjährigen fickt sie. Warum denn? Also, Prostituierte zu sein, ist nicht so schlecht. Sie macht es doch genauso, nur ohne Geld. Und sie hat nicht mal Lust dabei. Sie geht einfach mit jedem mit, der sie fragt.

Ich sage das ungerne jetzt, weil sie meine Freundin ist, aber im Grunde ist sie für mich die Schlampe. Denn was sie macht, das ist nicht mal das Verhalten einer Schlampe, nicht mal die allerletzte Nutte macht es so wie sie. Mit jedem zu ficken, der nur mal mit den Augen zwinkert. Was ist das? Ich habe auch schon mit mehreren Männern Spaß gehabt. Auch ohne Geld. Aber ich bereue es nicht. Natürlich, wenn du sie jetzt fragst, bereut sie es auch nicht. Aber ich bin gekommen, ich habe es genossen. Und sie? Hat sie das genossen? Wie? Ich weiß es nicht. Auf irgendeine Art vielleicht schon, aber ich kann es jedenfalls nicht verstehen.

Zurück in Berlin, es fallen schon die ersten Blätter von den Bäumen, bestellt Roberto mich privat ins Berliner Westin Grand Hotel.

Er schreibt: »Ich komme am 3. Oktober und bleibe zwei Tage. Kann ich dich für zwei Tage buchen?«

Ich denke, natürlich. Das sind zweitausend Euro. Super. Ich sage zu.

Und er hat etwas vor, eine Überraschung für mich.

Ich gehe hin, bin froh, ihn zu sehen. Er freut sich ebenfalls sehr. Ich bin nicht in ihn verliebt, aber er sieht gut aus für sein Alter, und er bringt mir immer kleine Geschenke mit. Meistens ein exklusives Parfum. Auch dieses Mal. Es liegt hübsch eingepackt auf dem Couchtisch. Was mir auch gefällt, dass er mit mir raucht, denn ich rauche jetzt gerne. Egal, in welchem Hotel wir sind, er darf überall rauchen. Wir trinken Champagner, quatschen und lachen viel. Ich genieße die Zeit jedes Mal, wenn wir zusammen sind.

»Kannst du zwei Tage bei mir bleiben?«, fragt er mich, nachdem er mich mit Küsschen begrüßt hat.

»Ja, gerne«, antworte ich.

»Gut. Dann - lass uns erst mal essen.«

Mir ist das recht, ich habe noch nicht gegessen, ich habe Hunger.

»Wir essen unten im Restaurant des Hotels. Einverstanden?«

»Gut, von mir aus.«

Ich wünsche keinem, dort zu essen. Egal, was du bestellst, es kommt eine riesige Platte, zugedeckt mit pompösen silbernen Deckeln. Zwei Kellner servieren und erzählen dir umständlich, wie es gemacht wurde. Als ob es ein Kunstwerk wäre. Aber auf dem Teller findest du nur eine winzige Portion. Wie für eine Maus. Allerdings gourmetmäßig und aufwendig zubereitet. Dafür wahnsinnig teuer. Aber das ist nicht meine Art zu essen. Ich gehe am liebsten in ein Steakhouse, wo ich ein vierhundert Gramm T-Bone oder Rib-Eye Steak serviert bekomme und dazu Bratkartoffeln mit Speck und Zwiebeln. Dann bin ich sehr zufrieden.

Wir gehen ins Restaurant, bekommen das Menü gereicht, so groß, dass du damit jemanden erschlagen kannst, mit dicker goldener Schrift, aber kaum Auswahl. Nur drei, vier Gerichte. Und ein paar Vorspeisen. Was ist das?

»Was trinkt die Dame als Aperitif?«, dienert der Kellner.

Ich trinke gerne Baileys. Ich sage es. Und er lacht mich aus vor dem Kellner.

»Haha, Baileys. Bestell dir was anderes, Sweety.«

Er bestellt Champagner, aber ich will trotzdem noch Baileys. Natürlich bekomme ich meinen Baileys und ich bin froh darum, denn der schmeckt mir. Als ich mit ihm anstoße, er mit seinem langstieligen Champagnerglas, ich mit meinem kleinen Likörglas, guckt er hochmütig und rümpft die Nase.

Er fragt, ob er für mich das Essen bestellen dürfe. Ja, okay. Er bestellt irgendeinen weißen Fisch, nach zwei Happen ist er schon weg. Und noch ein Dessert. Zum Essen gibt es Weißwein. Es kommt die Rechnung, knapp über vierhundert Euro. Er zahlt mit goldener Karte, trägt vierhundertfünfzig ein und legt den Beleg, so dass ich ihn sehen kann, in die Mappe. Dabei grinst er. Es gefällt ihm, dass ich ihn in dieser Situation sehen kann. Dass er sich als Gourmet und Lebemann mit Geld präsentieren kann. Er sieht zufrieden aus. Wie ein alter Kater, der gerade ein paar Mäuse verspeist hat.

Wir gehen zurück ins Zimmer und rauchen. Im Bett sagt er, ich solle jetzt ganz genau zuhören. Ich weiß, dass jetzt irgendetwas kommt. Die Überraschung. Ein so viel beschäftigter Mann reist meinetwegen zwei ganze Tage nach Berlin und will diese Zeit nur mit mir verbringen. Er hat etwas geplant. Was hat er vor?

Er lässt die Katze aus dem Sack: »Wir haben morgen Vormittag bis in den Nachmittag Termine mit verschiedenen Maklern.«

Um eine Wohnung anzuschauen. Ich habe ihm ein paar Mal gesagt, dass ich den Job mache, weil ich mir eine Wohnung kaufen möchte. Damit ich jetzt keine Ausrede mehr habe, will er mir eine kaufen. Dass, wenn ich aufhöre, ich eine Immobilie für mich habe. Aber als Gegenleistung muss ich sofort Schluss machen mit Escort. Und dann gleich mit ihm verreisen.

Ich höre ihn reden und reden, ich sage: »Nein, Roberto, das geht trotzdem nicht. Ich habe hier mein Geld und unterstütze mein Kind und meine Oma.«

Er fragt, was ich verdiene. Ich übertreibe ordentlich bei der Summe und sage sieben- oder achttausend Euro im Monat. Manchmal zehn. Eigentlich sind es maximal nur drei- oder viertausend, auch weil ich öfter mit Martin zusammen bin und mit einem anderen Freund. Murat, dem Autohändler. Auch habe ich gesundheitliche Probleme mit einer Blasenentzündung gehabt. Dazu ein paar Mal eine Mandelentzündung. Deswegen kann ich derzeit nicht so viel arbeiten. Außerdem musste ich ein paar Mal nach Bulgarien fahren, um mein Kind zu sehen und um Dinge zu erledigen. Für Mutter und Oma. Die Renovierungen im Haus. Ich bin nicht hundert Prozent im Einsatz. Nur ganz selten habe ich mal sechs, sieben tausend im Monat. Ich bausche auch meine Unterstützungen etwas auf, erwähne überdies Tanten, Kusinen, meine Großeltern, meinen Exmann, meinen Bruder. Ich schildere mein Einkommen nur deswegen so übertrieben, damit ihm die Argumente ausgehen.

Aber er kann mich zustopfen mit Geld und sagt: »Okay, kein Problem.« Wir könnten auch beim Notar einen Vertrag machen, solange wir zusammen sind. Als Absicherung. »Wir müssen nicht, aber ich verspreche es dir. Du kommst mit mir und ich überweise dir ab sofort jeden Monat zehntausend Euro. Das ist doch das Geld, das du beim Escort verdienst, oder?«

»Ja, ja«, lüge ich.

»Dann brauchst du keinen Escort mehr zu machen, und zur Sicherheit kaufe ich dir hier noch eine Wohnung.«

»Nein Roberto, das geht gar nicht. Eines Tages findest du eine noch hübschere und jüngere als mich. Die Wohnung läuft auf deinen Namen und du nimmst sie mir wieder weg.«

»Nein, nein«, sagt er. »Wir kaufen die Wohnung auf deinen Namen. Ich überweise das Geld dafür auf dein Konto, damit du die Wohnung selber zahlen kannst.«

»Ja, aber mein Kind in Bulgarien ...«

»Wir können alles organisieren. Das Kind kommt mit nach Rom. Ich kaufe dir dort noch eine kleine Wohnung, wo du mit deinem Kind leben kannst. Oder wenn du willst, wirst du bei mir wohnen und du bekommst eine Nanny für das Kind.«

Er will, dass ich nur noch ihm gehöre. Keine anderen Männer sollen mich mehr anfassen. In Rom soll ich ihn begleiten, denn er ist ständig irgendwo eingeladen. Als Sponsor bei Spendenpartys verschiedener Wohltätigkeitsorganisationen. Das ist meine Aufgabe. Er stattet mich mit entsprechenden Klamotten aus, ich gehe zum Friseur. Ein anderer eleganter Style. Er wird mir ein Auto zur Verfügung stellen, aber mit Fahrer. Der wird mich dann fahren, wohin immer ich will. Er wartet und bringt mich wieder nach Hause. Ich brauche mich um nichts zu kümmern, Hausangestellte erledigen alles. Ich brauche auch nicht draußen essen zu gehen. Der Koch bereitet zu, was ich will.

Während er so redet und schillernd sein Angebot unterbreitet, stelle ich mir vor, wie das wohl sein wird. Roberto ist kein hässlicher Mann, aber auch kein Richard Gere. Ich mag ansonsten schon große Männer, aber er misst fast zwei Meter. Er hat gute Muskeln und Schultern. Aber dieser Bauch. Wie ein Weihnachtsmann, Ho-Ho-Ho. Ich kann mich in diesen Mann nicht verlieben und ihm treu sein. Ich kenne mich. Vielleicht kann ich ihn respektieren, aber mehr nicht. Ich lese zur Zeit Bücher von Jackie Collins. Da gibt es viele Geschichten, wo Leute in schicken Häusern wohnen. Mit großem Garten, Gärtner und Chauffeur. Was ist, wenn Roberto nicht zu Hause ist und mir der Gärtner gefällt? Natürlich kenne ich seinen Gärtner nicht, aber wenn der ein schicker Kolumbianer ist oder Lateinamerikaner. So ein muskulöser Typ, der mit freiem, schweißglänzendem Oberkörper in der Sonne arbeitet, Mitte zwanzig oder dreißig und nicht schon Mitte fünfzig. Was, wenn ich will, dass dieser Mann mich berührt? Und ich ficke mit dem Gärtner? Vielleicht hat Roberto Kameras in seinem Garten. Die siehst du gar nicht. Die sind irgendwo versteckt. Was passiert dann? Dieser Mann hat soviel Geld, er könnte dein Leben und deinen Tod kaufen, wenn er wollte. Ich würde ganz schnell von dieser Welt verschwinden und keiner fragt nach mir. Was wäre, wenn ich zur Kosmetikerin oder zum Wachsen fahre? Ich kann gar nicht alleine irgendwo hingehen, mit der U-Bahn oder dem Taxi und mal mit Männern auf der Straße flirten. Einfach so zum Spaß. Nein. Der Chauffeur wird mich direkt vor der Tür absetzen, wird mir die Tür aufhalten, damit alle, die mich sehen, wissen, mit wem sie es zu tun haben. Keiner wird sich trauen, mich anzumachen. Vielleicht wird mir das fehlen? Es bedeutet Schluss mit Freiheit, Kreuz-Kreuz. Schluss mit allem, was ich gerne mag. Es wäre ein Luxusleben, aber andererseits auch kein Leben mehr. Ein Leben in einem goldenen Käfig. Käfig ist Käfig.

Und ich sage: »Nein. Nein. Nein.«

Natürlich könnte ich jetzt zustimmen, er kauft mir morgen eine Wohnung und einige Zeit später sage ich, ich habe es mir anders überlegt. Aber das ist nicht mein Stil. Dazu bin ich zu ehrlich. Das ist mein Problem. Ich sage einfach, was ich gerade denke. Ich kann nicht so berechnend sein.

Er fragt: »Warum? Reichen dir zehntausend Euro nicht?«

»Natürlich reicht das.«

»Ja, was reicht dir nicht? Ich kaufe dir eine Wohnung. Was willst du noch?«

Wie kann ich sagen, ›ich liebe dich nicht‹?

Ich sage: »Ich mag dich, mag dich wirklich gerne, aber es sind auch dreißig Jahre Unterschied.«

Na gut, wenn er schlank wäre, körperlich attraktiver, könnte ich mir schon mehr vorstellen, auch wenn er schon fünfzig ist. Aber ich muss freiwillig kommen. Wenn jemand wie er versucht, mich zu kaufen, mit Haut und Haaren, selbst wenn du etwas für ihn empfindest, das tötet die Gefühle. Sofort.

Ich sage es dann doch: »Nein Roberto. Weil ich dich nicht liebe. Vielleicht irgendwann. Aber doch nicht so und nicht so schnell. Ich bin gar nicht vorbereitet auf solch ein Angebot.«

Nach meinem kategorischen Nein ist er furchtbar sauer. Natürlich ist er viel zu kultiviert, um das zu zeigen, mich zu schlagen oder anzuschreien. Aber in seinem Ton kann ich es deutlich hören. Er spricht leise aber sehr intensiv. Ein römischer Gladius, der sich langsam in mein Ohr bohrt, bis er blutig zur anderen Seite wieder herausschaut.

»Wer denkst du, dass du bist? Du kleine ...«, er macht eine Zäsur, »... Escort Dame.« Seine Augen blitzen. Wahrscheinlich würde er am liebsten ›Schlampe‹ sagen. »Du machst Sex mit verschiedenen Männern für ein paar Cent.«

Zweihundert Euro die Stunde sind keine paar Cent. Jedenfalls nicht für mich. Es kommt auf die Perspektive an.

»Jeder kann dich haben, jeder perverse Idiot. Und ich biete dir ein Leben, von dem du gestern nicht einmal gewagt hast, zu träumen. Woher nimmst du die Frechheit, mir Nein zu sagen?«

Natürlich habe ich so ein Angebot nicht im Traum erwartet. Aber warum soll er mich auf einmal beleidigen? Wer ist er? Julius Cäsar? Er stirbt auch eines Tages und findet sich zwei Meter tiefer wieder. Ja natürlich. Ich bin die kleine sechsundzwanzigjährige Schlampe. Ja bin ich. Jeder kann mich haben. Stimmt. Na und? Und er? Wenn er Brot isst, kackt er anschließend Gold? Oder ist er der heilige Jesus Christus? Sagt er Halleluja, und die Kranken werden gesund? Seine Arroganz macht mich wahnsinnig.

»Ich überweise dir zehntausend monatlich und das reicht dir nicht?«

Er tut so, als sei ich eine geldgierige Fotze. Nein, bin ich nicht. Er kapiert nicht, dass es mir nicht nur ums Geld geht. Er könnte mir auch fünfzehntausend monatlich geben. Das ist mir gleich. Das Problem ist, dass er mir überhaupt so viel Geld anbietet. Warum wartet er nicht, bis ich zu ihm komme? Eines Tages. ›Ich will dieses Leben nicht, das du mir bietest, aber gibst du mir bitte mal dreitausend Euro für meinen Sohn?‹ Bestimmt wäre ich nicht so frech, ihn um eine Wohnung zu bitten. Als mein Eigentum. Vielleicht wäre es für ihn so viel billiger. Und es wäre ein Wunsch, der aus meinem Herzen käme. Aber wenn dir plötzlich jemand solchen Reichtum bietet und dich quasi zwingt, sein Angebot anzunehmen? Ich fühle anders und ich denke anders. Ich finde es widerlich. Ekelhaft, ja zum Kotzen. Auch wenn diese Chance nur einmal im Leben kommt und nie wieder.

Er ist sauer, ich bin sauer und ich ziehe mich an.

Ich sage zu ihm: »Ich gehe jetzt. - Mir reicht's.«

»Wenn du jetzt aus dieser Tür gehst und sie zumachst, ist es für immer. Dann kannst du es vergessen. Ich melde mich nie wieder bei dir.«

»Na und? - Okay, kein Problem.«

Dieser Satz bestärkt mich noch in meiner Entscheidung. Ich gehe zur Tür und verlasse das Luxuszimmer. Ich kann nicht anders. Ich laufe den weitläufigen Korridor entlang.

Keine zwei Sekunden nachdem ich die Tür geschlossen habe, kommt er heraus und sagt, wie in seinen eigenen Tränen ertrunken: »Magdalena!«

Nur einmal. Ich halte inne und wende meinen Kopf. Für ein paar Sekunden. Und es tut mir leid für diesen Mann. Dieser riesige, kräftige, reiche Mann. Die Körperhaltung wie ein leerer Sack Kartoffeln, die Schultern nach vorn gefallen. Einer der reichsten Männer in Italien. Kein Millionär, ein Milliardär. Wenn du einen so stolzen und wohlhabenden Mann in dieser Verfassung siehst – sein Ton ist flehend – ich könnte weinen. Aus Mitleid. Ich laufe schneller. Schnell zum Aufzug, runter zum Taxi und nach Hause. Arrivederci Roberto Como.

Leise rieselt der Schnee. Es ist der 24. Dezember, Heiligabend, und ich feiere zusammen mit Martin und seiner Familie. Der Weihnachtsbaum ist mit Lametta geschmückt, die Kerzen brennen. Alle sitzen am Tisch. Die Oma, die Tanten, der Bruder. Die Mama hat die Weihnachtsgans gebraten, der Papa tranchiert und gibt jedem ein Stückchen auf seinen Teller. Frohe Weihnachten. Jemand fragt nach unseren Heiratsplänen. Oh-ooh.

»Kann ich noch etwas Soße haben?«

Alle lachen. Außer Martin.

Auch an Silvester bin ich bei Martin. Um zwölf lassen wir bunte Raketen in den Himmel steigen und verscheuchen die bösen Geister.

24. KAPITEL

Neue Liebe

Es ist nicht gleich ersichtlich, woher er kommt. Er hätte auch aus jedem anderen Land stammen können. Klar ist nur, er ist Ausländer. Südländer. Vielleicht auch aus Lateinamerika. Er spricht gleich englisch mit mir. Obwohl er gut Deutsch kann, denn er schreibt auf Deutsch, was ich aber noch nicht weiß. Das ist wohl so eine Art Tarnung. Die zwei Stunden mit ihm sind glühend schön. Er ist sehr lieb und zärtlich zu mir. Der Sex ist wundervoll. Zwischendurch gibt er mir immer Wasser zu trinken und streichelt mich.

Er flüstert: »Mund auf, Augen zu.«

Ich liege auf dem Rücken. Ein sorgsam dosiertes Rinnsal erfrischt meine Kehle. Ich schlucke. Ich öffne die Augen. Er lächelt. Er berührt meine Wange und küsst mich.

Ich bin zufrieden, ein netter Kunde. Frisch gewaschen und riechen tut er auch gut. Er sagt, dass er Nouri heiße, Romanautor sei und aus den USA käme. Er hätte geschäftlich in Berlin zu tun. Ich glaube ihm. Sein Englisch ist auf hohem Niveau. Am Ende fragt er mich nach meiner Telefonnummer, ich gebe sie ihm natürlich nicht. Ich mag ihn, aber ich kenne diese Art von Kunden. Sie lassen sich die Telefonnummer geben, beim zweiten Mal zahlen sie dir nur die Hälfte und beim dritten Mal wollen sie es schon umsonst. Weil sie meinen, du bist jetzt ihre Freundin, ihre Geliebte, weil du jetzt ohne Agentur da bist. Also denke ich, nein, nein. Er hat Geld, nicht sehr reich, aber er hat Geld. Er kann es sich leisten. Er kann mich auch für die ganze Nacht buchen, wenn er mich für längere Zeit will.

Ein paar Wochen später werde ich in ein anderes Hotel bestellt. Klopf, klopf, die Tür geht auf. Wieder Nouri.

»Hi, how are you?«

Ich bin begeistert, denn das bedeutet, dass er mich mag. Er bucht mich dann noch mal. Wieder für zwei Stunden. Bezahlt auch genau für zwei Stunden, nicht mehr und nicht weniger. Kein Trinkgeld. Aber jedes Mal fragt er mich nach meiner Telefonnummer.

Ich sage zu ihm: »Ich gebe dir meine E-Mail, aber nicht die Telefonnummer.«

Um zu sehen, ob er seriös ist. Ich bin schon leicht verliebt in ihn. Ich schreibe ihm, ein paar Tage später erhalte ich Antwort.

»Hi, how are you?«

Er erzählt mir nicht, dass er eine Frau hat. Er erzählt mir, er sei zweiunddreißig. Ich recherchiere bei Google über amerikanische Autoren. Aber ich finde keinen ›Nouri‹. Ich vermute schon, dass er mir nicht seinen richtigen Namen gegeben hat.

Ich bin noch bei einer anderen Agentur unterwegs. Sie gehört einem deutschen Ehepaar. Ein bisschen verrückt, die beiden. Die Frau sitzt immer mit im Auto und gelegentlich macht sie auch Termine. Aber meistens fahren sie die Mädchen nur. Sie heißt Adele. Manchmal unterhalten wir uns unterwegs ein wenig.

Ich sage: »Jaaa, ich habe einen Freund, aber ich weiß nichts über ihn, ich habe seine Nummer nicht.«

»Warum hast du seine Nummer nicht?«

»Weil er ein Kunde war. Nein. Nicht von deiner Agentur. Aber ich habe ihn sehr gemocht. Er kommt aus Amerika. Ich habe ein Bild von ihm.«

Tatsächlich ruft Nouri mich jetzt ab und zu an. Aber nur mit unterdrückter Rufnummer. Ich sage zu ihm, ich habe ihm meine Nummer gegeben, aber seine bekomme ich nicht? Er sagt aus Sicherheitsgründen. Aber mehr auch nicht.

»Er schreibt mir E-Mails und hat mir ein Foto von sich geschickt.« Das habe ich auf meinem Handy gespeichert. Ich schaue ihn mir da immer an.

Adele sagt: »Zeig mal den Nouri, wie er aussieht.« Sie guckt. »Ist das Nouri?«

»Ja.«

»Der Typ da ist dein Nouri, der amerikanische Autor?«

»Ja.«

»Das ist Ahmed El Hadary.«

»Wie, Ahmed El Hadary?«

»Ja. Ahmed El Hadary.«

Sie erklärt mir in ein paar Sätzen, wer er tatsächlich ist. Ein Eimer kaltes Wasser entleert sich über mir. Ich bin durchnässt. Mich schaudert.

Sie sagt: »Er kommt aus Jordanien, er ist Autor, ein bekannter Islamkritiker und er wohnt in München. Wenn er Fernsehauftritte hat oder Lesungen oder Vorträge hält, ist er manchmal in Berlin. Der kommt doch nicht aus Amerika.«

Als ich am Abend nach Hause komme, lese ich die ganzen Interviews im Internet. Und sehe ihn. Mein Nouri! Ganz schick im Anzug. Er spricht in glasklarem Deutsch. Und mit mir redet er nur Englisch. Er denkt wohl, ich bin eine dumme Kuh. Ich lese alles auf Wikipedia. Seine Geschichte, über seine Familie. Wo er studiert hat, was er geschrieben hat. Dass er verheiratet war, dann wieder geschieden, dann das zweite Mal verheiratet. Und er wohnt mit seiner Frau zusammen. Das also sind seine ›Sicherheitsgründe‹. Und er ist achtunddreißig und nicht zweiunddreißig. Egal. Er hat mich von vorne bis hinten belogen. Ich habe mich in ihn verliebt, aber ich bedeute ihm nichts. Was mache ich? Am nächsten Tag rufe ich die Auskunft an. Ich erwarte eigentlich, dass sie mir die Nummer nicht geben, schließlich ist er prominent. Und irgendwelche muslimische Faschisten wollen ihn umbringen, weil, er hätte angeblich den Propheten beleidigt.

»Wir senden Ihnen die Nummer als SMS auf Ihr Handy.«

Keine Minute später kommt die SMS. Mit Festnetznummer und Adresse. Ich gebe bei Google die Adresse ein und kann dort sogar das Haus sehen. Unglaublich.

Ich versuche, ihn mit unterdrückter Nummer zu erreichen.

Einmal hebt er ab: »Hallo. Hallo?«

Seine Stimme. Vorhin bekomme ich eine E-Mail, dass er gerade in New York sei und dann das. Mein Herz pocht. Ich sage nichts und lege wieder auf. Ich will ihm nicht gleich zeigen, dass ich Bescheid weiß. Ich habe Angst, er könnte sofort Abstand von mir nehmen.

Im Mai ist mein Bruder bei mir in Berlin. In der Nähe von München gibt es eine Ruderregattastrecke und die bulgarische Mannschaft hat Petko eingeladen, sie dort bei einem Wettkampf zu besuchen. Er hat viele Freunde im bulgarischen Team. Mit einigen von ihnen hat er studiert. Ich könnte mit ihm zusammen nach München fahren und mich dort mit Nouri treffen. Doch wie soll ich ihm sagen, dass ich in München bin? Es soll nicht zu auffällig sein.

Dann bekomme ich ein E-Mail: »Hallo Süße, wie geht es dir? Was machst du?«

Ich schreibe zurück, dass ich wegen der Regatta zwei Wochen später in München sein werde. Als Begleitung für meinen Bruder, der dort seine Freunde von der bulgarischen Mannschaft besuchen will. Wir schreiben uns häufig, was wir so machen. Natürlich sind die Sachen, die er mir mitteilt, immer gelogen. Das weiß ich jetzt.

»Ich bin in Los Angeles und treffe mich morgen mit einem Filmproduzenten.« Oder: »Bin gerade in New York und esse ein Eis im Central Park.«

Ich dagegen sage ihm immer die Wahrheit.

Kurz darauf kommt ein E-Mail von ihm zurück: »Weißt du, zu dieser Zeit bin ich zufälligerweise auch in München!« Angeblich ist er dort zu irgendeinem Pressetermin beim amerikanischen Konsulat. »Wenn du möchtest, können wir uns treffen«, schreibt er.

»Ach wirklich? Das ist ja toll!«

Mein Plan geht auf. Ich buche ein Hotel. Zwei Zimmer für Petko und mich. Natürlich interessiert mich die Ruderregatta nicht die Bohne. Mittlerweile habe ich ein Auto für mich und meinen Bruder gekauft. Martin hat den Wagen voll getankt. Er gibt mir dreihundert Euro Taschengeld und packt mir noch zwei große Tüten mit Sandwiches, Cola und Red Bull für unterwegs ein. Er hat auch das Hotel gezahlt. Mein Bruder weiß, dass ich wegen Nouri mit ihm nach München will.

Er sagt: »Meine Schwester fährt nach München, um mit diesem Autor zu ficken und der blöde Martin zahlt alles!«

»Ich bin gut, oder?«, lache ich.

Wir fahren hin. Am zweiten Abend bin ich mich mit Nouri verabredet. Er gibt mir die Adresse eines Hotels. Ich schaue bei Google-Maps nach und stelle fest, dass sich das Hotel in einem sehr weit von seinem Zuhause entfernten Stadtteil befindet. Am anderen Ende von München.

Ich bin so aufgeregt. In unserem Hotel gehe ich erst mal zum Friseur und lasse mir schön Locken eindrehen. Ich schminke mich sorgfältig und ziehe meinen eleganten weißen Seidenanzug an. Den mit der seitlich geschlitzten Hose und dem Top mit breiten Trägern und schmaler Knopfleiste vorn. Vorher lasse ich ihn noch reinigen. Schicke Schuhe dazu. Mein Bruder fährt mich mit dem Auto zum Rendezvous.

Petko sagt: »Mein Gott, der Nouri weiß gar nicht, was für ein Glückspilz er ist. Mit einer so hübschen Dame.«

Ich warte auf Nouri im Foyer. Er kommt, lacht so. Wir gehen zum Abendessen. Ein sehr elegantes großes Restaurant. Ein sehr teures Hotel. Da sind hauptsächlich ausländische Geschäftsleute. Das hat er wohl absichtlich ausgewählt, damit er auch ja unerkannt bleibt.

Wir verbringen eine sehr leidenschaftliche Nacht. Privat. Ich verlange kein Geld von ihm. Es ist unser zweites Treffen so. Also ohne Geld. Wir schlafen kaum in dieser Nacht. Ich gebe ihm tausend Möglichkeiten, mir die Wahrheit über sich zu erzählen, aber er sagt nichts. Ich sage ihm, dass ich eine feste Beziehung mit ihm möchte. Ich sage, ich will ihm nahe sein.

Ich frage: »Warum rufst du mich immer mit unbekannter Nummer an? Ich möchte dir gerne mal eine SMS schicken, wenn ich Lust habe. Ich möchte dich anrufen können. Oder abends, wenn ich alleine bin, möchte ich einfach ein bisschen mit dir sprechen.«

Aber er wiegelt ab, weicht mir aus. Er will eigentlich nicht.

Er sagt: »Ich bin wie eine Taube. Ich will mich immer frei fühlen und unabhängig.«

»Aber ich liebe dich. Ich kann mit meinen Job auch aufhören, wenn du das möchtest.«

Ich verspreche ihm alles Mögliche, ohne dass er mich darum bittet. Aber nein. Er will nicht.

Am nächsten Tag bringt er mich zur Frauenkirche. Er lässt mich dort zurück und geht zur Metro. Verschwindet im Schacht. Ich weine so. Ich will ihn. Ich habe ihm in die Augen gesehen und gefragt: »Warum willst du mich nicht? Ich will dich, ich liebe dich. Gib mir doch wenigstens deine Telefonnummer.«

Na gut. Welche Nummer soll er mir geben, wenn er behauptet, er käme aus New York? Eine deutsche Nummer? Er hat bis zuletzt keine Ahnung, dass ich so viel über ihn weiß.

Er sagt nur, er will nichts von mir. »Lass die Sache so, wie sie ist.«

Natürlich. Das ist ganz bequem für ihn. Ich bin so verletzt. Ich sitze in der Fußgängerzone und bestelle ein Frühstück. Alleine. Das kostet fünfundzwanzig Euro. München ist teuer. Dann rufe ich meinen Bruder an. Er holt mich dort ab. Die Sache bricht mir das Herz. So richtig. So richtig, richtig, richtig. Dabei haben wir uns nur viermal gesehen. Aber telefoniert. Er wollte von mir private Fotos, und er hat mir private Fotos von sich geschickt. Was ist so toll an ihm? Warum liebe ich ihn? Es ist der Sex. Es ist eigentlich kein Sex. Es ist mehr - Liebe. Mit viel Zärtlichkeit.

Zwei Monate lang meldet er sich nicht.

Dann schreibt er mir, natürlich auf Englisch, so wie immer: »Magdalena, wie geht es dir? Ich komme nach Berlin. Ich bin im Hotel Esplanade. Wenn du möchtest, können wir uns treffen.«

Vor München haben wir uns nur einmal ohne Geld getroffen, da wusste ich noch nicht, wer er ist. Er rief spontan an, er sei in Berlin.

»Ah Nouri!« Ich war so froh. Ich habe mich hübsch gemacht, habe gleich ein Taxi genommen und bin zum Hotel gefahren.

Und nun denkt er wahrscheinlich, ich würde gleich wieder springen. Wenn ich nicht durch Adele erfahren hätte, wer er ist, hätte ich es nie herausbekommen. Er kann sehr gut spielen. Er meint wohl, da hat er eine Dumme gefunden, die immer spurt, wenn er anruft. Eine Frau, der er den Kopf verdrehen kann. Mit seiner charmanten Art, so wie er Sex mit mir macht, wie er mich französisch verwöhnt. ›Aha, sie hat sich verliebt, ich kann ein bisschen Märchen erzählen, ich kann sie jetzt umsonst ficken, ich brauche keine Termine mit anderen Prostituierten zu machen und vielleicht sogar enttarnt werden.‹ Für ihn bin ich die super Wahl.

Also gut. Ich habe die E-Mail gelesen, dass er kommt. Das heißt, wenn ich mich mit ihm treffe, zahlt er mir kein Geld. Aber wer zahlt kein Geld? Dass er mir etwas gibt, wenigstens für das Taxi, ist doch normal. Jeder Gentleman sollte das machen, egal ob Kunde oder privat. Aber nicht mal das. Wenn ein Mann gar nichts zahlt, muss er dein Freund, dein Mann oder dein Geliebter sein. Gleichzeitig will er aber nicht mein Freund und Geliebter sein. Er gibt mir nicht mal seine Telefonnummer. Er will Abstand und will seine Ruhe haben. Also stellt sich für mich die Frage, warum soll er dann nicht mein Honorar zahlen? Denn er behandelt mich mehr oder weniger wie eine Prostituierte. Egal wie lieb und nett er ist. Du kommst rein, ihr macht Sex und dann gehst du wieder. Und du weißt nichts von ihm. Ob er wieder gut nach Hause gekommen ist. Du kennst nicht mal seinen richtigen Namen, du weißt eigentlich gar nichts. Er will meine Freundschaft nicht, meine Seele, mein Herz nicht. Er will nichts von mir. Warum soll ich es dann mit ihm gratis machen?

Ich schreibe zurück: »Hallo Nouri. Kein Problem. Sag mir, wann genau du den Termin möchtest und für wie lange. Wenn ich jetzt ohne Agentur zu dir komme, kostet es für zwei Stunden dreihundert. Die ganze Nacht achthundert. Bitte sag Bescheid, ob das für dich okay ist.«

Er hat von mir noch nie eine solche E-Mail bekommen. Er hat mich anfangs ein paar Mal über die Agentur bestellt und bezahlt, dann hatte er meine Privatnummer. Es folgten ein paar nette Mails, ein paar Telefonate, ein privates Treffen in Berlin und die Nacht in München. Ich dumme Kuh bin extra vier Tage in München geblieben. Für was?

Wenige Minuten später bekomme ich eine Antwort von ihm. Da steht: »Schade, schade, Magdalena. Dass du für Liebe Geld verlangst. Ich bin sehr enttäuscht von dir. Ich habe so was nicht von dir erwartet. Leb wohl.«

Gleich stilisiert er sich als Opfer. Ich antworte ihm auf Deutsch. Ich weiß ja, dass er es kann, sogar viel besser als ich.

»Sehr geehrter Herr Ahmed El Hadary! Du solltest nicht über Geld sprechen. Es war sehr bequem für dich, mich in München zu haben. Und obwohl du wusstest, ich würde vier Nächte bleiben, hast du das Hotel nur für eine Nacht gebucht. Du hättest vier Nächte mit mir zusammen sein können. Weil du ja eigentlich dort wohnst.« Ich erwähne alles, was ich weiß. Über seine Frau, sein Alter, seine Herkunft. »Du willst nichts von mir. Du willst meine Liebe nicht, du sagst mir nicht mal deinen Namen, und nun verlangst du Sex für umsonst. Das geht gar nicht. Das ist mein Job und nicht mein Hobby. Und wenn du nicht mein Liebhaber sein willst, warum soll ich dann von dir kein Geld kassieren? Womit bist du besser als die anderen Männer?«

So schicke ich es ab. Keine Antwort. Nur Schweigen. Es kommt nichts mehr. Ich denke nur, fick dich. Ich will von dir gar nichts mehr hören.

Ich sitze mit Murat, dem Autohändler im Steakhouse am Kudamm. Er trägt ein weißes Hemd. Schon seit meiner Zeit im Amore ist er mein Stammkunde, aber wir treffen uns jetzt auch privat. Er hat mir gesagt, dass er in mich verliebt ist. Dass er mit mir zusammen sein will. Der Sex mit ihm gefällt mir, auch optisch mag ich ihn. Es macht Spaß mit ihm, er bringt mich oft zum Lachen. Aber er ist verheiratet und hat zwei kleine Kinder. Deswegen muss immer alles heimlich geschehen. Das gefällt mir gar nicht. Er hat gesagt, er will seine Frau verlassen. Für mich. Und mit mir zusammenziehen.

Eine Kellnerin in rot-schwarzer Tracht kommt an unseren Tisch: »Möchte die Dame vielleicht einen Aperitif?«

»Ich trinke heute Baileys.«

Er lacht.

Nichtschwimmerin

Seit ich zwei Jahre alt bin, erinnere ich mich an alles. Meine Mutter ist oft weg, weil sie viel arbeiten muss. Ich bin im Kindergarten und danach immer zu Hause eingeschlossen. Rausgehen, um mit anderen Kindern zu spielen, darf ich nicht. Deswegen kann ich kein Fahrrad fahren und kann auch nicht schwimmen. Auch am Wochenende ist meine Mutter oft nicht da. Selbst wenn ich krank bin, was oft der Fall ist, bin ich alleine in der kleinen Wohnung. Das ist eigentlich sehr gefährlich, wir wohnen immerhin im dritten Stock. Was, wenn man mit nassen Händen an den Strom fasst? Wenn mir langweilig ist, spiele ich kochen. Ich stelle mich in der Küche auf den Stuhl und räume den Küchenschrank aus. Zucker, Mehl, Teebeutel. Alles was drin ist. Werfe es auf den Boden. Ich habe den ganzen Tag Zeit und verteile die Sachen überall in der Küche. Dann trage ich alles in mein Kinderbettchen, leere die Teebeutel aus und springe darauf herum. Mit einer Gabel kratze die Tapeten von den Wänden und verwüste die Wohnung. Zwei Wochen nachdem ein Handwerker alles wieder in Ordnung gebracht hat, geht das Spiel von vorne los.

Über die AutorIn:

Die AutorIn lebt und arbeitet in Berlin.

34032638R00223

Printed in Poland
by Amazon Fulfillment
Poland Sp. z o.o., Wrocław